FEUER
WERKE
VERLAG

Das Buch

Ein kleines, französisches Hotel, der Duft von Lavendel und die große Liebe!

Charlotte lebt frisch getrennt von ihrem Ex-Freund in Hamburg, als sie unerwartet zu einer Testamentsverlesung nach Südfrankreich in die Provence gerufen wird. Dort soll sie das Erbe ihres verstorbenen Vaters antreten. Sie rechnet mit einer Formalität und plant die schnelle Rückreise nach Deutschland.

Doch als sie erfährt, dass sie ein traumhaftes Anwesen mit Hotel, Wohnhaus und einer kleinen Obstplantage sowie 250.000 Euro geerbt hat, kommt sie ins Grübeln. Darüber hinaus verliebt sie sich nicht nur in den malerischen kleinen Ort Saint-Sophie, sondern wirft auch ein Auge auf Arnaud, den charmanten und überaus attraktiven Tierarzt des Städtchens. Sein Herz scheint jedoch bereits vergeben zu sein. Oder versteht Charlotte da wieder einmal etwas vollkommen falsch?

Die Autorin

Hanna Holmgren liebt das Leben – an bunten und an grauen Tagen.

„Es liegt schließlich an uns selbst, welche Tage wir an uns heranlassen", ist ihr Motto. Schon als Kind begann Hanna, ihre Erinnerungen an wunderbare Orte und Momente in einem Reisetagebuch festzuhalten und formte bleibende Geschichten daraus. Im Laufe der Zeit entwickelten sie sich zu vollwertigen Romanen und wurden schließlich zu ihrer größten Leidenschaft. Heute bedeutet das Schreiben für sie pure Entspannung. Es bringt ihr Sonnenstrahlen, Sandkörner und Meeresrauschen in ihr heimisches Arbeitszimmer und lindert das ständige Fernweh bis zur nächsten Reise, die ihr noch immer als wichtigste Inspirationsquelle dienen. Seit Hanna Holmgren ihr früheres Berufsleben hinter sich gelassen hat, widmet sie sich voll und ganz dem Schreiben von romantischen Wohlfühl-Romanen.

Lavendelblütenzauber

Im Herzen der Provence

Ein Roman von Hanna Holmgren

Mehr zur Autorin finden Sie auf
www.hannaholmgren.de, www.instagram.com/hannaholmgren.autorin, www.facebook.com/hannaholmgren.autorin und www.feuerwerkeverlag.de/holmgren

Abonnieren Sie auch unseren Verlags- und Autoren-Newsletter und erfahren Sie so als Erster von unseren Neuerscheinungen, Autorennews und exklusiven Buch-Gewinnspielen:
www.feuerwerkeverlag.de/newsletter

Originalausgabe September 2024

Maracuja GmbH, Laerheider Weg 13, 47669 Wachtendonk
Druck: Libri Plureos GmbH, Friedensallee 273, 22763 Hamburg
Printed in Europe
Umschlaggestaltung: Anne Gebhardt, annegebhardt.design
unter Verwendung von © Adobe Stock – Weiming © shutterstock.com
Judal | Irina Mos | LiliGraphie| christinemg | Sara Winter © Envato Elements – PixelSquid360

Lektorat: Christine Giegerich, Alzenau

ISBN: 978-3-98954-036-1

Kapitelübersicht

Das Ende der Bedenkzeit 7
Kapitel 1 9
Kapitel 2 14
Kapitel 3 18
Kapitel 4 22
Kapitel 5 29
Kapitel 6 34
Kapitel 7 43
Kapitel 8 51
Kapitel 9 62
Kapitel 10 66
Kapitel 11 76
Kapitel 12 87
Kapitel 13 93
Kapitel 14 99
Kapitel 15 104
Kapitel 16 108
Kapitel 17 115
Kapitel 18 133
Kapitel 19 139
Kapitel 20 145
Kapitel 21 150
Kapitel 22 155
Kapitel 23 161
Kapitel 24 166
Kapitel 25 170
Kapitel 26 176
Kapitel 27 184
Kapitel 28 191
Kapitel 29 199
Kapitel 30 209

Kapitel 31 214
Kapitel 32 220
Kapitel 33 227
Kapitel 34 233
Kapitel 35 244
Kapitel 36 257
Kapitel 37 263
Kapitel 38 270
Kapitel 39 280
Kapitel 40 290
Kapitel 41 305
Kapitel 42 312
Einige Monate später 319

Das Ende der Bedenkzeit

CHARLOTTES Herz tanzte im Rhythmus der sanften Trommeln, die von den Straßenmusikanten nahe dem Bistro kamen, wo sie zum Abschluss dieses besonderen Tages Platz genommen hatte. Ihr Tag der Bedenkzeit war vorüber. Ein Tag, den sie zwischen Marseille und Aix-en-Provence zugebracht hatte und der jetzt in Sainte-Sophie genussvoll ausklang. Mit ihm endete die Suche nach einer Entscheidung, die ihr Leben von Grund auf verändern sollte.

Sie saß an einem runden Tisch des süßen Bistros mitten in der Altstadt von Sainte-Sophie und genoss einen kühlen Rosé. Gleich würde man ihr den ersten Gang eines kleinen Festmahls servieren, auf das sie sich schon den ganzen Tag freute. Sie lehnte sich zurück und beobachtete das muntere Treiben auf dem Marktplatz. Die Sonne hinter der Kathedrale stand jetzt direkt über dem spitzen Dach, und ihr goldener Schein verwandelte sich in warmes Rot. Charlotte liebte die Architektur dieses Ortes und genoss die Leichtigkeit seiner Menschen. Wie schön und unbeschwert ihr Leben plötzlich war. Und das nach nicht einmal vier Wochen.

Tatsächlich hatte sie sich schon wenige Stunden nach ihrer Ankunft in Sainte-Sophie, das eine halbe Autostunde nördlich von Aix-en-Provence lag, wie zu Hause gefühlt. Dabei fürchtete Charlotte kaum etwas mehr als unsichere Umstände: Ungeplante Reisen an Orte, die sie nicht kannte, standen auf ihrer Liste mit ungeliebten Dingen ganz weit oben. Ihr Handy summte, doch sie ließ es in ihrer Tasche. Das war sicher Meret, die wissen wollte, wann sie wieder zurück nach Hamburg kam. Guter Gott, Hamburg! Charlotte war wirklich kein Mensch, der die Augen vor Verantwortung verschloss. Sie war zuverlässig, auf ihr Wort konnte man zählen. Doch dieser Moment jetzt gehörte ganz allein ihr. Sie hatte ihre Entscheidung getroffen, und das musste zelebriert werden.

Der Ober kam und servierte die Vorspeise. Voller Vorfreude atmete Charlotte den köstlichen Duft ein. Frische Jakobsmuscheln in

Cognacsoße. Sie nahm den ersten Bissen und gluckste innerlich vor Begeisterung. Das zarte Fleisch schmolz in ihrem Mund, und die buttrige Cognacsoße mit süßem Lavendel verband sich perfekt mit dem Stückchen Baguette, das sie in die Soße getunkt hatte. Während sie die feinen Aromen genoss, spürte sie, wie eine bleierne Schwere von ihr abfiel – eine Last, von der sie gar nicht gewusst hatte, dass sie auf ihr gelegen hatte. Sie lächelte. Ein älterer Mann mit freundlich verschmitzten Augen lief an ihrem Tisch vorbei, zog seinen Hut und rief: „Bon appétit, Madame!" Charlotte nickte ihm dankend zu und jauchzte innerlich. Endlich! Endlich fühlte sie sich wieder lebendig!

Sie schloss ihr Abendessen mit Käse ab und freute sich auf einen entspannten Spaziergang in die kleine Pension. Morgen würde sie Carole die frohe Nachricht überbringen. Wie gut, dass sie auf ihr Herz gehört hatte! Es hatte wie immer recht behalten und ihr schon in den ersten Tagen in Sainte-Sophie zugeflüstert: *Tu es, Charlotte. Spring!*

Kapitel 1

CHARLOTTE blickte auf ihre Armbanduhr. Fast 20 Uhr, und sie war immer noch nicht zu Hause. Seit einer Stunde saß sie nun im Feierabendstau von Hamburg fest. Sie war müde, wollte sich am liebsten direkt nach Hause beamen und gar nichts mehr müssen müssen, dabei war es erst Dienstag. Ganz klarer Fall – die geplante Stunde im Gym würde sie heute Abend sausen lassen. Alles, was sie wollte, waren ein paar gemütliche Stunden auf der Couch bei der köstlichen Ratatouille, die sie gestern angesetzt hatte. Und weil es so regnete, warf sie ihr Vorhaben, das Ganze ohne Kohlenhydrate zu essen, auch gleich über Bord. Im Kühlschrank lag noch ein Knoblauchbaguette, das würde sie einfach mit etwas Olivenöl und Salz in den Ofen werfen, und fertig waren die Croûtons. Entsagungen? Nicht daran zu denken an diesem Tag – der gefühlt hundertste Tag, an dem es in ihrem geliebten Hamburg regnete, und ihr Kopf rauchte vor lauter Arbeit und Sorgen.

Erst hatte ihre Chefin Meret sie trotz ihres vollen Terminkalenders mit einem eiligen Auftrag betraut. Charlotte arbeitete als Innenarchitektin und sollte für ein Projekt am Rande der Stadt die erste Sichtung vornehmen. Und dann rief auch noch Stefan an, der heute Abend unbedingt noch ein paar Sachen aus ihrer gemeinsamen Wohnung holen wollte. Charlotte hoffte, dass er bereits weg war, wenn sie gleich ankam. Das letzte Jahr hatte ihnen ordentlich zugesetzt, so sehr, dass es mit einem Riesenknall zum Ende der Beziehung gekommen war. Je länger Charlotte darüber nachdachte, desto mehr fragte sie sich, ob nicht alle drei Jahre mit Stefan verflixt gewesen waren – jedes Jahr auf seine ganz eigene Art und Weise. Heute, einen guten Monat später, ging es ihr schon etwas besser. Die Traurigkeit kam jetzt in Wellen, machte aber hier und da Platz für ein bisschen Sonne am Horizont. Sie hatte langsam ein winzig kleines Stück ihrer alten, verschütt geglaubten Lebensfreude wiedergefunden.

Charlotte war endlich zu Hause. Sie stieg aus ihrem Auto, schnappte sich ihre Handtasche und blickte auf die Fenster ihrer Wohnung im dritten Stock des wunderschönen Altbaus, den Stefan und sie vor zweieinhalb Jahren gemeinsam bezogen hatten. In der Küche brannte Licht. „Verdammt“, flüsterte sie und schloss die Haustüre auf. Beim Hinaufgehen hörte sie Schritte im Hausflur. Es war Stefan, der bereits auf dem Weg nach unten war.

„Hey“, sagte Charlotte.

„Ich bin schon weg“, unterbrach sie Stefan grußlos.

Auf seinem Gesicht lag der wohlbekannte Ausdruck von Kälte und Grimmigkeit. Seit wann blickte er so drein? Wann war aus dem Mann mit den lächelnden blauen Augen dieser Miesepeter geworden, ohne jeden Charme, ohne Leichtigkeit? War Stefan je charmant gewesen? Oder leicht?

„Schönen Abend mit deiner Gemüsesuppe“, spottete er. „Scheinst ja richtig aufzublühen, kriegst wohl noch Besuch, was?“

Charlotte blieb mit offenem Mund vor Stefan stehen, der nur noch zwei Stufen von ihr entfernt war. Seine Worte trafen sie wie viele kleine Messerstiche in Herz und Bauch. Im nächsten Augenblick stiegen heiße Tränen in ihr auf, die sie mit einem festen Schluck wegdrückte.

Was war aus ihnen geworden? Zu Beginn waren sie verliebt gewesen. Sie starteten in eine harmonische Beziehung ohne zehrende Streitereien oder Sorgen. In ihren ersten gemeinsamen Monaten hatte Charlotte gedacht, sie sei endlich angekommen. Sie tickten ähnlich und ergänzten sich. Und sie hatten die gleichen Ziele: ein Haus, zwei Kinder, ein Hund und einmal pro Jahr irgendwo ans Meer.

Doch schon bald wuchs in Charlotte ein Unwohlsein heran. Erst ganz unmerklich, bis es immer fühlbarer wurde. Ein Unbehagen, das sie zuerst erfolgreich verdrängen konnte, bis es sich immer mehr Platz machte in ihr und sie schließlich so einnahm, dass es sich seinen Weg hinaus bahnte. Es kam vermehrt zu Streits, die irgendwann in beidseitigem Schweigen mündeten, was sie immer weiter voneinander entfernte.

„Du hast Post“, sagte Stefan. „Liegt auf dem Esstisch.“ Und noch bevor Charlotte irgendetwas erwidern konnte, rauschte er, wiederum grußlos, nach unten und ließ die Haustüre hinter sich ins Schloss fallen.

Nicht zu fassen, dachte Charlotte, deren Stimmung sich sofort von Vorfreude auf einen entspannten Abend in Traurigkeit verwandelte. Sie schloss die Wohnungstüre auf, ließ ihren Mantel und ihre Handtasche auf die Anrichte im Flur fallen und ging in die Küche. Mit einem Glas Rotwein setzte sie sich an den Esstisch und rief ihre beste Freundin an, um ihr Herz auszuschütten, bevor es zu spät war. Sie wollte nicht wieder in ein tiefes Loch versinken und alles in sich hineinfressen, bis es nicht mehr zum Aushalten war.

„Er war hier und hat seine Sachen geholt. Und es war schrecklich", sagte Charlotte und erzählte ihrer Freundin von der Begegnung.

„Soll ich kommen?", fragte Sabine, die seit fast 20 Jahren Charlottes Fels in allen Brandungen des Lebens war.

„Nee, ganz lieb, aber ich komm schon klar. Wollte das nur eben mit dir teilen. Einfach ohne Worte, der Mann. Wie garstig kann man sein? Einfach alles wegschmeißen, ohne jeden Versuch, es zu retten", sagte Charlotte. Ein offenes Gespräch war mit Stefan nicht möglich. Sie hatte es zahllose Male versucht, vergebens. Er reagierte beim kleinsten Versuch zu sprechen sofort allergisch und ergriff die Flucht. Das Ende der Sackgasse hatten sie kurz vor ihrem dreijährigen Jubiläum erreicht. Stefan hatte etwas von einer Pause genuschelt, die Wohnung mit einer Reisetasche verlassen und Charlotte mit ihrem Unbehagen zurückgelassen, das fortan von tiefer Traurigkeit begleitet wurde. Kurze Zeit später hatte er das Ende verkündet – per Textnachricht.

„Ja, und als ob das nicht reichen würde, einen auf beleidigte Leberwurst machen wegen einer Gemüsesuppe, der hat sie doch nicht mehr alle!", schimpfte Sabine und brachte Charlotte zum Lachen, deren Blick beim Absetzen des Rotweinglases auf den Brief fiel.

„Du, hör mal", sagte Charlotte, „hier liegt ein Brief aus Frankreich. Keine Ahnung, was das ist, ich mach den schnell mal auf, bin gleich wieder bei dir."

Charlotte legte das Telefon zur Seite und öffnete hastig den Brief, der von einer Carole Fournier in Sainte-Sophie kam. Charlottes Augen flogen über die Zeilen in perfektem Deutsch. Man erwarte sie, Charlotte, zur Verlesung des Testaments ihres verstorbenen Vaters François Durand schnellstmöglich in Sainte-Sophie. Es habe lange gedauert, bis man sie gefunden und alle notwendigen Formalitäten erledigt habe. Nun sei es an der Zeit, die Hinterlassenschaft Durands auf sie zu übertragen, wenn sie sich bereit erkläre, das Erbe anzutreten.

„Charlotte? Haallooo ...!“, tönte es aus dem Telefon.

Sie nahm den Hörer wieder in die Hand.

„Sorry!“, entschuldigte sie sich, die kurz alles um sich herum vergessen hatte. „Mein Vater. Er ist tot. Und ich soll nach Frankreich kommen wegen seines Testaments“, stammelte sie.

„Oh mein Gott, das tut mir leid, meine Süße“, sagte Sabine. „Du, ich komm jetzt echt zu dir. Keine Widerrede.“

Eine halbe Stunde später saßen die Freundinnen an dem großen runden Holztisch in der Küche und verspeisten den dampfenden Eintopf.

„Hm, ich liebe Ratatouille“, stöhnte Sabine und nahm noch eine Schöpfkelle. „Genau das Richtige an so einem fiesen Abend.“

Charlotte lächelte Sabine an. „Freut mich, dass es dir schmeckt.“

Sabine goss sich Rotwein nach und schaute Charlotte mit festem Blick an.

„Und? Was willst du jetzt tun? Nimmst du das Erbe an?“, fragte sie und spülte ihren letzten Happen mit einem kräftigen Schluck hinunter.

Charlotte neigte ihren Kopf nachdenklich zur Seite. Die Nachricht über den Tod ihres Vaters war heftig, ließ sie aber relativ gefasst zurück. Ihr Vater, den sie nie kennengelernt hatte, war Franzose. Sie war ein Baby gewesen, als ihre Mutter und ihr Vater nach einer kurzen gemeinsamen Zeit beschlossen, getrennte Wege zu gehen. Anders als bei vielen anderen Kindern, hatte ihr ein Vater niemals gefehlt. Ihrer Mutter war es gelungen, ihr gemeinsam mit ihrem Onkel jene Geborgenheit zu geben, die sie brauchte. Als Teenie hatte sich Charlotte während einer kurzen, aber heftigen Phase des Widerstands auf die Suche nach ihrem Vater gemacht, konnte ihn aber nicht finden und gab ihre halbherzigen Recherchen schnell wieder auf, als sie in die traurigen Augen ihrer Mutter blickte. Heute, mit 35 Jahren, war das Thema Vater so weit weg, dass sie es schon fast vergessen hatte.

„Ehrlich gesagt bin ich noch total platt und kann gar nicht glauben, was da passiert ist“, erwiderte Charlotte, während sie mit den Fingern gedankenverloren eine Brotkrume hin und her bewegte.

Sabine legte ihre Hand fest auf Charlottes Arm.

„Ruf Meret an, lass dir ein paar Tage Urlaub geben, und buche einen Flug“, sagte sie. „Wer weiß, was dich da erwartet. Außerdem hast du ein paar Tage Abstand mehr als verdient. Los, worauf wartest du?“

Als sich Charlotte zwei Stunden später unter ihre Decke kuschelte, merkte sie, dass der Knoten in ihrem Magen nach der Begegnung mit Stefan verschwunden war. Sabine hatte recht. Warum nicht einfach weg hier? Sie hatte bei Gott mehr als genug gearbeitet in den letzten Monaten, und nach all dem Stress mit Stefan kam eine kleine Auszeit wie gerufen. Meret hatte sofort auf ihre Nachricht geantwortet und ihr den Rest der Woche freigegeben. Und der Flug war auch im Nu gebucht. Keine 14 Stunden mehr, und sie würde in Marseille Provence landen. Sie schloss die Augen und schlief mit einem Lächeln ein.

Kapitel 2

„WAS möchten Sie trinken, Madame, Kaffee oder Tee?“ Charlotte schrak auf und rieb sich die Augen. Sie war eingenickt und blickte jetzt in die freundlichen Augen einer bildhübschen Flugbegleiterin, die sie mit dem schönsten französischen Akzent geweckt hatte. Was war das nur mit den Französinnen? Wie schafften sie es, immer so toll auszusehen, egal, welchen Stil sie hatten? Diese Frau hatte hemmungslos rot geschminkte Lippen, einen leicht gebräunten Teint mitten im Herbst und eine Figur, von der Charlotte nicht einmal zu träumen wagte.

„Kaffee, bitte. Richtig stark, wenn es geht, danke“, antwortete Charlotte peinlich berührt und strich sich eine Locke aus dem Gesicht. Die Flugbegleiterin lächelte.

„Kein Problem, Sie bekommen einen extra Shot. Zucker? Milch?“

„Schwarz. Wie meine Seele.“

Jetzt lachte die Frau auf, die Marielle hieß, wie das Namensschild auf ihrer Bluse verriet.

„Bitte sehr, Madame, schwarzer starker Kaffee ohne alles. Wir sind schon süß genug, n'est-ce pas?!“

Nun brach es aus Charlotte heraus.

„Das sind wir“, gab sie lachend zurück und nahm den Kaffee entgegen. Das Leben steckte voller Momente der Freude, auch kleiner wie dieser. Sie liebte es, wenn Menschen das erkannten und mitmachten, sich gegenseitig die Bälle zuwarfen und so alles ein wenig auflockerten, Kontakt aufnahmen, dem anderen ein Lächeln schenkten.

Charlotte nahm den ersten Schluck aus ihrem Kaffeebecher. Wie gut das tat! Der Flieger war in aller Herrgottsfrühe in Hamburg gestartet und auf dem Weg nach Paris, wo Charlotte umsteigen würde, bevor es weiter nach Marseille ging. Der Flug versprach angenehm zu werden. Die Passagiere um sie herum nippten schläfrig an ihren Heißgetränken, und obwohl sie todmüde war, fühlte sich Charlotte ungewohnt leicht und froh. Keine grimmigen Gesichter um sie herum, nur entspannte Franzosen, wie es schien. Es duftete nach Kaffee, und sie hatte sich einen Platz am Fenster ergattern können. Tapetenwechsel wirkten einfach Wunder, dachte sie bei sich.

Charlotte blickte hinaus auf die Wolken, die das Land bedeckten, und bestaunte das wunderschöne Spektakel der Sonne, die alle Wolken in hellrosa Zuckerwatte tauchte. Da machte plötzlich ihr Herz einen Freudenschlag. Sie verspürte ein tiefes, beseeltes Glücksgefühl, ohne zu wissen, warum. Diese Momente waren Charlotte wohlbekannt, doch es war lange her, dass sie diesen Zauber zuletzt erleben durfte. Er war nie steuerbar und kam stets aus dem Nichts, meist dann, wenn sie in der Natur war oder irgendetwas Schönes tat.

Charlottes Blick fiel auf das ältere Pärchen neben ihr, das schweigend in seine Lektüre versunken war. Schweigen – das kannte sie leider nur zu gut.

„Stefan, wir müssen reden. Was kann ich tun, damit wir uns wieder näherkommen?“

Das war zu ihrem Mantra geworden. Doch wann immer sie versucht hatte, ihn zum Reden zu bringen, wich er ihr aus. Obwohl sie ihn nach dem Grund seiner Verschlossenheit fragte, kannte sie insgeheim die Antwort. Die Sprachlosigkeit war das Ergebnis der zahllosen Streitereien, die sie und Stefan gehabt hatten. Und der Grund für die Streits, das war Charlotte zuletzt immer klarer geworden, war, dass sie einfach nicht zueinanderpassten. Für Charlotte war das Leben ein riesengroßer Abenteuerspielplatz, den sie entdecken wollte – für Stefan eher ein monotoner Fluss voller Gewohnheiten, von denen er sich nicht lösen konnte.

Doch es war nicht allein Stefan, der schuld an der Krise war. Charlottes Wunsch nach mehr Aktivität und Freude wurde nicht nur durch Stefan ausgebremst. Sie selbst war es, die sich im Weg stand. Auch das war ihr in den letzten Wochen klar geworden. Trotz der Lebenslust, die in ihr schlummerte, fehlte ihr schon immer der Mut, Abenteuer zuzulassen, zu spielen, ausgelassen zu sein und das Leben mit vollem Herzen zu umarmen, allen möglichen Risiken zum Trotz. Seit sie denken konnte, ging sie immer auf Nummer sicher. Den Baum hochklettern im Kindergarten? Viel zu hoch. Dem Jungen in der Schule sagen, dass sie ihn süß findet? Hatte sie einmal getan und bitter bereut.

„Charlotte, ich mag dich nicht und find dich hässlich. Lass mich in Ruhe“, war damals die Antwort gewesen, als sie ihrem heimlichen Schwarm in der sechsten Klasse des Gymnasiums ihre Zuneigung gestanden hatte. Was folgte, waren Häme und Spott. Ein Pulk Jungen auf dem Schulhof, die sie nachäfften und auslachten, böse kichernde Mädchen auf der Bank hinter ihr im Klassenzimmer und natürlich das ewig bekannte Ritual im Sportunterricht, wo sie immer als Letzte von der Bank gewählt wurde.

Charlotte war kein hässliches Kind gewesen, aber mit ihren dicken braunen Zöpfen, der leicht untersetzten Statur und ihrer ängstlichen Art spielte sie nicht in der Liga der beliebtesten Mädchen, die für die selbstbewussten, blonden Mitschülerinnen reserviert war. Heute, mit 35 Jahren, war sie äußerlich sicher keine graue Maus. Ein kleines bisschen mollig, das schon, aber mit ihren schönen grünen, bernsteinfarben gesprenkelten Augen, den schulterlangen, dunkelbraun glänzenden Locken und den hübschen vollen Lippen konnte sie sich sehen lassen.

Außerdem hatte Charlotte gute Freunde, eine Mutter, die sie liebte, und einen tollen Job, der ihr Spaß machte und in dem sie erfolgreich war. Und doch fiel es ihr schwer, ihren Wert zu erkennen. Wo war ihre Kraft? Wo der liebevolle und selbstbewusste Blick auf sie selbst? Die Angst vor Zurückweisung, davor, nicht richtig zu sein, blockierte sie und hinderte sie daran, ihr Potenzial voll zu entfalten. In genau diesem Zustand war sie vor mehr als drei Jahren die Beziehung mit Stefan eingegangen. Heute musste sie sich eingestehen, dass das weniger aus echter Zuneigung geschah als vielmehr, um nicht allein zu sein. Und je deutlicher ihr das klar wurde, umso unseliger wurde Stefan. Die unsichere Charlotte von damals begann sich langsam aufzulösen und damit auch die Grundlage für Stefans Daseinsberechtigung als vermeintlich Überlegener in der Beziehung.

„Mesdames et Messieurs, ici le commandant de bord. Nous espérons que vous passez un agréable vol à bord de notre compagnie. Actuellement, nous volons à une altitude de 10 000 mètres en direction de Paris. Les

conditions météorologiques actuelles sont bonnes, avec une température extérieure de 19 degrés Celsius.“

Die Durchsage des Piloten riss Charlotte aus ihren Gedanken. In Paris war also strahlender Sonnenschein bei satten 19 Grad mitten im Oktober, so früh am Morgen! Sie hatte noch keine Zeit gehabt, das Wetter in der Provence zu checken, aber dort müsste es dann ja theoretisch noch wärmer sein, vermutete sie.

Wieder blickte sie unauffällig nach rechts zu dem Pärchen und sah jetzt, wie der Mann seiner Frau etwas aus seiner Zeitung vorlas. Er flüsterte es direkt in ihr Ohr. Charlotte spürte, wie ihr bei diesem Anblick ein wohliger Schauer über den Rücken lief. Wie sie das liebte, wenn der Atem eines Mannes ganz zart ihr Ohr umflorte, seine Lippen dabei wie aus Versehen ganz kurz, ganz zart, ihre Haut streiften!

Die Frau hörte mit konzentriertem Blick zu, als sich ihr Mund plötzlich zu einem breiten Lächeln verzog. Sie und der Mann kicherten jetzt wie zwei Kinder und schauten sich dabei in die Augen. Eindeutig ein Paar, das sich schon lange kannte, dachte Charlotte. Von wegen Schweigen. Die beiden waren einfach nur entspannt und gaben dem anderen seinen Raum. Das genaue Gegenteil von Stefan, der Charlotte immer auf die Pelle rückte, sich selbst viel zu ernst nahm, jede kleine Störung mit der Lupe heranzoomte und nicht müde wurde, über alles und nichts zu lamentieren.

Charlotte seufzte tief. So ein süßes Paar, aber anscheinend nichts, was ihr zugedacht war in diesem Leben. Sie nahm den letzten Schluck des inzwischen kalt gewordenen Kaffees und schnallte sich wieder an, bereit zur Landung in der Stadt der Liebe.

Kapitel 3

ALS Charlotte das Foyer des Flughafens Charles de Gaulle betrat, waren alle Gedanken an Stefan mit einem Mal verflogen. Sie blickte durch die weitläufige Glasfassade nach draußen. Tatsächlich – was für ein wunderschönes Wetter! Kein Wunder, dass die sympathische Stewardess Marielle so sonnengeküsst und gut gelaunt war, dachte Charlotte. Kurz vor dem Deboarding hatten beide noch eine Unterhaltung zum Abschied gehabt.

„Machen Sie Urlaub in Paris?“, hatte Marielle sie gefragt.

„Nein, ich fliege gleich direkt weiter nach Marseille und fahre dann in ein Dorf im Landesinneren, um dort etwas zu erledigen …“, erklärte Charlotte.

Wie seltsam das klang, dachte sie, kaum, dass sie es ausgesprochen hatte. Als wäre sie eine Businessfrau auf Geschäftsreise, die wichtige Aufgaben in der Provence zu erledigen hatte. Oder eine Auftragskillerin, die einen südfranzösischen Mafiaboss kaltmachen musste. Nein, weder das eine noch das andere, dachte sich Charlotte und lachte innerlich über ihre eigenen Gedanken. Sie sah aus wie eine ganz gewöhnliche Hamburgerin auf Reisen, ganz ohne konspirative Pläne.

„Ach, wie schön! Meine Familie kommt aus der Gegend. Ich habe dort als Kind viele Sommer verbracht. Tolle Gegend!“, sagte Marielle. „Welches Dorf ist es denn, in das Sie fahren?“, hakte sie nach.

„Sainte-Sophie“, antwortete Charlotte.

„Ach, an den Namen erinnere ich mich noch von damals“, sagte Marielle mit einem glücklichen Lächeln. „Ein paar Dörfer weiter leben meine Großeltern. Freuen Sie sich! Ich hoffe, Sie bringen genug Zeit mit, es ist so bezaubernd dort und perfekt zum Ausspannen! Sie können die Natur im Landesinneren genießen, mit dem Auto in einer Stunde an der Küste zum Sonnenbaden sein und in zwei Stunden die Côte d’Azur unsicher machen.“

Charlotte lächelte. Marielle war so voller Lebensfreude, dass es sie gleichzeitig mitriss und einschüchterte. Hätte sie selbst nur ein kleines bisschen davon, dachte sie und strahlte Marielle voller Bewunderung an.

Den kurzen Zwischenstopp in Paris nutzte Charlotte für ein kleines Frühstück, das sie im Außenbereich des Flughafengeländes in der Sonne genoss. Ein herrlicher Café au Lait, ein Pain au Chocolat, und weil die Sonne so schön schien, noch ein Croissant direkt hinterher. Was solls, so schnell würde ohnehin kein Mann mehr seine Hände um ihre Speckröllchen legen – wenn es überhaupt noch einmal zu derlei Unterfangen kommen sollte in diesem Leben. Beherzt biss sie in den zarten Blätterteig und schlürfte ihren köstlichen Kaffee, während die Sonne ihre Nase kitzelte.

Als sie wenige Stunden später in Marseille Provence landete, begab sie sich sofort zur Gepäckausgabe. Geduldig wartete sie auf ihren Koffer, den sie zur Vorsicht mitgenommen und aufgegeben hatte. Ein kleines Handgepäck hätte für die geplanten paar Tage zwar locker gereicht, doch Charlotte ging immer auf Nummer sicher. Sie reiste nie ohne doppelten Boden. Medikamente, die sie noch nie in ihrem Leben gebraucht hatte, waren immer mit im Gepäck, genau wie Kleidung für nahezu jedes Wetter, auch wenn sie genau wusste, dass sie am Ende die immer gleichen drei Hosen und Blusen tragen würde.

Auf dem Weg nach draußen zum Taxistand wurde sie nervös.

„Sei vorsichtig, wenn du dir in Marseille ein Taxi nimmst“, hatte Sabine ihr abends noch getextet. „Nicht, dass dich irgendwelche zwielichtigen Typen übers Ohr hauen. Aber vergiss nicht, auch ein bisschen Spaß zu haben!“

Charlotte scannte langsam die vielen Wagen, die mehr oder weniger sortiert in einer Reihe standen und in der warmen Sonne funkelten. Inzwischen war es fast ein Uhr mittags. Ein warmer Windstoß wirbelte durch ihre Locken, und Charlotte fragte sich, woran sie nun einen vertrauenswürdigen Taxifahrer erkennen sollte. Ihr Französisch sollte für einfache Unterhaltungen auf jeden Fall reichen nach satten sieben Jahren Franz in der Schule, aber konnte es sie auch vor Gefahren in dieser fremden Umgebung bewahren?

„Mademoiselle! Venez-ici!“

Ein älterer Mann mit Schnäuzer und einer dunkelbraunen Sonnenbrille stand vor seinem Taxi am Anfang der Schlange und winkte Charlotte energisch zu sich heran. Sie näherte sich ihm langsam. Er setzte seine Brille ab und grüßte Charlotte freundlich.

„Bonjour“, rief der Mann lächelnd. Er duftete nach einem zitronig frischen Aftershave, die Gegend um seine Augen war übersät von Lachfalten, und sein hellblau kariertes Hemd war sorgfältig gebügelt. Er wirkte wie ein Mann, der heute Morgen seiner Frau einen Kuss zum Abschied gegeben hatte, um seine Schicht zu beginnen, redlich und ohne böse Absichten.

„Merci, Monsieur“, sagte Charlotte erleichtert, als er ihren Koffer mit einem beschwingten Griff in den Kofferraum manövrierte. Sie nahm neben ihm Platz, schnallte sich an und zeigte ihm die Adresse ihres Hotels in Sainte-Sophie, die sie in ihrem Handy notiert hatte. Der Mann nickte und startete den Wagen. Die Autofahrt von Marseille bis nach Sainte-Sophie sollte laut Navi eine Dreiviertelstunde dauern.

„Darf ich das Fenster öffnen?“, fragte Charlotte, woraufhin der Fahrer freundlich nickte und die Klimaanlage ausschaltete. Mit einem Knopfdruck ließ sie das Fenster komplett nach unten gleiten, legte den Ellbogen auf den Rahmen und hielt das Gesicht in den warmen Wind. Es war magisch, wie sich das Befinden änderte, einfach nur, weil die Sonne schien. Charlotte fühlte sich trotz der Reise, des Schlafmangels und der Aufregung um das, was sie erwarten würde, wie neu geboren, ja fast glücklich.

Sie hatte immer geglaubt, Hanseatin durch und durch zu sein. Dass man Regen, Sturm und Grau ganz einfach mit wetterfester Kleidung und einer heißen Tasse Tee begegnete und sich ansonsten nicht weiter grämen müsste. Und das stimmte sicher auch bis zu einem gewissen Punkt. Doch in ihr schlummerte auch eine Sonnenanbeterin, das war ihr in den letzten Jahren immer klarer geworden. Wer weiß, vielleicht hatte ihr Vater ihr doch mehr mitgegeben, als ihr bewusst war.

Charlotte bestaunte die Natur. Je weiter sie das urbane Marseille mit seiner wilden Schönheit hinter sich ließen, umso ursprünglicher und sinnlicher wurde die Landschaft. Sie passierten sanfte Hügel, fuhren vorbei an den Weinbergen der Region, durchquerten abseits der

Hauptstraße Olivenhaine, die mit ihren Blättern in der Sonne silbrig flirrten. Über allem hing noch der Duft von Lavendel, auch wenn die Zeit seiner üppigsten Blüte vorüber war, was Charlotte zutiefst bedauerte. Wie gern hätte sie dieses Naturspektakel erlebt, das sie von Fotos und den begeisterten Berichten jener kannte, die es mit eigenen Augen gesehen hatten!

Doch trotz des kleinen Wermutstropfens durchfuhren sie immer wieder Glücksgefühle. Sie lächelte ohne Unterlass und atmete den Duft der Provence ein, ein einzigartiger Mix aus den Kräuteraromen der Region, die sich mit dem Salz der Küste vermischten.

Ihre Locken tanzten im Wind, ihre kleine, mit Sommersprossen besetzte Nase kräuselte sich genüsslich, und sie freute sich auf ihr Hotel und ein Mittagessen irgendwo im Dorf, das sie nach exakt 47 Minuten Fahrt erreichten – eine Dreiviertelstunde, die wie im Fluge vergangen war.

„Brauchen Sie eine Quittung, Mademoiselle?“, fragte der Fahrer, während er sein Portemonnaie verstaute. Es war schon erstaunlich, dachte Charlotte. Je betagter der Franzose, umso eher wurde sie mit Mademoiselle – Fräulein – angesprochen, eine Form, die auch hier im Süden des Landes inzwischen nicht mehr zeitgemäß war. Doch Charlotte war das egal. Es zeigte ihr nur, dass sie jung war, und darüber freute sie sich.

„Nicht nötig, danke sehr“, antwortete sie und stieg aus dem Wagen. Der Fahrer stellte ihren Koffer auf den Boden, verabschiedete sich und ließ Charlotte zurück, die sich mit großem Staunen mitten auf dem zentralen Marktplatz langsam um ihre eigene Achse drehte.

Was war das denn bitte? Wo war sie denn hier gelandet? Verstohlen blickte sie um sich und zwickte sich in ihren nackten Arm.

Kapitel 4

GESTERN war alles so schnell gegangen, dass Charlotte keine Zeit mehr gehabt hatte, sich über ihren Zielort zu informieren. Als sie im Flugzeug gesessen hatte, wollte sie die Gemeinde noch googeln, doch da waren sie schon ohne Netz in der Luft gewesen. Jetzt musste sie gar nichts mehr recherchieren. Jetzt musste sie es nur noch verkraften, fassen, verstehen, dieses vermeintliche Dörflein Sainte-Sophie, in dem ihr Vater gelebt hatte.

Es war bildschön. Malerisch. Bezaubernd. Wie aus einem Bilderbuch. Charlotte fühlte, wie ein Kloß durch ihre Kehle huschte. Sie schluckte noch, doch da hatte sich schon eine kleine Träne ihren Weg über ihre Wange gebahnt. „Wow“, flüsterte sie. „So schön. Wie kann denn etwas so schön sein?“

Sie stand im Zentrum des Marktplatzes mit seinen goldgelben Pflastersteinen, wenige Meter entfernt vom einzigen Hotel am Ort. Der Brunnen in der Mitte des Platzes plätscherte vor sich hin, umringt von alten Platanen, die ihre Äste schützend über den Platz ausbreiteten. Die umliegenden Häuser mit ihren pastellfarbenen Fassaden schienen sich liebevoll aneinanderzuschmiegen, als ob sie Geheimnisse aus vergangenen Zeiten bewahrten.

Am Rande des Platzes erstreckten sich kleine Cafés, deren Tische mit schmiedeeisernen Stühlen im Schatten der Platanen standen. Das Murmeln der Einheimischen mischte sich mit dem Klappern von Besteck und dem Klang von Gläsern, die auf den Marmortischen standen. Es war Mittagszeit, und die Menschen trafen sich zum Essen. Ein Blumenstand verkaufte Dahlien, Rosen und Sonnenblumen, und der kleine Marktstand daneben war mit Gewürzen, frischem Obst und Gemüse gefüllt. Die Geschäfte rund um den Platz waren ein Mix aus Geschäften für den täglichen Gebrauch, Boutiquen und einem Laden mit gemusterten Keramiken und handgewebten Stoffen. Es war, als sei sie in ein lebendiges Gemälde getreten, in dem jedes Detail mit Liebe und Sorgfalt geschaffen wurde.

Charlotte packte ihren Koffer, rollte ihn in Richtung Hotel und stieg die kurze Treppe hinauf. Beim Eintreten in das *Chez Jeanette* fühlte sie die angenehm kühle Luft auf ihren nackten Armen, die von einem frischen Lavendelduft durchzogen war. Wie angenehm, ihr war es doch tatsächlich richtig warm geworden in den letzten Stunden, und die Kühle hier im Hotel war erfrischend.

Sie näherte sich der Rezeption. Auf dem grauen Marmor des Empfangstresens thronte als farbenprächtiges Wahrzeichen der Provence ein riesengroßer Strauß getrockneter Lavendel. Daneben stand eine hübsche Jugendstil-Klingel. Noch bevor Charlotte ihren Finger darauflegen konnte, hörte sie hinter sich schnelle Schritte herannahen.

„Madame!“, sagte eine Frauenstimme. Charlotte drehte sich um und sah eine junge Frau, die sie freundlich anlächelte. Sie trug langes, glattes, blondes Haar und einen Pony, der tief über den riesigen, blauen Augen hing.

Die Frau reichte Charlotte die Hand.

„Mein Name ist Jeanette Mestre, willkommen in unserem Haus!“

„Guten Tag“, gab Charlotte zurück. „Charlotte Bergmann, ich habe gestern Nacht ein Zimmer für eine Person direkt auf Ihrer Website gebucht.“

„Wir haben Sie schon erwartet, liebe Madame Bergmann.“

Die Frau, der das Hotel ihrem Namen nach zu urteilen offenbar gehörte, verschwand hinter dem Empfangstresen und blickte, noch immer lächelnd, auf ihren Computer. Dann nickte sie und reichte Charlotte den Zimmerschlüssel.

„Momentan ist es relativ ruhig, also konnten wir ein Upgrade für Sie arrangieren.“

Charlottes Augen leuchteten freudig auf.

„Wie nett von Ihnen, herzlichen Dank!“

„Sehr gerne. Wir befinden uns in der Nebensaison, ist also gar kein Thema.“

„Wo haben Sie mich denn untergebracht?“ Jetzt war Charlotte neugierig. Wenn sie schon einmal hier war, wollte sie die Zeit auch in vollen Zügen genießen, und ein schöner Rückzugsort war ganz nach ihrem Geschmack.

„Wir haben die Honeymoon-Suite für Sie reserviert. Zimmer 33 im dritten und letzten Stock, ganz am Ende des Flurs."

Na, wenn das keine Ironie des Schicksals ist, dachte Charlotte und lachte still in sich hinein.

„Ich hoffe, Sie fühlen sich wohl bei uns", sagte die hübsche Blondine lächelnd. „Wenn Sie etwas auf dem Herzen haben, sagen Sie uns Bescheid, die Rezeption ist rund um die Uhr geöffnet."

Jeanette Mestre drückte einen Schalter neben dem Computer.

„Pascal hilft Ihnen mit dem Gepäck und begleitet Sie zu Ihrer Suite."

Wenige Augenblicke später erschien ein junger Mann mit hellbraunen Locken, Sommersprossen und hellgrauen Augen. *Grundgütiger, wo bin ich hier gelandet, ist das ein Hotel oder eine Modelagentur?*, dachte Charlotte bei sich. Pascal war sehr jung und deshalb uninteressant für sie. Aber es war trotzdem toll, wie gut diese Franzosen aussahen. Charlotte überließ Pascal ihr Gepäck. Sie nahmen den Lift, und oben angekommen folgte sie ihm auf dem Weg zum Ende des langen Flures.

Sie bewunderte die Wände, die mit einer wild gemusterten Blumentapete bedeckt waren – ein Stil, der eigentlich nur hier denkbar war. Die Mehrzahl ihrer Kunden in Hamburg würde ihr einen Vogel zeigen, würde sie mit so einem Muster kommen. Aus den Zimmern, an denen sie entlangliefen, drang kein Laut. Alles war still, selbst der Klang ihrer Schritte erstickte im dicken Flor des gepflegten Teppichbodens. Am Ende des Flures warf die Sonne ihre Strahlen durch ein großes Fenster auf den Boden.

Dort angekommen, stellte Pascal ihren Koffer ab, deutete eine Verbeugung an und zog ab, bevor Charlotte ihm ein Trinkgeld geben konnte. „Verdammt", grummelte sie in sich hinein. „Das werde ich nachholen."

Sie schloss die Türe auf und betrat ihr Reich für die kommenden Tage. Nach einem kurzen Flur mit dem Bad rechts trat sie in einen zauberhaften kleinen Salon, der die Zimmer rechts und links miteinander verband. Dort stand unter einem großen Fenster ein Esstisch aus hellem Marmor mit gebogenen Tischbeinen und verschnörkelten Eisenstühlen. Auf der Anrichte mit Bar, auf der eine

Begrüßungskarte nebst einem Porzellantellerchen mit pastellfarbigen Macarons stand, konnte man Kaffee und Tee zubereiten.

Links neben dem Salon im Schlafzimmer thronte ein schmiedeeisernes französisches Bett mit den typischen Schnörkeln an beiden Enden und strahlend weißer Bettwäsche aus feiner Baumwolle. Charlotte strich über die Bettdecke, stellte ihre Handtasche ab und öffnete das Fenster mit Blick auf einen üppigen grünen Garten hinter dem Hotel. Sie atmete tief ein und genoss die wunderbar frische Luft. Es war nichts zu hören außer dem Gezwitscher der Vögel und dem Rauschen der Baumkronen im Wind. Hier würde sie ganz sicher wunderbar schlafen!

Dann begab sie sich ins Wohnzimmer und steuerte vorbei an einem bequemen Sitzbereich aus seegrünem Samt direkt auf das Fenster zu mit Blick auf den Markt. Herrlich, dieses Treiben, all diese Geschäfte und Cafés, ein Traum! Begeistert ließ sie sich nieder auf den Stuhl neben dem kleinen runden Bistrotisch direkt am Fenster, um zu sich zu kommen. Sie hatte Lust auf einen Kaffee und auch ein wenig Hunger. Die erste Tasse konnte sie sich direkt hier machen, zum Essen würde sie anschließend raus ins Dorf gehen, das eigentlich kein Dorf war, eher eine kleine Stadt mit dörflichem Charakter. Aber vorher musste sie dringend ihre Mutter anrufen, die weder vom Tod ihres Vaters noch von ihrer Reise wusste.

Charlotte begann nachzudenken und merkte, dass ihr ein wenig mulmig war. Immerhin ging es hier um einen wichtigen Lebensgefährten im Leben ihrer Mutter. Auch wenn sich die beiden im absoluten Frieden voneinander getrennt hatten und den Berichten der Mutter zufolge von Liebe nicht wirklich die Rede gewesen war, war es doch der Vater ihres einzigen Kindes, der nun nicht mehr lebte.

Tapfer griff sie zu ihrem Handy. Kaum, dass es eingeschaltet war, erklang der Ton mehrerer Nachrichten. Charlotte öffnete den Messenger und sah vier Mitteilungen von Stefan. Sofort zog sich ihr Magen zusammen.

„Sag mal, spinnst du eigentlich?“, lautete die erste Nachricht. Wunderbar, dachte Charlotte, deren Begeisterung über ihre reizende Suite sofort in Nervosität umschlug.

„Wir hatten doch ausgemacht, heute über die Kündigung zu sprechen, wo steckst du denn?“

„Ich habe x-mal angerufen und heute extra freigenommen.“

„MELDE DICH!“, lautete die letzte Nachricht in Großbuchstaben mit einem zornigen, krebsroten Emoji.

Mist, dachte Charlotte. Das hatte sie total vergessen. Sie wollten diese Woche einen Termin mit der Vermieterin vereinbaren und vorher klären, was sie ihr sagen wollten. Charlotte und Stefan hatten der Frau damals versprochen, so schnell nicht wieder auszuziehen, woraufhin sie ihnen vor allen anderen Bewerbern den Vortritt gelassen hatte. Sie hatten mit ihren beiden Jobs und tadellosen Referenzen gute Karten gehabt. Charlotte arbeitete als festangestellte Innenarchitektin in dem Hamburger Architekturbüro ihrer Freundin Meret, und Stefan war als Softwareentwickler bei der Stadt seit vielen Jahren in sicherer Anstellung. Und jetzt, nach nicht mal drei Jahren, würden sie ausziehen. Charlotte wollte die Kündigung möglichst schonend aussprechen und anbieten, einen Nachmieter zu stellen.

Schnell schrieb sie Stefan zurück. „Es gab einen Notfall, sorry. Musste ad hoc nach Frankreich reisen zur Testamentsverlesung meines Vaters, der plötzlich verstorben ist. Melde mich, sobald ich weiß, wann ich zurückfliege, ich denke mal irgendwann Ende dieser Woche.“

Die beiden blauen Häkchen neben ihrer Nachricht erschienen sofort. Stefan war online und schien auf heißen Kohlen nur darauf gewartet zu haben, dass sie sich meldete. Typisch. Sie hatten noch genug Zeit, um diese Angelegenheit zu klären. Aber Stefan stürzte sich jedes Mal auf jede mögliche oder unmögliche Sache, um sie unter Druck zu setzen oder anderweitig zu stressen. Dabei hatte sie ihm nichts, rein gar nichts getan. *Mir reicht es langsam*, dachte sie sich und schloss den Messenger. *Soll er doch rummotzen, ab jetzt wird er erst mal ignoriert.*

Sie lief barfuß über das glänzende Parkett der Suite in den kleinen Salon, setzte einen Kaffee auf und biss in ein Macaron. Dann nahm sie am Fenster Platz und wählte die Nummer ihrer Mutter.

„Marlene Bergmann, hallo?“

Charlotte holte tief Luft: „Hallo, Mama, ich bins, alles gut bei dir?“

„Charlotte, mein Liebes, aber ja, alles prima. Bin grad im Garten alles für den Winter herrichten. Was gibts, warum rufst du mitten am Tag mitten in der Woche an, ist alles okay?"

Typisch Mama, dachte Charlotte. *Merkt sofort, wenn was im Busch ist.*

„Ja, also, ja, es ist schon alles okay, mach dir bitte keine Sorgen, aber … ich muss dir etwas sagen …"

Charlotte hörte, wie ihre Mutter am anderen Ende der Leitung den Atem anhielt.

„Bist du krank? Was ist passiert?", durchbrach sie besorgt die Stille.

„Nein, nein, Mama, wirklich, das ist es nicht …"

Charlotte atmete tief durch und gab sich einen Ruck.

„Mama, ich bin in Frankreich. Sie haben mich gebeten zu kommen. Er ist verstorben und hat mir etwas vermacht."

Was folgte, war Totenstille.

„Mama? Bist du noch da?"

Immer noch kein Ton. Genau das war es, wovor Charlotte Angst gehabt hatte. Nun hatte sie ihrer Mutter einfach so am Telefon den Boden unter den Füßen weggezogen. Ganz toll.

„Kind. Wie geht es dir damit? Warum hast du denn nichts gesagt?"

Charlotte atmete erleichtert auf.

„Ach Mama, glaub mir, das hätte ich ja getan, wenn nicht alles so wahnsinnig schnell gegangen wäre. Ich verstehe es auch nicht, das muss wohl die Mittelmeer-Mentalität sein. Alles wurde auf den letzten Drücker kommuniziert, die Nachricht kam gestern Abend mit der dringenden Bitte, schnellstmöglich zu kommen, also habe ich nicht lange gefackelt und direkt einen Flug gebucht."

„Hat Meret dir denn frei gegeben?", fragte die Mutter.

Auch das war typisch für ihre Mutter, dachte Charlotte. In so einer heftigen Ausnahmesituation nachzufragen, ob sie keine Probleme bei der Arbeit bekam.

„Ja, hat sie, war kein Problem, mach dir keinen Kopf, Mama."

Die Mutter machte eine weitere Pause.

„Wenn du irgendetwas brauchst – Papiere oder einfach nur meinen Beistand, melde dich. Mein Faxgerät und ich sind hier. Und mach dir um mich keine Sorgen, hörst du. Ich werde das verdauen. Weißt du denn irgendwas darüber, wie und woran er gestorben ist?“

„Gar nichts, nein. Ich treffe mich morgen mit der Nachlassverwalterin und werde dann sicher mehr erfahren.“

„Okay, Mäuschen. Melde dich bei mir, wenn du Zeit und Ruhe hast. Bis dahin wünsche ich dir jetzt viel Kraft. Ich bin in Gedanken bei dir, mein Herz. Ich hab dich lieb.“

„Ich hab dich auch lieb, Mama.“

Nachdem beide aufgelegt hatten, legte Charlotte das Handy zur Seite, vergrub ihren Kopf in ihre auf dem kleinen Bistrotisch verschränkten Arme und begann leise zu weinen.

Kapitel 5

ALS das Stimmengewirr vom Marktplatz Charlottes Schlaf durchbrach, war es halb sechs abends. Die Tränen nach dem Telefonat mit ihrer Mutter hatten sich schnell zu einem ausgewachsenen Heulkrampf entwickelt. Sie hatte schon seit Wochen nicht mehr geweint, und nun forderten all der Stress und die Traurigkeit, die sie ertragen hatte, ihren Tribut. Krisen um Krisen mit Stefan, der Schock über seinen Auszug, seine bösen Nachrichten, der plötzliche Tod ihres Vaters – da war das liebe Gespräch mit ihrer Mutter der berühmte letzte Tropfen gewesen, der das Fass zum Überlaufen gebracht hatte.

Sie war in das große Bett gekrochen, hatte die Decke über sich gezogen und war schluchzend eingeschlafen. *Gut so*, dachte Charlotte, *das musste dringend mal raus.* Nur hatte sie jetzt einen derartigen Kohldampf, dass sie nicht mehr länger warten konnte. Sie sprang aus dem Bett und direkt unter die Dusche, machte sich frisch und hübsch und verließ das Hotelzimmer. Unten an der Rezeption angekommen wurde sie von Pascal begrüßt.

„Hallo, Madame Bergmann, haben Sie sich schon ein bisschen eingefunden?"

„Sie können ruhig Charlotte zu mir sagen, wenn ich Sie Pascal nennen darf", gab Charlotte lächelnd zurück. Wenn man sie so förmlich ansprach, fühlte sie sich immer wie ihre eigene Mutter.

„Gerne, Charlotte", sagte Pascal, der hinter der Rezeption stand. Charlotte ließ ihre Hand in ihre Tasche gleiten, um möglichst unauffällig ein paar Euromünzen Trinkgeld für ihn herauszusuchen.

„Ich würde gerne zu Abend essen. Können Sie mir ein Bistro oder Restaurant empfehlen?"

„Gehen Sie einfach hinaus und lassen Sie sich treiben. In Sainte-Sophie gibt es kein schlechtes Essen, es sei denn, Sie entscheiden sich für den einzigen Fast-Food-Laden im Ort."

Charlotte lachte. „Na, das werde ich mit Sicherheit nicht tun, hier in Frankreich.“

Pascal nickte zustimmend. „Sehr guter Plan. Ich wünsche Ihnen guten Appetit, Charlotte.“

Charlotte dankte und reichte ihm diskret das Trinkgeld, das er mit einer gekonnten, knappen Verbeugung annahm.

Charlotte ging hinaus und ließ sich treiben, genau so, wie Pascal es empfohlen hatte. Der Charme der Gemeinde Sainte-Sophie war auch jetzt in der Dämmerung unübersehbar. Alle Gassen waren erfüllt von Leben, die Menschen flanierten umher, führten ihre Hunde Gassi, aßen in den Bistros, nahmen mit Freunden einen Aperitif, blieben mitten auf dem Weg stehen, um sich zu unterhalten, und die Kinder spielten fröhlich ringsumher. *Total anders als in Deutschland um die Uhrzeit*, dachte sie bei sich. Zu Hause flitzte man zackig durch die Straßen, um dem nächsten Regenschauer zu entkommen, saß im Stau oder später am Esstisch fest, und die Kinder waren bald startklar fürs Bett.

Während sich Charlotte fragte, worauf sie Appetit hatte, beschloss sie, die Nachlassverwalterin Carole Fournier anzurufen, um ihr mitzuteilen, dass sie gut angekommen war.

„Hallo, Madame Fournier, ich bin es, Charlotte Bergmann. Ich muss mich bei Ihnen entschuldigen, ich wollte Sie bald nach meiner Ankunft in Sainte-Sophie anrufen, und nun ist es schon so spät. Ich hoffe, ich störe Sie nicht?“

Statt einer Antwort hörte Charlotte ein leises Schmatzen und ein Kind im Hintergrund, das aus vollem Halse sang.

„Pardon, entschuldigen Sie bitte, einen Moment“, tönte es aus dem Hörer.

„Leo, tais-toi s! Maman est au téléphone! Shhhhhhhh! Bitte entschuldigen Sie nochmals, mein Kleinster flippt gerade total aus“, erklärte Carole Fournier lachend.

„Kein Problem“, erwiderte Charlotte und musste ebenfalls lachen.

„Wie Sie ja sicher aus meinem Brief ersehen konnten, findet die Verlesung des Testaments übermorgen statt“, setzte Carole Fournier an. „Wenn Sie möchten, können wir uns vorab morgen auf einen Kaffee treffen. Sicher haben Sie Fragen, die wir dann klären könnten. So kommen Sie zur Verlesung des Testaments am Freitagmorgen um halb neun etwas vorbereiteter, was sagen Sie?“

„Das ist eine sehr gute Idee“, erwiderte Charlotte. „Vielen Dank, dass Sie so freundlich sind und mitdenken. Das Angebot nehme ich gerne an.“

„Wunderbar“, sagte Carole, die inzwischen in ihrer Küche stehen musste, dem Zischen nach zu urteilen, das im Hintergrund zu hören war. „Um 13 Uhr im *Joseph's* am Marktplatz?“

„Prima! Bis morgen“, sagte Charlotte.

Na, das läuft ja wie am Schnürchen, dachte sie und fand sich wenige Meter von einem Restaurant entfernt wieder, aus dem es verführerisch nach Olivenöl, Knoblauch und gegrilltem Fisch duftete. Ein Fischrestaurant – hier war sie richtig! Sie verging vor Hunger, trat ein, wurde sofort einem Tisch zugewiesen und bestellte ein Drei-Gänge-Menü, das sich gewaschen hatte. Fisch, noch mal Fisch und zum Nachtisch Käse. Das hatte sie sich mehr als verdient.

Sie liebte es, dass man hier für relativ wenig Geld ein Menü bekam, das in Deutschland nicht nur das Dreifache kosten würde, sondern außerdem mit einem kleinen Hofstaat an herumscharwenzelnden Obern verbunden wäre, die zum Lachen in den Keller gingen. Gar nicht Charlottes Ding. Ja, sie liebte die gute Küche, aber es musste bodenständig zugehen.

Inzwischen hatte man ihr einen herrlichen Rosé und die Vorspeise serviert. Vorsichtig balancierte sie einen großen Löffel der köstlichen Bouillabaisse in ihren Mund und sah sich um. Familien, Paare und einige wenige Einzelpersonen saßen eng nebeneinander und genossen ihr Essen. Die Ober flogen um die Tische und lachten mit den Gästen. Charlotte fühlte sich pudelwohl. Sie tunkte mit einem Stückchen Baguette das letzte bisschen Suppe weg und lehnte sich zufrieden zurück.

„Wie hat es Ihnen geschmeckt?“, fragte der Ober, der jetzt neben ihr stand. Trotz der vielen Arbeit, die er hatte, schien er ehrlich interessiert.

„Himmlisch. Es war himmlisch, vielen Dank!“, gab Charlotte zurück. „Wie Sie aus wenigen Zutaten so eine Suppe zaubern, hat einfach meinen größten Respekt.“

Der Ober strahlte übers ganze Gesicht und räumte den leer geputzten Teller ab.

„Das werde ich dem Koch weiterleiten. Darüber freut er sich ganz sicher! Sind Sie bereit für den Hauptgang, oder möchten Sie noch ein wenig warten?“

„In spätestens 15 Minuten bin ich startklar“, antwortete Charlotte fröhlich.

Nachdem sie ihr erstes Mahl in Sainte-Sophie mit einer sündhaft köstlichen Käseplatte abgeschlossen hatte, machte sie sich satt und zufrieden auf den Weg zurück ins Hotel. Das lebendige Treiben in den Gassen hatte abgenommen, die Menschen waren zu Hause oder auf dem Weg dorthin. Natürlich blieb man auch hier nicht bis in die Puppen wach und musste am nächsten Tag arbeiten gehen. Aber man nahm das Leben leichter. Man genoss den Moment und all die Dinge, die Natur und Kultur der wunderschönen Provence boten.

Während sie durch die Gassen schlenderte, kam sie ins Grübeln. Da hatte sie nun dieses eine Leben, und was machte sie daraus? Ärgerte sich mit einem griesgrämigen Typen herum, quälte sich bei schlechtem Wetter aus dem Bett und fuhr in ein Büro, das sie irgendwann im Dunkeln wieder verließ. Sie strich mit der Hand über ihren Bauch. Kein Wunder, dass sie moppelig war. In Hamburg war einfach nicht das Wetter für abendliche Spaziergänge. Außerdem wollte sie nach der Arbeit nur nach Hause, etwas essen und schlafen. Hier hatte sie gerade ein Drei-Gänge-Menü verputzt und fühlte sich trotzdem angenehm gesättigt und beschwingt.

Als sie die Türe zu ihrer süßen Suite aufschloss, ging sie in Gedanken den morgigen Tag durch. Was hatte ihr Vater ihr wohl vermacht? Geld? Irgendwelche anderen Werte? Es war tatsächlich so, wie sie es ihrer Mutter gesagt hatte. Alles war so schnell gegangen, dass sie gar nicht zum Innehalten oder Nachdenken gekommen war. Morgen würde sie sicher mehr erfahren. Allerdings konnte es auch sein, dass Carole Fournier ihr aus rechtlichen Gründen vor der Verlesung gar nichts zum

Erbe sagen durfte. Hoffentlich würde sie die Situation morgen nach dem Treffen besser einschätzen können, dachte Charlotte.

Nachdem der Marktplatz den ganzen Abend von munterem Treiben erfüllt gewesen war, kehrte um elf Uhr schlagartig Ruhe ein, und Charlotte schlief zufrieden ein, mit offenen Fenstern zu allen Seiten, so wie sie es liebte, ganz im Gegensatz zu der Frostbeule Stefan.

Kapitel 6

AM nächsten Morgen wachte sie so erholt wie schon lange nicht mehr auf. Gute Güte, was das für ein Gefühl war, einfach mal so richtig tief und fest zu schlafen und dann zu allem Überfluss auch noch bei Sonnenschein wach zu werden! Sie streckte sich genüsslich, schlüpfte in ihren Kimono und machte sich einen Kaffee, den sie am Fenster mit Blick auf den Marktplatz genoss. Sie hatte den ersten Schluck gerade genommen, da klingelte auch schon ihr Handy.

Charlotte zuckte zusammen. *Hoffentlich kein weiteres Elend von Stefan*, dachte sie, doch dann erblickte sie erleichtert Sabines Namen auf dem Display.

„Hey du, Madame! Wie isses?“, rief Sabine fröhlich und ein bisschen zu laut.

„Sabine. Was stimmt nicht mit dir? Es ist neun Uhr morgens …“ Charlotte gähnte extra laut ins Telefon und nahm geräuschvoll einen kräftigen Schluck schwarzen Kaffee aus der hübschen bauchigen Tasse.

„Ha ha ha“, grunzte Sabine vergnügt. „Dir gehts gut, ich hör schon! Ärger mich nur, davon werde ich noch munterer!“

Charlotte musste leise kichern. Wie sehr sie Sabine doch liebte! Sie waren beide fast auf den Tag gleich alt und hatten sich vor 20 Jahren in einem Klub kennengelernt. Sabine arbeitete als Krankenschwester und war mit Jörg, einem wahnsinnig netten Koch verheiratet. Die beiden teilten sich eine herrlich chaotische Wohnung mit vier Katzen und einem Labrador und waren jetzt seit fast sieben Jahren verheiratet. Echte Krisen kannte das Paar nicht. Irgendwie nahmen beide die Macken des anderen mit Humor, oder, wenn es tatsächlich mal krachte, gingen sie sich so lange aus dem Weg, bis sie sich wieder beruhigt hatten und vertrugen. Charlotte verbrachte gerne Zeit mit den beiden. Man fühlte sich einfach wohl mit ihnen, so, wie das war, mit glücklichen Paaren.

„Ich treffe mich nachher mit der Nachlassverwalterin. Sie will mich ein bisschen vorab briefen. Die Verlesung des Testaments findet am Freitag statt.“

„Wann genau?“, fragte Sabine.

„Mitten in der Nacht um halb neun Uhr morgens“, antwortete Charlotte und löste bei Sabine einen erneuten Lachanfall aus.

„Ach, Lottchen“, hustete Sabine ins Telefon. „Ich drück dir alle Daumen. Wird schon schiefgehen.“

„Ja, das denke ich auch. Bin nur irgendwie ziemlich nervös …“, gab Charlotte zurück.

„Na ja, normal, ist ja auch eine sehr spezielle Situation“, meinte Sabine.

„Ja, allerdings. Ich weiß halt überhaupt nicht, was da morgen passiert. Irgendwie denke ich die ganze Zeit, dass mein Vater nicht viel hatte.“ Charlotte nahm noch einen Schluck von dem erstaunlich guten Zimmerkaffee.

„Tja, das wirst du morgen um die Zeit vielleicht schon wissen“, gab Sabine zurück. „Du, Lottchen, ich muss weiter zur Arbeit. Melde dich, wenn du mehr weißt, okay?“

„Wird gemacht“, sagte Charlotte.

Sie legte ihr Handy auf den Bistrotisch, lehnte sich zurück und trank in Ruhe ihren Morgenkaffee aus, während sie direkt am Fenster auf den Marktplatz blickte. Auch heute war wieder strahlend schönes Wetter. Das Licht der Morgensonne tanzte auf den glitzernden Wassertropfen rund um den Brunnen und reflektierte die Farben der Blumenstände. In und vor den Häusern, die den Platz umsäumten, wurden die ersten Vorbereitungen für den Tag getroffen. Der Bäcker öffnete die Türen seiner Boulangerie, und ein älterer Herr arrangierte liebevoll sein Angebot an frischem Obst und Gemüse auf einem der Marktstände, während er geduldig auf die ersten Kunden wartete. Die Cafébesitzer begannen, ihre Tische und Stühle zu arrangieren, und die ersten Einheimischen schlenderten bereits über den Platz, grüßten sich mit einem freundlichen „Bonjour“ und tauschten die neuesten Dorfnachrichten aus.

Beim Anblick der Menschen, die mit Baguettes unter dem Arm aus der Boulangerie liefen, meldete sich Charlottes Magen mit lautem Knurren. Sie stand auf, ging ins Badezimmer und gönnte sich eine lange heiße Dusche. Als sie nach dem Eincremen ihre Wimpern tuschte, entdeckte sie, dass sie nach dem kurzen Sonnenbad gestern Farbe bekommen hatte. Sie sah richtig gut aus! Beschwingt fischte sie die leichte ausgewaschene Bluejeans aus ihrem Koffer, die weiße, lässige Baumwollbluse, die sie so mochte, und die neuen weißen Sneakers. Sie zog sich an und beschloss, ihre Haare an der Luft zu trocknen. Nichts wie ab zum Frühstück und danach auf Entdeckungsreise durch Sainte-Sophie bei Tag, bevor sie sich mit Carole Fournier treffen würde!

Auf dem Weg nach unten ins Hotelfoyer kam ihr Jeanette entgegen, die ihr den Weg zum Salon zeigte, wo alle Mahlzeiten eingenommen wurden. Charlotte ging zur Rezeption, um dort ihren Schlüssel zu hinterlegen. Als sie sich umdrehte, prallte sie plötzlich mit voller Wucht gegen jemanden.

„Huch!“, entfuhr es ihr, als sie einen Mann erblickte, der direkt vor ihrer Nase heftig balancierend einen Karton mit mehreren Flaschen Rotwein in seinen Armen vor dem Herunterfallen rettete.

„Zut!“, schimpfte er, um direkt im nächsten Moment zu lachen und sich bei Charlotte zu entschuldigen.

„Verzeihen Sie bitte! Ich habe Sie nicht gesehen. Das kommt davon, wenn man rückwärtsgeht!“

Charlotte lächelte verwirrt. Der Mann trug exakt das Gleiche wie sie – Jeans, weißes Hemd und weiße Sneakers, hatte ein umwerfendes Lächeln und stand nun, den Karton mit Rotwein sicher im Arm, vor ihr und blickte sie mit einem strahlenden Lächeln an.

Charlotte schluckte und merkte, wie sie ihn mit offenem Mund anstarrte. Ihr schossen mehrere Fragen gleichzeitig durch den Kopf. *Wieso sind hier alle so entspannt drauf? Wie kann man bitte so toll aussehen? Und wirke ich jetzt todsicher wie eine Kuh, wenns donnert?* Schnell machte sie ihren Mund zu und überlegte fieberhaft, was sie sagen sollte.

„Ach! Gar kein Problem“, sagte sie und trat einen Schritt zur Seite, um ihm den Weg zum Ausgang frei zu machen. Doch der Mann machte keine Anstalten, sich fortzubewegen. Er blieb einfach vor ihr stehen und ließ neugierig seinen Blick über ihr Haar streifen, das wahrscheinlich gerade etwas unvorteilhaft begann zu trocknen. Charlotte merkte, wie ihr langsam die Schamesröte ins Gesicht stieg.

„So viel Wein so früh am Morgen, da kann man natürlich schon mal aus dem Gleichgewicht kommen“, sagte sie jetzt.

Der Mann warf seinen Kopf leicht zur Seite und lächelte ihr direkt ins Gesicht.

„Da haben Sie natürlich recht, Madame.“

Charlotte spürte, dass ihr Gesicht in wenigen Sekunden die Farbe einer knallroten Languste annehmen würde. Sie musste sich ganz schnell aus der Situation retten. So viel männlicher Charme zu dieser unchristlichen Zeit und noch dazu vor dem Frühstück war eindeutig zu viel für sie. Sie tat noch einen Schritt zur Seite und streckte die Hand zum Ausgang aus, in der Hoffnung, dass der Mann von dannen ziehen würde, was er natürlich nicht tat.

Verdammt. Sie musste irgendetwas Sinniges sagen, sonst lächelte er sie einfach weiter an und blieb da stehen – grundlos, strahlend, mit diesen breiten Schultern und kräftigen Armen, den haselnussbraunen Locken, dem frisch geduschten Duft und dem hübschen Mund. Und das durfte auf gar keinen Fall passieren.

„Rückwärtsgehen soll unheimlich gut für die Knie sein, hab ich neulich gesehen“, sagte sie jetzt. „Ich habe keine Ahnung, ob das stimmt, es macht aber, denke ich, nur Sinn, wenn man bei der Gelegenheit nicht stürzt und sich Blessuren holt“, fuhr sie fort.

Jetzt brach der Mann in lautes Lachen aus.

Charlotte lächelte verlegen, blickte zu Boden und zeichnete mit der Schuhspitze imaginäre Kreise auf den Boden. *Jetzt hau endlich ab, sonst rede ich noch mehr Unsinn*, dachte sie.

„Na, vielen Dank! Wollen Sie mir durch die Blume sagen, dass ich in dem Alter bin, wo man sich um die Gesundheit seiner Knie sorgen müsste?“

Charlotte blickte auf und schaute jetzt direkt in seine grünbraunen Augen, die sie amüsiert anfunkelten.

„Sind Sie immer so charmant, Madame?“

„Kommt drauf an“, schoss Charlotte zurück. „Morgens vor dem Frühstück bin ich nicht ich selbst. Böse Zungen behaupten sogar, ich sei gemeingefährlich.“

Der Mann riss in gespielter Angst die Augen auf und bewegte sich rückwärts Richtung Ausgang. „Ich verstehe! Sehen Sie? Ich setze das mit dem Rückwärtsgehen sofort um und werde Ihnen nicht mehr zur Last fallen. Adieu!“

Charlotte winkte ihm lächelnd zu, drehte sich um und ging zum Salon. Himmel Herrgott, was ein Stress zu dieser Stunde! Und wie peinlich! „Dass ich aber auch immer so schüchtern bin und gleichzeitig so eine große Klappe habe“, zischte sie leise vor sich hin. Tolle Kombination! Aber mit so einer Begegnung hatte sie nun wirklich nicht gerechnet. In all den Jahren mit Stefan hatte sie nie geflirtet. Sie war eine zutiefst treue Seele und war außerdem viel zu sehr damit beschäftigt gewesen, ihre Beziehung zu retten. Aber auch davon abgesehen war sie nie besonders gut darin gewesen, dem anderen Geschlecht schöne Augen zu machen. Es lag ihr einfach nicht. Und weil es ihr so unangenehm war, überspielte sie ihre Unsicherheit blitzschnell mit Witzen. Nicht sexy, aber safe. Ein todsicheres Rezept, das immer funktionierte.

Charlotte bestellte ihr Frühstück und nahm weit hinten am letzten Fenster des Salons Platz. Sie spürte, wie die Schamesröte langsam aus ihrem Gesicht wich und ihr Herz zu einem normalen Tempo zurückfand. Dann servierte der Ober ihre Bestellung, die sie verzückt in Augenschein nahm. Goldbraunes Baguette, frische Butter und eine winzige Schale Meersalz. Sie butterte ein Stückchen Baguette, ließ ein wenig Salz darüberrieseln und führte es beherzt zum Mund. Genüsslich schloss sie die Augen und nahm einen Schluck Kaffee. Himmlisch. Einfach nur traumhaft!

Nach dem Frühstück blickte sie auf ihre Armbanduhr. Bis zu ihrer Verabredung mit Carole Fournier blieb noch genügend Zeit für einen Spaziergang. Sie wollte mehr von Sainte-Sophie sehen als nur den Marktplatz und machte sich auf. Noch immer herrschte strahlender Sonnenschein, Pulli und Jacke konnten also getrost auf dem Zimmer bleiben.

Vom Marktplatz gingen ringsum mehrere Wege ab. Wie am Abend zuvor ließ sich Charlotte treiben und wählte, ohne lange nachzudenken, den erstbesten Weg. Die Kopfsteinpflasterstraße führte sie durch enge Gassen, in denen sich blühende Bougainvilleen in satten Farben um schmiedeeiserne Balkone rankten. Der Herbst hatte hier definitiv noch keinen Einzug gehalten. Die Luft war durchzogen von süßem Kräuterduft, der sich nach wenigen Gehminuten mit dem köstlichen Aroma von frisch gebackenem Brot aus einer weiteren Boulangerie vermischte. *Vielleicht muss ich mich einfach noch mal zwicken, nur diesmal etwas doller*, dachte Charlotte. Das hier alles konnte einfach nicht wahr sein.

Als sie den Marktplatz um kurz vor eins wieder erreichte, sah sie schon von Weitem eine Frau alleine an einem der Tische des *Joseph's* sitzen. *Das könnte sie sein*, dachte Charlotte und näherte sich ihr langsam. Die Frau blickte auf, fixierte Charlotte kurz und lächelte ihr dann zu.

„Madame Bergmann?“

„Ja, das bin ich! Hallo, Madame Fournier!“

Charlotte nahm Platz und lehnte sich zurück. Carole Fournier war wie erwartet im gleichen Alter und sah genauso sympathisch aus, wie sie zuvor am Telefon geklungen hatte. Sie trug ein rot-weiß gestreiftes Shirt, einen weißen Baumwollrock und hübsche Ballerinas. Ihren dunkelbraunen Bubikopf trug sie seitlich gescheitelt. Sportlich, frisch und superfranzösisch, dachte Charlotte und lächelte Carole erwartungsvoll an.

„Wie war Ihre Reise? Und wie ist das Hotel? Hat Jeannette Ihnen ein schönes Zimmer gegeben?“

„Oh ja, das hat sie. Ich habe ein Zimmer gebucht und eine Suite bekommen!“

Carole Fournier lachte auf. „Ja, so ist sie. Ein echter Schatz! Sie liebt ihren Job, und das merkt man.“

Während Carole die Getränke für sie beide bestellte, überlegte Charlotte, wie sie möglichst elegant das Gespräch auf ihren Vater lenken sollte. Einerseits wollte sie wissen, was geschehen war, andererseits hatte sie auch ein bisschen Angst, es zu erfahren.

„Haben Sie meinen Vater gekannt?“, fragte sie Carole Fournier schließlich geradeheraus.

Sie blickte Charlotte fest in die Augen. „Ja, das habe ich. Hier in Sainte-Sophie kennt jeder jeden, manche mehr, andere weniger. Wir sind zu groß für ein Dorf und zu klein für eine Stadt. Ihren Vater habe ich vor einigen Jahren näher kennengelernt. Er half meinem Mann und mir bei der Begutachtung unseres Hauses und der Planung aller notwendigen Renovierungsarbeiten.“

„Verstehe“, sagte Charlotte und verbiss sich die Frage nach seinem Beruf. Nur zu gerne hätte sie jetzt gewusst, in welchem Job er tätig gewesen war. Doch dann wäre sofort klar gewesen, dass sie ihn überhaupt nicht kannte, und das wäre ihr unangenehm gewesen.

„Wissen Sie mehr darüber, was ihm zugestoßen ist?“, fuhr Charlotte stattdessen vorsichtig fort.

„Eine Nachbarin hatte ihn zufällig gefunden“, erklärte Carole Fournier. „Die beiden waren zum Frühstück verabredet, und als er nicht auftauchte, ging sie zu ihm.“

Charlotte runzelte die Stirn. Carole Fournier bemerkte das und fuhr mitfühlend fort.

„Es sah zunächst wie ein Schwächeanfall aus. Aber noch bevor man ihn gründlich untersuchen konnte, ist er im Krankenhaus ruhig und sanft eingeschlafen, ohne Schmerzen oder Angst.“

Charlotte versuchte, sich diesen Moment auszumalen. Dieser Ort war so lebendig, so bunt und verströmte so viel Heiterkeit, dass man sich den Tod hier nur schwerlich vorstellen konnte.

„Darf ich fragen, ob Sie Kontakt zu Ihrem Vater hatten?“, fragte Carole jetzt. Volltreffer. *Die Frau hat sehr feine Antennen*, dachte Charlotte. Gleichzeitig wirkte sie so freundlich und einfühlsam, dass sie beschloss, offen mit ihr zu sprechen.

„Nein, wir hatten keinen Kontakt“, antwortete sie. „Ehrlich gesagt habe ich ihn niemals getroffen. Meine Mutter und er hatten sich bald nach meiner Geburt getrennt.“

Carole nickte verständnisvoll.

„War für mich aber nie ein Problem“, fügte sie hinzu.

„Ach, das erging einer meiner Cousinen genauso. Unsere Familie ist so groß, überall sind Onkel und Tanten, Geschwister und Cousins. Sie sagt bis heute, dass es ihr nie an etwas gefehlt habe."

Charlotte nickte und sah vor ihrem geistigen Auge ein kleines Mädchen in den Gassen von Sainte-Sophie spielen, so wie die Kinder am Abend zuvor. Hier Kind sein, das musste der Himmel auf Erden sein und etwas völlig anderes als in einer großen Stadt im Norden Europas.

Der Ober brachte die hausgemachte Lavendel-Limonade auf Eis, und sie stießen an. Carole klärte Charlotte über die Prozedur am folgenden Tag auf, und nachdem sie damit fertig war, plauderten sie über dies und das. Charlotte hatte nicht damit gerechnet, sich ausgerechnet bei diesem Termin so wohlzufühlen. Trotz der ernsten Thematik war alles entspannt. Caroles angenehm lässige Art brach sofort das Eis und gab Charlotte das Gefühl, als würden sie sich schon lange kennen. Nach einer guten Stunde ergriff Carole ihre Handtasche.

„Ich muss mich jetzt leider entschuldigen, mein nächster Termin steht an", erklärte sie, während sie ihre Geldbörse aus der Handtasche holte.

„Gar kein Problem", versicherte Charlotte. „Und bitte, das geht auf mich! Ich bleibe noch ein wenig. Gehen Sie nur."

„Danke schön", sagte Carole. „Ja, tun Sie das, bleiben Sie, man kann hier sehr gut zu Mittag essen."

„Werde ich tun", sagte Charlotte. „Die Zeit ist leider viel zu kurz, um alles zu entdecken, auch kulinarisch. Wenn morgen alle Formalitäten abgewickelt sind, muss ich irgendwann einmal wieder herkommen, um Urlaub zu machen. Es ist so schön hier, nicht zu fassen."

Carole Fournier runzelte die Stirn, was Charlotte sofort bemerkte und verwunderte. Was hatte das zu bedeuten? Noch bevor sie fragen konnte, schien die Nachlassverwalterin ihre latenten Sorgen zu bestätigen.

„Sie wissen schon, dass sich diese Formalitäten noch eine Weile hinziehen können?", fragte die jetzt mit ernster Miene. Da! Hatte sie es doch gewusst. *Irgendetwas stimmt nicht mit dem Erbe.* Charlottes Abreise nach Frankreich war so schnell gegangen, dass sie sich keine Gedanken um Details machen konnte, doch nun wurde ihr schlagartig bewusst, dass so ein Testament durchaus Fallstricke barg. Hätte sie sich vorab einen Anwalt suchen müssen? Was, wenn ihr Vater ihr einen Berg Schulden hinterließ? Konnte sie dann noch abspringen? Sie musste die

Frau fragen, bevor sie sich allzu verrückt machte. Jetzt sofort und direkt, bevor sie weg war.

„Was meinen Sie damit? Morgen wird das Testament verlesen, und ich gehe davon aus, dass ich keine bösen Überraschungen zu erwarten habe – oder?“, brach es aus ihr heraus.

In Carole Fourniers Gesicht breitete sich langsam ein verschmitztes Lächeln aus.

„Ich darf Ihnen keine Informationen vorab geben. Ich sage nur so viel: Machen Sie sich bitte keine Gedanken.“

Charlotte atmete erleichtert auf.

„Na, Gott sei Dank“, sagte sie. „Ich hatte mir schon Sorgen gemacht.“

Carole Fournier lächelte noch immer, als Charlotte beschloss, ihre allerletzten Zweifel aus dem Weg zu räumen.

„Können Sie mir sagen, warum die Formalitäten länger dauern als bis morgen? Ich muss nächste Woche wieder arbeiten, und am Wochenende werden hier sicher weder Notariate noch Banken geöffnet sein, um alles Notwendige abzuschließen.“

„Frau Bergmann“, setzte Carole Fournier an und machte eine Kunstpause, die Charlottes Herzschlag sofort um mehrere Takte beschleunigte. „Wie sagen Sie das noch im Deutschen? Die Dinge gelassen auf sich *zulaufen* lassen?“

„Zukommen lassen“, klärte Charlotte auf.

„Haha, ja genau! Lassen Sie die Dinge entspannt auf sich zukommen. Genießen Sie diesen schönen Tag, kommen Sie morgen früh in mein Büro, und nach der Verlesung werden Sie sehen, was ich meine. D’accord?“

„D’accord“, antwortete Charlotte.

Die Frauen verabschiedeten sich, und Carole Fournier machte sich auf den Weg zu ihrem Termin. Charlotte sah ihr nach und spürte genau, dass etwas Gewaltiges auf sie zukam. Etwas, das ihr Leben auf allen nur erdenklichen Ebenen gehörig durcheinanderbringen würde. Etwas, das ihr Herz schneller schlagen ließ und sie in allergrößte Spannung versetzte. Nur was das sein sollte, davon hatte sie keinen blassen Schimmer.

Kapitel 7

ALS am nächsten Morgen um sieben Uhr Charlottes Wecker klingelte, war sie ganz entgegen ihrer schlafverliebten Natur bereits wach. Ihr Bett war so gemütlich, dass sie es am liebsten mit nach Hamburg genommen hätte – die Umgebung, all die netten Menschen und das traumhafte Wetter inklusive. Trotzdem konnte sie nach einigen wenigen unruhigen Stunden nicht mehr weiterschlafen. Noch vor Sonnenaufgang war sie aufgestanden, um sich einen köstlichen Orangentee mit braunem Kandis zu machen und direkt wieder unter die warme Decke zu schlüpfen.

Während der Tee langsam ihre Sinne belebte, fragte sich Charlotte, was sie an diesem Tag wohl erwarten würde. Was würde sie heute Abend, wenn sie sich wieder zum Schlafen in dieses Bett kuscheln würde, wissen, was ihr jetzt noch total unbekannt war? Ihre Sorgen waren nach dem Gespräch mit Carole verflogen. Sie hatte nichts Schlimmes zu erwarten, so viel stand fest. Obwohl sie Carole nur wenige Stunden kannte, hatte sie sofort Vertrauen zu dieser Frau gefasst. Sie erinnerte sie an die junge Inès de la Fressange, ein Model aus den 1980er-Jahren, das ihre Mutter ganz toll fand. Groß und schlank mit braunen kurzen Haaren und einem hinreißenden Lächeln, bei dem direkt klar war: Mit dieser Frau kann man um die Häuser ziehen, Pferde stehlen und über alles reden, das einem auf dem Herzen liegt. Carole war elegant, ohne unnahbar zu wirken, war warm und herzlich.

Noch knapp zwei Stunden, bis sie ihr Büro betreten würde. Höchste Zeit zum Fertigmachen. Charlotte schlüpfte aus der leichten Daunendecke und lief zum Fenster, um den Tag zu begrüßen. Inzwischen war in Sainte-Sophie die Sonne aufgegangen. Die Luft war noch kühl und duftete herrlich frisch nach dem satten Grün des dicht bewachsenen Hinterhofs. Ein Blick auf den azurblauen Himmel zeigte Charlotte, dass auch dieser Tag strahlend schön werden würde. *Und ich muss bald wieder nach Hamburg*, dachte sie. *So schade.*

Für die Verlesung des Testaments hatte Charlotte ein dunkelblaues Kostüm mit Rock in italienischer Länge eingepackt, das ihre Kurven raffiniert umspielte. Sie duschte, zog sich an und bändigte ihre Locken zu einer schlichten Hochfrisur. Als sie fertig war, lief sie wie am Morgen zuvor Richtung Frühstückssalon. Vorsichtig blickte sie um sich. Die Luft war rein. Weit und breit kein absurd schöner Mann mit Rotweinkarton im Arm, der sie gleich umhauen würde – wortwörtlich und im übertragenen Sinn. Erleichtert atmete sie auf und lächelte. Dabei wäre sie heute mental auf ihn vorbereitet gewesen. Wer weiß, Sainte-Sophie war kein kleines Dorf und hatte alles, was man brauchte, war aber zugleich so überschaubar, dass man sich früher oder später über den Weg lief, ob man wollte oder nicht. Egal, für einen solchen Zufall wäre sie erstens nicht in der Verfassung und zweitens ohnehin nicht mehr lange genug hier.

Charlotte genoss zum zweiten Mal ihr heiß geliebtes Baguette mit gesalzener Butter und trank dazu einen starken schwarzen Kaffee. Um acht Uhr verließ sie das *Chez Jeanette* und machte sich auf den Weg zu Caroles Büro. Die hatte ihr den Weg dorthin genau erklärt und gesagt, dass sie höchstens eine Viertelstunde unterwegs sein würde. Doch Charlotte wollte auf Nummer sicher gehen. Ihr unterentwickelter Orientierungssinn war legendär und immer wieder Anlass für Späße ihrer Freunde. Heute durfte sie keinesfalls zu spät kommen, doch ganz entgegen ihrer Befürchtungen fand sie den Weg auf Anhieb.

Carole Fourniers Büro lag einige Gassen vom Marktplatz entfernt in einem wunderschönen historischen Gebäude, in dem neben einigen Geschäftsbüros das Gemeindehaus und das Bürgermeisteramt untergebracht waren. Das Gemeindehaus war die zentrale Anlaufstelle für die Bewohner und beherbergte alle Verwaltungsbüros von Sainte-Sophie. Aus der Signatur in Carole Fourniers Brief ging hervor, dass sie als Nachlassverwalterin in einem Notariat arbeitete. Charlotte studierte die große Tafel vor den Treppen und sah, dass sich das Notariat im Gebäudeteil mit den Geschäftsbüros befand. Langsam stieg sie die Stufen zum Foyer nach oben, umgeben von Menschen auf dem Weg zur Arbeit. Hätte sie jetzt Zeit, würde sie sich irgendwo hinsetzen und alle Eindrücke in sich aufsaugen. Sie liebte es, Menschen in anderen Ländern zu beobachten. Ihre Kleidung, ihre Parfüms, wie sie sich bewegten, redeten und lachten. Frankreich war eines der Länder, in dem Beobachtungen wie diese richtigen Spaß machten. Charlotte hatte seit frühester Kindheit eine große Schwäche für alles Schöne, und Sainte-Sophie bot alles, um diese Schwäche zu befriedigen. Da musste man gar nicht erst nach Aix, Marseille oder Paris reisen. Im Gegenteil: Hier waren die Menschen irgendwie echter, alltäglicher und direkter fassbar.

Sie meldete sich im großen Foyer des Gebäudes an der Rezeption an und wurde in den ersten Stock des linken Flügels verwiesen. Sie verzichtete auf den Fahrstuhl und nahm die Treppe. Oben angekommen lief sie den Flur entlang auf der Suche nach Caroles Büro, das sie nach wenigen Sekunden fand. An der offenen Tür blieb sie stehen und blickte in den großen, lichtdurchfluteten Raum. Die Sonne schickte ihre Strahlen durch das große Fenster auf das glänzende, nach Bienenwachs duftende Parkett. Vor den bis zur hohen Decke reichenden Bücherregalen stand Carole an einem wuchtigen, antiken Sekretär und blickte auf ihre Unterlagen. Im Zentrum des Büros standen Stühle in Reih und Glied, auf denen bereits zwei Frauen Platz genommen hatten.

Carole winkte Charlotte mit einem aufmunternden Lächeln in ihr Büro.

„Guten Morgen, Madame Bergmann, treten Sie nur ein, möchten Sie etwas trinken? Kaffee, Tee, Wasser? Eine Orangina vielleicht?“

„Guten Morgen. Ich nehme gerne ein Mineralwasser, danke“, sagte Charlotte und trat ein. Sie legte ihre Handtasche auf einem der Stühle ab.

„Sehr gerne“, sagte Carole Fournier. „Darf ich Sie miteinander bekannt machen? Charlotte Bergmann, die Tochter des verstorbenen François Durand, Margot Dupont, die Nachbarin Ihres Vaters, und Sibylle Bernard, unsere Dolmetscherin für die heutige Verlesung.“

Alle gaben sich die Hand und nickten einander zu, getragen von der Frühe des Tages und dem Respekt vor dem Mann, für dessen letzten Wunsch sich heute alle versammelt hatten.

„Guten Morgen, Ricardo“, rief Carole dem kleinen, dünnen Mann in einem grauen Anzug zu, der jetzt mit ernstem Gesicht und schnellen Schritten das Büro betrat. Carole stellte ihn als den Notar, Ricardo Garcia, vor. Nachdem die Sekretärin alle Getränke serviert hatte, wurde es still im Raum. Carole hängte ein Schild mit der Aufschrift „Ne pas déranger, s.v.p." an den alten, goldenen Knauf der Türe, die sie sanft schloss.

„Nun, dann wären wir vollzählig“, sagte sie und nahm gemeinsam mit Garcia an ihrem Schreibtisch Platz. Die beiden sortierten Papiere und tauschten sich leise miteinander aus. Ricardo Garcia nickte, nahm eine mit schwarzem Leder eingebundene Kladde in die Hand und öffnete sie langsam und bedacht. Charlotte beobachtete alles voller Spannung. Sie hatte auf Anweisung der Nachlassverwalterin neben der Dolmetscherin Platz genommen, die ihr jedes Wort simultan übersetzen würde, so, wie es ihr Carole Fournier gestern im Café erklärt hatte.

„Lassen Sie sich von den Formalitäten nicht einschüchtern“, hatte sie im *Joseph's* gesagt. „Was für Neulinge durchaus beeindruckend wirken kann, ist in Wahrheit reine Routine für uns. Das Ganze dauert etwa eine halbe Stunde und beginnt mit einer längeren Strecke an Formalitäten. Die Kernverlesung bildet den Schlussteil und ist verhältnismäßig kurz. Danach gibt es noch Zeit für Fragen und Gespräche, falls gewünscht.“

Die Dolmetscherin Sibylle Bernard saß Charlotte leicht zugewandt und folgte mit konzentriertem Blick jeder Bewegung, die der Notar und Carole Fournier machten. Es konnte jede Sekunde losgehen. *Was ein Job*, dachte Charlotte voller Bewunderung. Die Frau neben ihr konnte jedes Wort auf korrekte Weise in eine andere Sprache übersetzen, eins zu eins, spontan, von jetzt auf gleich. Der Notar und Carole Fournier waren noch immer mit ihren Unterlagen beschäftigt. Charlottes Blick glitt zum Fenster, hinaus auf die Baumkronen, die langsam im Wind hin und her tanzten. Noch bevor sich Charlotte in Tagträumen verlor, vernahm sie ein Räuspern. Sie blickte auf Ricardo Garcia, der jetzt die Verlesung initiierte.

„Mesdames et Messieurs,

Nous sommes réunis en ce jour solennel pour accomplir l'ultime volonté de François Durand, qui nous a quittés pour rejoindre l'éternité. En ce moment de recueillement, nous nous rappelons avec respect et affection la vie qu'il a menée, les souvenirs qu'il a créés, et l'héritage qu'il laisse derrière lui ...“

Mit kurzen Pausen begann Sibylle Bernard jedes Wort leise nahe Charlottes Ohr zu übersetzen.

„Meine Damen und Herren,

wir sind heute versammelt, um den Letzten Willen von François Durand zu erfüllen, der von uns gegangen ist, um in die Ewigkeit einzutreten. In diesem feierlichen Moment gedenken wir mit Respekt und Zuneigung dem Leben, das er gelebt hat, den Erinnerungen, die er geschaffen hat, und dem Erbe, das er hinterlässt."

Es folgten weitere allgemeine Phrasen, die auf das Ableben jedes beliebigen Menschen hätten passen können. Charlottes Gedanken drifteten in solchen Momenten normalerweise ab. Sie hatte die zweifelhafte Gabe, komplett auf Durchzug zu stellen, sobald sie etwas nicht interessierte. Formalitäten oder technische Informationen gehörten zu den Dingen, auf die sie sich noch nie konzentrieren konnte, und das, was ihr Sibylle Bernard nun leise mitteilte, war sehr formell. Dieser Tick gehörte zu ihr wie ihre Sommersprossen und ihre Liebe für gutes Essen. Doch hier und heute hörte Charlotte konzentriert auf jedes Wort. Es war ihr schon fast unangenehm, dass wegen ihr eine Dolmetscherin hatte anreisen müssen. Wenigstens war neben ihr noch eine Dame als Erbin anwesend.

„Das Testament von François Durand ist weit mehr als nur ein juristisches Dokument. Es ist das Zeugnis seiner tiefsten Wünsche, seiner Werte und seiner Liebe zu denen, die ihm am Herzen lagen. Indem wir es heute lesen, ehren wir sein Andenken und verpflichten uns, seine Wünsche gewissenhaft zu respektieren."

Seiner Liebe zu denen, die ihm am Herzen lagen? Charlotte kam ins Grübeln. War die Frau hier im Raum vielleicht seine Freundin? Oder war am Ende sie selbst gemeint? Nein, das konnte nicht sein. Das hätte sie gewusst, wenn da irgendeine Liebe gewesen wäre. Sie hatte es Charlotte nie direkt gesagt, aber es war trotzdem mehr als deutlich, dass ihre Mutter keine Liebe zu diesem Mann verband. Und die gleiche Kühle musste sich wohl bei ihrem Vater auch auf sie, Charlotte, niedergelegt haben. Die beiden hatten wohl eher so etwas wie ein Strohfeuer. Sie, Charlotte, war das, was man gemeinhin als Unfall bezeichnete – ein sehr geliebter Unfall, freilich. Aber eben geliebt von ihrer Mutter und deren Familie. Ihr Vater war einfach kein Teil ihres Lebens gewesen. In jungen Jahren hatte es schon einige Momente in Charlottes Leben gegeben, in denen sie sich gefragt hatte, warum er niemals den Kontakt zu ihr gesucht hatte. Meistens dann, wenn es ihr nicht gut ging. Doch diese Gedanken verflogen meist schneller, als sie gekommen waren.

„Mögen die Worte, die er hinterlassen hat, unsere Handlungen leiten und sein Erbe fortsetzen. Jeder von uns, sei es als Testamentsvollstrecker oder Begünstigter, möge mit Verantwortung und Güte handeln, im Gedenken an den, der von uns gegangen ist."

Charlotte stellte erleichtert fest, dass die Dolmetscherin einen frischen, nach Pfefferminz duftenden Atem hatte. Das musste man auch haben, wenn man Menschen so nahe kam, noch dazu so früh am Morgen. Was diese Frau wohl schon alles gedolmetscht hatte in ihrem Leben? Charlotte wollte es gar nicht wissen, für sie war schon diese Verlesung hier wie ein Krimi. Bis jetzt war sie davon ausgegangen, dass man sie hierhergerufen hatte, um eine einfache Formalität zu erledigen. Ein intimeres Gespräch, in dem man einen Schriftsatz vorliest. Ein kleiner Geldbetrag, der an sie übergehen würde. Ein paar Verpflichtungen vielleicht noch, das Ausräumen einer Wohnung, irgendetwas in der Art, mehr nicht. Doch würde man dann so viel Aufheben machen, wie heute in dieser Verlesung? Charlotte wurde zusehends unruhiger.

Plötzlich wurde es still. Der Notar hatte aufgehört zu sprechen, genau wie die Dolmetscherin, die den Notar ungebrochen im Blick behielt. Carole Fournier zwinkerte Charlotte zu, als Garcia mit feierlicher Stimme fortfuhr.

„Im Namen des verstorbenen François Durand möchte ich nun den spezifischen Teil seines Testaments vorlesen, der sich auf seine geliebte Tochter Charlotte Bergmann bezieht."

Seine geliebte Tochter? Waren das nun Phrasen, die zum guten Ton gehörten hier in Frankreich? Oder wie sollte sie das verstehen?

„François Durand hinterlässt seiner Tochter Charlotte Bergmann in tiefem Vertrauen und in tiefer Liebe ein ganz besonderes Erbe. Es handelt sich um das sechs Hektar große Land, das er in dritter Generation besaß ...“

Sechs Hektar Land? Charlotte blickte verdutzt auf. Um Himmels willen, sechs Hektar Land? Mit Grundbesitz hatte sie gar nicht gerechnet. Sie überlegte fieberhaft, um welche Ausmaße es sich hier handelte. Als Innenarchitektin waren ihr technische Informationen wie diese natürlich geläufig, jedoch konnte sie sich diese Größe im Augenblick nicht wirklich vorstellen, bis ihr siedend heiß einfiel, wie groß das Vergleichsmaß war, das sie stets als Referenzgröße heranzog. 0,7 Hektar war die Größe eines Fußballfeldes! Sie hatte also eine Landfläche geerbt, die größer als acht Fußballfelder war!

„... die Obstgärten, das ehemalige Diensthaus sowie das Hauptgebäude des Anwesens, das einst als Hotel diente.“

Charlotte erstarrte und drehte sich langsam zur Dolmetscherin.

„Was haben Sie gerade gesagt? Ich, ich ... ich habe Sie nicht verstanden“, stotterte Charlotte entgeistert.

Garcia verstummte und blickte auf die Dolmetscherin, die den letzten Abschnitt wiederholte. Charlotte schnappte nach Luft. Ein Anwesen mit Obstgärten? Was sollte sie denn damit anstellen? Golf spielen? Apfelkuchen backen? Und was für eine Liebe? Liebe? Was geschah hier? Der Notar und Sibylle Bernard fuhren fort.

„Es war der Wunsch von François Durand, dass seine Tochter Charlotte das Land und das Anwesen als ihr eigenes betrachtet, umgeben von den

Erinnerungen an vergangene Zeiten und für eine Zukunft voller Möglichkeiten.“

Charlotte hatte mit einem Mal das Gefühl, dass sich der Raum bewegte, und fragte sich eine Millisekunde lang, ob sie sich auf einem Erdbebengebiet befand. Wenn man überwältigt ist, wie sie es jetzt war, schießen einem die irrsinnigsten Ideen durch den Kopf. *Einatmen und ausatmen. Keine Panik. Alles ist gut. Das wird sich alles regeln. Land. Anwesen. Obstgärten. Irgendjemand wird alles das kaufen wollen. Genau, ich werde alles verkaufen, natürlich!* Charlottes Gedanken fuhren Achterbahn, während sie sich selbst innerlich zur Ruhe mahnte.

„Sind Sie bereit für die weitere Testamentsverlesung, Madame Bergmann?“ Ricardo Garcia, der bis jetzt eher geschäftig und ernst gewirkt hatte, blickte nun mit einem gütig warmen Lächeln zu Charlotte, die starr auf ihrem Stuhl saß. Die Dolmetscherin übersetzte seine Frage und wartete auf Charlottes Antwort.

Sie entließ ein leises „Ja“ über ihre Lippen, obwohl sie genug gehört hatte. Sie war sprachlos. Mit einer derartig umfassenden Hinterlassenschaft hatte sie nicht gerechnet. Und was sie fast noch mehr umhaute, waren die Worte ihres Vaters. Das waren keine Phrasen. Dieser Mann meinte sie, Charlotte Bergmann. Was auch immer er für sie empfunden hatte all die Jahre, konnte sie nicht sagen, aber Gleichgültigkeit war es anscheinend nicht gewesen. Charlotte wollte hinaus an die frische Luft, all das verarbeiten. Für sie war diese Verlesung abgeschlossen – was sollte jetzt noch kommen? Mehr konnte sie nicht mehr verkraften.

Doch Garcia sprach weiter. Die Verlesung des Testaments ihres Vaters war mitnichten abgeschlossen. Ricardo Garcia fuhr fort und teilte weitere Informationen, darunter eine, die Charlotte endgültig den Boden unter den Füßen wegzog.

Kapitel 8

ALS Charlotte den kleinen Park mit Kinderspielplatz erreichte, nahm sie auf einer der äußeren Bänke Platz und atmete tief durch. Hier konnte sie versuchen, wieder einen klaren Gedanken zu fassen. Ihr Kopf brummte ohne Unterlass, Gedanken schwirrten wild umher, und der Schwindel begann nur langsam sich zu legen. Sie griff in ihre Tasche und nahm einen großen Schluck aus ihrer Wasserflasche. Was war hier gerade passiert? Nachdem Garcia die Verlesung offiziell abgeschlossen hatte, konnte sie es nicht erwarten, das Büro zu verlassen. An jedem anderen Tag hätte sie die frischen Düfte in dem Raum genossen. Heute war ihr alles zu viel. Das Aroma eines frisch gewienerten Parkettbodens würde ihr für den Rest ihres Lebens besagten Boden unter den Füßen wegziehen, so sehr hatte sich der Schreck über die Verkündung mit den heutigen Eindrücken in ihr verbunden. Sie hatte sich rasend schnell von allen Anwesenden verabschiedet und war geradezu aus dem Gebäude gestürmt. Carole Fournier hatte ihr noch mit sorgenvollem Blick hinterhergerufen, dass sie sich mit allen ihren Fragen bei ihr melden solle. Tja, das würde sie mit Sicherheit tun, denn Fragen hatte sie jede Menge. Zum Beispiel zum letzten Teil der Verlesung, dem sie mit weit aufgerissenen Augen gelauscht hatte.

„Im Testament von François Durand gibt es noch eine weitere bedeutende Hinterlassenschaft für seine geliebte Tochter Charlotte Bergmann“, hatte die Dolmetscherin nach einer kurzen Pause weiter übersetzt.

„François Durand vermacht seiner Tochter Charlotte Bergmann neben dem Anwesen und dem dazugehörigen Land überdies eine Geldsumme von 250 000 Euro. Die mit diesem Erbe verbundenen Steuern sind bereits bezahlt. Der Betrag soll dazu dienen, Charlottes Zukunft zu unterstützen, sei es bei der Erhaltung des Anwesens, bei eigenen

Projekten oder bei anderen Lebensplänen, die sie verwirklichen möchte. François Durand vertraut darauf, dass seine Tochter diesen Betrag mit Bedacht und Weisheit verwenden wird, um ihr Leben in Erfüllung und Glück zu gestalten.“

Charlotte war noch nie in ihrem Leben in Ohnmacht gefallen und hatte es auch an diesem Morgen nicht getan, jedoch hatte nicht mehr viel gefehlt. Das fremde Land. Die Uhrzeit. Der Duft von Bohnerwachs, Pfefferminze und frisch geduschten Menschen. Die Morgensonne, die ihr während der gesamten Verlesung direkt auf den Kopf schien. Und das, was dieser Garcia sagte. Sie verstand eigentlich alles, folgte aus Unglauben jedoch Wort für Wort dem, was von der Dolmetscherin Sekunden später bestätigt wurde.

Sie war vollkommen sprachlos gewesen und hatte Carole Fournier mit weit aufgerissenen Augen angestarrt. Direkt danach folgte der letzte Passus. Er galt der Nachbarin und guten Freundin ihres Vaters, Margot Dupont, der ein Geldbetrag von 30 000 Euro vermacht wurde sowie lebenslanges freies Wohnrecht im Haus, das er ihr zu Lebzeiten vermietet hatte.

Während Charlotte langsam wieder den Boden unter ihren Füßen spürte, fiel ihr Blick auf die Nachbarin ihres Vaters, Margot, die sich Tränen vom Gesicht wischte. Sie war mindestens genauso aus dem Häuschen wie Charlotte, mit dem Unterschied, dass Charlotte noch immer schwieg und keine Regung zeigte. Erst als der Termin in den informellen Teil übergegangen war und Carole mit einem Espresso zu ihr kam, erlangte sie wieder Fassung und machte sich wenig später davon.

Hier an diesem kühlen Plätzchen unter den Trauerweiden kam sie langsam wieder zu sich. Heute Morgen war sie noch Besitzerin von – ja wovon eigentlich? Einem kleinen bisschen Erspartem. Punkt. Nun hatte man sie von jetzt auf gleich und völlig unerwartet zur Besitzerin eines großen Anwesens erklärt, und als ob es damit nicht genug gewesen wäre, hatte der kleine drahtige Notar ungehemmt weiter vorgelesen und ihr, ohne mit der Wimper zu zucken, eröffnet, dass ihr Vater ihr außerdem eine Geldsumme vermacht hatte, die sich gewaschen hatte.

Und sie hatte gedacht, sie käme schnell hierher, unterschriebe ein paar Papiere und ginge mit einer kleinen Summe wieder nach Hause, eine Summe, die dem Mann, den ihre Mutter als einfach und bescheiden beschrieben hatte, gemäß war, am Ende seiner Tage. Weit gefehlt. Was sollte sie nun tun? Heute war Freitag, am Montag wollte sie spätestens wieder zu Hause sein und arbeiten. Den Plan könnte sie jetzt wahrscheinlich knicken. Sie konnte unmöglich abreisen, ohne das Anwesen einmal gesehen zu haben. Und sicher wäre es auch nicht dumm, ein Maklerbüro aufzusuchen, um sich zumindest schon einmal zu informieren, wie man hierzulande so ein Anwesen veräußerte. Denn eines war klar: Behalten konnte sie dieses Objekt nicht, das verlassen und anscheinend so runtergekommen war, dass es dieser Geldsumme bedurfte, um es wieder herzurichten. Charlotte fühlte, wie ihre Gedanken langsam klarer wurden. *Genau, ich verkaufe alles und werde dieses Geld vernünftig anlegen. Guter Gott im Himmel – 250 000 Euro!* Was könnte sie damit anstellen … ein Häuschen auf dem Land nahe Hamburg. Sie, Wiesen und Felder, ein Hund, ein Kätzchen. Ein Mann?

Sie schloss die Augen, lehnte sich weit zurück und ließ die Gedanken kommen und gehen, so lange, bis sie sich an sie gewöhnt hatte. Ohne es zu merken, fiel sie in einen Zustand irgendwo zwischen Meditation und Halbschlaf.

„Hallo, Madame Bergmann! Sie genießen die Sonne?“

Als Charlotte die Stimme hörte, war sie so tief versunken, dass sie im ersten Augenblick nicht verstand, woher und von wem sie kam. Sie öffnete die Augen und sah Carole Fournier vor sich, einen kleinen Jungen an der Hand.

„Hallo, Frau Fournier. Ja, ich wollte ein wenig an der Luft die heutigen Eindrücke verdauen und muss dabei eingeschlafen sein.“ Charlotte kniff die Augen zusammen, weil sie die Sonne blendete, und schaute auf ihre Armbanduhr. „Ich sitze hier tatsächlich schon seit fast einer Stunde“, stellte sie fest.

„Ja, das war ein spannender Morgen, den muss man erst mal verarbeiten, das kann ich mir vorstellen“, sagte Carole Fournier mit verständnisvollem Nicken. „Eine solche Verlesung ist niemals einfach, ganz gleich unter welchen Umständen.“

Charlotte nickte jetzt ebenfalls. Sie fühlte sich so seltsam, weder froh noch traurig, irgendwo dazwischen, und sie fröstelte die ganze Zeit, obwohl sie in der Sonne saß. Um sie herum spielten Kinder, die Erwachsenen unterhielten sich und trugen leichte Blusen und Hemden, während sie noch immer mit ihrer Jacke dasaß, steif wie eine Salzstange.

„Möchten Sie lieber allein sein, oder sollen wir Ihnen ein wenig Gesellschaft leisten?“, fragte Carole Fournier jetzt.

„Gerne, nehmen Sie ruhig Platz.“ Charlotte rückte zur Seite und bot Carole den Platz neben ihr an. Der kleine Junge löste sich aus Carole Fourniers Hand, lief zu den anderen Kindern und begann sofort mit ihnen zu spielen.

„Genau so muss es sein, oder?“, fragte Carole Fournier. „Einfach hinein ins Spiel, ohne lange Umwege. Das Leben ist zu kurz für Small Talk. Die Kinder machen es genau richtig.“

Charlotte nickte. Auf ihrer berühmten Liste mit ungeliebten Dingen rangierte Small Talk ganz oben unter den Top Five.

„Ich hasse Small Talk“, platzte es aus ihr heraus.

Carole Fournier lachte und reichte ihr die Hand.

„Dann sind wir schon zu zweit“, sagte sie.

Charlotte ergriff eifrig ihre Hand und schüttelte sie kräftig.

„Die meisten Menschen tun nur erwachsen“, sagte Charlotte, während sie den Kindern beim Spielen zuschaute. „Tatsächlich sind wir alle Kinder in Erwachsenenkörpern und versuchen das bestmöglich zu vertuschen. Niemand weiß doch wirklich, wie es funktioniert, dieses Erwachsensein, oder?“

Carole Fournier nickte und blickte Charlotte bewundernd an, sagte aber nichts.

„Das ist an sich nicht das große Problem“, fuhr Charlotte jetzt fort. „Kritisch wird es für mich erst dann, wenn sie besonders schlau tun, diese Erwachsenen, ohne zu merken, wie offenkundig ihre Unsicherheit hinter der Fassade ist, mit der sie tagein und tagaus sich und alle anderen an der Nase herumführen. Dabei wäre das Leben so viel einfacher, wenn wir alle ehrlicher wären zueinander. Offener mit unseren Ängsten und Unsicherheiten umgehen würden.“

Auch Carole Fournier blickte auf die Kinder, während sie nun langsam begann, den Kopf zu schütteln. Charlotte war klar, dass diese Bewegung keineswegs fehlende Zustimmung signalisieren sollte.

„Tja, liebe Madame Bergmann. Was soll ich sagen. Ganz ehrlich? Sie sprechen mir voll aus dem Herzen. Wahnsinn. Jemanden, der so offen die Dinge beim Namen nennt, trifft man – treffe ich – leider nicht alle Tage. Normalerweise rennen die Leute weg, wenn ich sage, was ich denke."

„Das ist schön, dass Sie das sagen, mir geht es nämlich genauso. Viele haben Angst vor meiner Direktheit", sagte Charlotte und blickte Carole Fournier lächelnd an. „Sie kennen das also auch? Scheint ja dann ein internationales Phänomen zu sein, ich habe mich immer gefragt, ob das nur bei uns in Deutschland so ist."

„Oh, aber nein. Bei uns ist es das Gleiche, vielleicht sogar noch stärker ausgeprägt. Hier in Frankreich achtet man sehr auf die Form. Die Sitten der Bourgeoisie leben ungebrochen fort. Welche Kleidung man trägt, welches Auto man fährt, welchen Job man hat, welches Haus, welchen Partner … All das spielt bei den meisten Menschen eine große Rolle", erklärte Carole Fournier. „Zum Glück ist es auf dem Land wie hier in Sainte-Sophie deutlich lockerer. Klar, wir haben auch hier unsere Blender, bei denen nach außen alles tiptopy ist, während man eigentlich ganz normale Konflikte mit aller Kraft geheim hält. Aber unterm Strich lässt es sich hier entspannter leben als in den feinen Kreisen der Städte", schloss sie.

Charlotte fühlte, wie ihre Verspannung wich und Entzückung Platz machte. Diese Frau lag anscheinend nicht nur voll auf ihrer Wellenlänge, sie hatte offenbar ein Faible für deutsche Redewendungen, die sie nach eigenem Gutdünken modifizierte. Tiptopy war so ein Beispiel.

„Kommen Sie aus Sainte-Sophie oder aus der Stadt?", fragte Charlotte neugierig.

„Ich komme ursprünglich aus Nizza …"

„Wow!", rief Charlotte. „Nizza! Das ist ja quasi das Synonym für die Schönen und Reichen."

„Ja, das stimmt allerdings. Wobei schön nach meiner Definition eben relativ ist. Ich habe mich nie wohlgefühlt dort. Und ich habe auch nie dorthin gepasst. Meine Eltern führen ein großes Geschäft, bewegen sich in den bewussten Kreisen und waren viel weg auf Reisen. Für sie war und bin ich noch immer eine Art fremdes Wesen."

„Sie wollten nicht passen, das Bild nicht bedienen", sagte Charlotte vorsichtig und halb fragend.

„Ganz genau. Es war mir ehrlich gesagt ein Graus. Als die Schule endlich vorbei war, bin ich mit meiner besten Freundin für ein Jahr nach Guadeloupe gegangen, um zu jobben. Das war toll. Endlich frei! Aber meine Eltern drängten darauf, dass ich nach Hause komme, um eine Ausbildung zu machen. Von all den Möglichkeiten, die sie mir boten, empfand ich Jura als einzige gangbare Option für mich. Ich hatte sehr idealistische Vorstellungen. Ich wollte Menschen helfen und für Gerechtigkeit sorgen", sagte Carole und neigte den Kopf verträumt zur Seite. Sie wirkte plötzlich so, wie sich Charlotte das Mädchen von damals vorstellte. Anfang 20, wild und voller Ideale.

„Ich finde das nicht idealistisch, sondern genau richtig", sagte Charlotte sanft. „Genau das ist doch, was unsere Welt am dringendsten braucht. Menschen, die etwas Positives bewirken wollen."

„Ganz genau", bekräftigte Carole.

„Und wie kamen Sie nach Sainte-Sophie?", fragte Charlotte neugierig weiter.

„Ach, das ist eine lange Geschichte! Langweile ich Sie nicht?"

„Absolut nicht, im Gegenteil, ich freue mich, mit Ihnen hier sitzen zu dürfen und von Ihrem Leben zu erfahren. Wann hat man das schon?"

Carole Fournier blickte Charlotte lächelnd an.

„Finde ich auch, Madame Bergmann."

Charlotte nahm ihren Mut zusammen und holte tief Luft.

„Also, ganz ehrlich, wenn Sie es okay finden, sagen Sie bitte einfach Charlotte zu mir", sagte sie.

Carole lachte und nickte. „Wunderbar! Hallo, Charlotte, ich bin Carole!"

„Also, Carole, Sainte-Sophie – wie hat es Sie hierher verschlagen?"

Carole funkelte Charlotte an und spannte sie weiter auf die Folter. „Ja, n'est-ce-pas? Es ist toll hier, oder?"

„Supertoll, ich dachte, als ich hier ankam, ich wäre in ein Gemälde getreten. Egal, wo ich langlaufe, alles ist märchenhaft schön."

„Ja, so ging es mir damals auch, als ich aus Paris hierherkam. Dort habe ich studiert, aber nach vier Semestern abgebrochen. Es reichte mir. Mein Idealismus wurde belächelt, das ganze Studieren war nichts für mich. Meine Eltern drehten mir den Geldhahn zu, was gut war, so war ich gezwungen, für meine Ideale auch wirklich einzustehen. Es folgten Jahre mit Jobs in Büros, viel Freiwilligenarbeit, Beziehungen, Enttäuschungen, bis ich irgendwann Pierre kennenlernte. Es war Liebe auf den ersten Blick. Er kommt aus einer ganz anderen Familie hier in Saint-Joseph. Seine Eltern sind supernett und haben einen Hof. Wir heirateten, bekamen erst unsere Tochter, dann den kleinen Leo“, erzählte Carole und deutete mit dem Finger in Richtung des kleinen Jungen, mit dem sie gekommen war. „Ich fand hier endlich meinen Platz zum Ankern, auch beruflich.“

„Sie arbeiten zusammen mit Garcia, richtig?“

„Ja, ich arbeite halbtags als seine Assistentin in seinem Notariat. Ich gehe ihm zur Hand bei der Verwaltung seiner Aufgaben, unter anderem mit der Nachlasspflege. Wir ergänzen uns perfekt. Er sagt immer, dass ich die Seele seiner Firma bin, und lässt mir freie Hand. Ich bin glücklich hier, weil ich mich auf die menschlichen Aspekte der Arbeit konzentrieren darf, während er sich als Volljurist den eher trockenen Themen widmet – die er absolut liebt. So bilden wir das perfekte Team.“

„Eine tolle Geschichte mit Happy End“, sagte Charlotte, die mit Spannung zugehört hatte.

„Und Sie? Was machen Sie so im Leben?“, fragte Carole.

Charlotte fasste ihren deutlich weniger spektakulären Lebensweg zusammen, der überraschend schnell erzählt war.

„Keine Kinder, keine große Liebe, keine bildschöne Gemeinde inmitten zahlloser Lavendelfelder, sondern Hamburg. Auch toll, nur völlig anders.“

„Heißt aber auch, dass Sie ungebunden sind, richtig?“

„Ja, das kann man so sagen“, antwortete Charlotte zögerlich. Von Stefan wollte sie jetzt nicht anfangen, dazu war es gerade viel zu schön.

„Haben Sie sich schon Gedanken gemacht, was Sie mit Ihrem Erbe anstellen wollen?“, fragte Carole jetzt. „Es ist zwar erst ein paar Stunden her, seit Sie von Ihrem Grundbesitz und dem kleinen Vermögen wissen.

Aber ich kenne Menschen, die würden sofort in die Luft springen und schon jetzt an einem Plan sitzen …“

Charlotte überlegte kurz. Bis jetzt war sie eigentlich nur damit beschäftigt gewesen, zu begreifen, was sie da geerbt hatte.

„Kurz bevor Sie kamen, dachte ich an ein Häuschen auf dem Land bei uns im Norden“, erzählte sie. „Ich hätte ausgesorgt, je nachdem, was der Verkauf des Anwesens abwirft, müsste ich womöglich nicht mal mehr arbeiten gehen. Ich könnte mein eigenes Ding machen, selbstständig, mich nur auf das konzentrieren, was ich wirklich mag.“ Wieder begann Charlotte, sich auf dem platten Land irgendwo bei Hamburg in einem Haus zu sehen, während es draußen regnete.

„Im Norden ist aber schlechtes Wetter, n'est-ce-pas?“

Volltreffer. Jetzt musste Charlotte lachen. Einmal, weil Carole scheinbar in ihren Kopf geschaut hatte, und zum Zweiten wegen ihres schelmischen Lächelns.

„Ja, gut, aber wir haben ganz tollen Tee. Und ich hätte dann einen ebenso tollen Kamin, an dem ich mich wärmen würde“, konterte sie mit gespielter Ernsthaftigkeit.

„Kamine haben wir hier alle schon fest in unseren Häusern. Ganz zu schweigen von dem formidablen Wetter. Und den besten Tee der Welt verkauft mein Mann“, sagte Carole mit breitem Grinsen.

„Sie belieben zu scherzen, Carole. Ich bin Deutsche. Ich würde hier verloren gehen …“

„Verloren wohin?“

Charlotte lachte wieder. „Das ist so eine Redensart. Ich würde mich hier nicht zurechtfinden“, erklärte sie.

„Warum sollten Sie sich hier nicht zurechtfinden? Sainte-Sophie ist supereasy, ehrlich!“

„Weil wir es gewohnt sind, dass alles bei uns wie am Schnürchen klappt. Wir nehmen alles viel ernster. Wir sind pünktlich … langweilig, im Vergleich zu den Franzosen.“

„Ah, verstehe“, sagte Carole. „Die Erwachsenensachen …“

Charlotte kam aus dem Lachen nicht mehr raus. Carole legte mutig nach. „Ich an Ihrer Stelle würde mich ganz ehrlich fragen, was die kleine Charlotte will. Das ist eine einmalige Chance und ein heiß begehrtes

Objekt, das Sie seit heute offiziell Ihr Eigen nennen dürfen. Und wer weiß, vielleicht fließt doch mehr vom Blut Ihres französischen Vaters in Ihren Adern, als Sie denken, und Sie würden sich hier ganz schnell finden, nicht verlieren, sagen Sie so? Finden?“

Charlotte strahlte über ihr ganzes Gesicht. „Ja, so sagen wir das, Carole. Wenn wir Glück haben, finden wir uns irgendwann im Leben.“

Charlotte fühlte sich tief beseelt. Es war unglaublich, wie diese Frau es in weniger als einer Stunde geschafft hatte, dass sie sich pudelwohl fühlte. Es war, als hätte sie ihre freche Sabine bei sich, die immer alles leichter machte, wenn sich Charlotte in Grübeleien und Sorgen verlor.

„Sie sind lieb“, sagte Charlotte und blickte Carole dankbar an.

„Maman, Maman!“ Der kleine Junge kam auf Carole zugerannt und legte einen Marienkäfer auf ihren Handrücken. „Regarde ce que j'ai trouvé!“

„Ooooh merci, Leo, une si jolie coccinelle!“ Vorsichtig nahm sie mit einem Arm den Jungen auf den Schoß, während sie die Hand des anderen Arms mit dem Käferchen stillhielt. Sie streichelte über den Kopf ihres Sohnes, der sich müde gegen ihre Schulter legte.

„Ihrer?“, fragte Charlotte.

„Ja, das ist Leo, er ist fünf Jahre alt. Unsere Große, Orianne, feiert heute ihren siebten Geburtstag“, sagte Carole lächelnd.

„Tja, wer hätte das gedacht“, sagte Charlotte nachdenklich. „Ein Blick auf ein paar spielende Kinder, und schon hatten sie sich gefunden, zwei echte Small-Talk-Hasser.“

Carole nickte. „Ganz genau. Wir dringen direkt zum Kern der Sache, so, wie es sein muss.“

„Tut gut, oder? Wenn man völlig unerwartet auf Menschen trifft, die ticken wie man selbst. Ich hoffe, ich habe Sie nicht überrumpelt“, sagte Charlotte vorsichtig.

Carole schüttelte heftig mit dem Kopf.

„Um Gottes willen, nein, im Gegenteil. Wenn sich hier jemand Sorgen machen müsste, wäre ich das. Immerhin bin ich hier die, die die Form wahren muss. Erwachsen sein muss.“

„Danke, dass Sie das nicht getan haben, Carole. Echt wahr“, sagte Charlotte.

„Dann ist es gut. Für mich ist es die natürlichste Sache der Welt. Das meinte ich, als ich von meiner Arbeit sprach. Garcia und mir war sofort klar, dass dieses Erbe emotionale Wellen schlagen könnte, und er bat mich, ein Auge auf Sie zu haben, als ich ihm sagte, dass Sie alleine anreisen."

„Da haben Sie richtig gedacht. Es hat mich umgehauen", bestätigte Charlotte nickend.

„Geht es Ihnen inzwischen ein wenig besser? Sie wirken viel entspannter und sind auch nicht mehr so blass wie heute Morgen beim Verlassen des Büros. Ich war ehrlich besorgt", sagte Carole.

„Wunderbar geht es mir, echt wahr. Und das habe ich Ihnen zu verdanken. Unsere Stunde hier in der Sonne hat mir richtig gutgetan. Danke dafür", antwortete Charlotte.

Carole freute sich sichtlich. Charlotte stieß einen zufriedenen Seufzer aus. Ihr ging es tatsächlich deutlich besser. Das Gespräch mit dieser Frau hatte sie wieder aufgerichtet, ihr gutgetan. Am liebsten würde sie mit ihr jetzt irgendwo etwas essen und weiterreden über die Menschen und das Leben. Doch sie wollte die Frau nicht verschrecken, immerhin hatte sie trotz ihres offenen Gesprächs noch immer eine gewisse Form zu wahren. Umso überraschter war Charlotte über das, was die Nachlassverwalterin ihr nun sagte.

„Ich frage Sie jetzt etwas, und Sie antworten mir bitte ganz ehrlich, okay?", sagte Carole, während sie Leos Schnürsenkel festzog.

„Selbstverständlich, fragen Sie nur, Hauptsache, es kommt nicht noch ein Passus aus dem Testament", antwortete Charlotte mit einem müden Lächeln.

Carole grinste. „Leo und ich müssen jetzt seine große Schwester aus der Schule abholen und nach Hause gehen, um ihr Geburtstagsfest vorzubereiten. Wenn Sie mögen, kommen Sie auch, Sie sind herzlich eingeladen. Ich habe Ihnen gerade davon erzählt, wie sehr ich den menschlichen Aspekt meiner Arbeit liebe. Aber dass ich einen Klienten zu mir nach Hause einlade, hat es noch nicht gegeben, auch nicht hier in Südfrankreich, wo wir deutlich offener sind als im Norden Europas. Nehmen Sie es als Zeichen meiner Zuneigung. Ich überschreite diese

Grenze aus vollstem Herzen und hoffe, dass Sie meine Einladung ebenso entschieden annehmen können."

Charlotte strahlte übers ganze Gesicht. Und ob sie das konnte!

Kapitel 9

CHARLOTTE ging nach dem Mittag im Park ins Hotel, um sich etwas anderes anzuziehen, und machte sich anschließend sofort auf den Weg zu Caroles Wohnung, die nur wenige Fußminuten von ihrem Büro entfernt lag in einer der vielen kleinen Gassen, die zwischen den großen Plätzen von Sainte-Sophie wie Irrgärten verliefen. Als sie die richtige Hausnummer erreichte, klingelte sie und wurde über die Gegensprechanlage direkt hineingelassen. Über eine alte, knarrende Holztür, die von wildem Wein umrankt war und einen urigen Korridor mit Steinmauern gelangte sie zum Eingang der Parterrewohnung. Sie trat durch die offene Wohnungstüre ein und gelangte sofort in das große Wohnzimmer. Die Wände waren in warmen, erdigen Tönen gestrichen und mit Gemälden und Fotografien in unterschiedlichen Größen und Stilen geschmückt. Der große offene Wohnraum mit einem langen Holztisch besaß einen Kamin und Bücherregale sowie gemütliche Sofas und Sessel mit bunten Patchwork-Decken und vielen Kissen aus Samt und Leinen. Boho vom Feinsten, nicht aufgesetzt, sondern herrlich lässig und natürlich. Caroles Haus war ein richtiges Zuhause. Hier wurde gleichzeitig Schönes zelebriert und gelebt.

Direkt vom Wohnbereich ging es weiter in den Garten, der mit Luftballons und Girlanden geschmückt war und in dessen Mitte ein langer alter Eisentisch mit buntem Geschirr, Süßigkeiten und Papierblumen stand.

Carole kam um die Ecke ins Wohnzimmer gelaufen. „Hallo, liebe Charlotte, haben Sie es sofort gefunden?“ An Caroles Hals hingen mehrere Girlanden, und an ihren Händen klebte Kuchenteig.

„Ich habe mich einmal kurz verlaufen, nachgefragt, und dann beim zweiten Anlauf hats geklappt“, antwortete sie stolz.

„Setzen Sie sich raus und genießen Sie die Ruhe“, sagte Carole. „Ich mach uns was Kleines zu essen. Nachher kommen die Kinder, aber das wird uns nicht weiter stören, ich bekomme Unterstützung von der

Tochter unserer Nachbarin.“ Carole zwinkerte Charlotte zu und verschwand in die halb offene Küche direkt hinter dem Essbereich, wo sie umgeben von rustikalen Holzregalen mit Geschirr an einem wunderschönen, alten französischen Herd ein Mittagessen für Charlotte und sich zubereitete.

Charlotte trat in den grünen, üppig bewachsenen Garten und nahm auf einem der vier großen Gartensessel unter einem alten, knorrigen Maulbeerbaum Platz, der angenehmen Schatten spendete. Es war kurz nach eins und richtig warm. Der Garten war genauso gemütlich wie der große Wohnbereich. Sie blickte auf ein Sammelsurium mit Töpfen voller duftender Kräuter vor einer alten, mit Bougainvilleen bewachsenen Steinmauer. Daneben wurde der Garten von Sträuchern, blühenden Pflanzen und abgeblühten Lavendelbüschen eingesäumt. Eine Oase so schön wie gemalt und fast genauso unwirklich wie der heutige Morgen. In jedem Fall aber der richtige Ort, um alles zu verdauen, was sie heute erfahren hatte.

Carole kam mit einem Tablett aus der Küche und stellte es auf dem kleineren Gartentisch vor Charlotte ab. Sie hatte einen großen Salat zubereitet, ein Brettchen mit verschiedenen Käsesorten und einen Teller mit rohem Schinken. Dazu gab es ein frisches Baguette. Carole verteilte Besteck und zwei Teller, goss Mineralwasser mit frischer Minze und Zitrone in zwei Gläser und nahm im Sessel vor Charlotte Platz.

„Prost! Und guten Appetit, langen Sie zu! Wir haben noch eine knappe Stunde, dann trudelt die Bande ein.“ Die beiden Frauen stießen an und begannen zu essen. Egal, was man Charlotte bisher serviert hatte, alles schmeckte vorzüglich, so auch dieses liebevoll bereitete Mittagessen. Es war noch früh, normalerweise aß sie nie vor halb zwei. Doch der Appetit kam sofort mit dem Essen.

„Und? Schmeckts?“ Carole blickte Charlotte prüfend an, während sie eine Gabel mit Rucola, Radicchio und Pinienkernen in ihren Mund balancierte.

„Wunderbar!“, sagte Charlotte mit genussvollem Stöhnen. „Das Dressing ist unglaublich.“

Carole nahm einen kräftigen Schluck Wasser und erklärte, wie sie die Salatsoße zubereitete.

„Lavendelhonig?“, fragte Charlotte erstaunt.

„Ja“, rief Carole. „Der kommt von meinen Schwiegereltern. Das Aroma ist toll und passt perfekt zu Olivenöl und Zitrone. Keine wilden Sachen, nur ein paar wenige Zutaten, dafür aber gute“, erklärte Carole. Sie beobachtete Charlotte, die ihr Essen offenkundig in vollen Zügen genoss. „Ich freue mich, dass Sie gekommen sind, liebe Charlotte.“

„Und ich freue mich über die Einladung.“

Charlotte war selig. Diese tolle Frau fand sie nett. Das war nicht nur wunderschön, sondern auch ein richtiges Kompliment. Charlotte bemühte sich, nicht wie ein Honigkuchenpferd übers ganze Gesicht zu strahlen. Sie schloss nicht leicht Freundschaften, und wenn sich doch einmal abzeichnete, dass sie einen Menschen sehr mochte, versuchte sie immer, ihre Freude im Zaum zu halten, um den anderen nicht zu erschrecken. Es steckte viel in Charlotte. Schon immer. Für manche Menschen zu viel. Zu viel Liebe, zu viel Wärme, zu viele Gefühle. Sie hatte gelernt, all das zu kontrollieren und nur den Menschen zu zeigen, denen sie vertrauen konnte. Hier in Sainte-Sophie schien es, als fände ihre Gefühlstemperatur plötzlich eine Entsprechung. Als wäre sie nicht zu viel, sondern genau richtig. War sie am Ende doch nicht so hanseatisch, wie sie immer geglaubt hatte? Hatte Carole recht und war es das mediterrane Blut ihres Vaters, das ihr diese Leidenschaft verlieh, die sie zu Hause stets unter Verschluss hielt?

„Also, ich weiß ja nicht, wie Sie das sehen, aber von mir aus können wir uns auch duzen“, sagte Carole und griff zu ihrem Glas.

„Super gerne“, rief Charlotte.

„Stop!“

Charlotte erschrak.

Carole sprang aus dem Gartensessel und machte eine Bewegung, als wäre sie erstarrt. „Das müssen wir standesgemäß tun. Unser Magen ist voll, es ist halb zwei, höchste Zeit für ein Glas!“ Sie lief in die Küche und kam wenige Minuten später mit zwei Gläsern Crémant zurück.

„Auf dich und dein fantastisches Erbe, liebe Charlotte!“ Carole hielt ihr Glas in die Luft.

„Auf dich und deine Gastfreundschaft, liebe Carole. Ohne dich hätte ich heute nicht gewusst, was ich hätte tun sollen“, sagte Charlotte sichtlich gerührt. Sie fühlte, wie ihr Herz einen kleinen Extraschlag der Freude machte. „À ta santé!“

Die Frauen stießen mit verschlungenen Armen an, gaben sich einen Kuss auf die Wange und riefen jede einmal laut den Namen der anderen, lachend, genau so, als würden sie sich schon eine Ewigkeit kennen.

„Danke, Carole“, sagte Charlotte nach dem Anstoßen.

„Danke wofür?“, fragte Carole.

„Ach, für alles das hier. Ich kenne hier doch niemanden, und du hast mich so lieb empfangen und dann heute aufgefangen, im wahrsten Sinne des Wortes, das ist richtig lieb von dir, und dafür will ich dir Danke sagen. Von Herzen.“

Carole blickte Charlotte schweigend und verlegen an.

„Ach was, das ist doch kein Thema.“

„Doch, das ist nicht selbstverständlich“, beharrte Charlotte und hob ein zweites Mal ihr Glas.

„Auf diesen unglaublichen Tag mit der nettesten Nachlassverwalterin der Welt.“

„Oh, là, là“, gab Carole lachend zurück.

„Na gut“, korrigierte sich Charlotte. „Auf die netteste Nachlassverwalterin Frankreichs.“

„Der Provence“, rief Carole lachend und stieß ein zweites Mal mit Charlotte an.

Kapitel 10

ALS es etwas später klingelte, stand Carole auf und eilte zur Tür. Wenige Augenblicke danach trat ein großer Mann mit blonden Locken in den Wohnbereich. Er war mit Kartons einer Konditorei bepackt, die er auf dem Esstisch im Wohnzimmer abstellte. Hinter ihm folgte ein Mädchen.

„Charlotte, darf ich vorstellen, das ist Pierre, mein Mann, und Joséphine, die liebe Tochter unserer Nachbarin, die sich heute mit mir um die Kinder kümmern wird. Leute, das ist Charlotte, eine Klientin aus Deutschland. Ich freue mich sehr, dass sie meine Einladung angenommen hat, den Tag mit uns zu verbringen."

Pierre, der einen Kopf größer als Carole war, gab seiner Frau einen Kuss auf die Stirn und kam dann auf Charlotte zu. Er streckte lächelnd seine Hand aus.

„Bleiben Sie nur sitzen, Charlotte, hallo und herzlich willkommen in Sainte-Sophie! Woher aus Deutschland kommen Sie?"

„Hallo, Pierre, angenehm", sagte Charlotte, die trotzdem halbwegs aufgestanden war, um ihn zu begrüßen. „Ich komme aus Hamburg."

„Ach, tolle Stadt", gab Pierre zurück. „Dann sind Sie Norddeutsche und jetzt hier mitten im Süden gelandet." Er schnappte sich ein Glas und goss sich das aromatische Mineralwasser ein, in dem sich ein Zweig Minze und ein Schnitz Zitrone befanden. Pierre nahm neben Charlotte Platz und nahm einen großen Schluck aus seinem Glas.

„Ja, ich bin wohl das, was man ein echtes Nordlicht nennt. In Hamburg geboren, aufgewachsen und geblieben." *Wie langweilig, eigentlich*, dachte sie. Auch wenn Hamburg eine tolle Stadt war: Sie hatte es nie gewagt, an einem anderen Ort zu leben. Irgendwie hatte sich eins nach dem anderen gefügt, von der Schule zur Uni hinein in den Job.

„Ich war geschäftlich ein paar Mal dort", sagte Pierre und begann von seiner Arbeit als Händler für Tee und Kaffee zu erzählen, davon, wie sehr er die Arbeitsmentalität der Deutschen schätze und dass er sich immer sehr willkommen fühle, wenn er in Deutschland unterwegs sei.

„Das Gleiche kann ich von Ihrer Frau sagen“, warf Charlotte nickend ein. „Sie hat mich vom ersten Moment an sehr herzlich aufgenommen hier.“

Pierre lächelte. Man konnte förmlich in seinen Kopf hineinschauen in diesem Moment und sehen, wie er liebevollen Gedanken an seine Frau nachhing. *Ein tolles Paar*, dachte Charlotte. *Das zweite in wenigen Tagen, erst die beiden im Flugzeug und nun die zwei hier. Es gibt sie, Menschen, die zueinanderfinden und wirklich zueinanderpassen, auf gleiche Weise liebenswert sind – ebenbürtig.*

Charlotte bot Pierre das Du an und erzählte ihm, der nichts von dem Erbe gewusst hatte, dann von dem Testament. Carole schien Privates von Geschäftlichem strenger getrennt zu halten, als sie erwartet hätte. Sie hatte ihrem Mann nichts von dieser Sensation gesagt, die in Sainte-Sophie sicher Wellen schlagen würde, sobald alles bekannt werden würde.

„Donnerwetter, dann hast du ja einen richtig spektakulären Morgen hinter dir“, rief er.

Carole kam aus der Küche und freute sich sichtlich, dass Charlotte das Geheimnis gelüftet hatte.

Die nächsten Stunden vergingen wie im Fluge. Jeder Versuch Charlottes, sich höflich zu verabschieden, wurde im Keim erstickt. Ständig saß jemand an ihrem Tisch, um zu plaudern, entweder Carole oder Pierre, alle beide oder eines der Kinder erzählte ihr etwas. Die Kinder warfen ihr Luftschlangen um den Hals, man servierte ihr Kaffee und kleine Kuchen mit bunter Zuckerglasur, und irgendwann saß sie tiefenentspannt mit geschlossenen Augen weit ausgestreckt auf dem bequemen Gartensessel und ließ sich von Mia, Oriannes bester Freundin, Zöpfe flechten.

„So, da habt ihr Charlotte aber eine tolle Frisur gemacht“, rief Carole und ließ sich nach einer Runde Fangenspielen erschöpft auf den Sessel neben Charlotte fallen.

„In zehn Minuten kommen die Eltern, und ganz ehrlich, ich bin froh. Bleibst du noch zum Abendessen? Sag ja, Charlotte!“

Charlotte räusperte sich, doch ehe sie noch etwas sagen konnte, kam Pierre und ergriff das Wort.

„Natürlich bleibst du, Charlotte“, sagte er. „Nach dem Affentanz hier sind wir dir ein Abendessen schuldig.“

Pierre stand auf und verschwand in der Küche. Im selben Moment klingelte es an der Tür, und die ersten Eltern trudelten ein, um ihre Kinder abzuholen. Charlotte hatte keine Lust auf Small Talk mit Wildfremden und blieb einfach in ihrem Gartensessel sitzen, mit dem Rücken zum Wohnraum, wo sich mehrere Eltern mit Carole im Stehen unterhielten, während sie ihren Kleinen die Jacken anzogen. Charlotte nahm einen Schluck aus ihrem Glas, als es ihr plötzlich durch Mark und Bein fuhr. Im ersten Augenblick wusste sie gar nicht warum. Ein paar Sekunden später war ihr klar, was geschehen war. Eine der Stimmen hinter ihr war ihr wohlbekannt. Der Mann mit dem Rotweinkarton war hier und unterhielt sich mit jemandem, nur wenige Meter von ihr entfernt. Sie erkannte ihn an seiner sonoren Stimme, die von einem ganz feinen Kratzen durchzogen war. Unverwechselbar.

Charlotte zog die Schultern nach unten und fragte sich, wie sie sich unsichtbar machen könnte. Der letzte Blick in den Spiegel lag viele Stunden zurück, und sie hatte zwei Zöpfe. Bingo! So konnte sie sich keinesfalls zeigen. Vorsichtig nahm sie ihr Handy in die Hand, dimmte das Displaylicht auf null und hob das Telefon mit eingeschalteter Kamera nach oben, sodass die Selfie-Linse das aufnahm, was hinter ihr geschah. Ein paar Sekunden später kontrollierte sie die Aufnahme. Tatsächlich, er war es. Dass sie seine Stimme so schnell erkannt hatte, wunderte sie. Noch mehr überraschte sie ihre eigene Reaktion. Warum löste ein Wildfremder so eine heftige Welle in ihr aus? Ihr Herz raste, genau wie wenige Tage zuvor im Foyer des *Chez Jeanette*.

Sie spielte den kurzen Film erneut ab und dimmte das Licht ein wenig heller, um die Aufnahme besser sehen zu können. Da entdeckte sie, dass er seine Hände auf die Schultern von Mia gelegt hatte, das Mädchen, das ihre Zöpfe geflochten hatte. Geduldig stand sie vor ihm und lehnte ihren Kopf vertraut gegen seinen Arm, während er mit Pierre redete. *Natürlich*, dachte Charlotte und merkte, wie sich Enttäuschung in ihr breitmachte. *So ein Typ ist vergeben und hat Kinder. So eine entzückende bildhübsche Tochter noch dazu!*

Traurig und verwirrt verstaute sie ihr Handy wieder in ihrer Tasche.

„Arnaud, wie schön, dass du hier bist, ich habe dich gar nicht erwartet, wo ist Claudine?“ Carole war aus der Küche gekommen und umarmte jetzt den Rotweinmann, der Carole irgendetwas antwortete, was Charlotte nicht verstehen konnte. Ganz offensichtlich hatte er aber seine Claudine zu Hause gelassen. Grundgütiger Gott im Himmel, er sah fantastisch aus. Braungebrannt, ohne affig zu wirken. Wie ein Naturbursche und gleichzeitig auf lässige Weise superschick. *Franzosen sind einfach unnormal cool. Wirklich cool, nett cool, nicht auf diese bescheuerte unnahbare pseudo-coole Art, sondern freundlich cool.*

„Aber ja, komm, nur auf ein Glas, komm schon, setz dich, dann stelle ich dir jemanden vor.“ Carole zog jetzt am Ärmel des Rotweinmannes und lotste ihn direkt in den Garten an den großen runden Tisch, wo Charlotte gerade ihren Kopf so tief nach unten gezogen hatte, dass man meinen konnte, sie schliefe.

„Charlotte, Arnaud. Arnaud, Charlotte“, rief Carole fröhlich.

Charlotte hob langsam ihren Kopf und beschloss spontan, sitzen zu bleiben. Das konnte man als Frau. Sie musste nicht aufstehen, um einen Mann zu begrüßen. Obwohl es eindeutig höflicher wäre, aber sie hoffte, dass man sie und ihre Frisur im Sitzen nicht allzu deutlich wahrnahm.

„Hallo, angenehm“, gab sie leise zurück.

Arnaud runzelte die Stirn, während er sie lächelnd anschaute. *Da haben wir den Salat*, dachte Charlotte. *Ich sehe unmöglich aus, und er findets ganz schlimm.*

„Sind Sie nicht die Frau aus dem *Chez Jeanette* neulich?“

„Ja, das bin ich. Die, die Sie fast umgerannt hätten.“

Arnaud lachte. „Das stimmt! Aber nur fast, ich habe seither darauf verzichtet, rückwärts zu laufen. Nur als Übung für meine alten Knie!“ Er grinste, nahm vergnügt auf einem der Sessel schräg gegenüber Platz und ergriff dankend das Glas mit Weißwein, das Pierre ihm nun reichte.

„Charlotte ist eine Klientin aus Deutschland. Wir freuen uns sehr, dass sie unser Gast ist“, erklärte Carole und schenkte Charlotte ihr schönstes Lächeln.

„Schau nur, schau, Charlottes Haare, ihre Zöpfe, die habe ich gemacht!“ Die kleine Mia tanzte vor dem Rotweinmann umher und zeigte mit dem Finger auf Charlottes Zöpfe, die ihrerseits ein Stoßgebet zum Himmel sandte, damit sie augenblicklich in einem Loch versänke. Doch sie verschwand mitnichten und blieb in ihrer ganzen Pracht wie angewurzelt auf ihrem Sessel sitzen. Stattdessen beugte sich der Rotweinmann mit zusammengekniffenen Augen nach vorne in Charlottes Richtung, um das Werk genauer in Augenschein zu nehmen.

„Das hast du ganz toll gemacht, Mia. Woher weißt du denn, wie man so schöne Zöpfe macht?“, fragte er halb die Kleine, halb in Charlottes Richtung, die mit einem tiefgefrorenen Lächeln dasaß, regungslos. Arnaud lächelte über das ganze Gesicht, eindeutig amüsiert, aber auch fasziniert, was Charlotte rätselnd wahrnahm.

Mia lächelte geschmeichelt und nahm dann auf dem Schoß des Rotweinmanns Platz, legte ihren Kopf gegen seine Brust und lächelte in Charlottes Richtung.

„Hi hi“, war alles, was Charlotte rausbrachte, und sie seufzte erleichtert auf, als Pierre aus der Küche kam und direkt begann, auf den Rotweinmann einzureden. *Puuuuuh, das wurde aber auch höchste Zeit.* Charlotte blieb während der folgenden Unterhaltung still und war dankbar, dass Carole, Pierre und der Rotweinmann sich angeregt unterhielten. Sie wollte ihr Französisch vor diesem Mann zu dieser späten Stunde nicht präsentieren und konnte ihn außerdem so in aller Ruhe beobachten.

Er trug eine zerknitterte helle Leinenhose, Flipflops aus braunem Leder und ein Hemd aus leichtem Denim in schimmernder Textur, bei dem ein Knopf zu viel geöffnet war. So was fand Charlotte normalerweise richtig doof, aber bei ihm wirkte es natürlich und passte. Seine lockigen, hellbraunen Haare standen in alle Himmelsrichtungen. Er sah aus, als hätte er den ganzen Tag im Freien zugebracht. Als hätte er geschwitzt und wäre nun in der Frische des Gartens wieder abgekühlt, die Haut trocken und leicht salzig. Dabei wirkte er nicht ungepflegt, im Gegenteil. Seine Beine hatte er übereinandergeschlagen, ab und zu wippte er sanft mit seinem Fuß, der genauso gepflegt und bildschön war wie seine Hände, von denen eine auf seinem Knie ruhte und die andere entspannt das Glas hielt. Seine Fingerkuppen waren leicht nach oben gebogen. Alles, was er mit seinen Händen tat, hatte Anmut, wirkte sanft und bedacht, genau wie seine Art, zu sprechen. Er war einer dieser Menschen, die immer lächelten, selbst dann, wenn sie es nicht taten.

Während er sich angeregt mit Pierre und Carole über irgendein Problem unterhielt, das er mit der Bürgermeisterin hatte – Details verstand Charlotte nicht, weil sie sehr schnell sprachen –, glitt sein Blick immer wieder herüber zu Charlotte. Nicht aufdringlich, sondern auf angenehme Weise interessiert. Es war, als wolle er sich zweiteilen – sich mit ihr unterhalten und gleichzeitig eine Angelegenheit mit seinen Freunden besprechen.

Charlotte seufzte tief und still. Er war wunderschön. Solche Männer gab es einfach nicht in Deutschland. Sobald ein Mann auf diese Weise sympathisch war und gut aussah, war er entweder schwul oder so eingebildet, dass er nicht mehr schön war. Dieser Arnaud hier war weder gay noch gaga. Er war einfach nur ein Mann, der aussah wie gemalt, ohne sich darüber bewusst zu sein. Und er hatte natürlich eine Claudine, die zu Hause auf ihn wartete.

„Ich bin müde“, wimmerte die kleine Mia, die inzwischen fast eingeschlafen war.

„Komm, chérie, wir fahren nach Hause, mein Engel“, flüsterte Arnaud und gab ihr einen langen Kuss auf die Stirn. Er hob das Kind hoch, verabschiedete sich zuerst von Charlotte und dann von Carole und Pierre.

„Es tut mir leid, dass wir nicht sprechen konnten. Vielleicht ein andermal?“

Charlotte nickte stumm.

Er schüttelte ihre Hand und verließ den Garten, während er seine Hand schützend auf Mias Kopf legte.

„Alle sind weg!“, rief Carole. „Ich bring die Kinder ins Bett, die sind auch total müde und wollen nichts mehr essen, kein Wunder bei all dem Kuchen heute. Ich bin sofort wieder bei dir, und dann essen wir, was uns Pierre gemacht hat, okay?“

„Störe ich euch wirklich nicht?“, fragte Charlotte ehrlich besorgt.

Carole hockte sich neben Charlotte und legte die Hand auf ihren Arm.

„Hör auf, Charlotte. Es ist mir ein Vergnügen, dich als Gast haben zu dürfen. Du darfst nur gehen, wenn du satt bist. Nur dann.“

Carole lief nach oben in die Schlafzimmer, um ihre Kinder ins Bett zu bringen. Keine zehn Minuten später saß sie wieder im Garten neben Charlotte.

„Das war das kürzeste Gutenachtsagen des Jahres“, sagte sie und stand sofort wieder auf, um ihrem Mann die Teller abzunehmen, die er in einer Hand trug, während er in der anderen ein Tablett balancierte. Schnell deckte sie den Tisch, und Pierre verteilte das himmlisch duftende Abendessen auf alle Teller.

„Wann warst du eigentlich das letzte Mal bei dem Anwesen des alten Durand?“, fragte Carole ihren Mann.

„Schon ewig nicht mehr“, antwortete er und goss jedem ein Glas Weißwein ein.

„Der kommt nicht von hier, sondern aus dem Elsass“, erklärte er. „Ein bisschen lieblich, ich hoffe, er schmeckt dir.“

Charlotte stieß mit Carole und Pierre an und nahm einen Schluck.

„Wunderbar“, schwärmte sie, und dann begannen sie alle drei zu essen. Pierre hatte auf die Schnelle eine Galette gezaubert. Ein Traum aus Buchweizenmehl, Birnen und fein gemahlenem Lavendel, Schinken und Blauschimmelkäse. Charlotte genoss jeden Bissen voller Entzücken.

„Ich war auch schon lange nicht mehr dort“, sagte Carole zu ihrem Mann und wandte sich dann Charlotte zu. „Die Fläche gehört zur Gemeinde Sainte-Sophie, liegt aber auf mittlerem Weg zur nächsten Ortschaft entfernt, inmitten der Natur. Wirklich wunderschön.“

Charlotte merkte, wie ihr wieder schwindelig wurde.

„Neugierig bin ich natürlich schon, aber gleichzeitig auch ganz schön nervös. Nicht, dass es mich wieder komplett umhaut.“

Carole lachte unbekümmert. „Wenn du magst, fahren wir morgen zusammen hin, was meinst du?“ Sie blickte Charlotte erwartungsvoll an.

Charlotte hatte heute während des Geburtstags eigentlich geplant, sich ein Auto zu mieten und alleine dorthin zu fahren. Aber wenn sie ehrlich war, würde sie am liebsten jemanden bei sich haben, und Carole wäre natürlich die perfekte Wahl.

„Ich weiß langsam gar nicht mehr, was ich sagen soll vor lauter Großzügigkeit, morgen ist außerdem Samstag, willst du nicht mal ausruhen? Der Tag heute war auch für dich ganz schön anstrengend."

„Ach was, dafür sind Samstage doch da!", rief Carole fröhlich und hob ihr Glas. „Morgen fahren wir zwei zu deinem neuen Anwesen in der Provence. So um zwölf, dann können wir alle schön ausschlafen, einverstanden? Einverstanden! Keine Widerrede."

Zack, schon wieder eine Verabredung. Sie war noch keine drei Tage hier und hatte das Gefühl, im Eiltempo heimisch zu werden an einem Ort, den sie nur formal hatte besuchen wollen. Ihr Leben pulsierte plötzlich auf ganz neue Weise, vitaler, schöner, aufregender. Sie war ständig unter Menschen, und sie fühlte, wie gut ihr das tat. In Hamburg lebte sie deutlich zurückgezogener, alle taten das, vor allem jetzt im Herbst, wo es viel regnete, immer grauer wurde und jeder nach der Arbeit am liebsten so schnell wie möglich bei einem Film auf seiner Couch entspannen wollte. Hier spielte sich das Leben draußen ab, vom Schwätzchen auf dem Marktplatz am Morgen über das Mittagessen irgendwo in der Sonne am Mittag bis hin zum Abend unter freiem Himmel mit Familie und Freunden. Alles war leichter, unkomplizierter und spontaner. Aber es war nicht nur das Laisser-faire Südfrankreichs, dieses typische Lebensgefühl, das sich so deutlich von dem unterschied, was Charlotte von Deutschland kannte. Es war mehr als das. Jeder, den sie bisher getroffen hatte, war ihr mit aufrichtigem Interesse und freundlicher Wärme begegnet, allen voran Carole und ihr Mann. Warum waren diese Menschen so lieb zu ihr? Sie war eine Fremde aus Deutschland, die einen formellen Termin zu absolvieren hatte. Weder hatte sie daran gedacht, noch jemals gesagt, hier Fuß fassen zu wollen. Und doch behandelte Carole sie wie eine Freundin.

Nach dem Essen wurde es schnell dunkel und merklich kühl. Charlotte bedankte sich für den schönen Tag und verabschiedete sich von Pierre. Carole brachte sie hinaus zur Tür. Die Frauen verabschiedeten sich mit einer Umarmung.

„Soll Pierre dich wirklich nicht zum Hotel begleiten?"

Charlotte winkte ab. „Auf gar keinen Fall, ihr zwei habt jetzt Feierabend. Ich finde den Weg und habe hier überhaupt keine Angst. Außerdem sind noch jede Menge Leute unterwegs."

„Ich steh morgen so gegen zwölf auf dem Parkplatz hinter dem *Chez Jeanette*“, sagte Carole.

„So gegen zwölf heißt was genau hier in Südfrankreich?“, fragte Charlotte neckend.

„Ah, da ist sie, die Deutsche“, sagte Carole und lachte. „Hatte mich schon gefragt, wann sie endlich zum Vorschein kommt! Bis jetzt warst du so relaxed, man konnte fast meinen, du seist hier zu Hause!“

„Das wüsste ich aber“, gab Charlotte zurück. „Ich kann sehr verspannt sein. Warts ab, wenn du mir morgen mein Erbe zeigst.“

Carole lächelte verschmitzt.

„Morgen, meine Liebe, wirst du Augen machen, verlass dich drauf.“

Charlotte winkte Carole lachend zu und machte sich auf den Weg zurück ins Hotel. Was für ein Tag! Eine Aufregung hatte die nächste gejagt. Es war tatsächlich, wie sie angenommen hatte. In Sainte-Sophie lief man sich alle naselang über den Weg. Dass aber ausgerechnet der Rotweinmann, ausgerechnet in diesem Garten, ausgerechnet heute Abend, wo Charlotte so erledigt war und zwei schiefe Zöpfe trug, auftauchen musste? Ohne Worte.

Charlotte wandelte schläfrig und aufgeregt zugleich durch die Gassen von Sainte-Sophie. Sie konnte es nicht erwarten, heiß zu duschen, bei einem Tee noch ein wenig auszuruhen und dann tief und fest zu schlafen. Sie trat die Stufen hinauf ins Foyer des *Chez Jeanette*. Die Rezeption war leer, doch die Zimmerschlüssel hingen an dem kleinen geschnitzten Holzständer in Form eines Baums. Sie griff nach ihrem Schlüssel und nahm den Lift.

Erschöpft lehnte sie sich an die Aufzugwand. Sie, Charlotte Bergmann, geboren und wohnhaft in Hamburg, getrennt von Stefan dem Stinkstiefel, verliebt in die schönen Dinge des Lebens, gesegnet mit allem, was ein Mensch sich wünschen darf – eine gute Gesundheit, tolle Freunde und eine liebe Mutter –, sie hatte heute ein Anwesen in der Größe von 8,6 Fußballfeldern und die unglaubliche Geldsumme von 250 000 Euro geerbt. Konnte ja wohl nicht wahr sein. War aber wahr. Und zu allem Überfluss kam all das von dem Mann, dessen Blut durch ihre Adern strömte. Der Mann, von dem sie immer geglaubt hatte, dass sie ihm gleichgültig gewesen war. Wenn sie wieder in Deutschland war, musste sie ganz vorsichtig versuchen, etwas mehr von ihrer Mutter zu erfahren. Ihr dämmerte langsam, dass es da doch etwas geben musste, das sie ihr nicht gesagt hatte. Charlotte hatte sich mehrmals in den Unterarm gezwickt heute, unter dem Maulbeerbaum in diesem zauberhaften Garten, immer dann, wenn gerade mal kurz niemand an ihrem Tisch saß. Und jedes Mal saß sie immer noch da, umgeben von lauter fröhlichen Franzosen. Das war kein Traum, sondern Realität.

Nach der Dusche und einer heißen, perfekt gesüßten Tasse Orangentee am Fenster zum Marktplatz schlüpfte Charlotte in ihr Bett. Sie hatte das Gefühl, das heute Erlebte einen kleinen Zentimeter mehr verstanden zu haben. Sie kuschelte sich unter ihre Decke, atmete tief aus und merkte, wie die Freude sie endlich übermannte. Sie begann heftig mit den Beinen zu strampeln, schnappte sich ein Kissen, legte es fest auf ihr Gesicht und kreischte aus vollem Hals hinein.

Kapitel 11

ALS Charlotte am nächsten Morgen wach wurde, musste sie lächeln, noch bevor sie die Augen geöffnet hatte. Sofort hallten die Worte Caroles vom Abend zuvor nach. *Schön ausschlafen* – oh ja, das hatte sie getan. Sie fühlte sich so gut! Nicht so sehr wegen des Erbes. Das war es nicht. Es war das warme, glückliche Gefühl in ihrem Bauch, das sie immer dann hatte, wenn sie mit lieben Menschen zusammen war. Solche Begegnungen waren ihr Lebensglück. Sie schienen vielleicht klein, bargen aber in Wahrheit enorme Kraft in sich und erfüllten Charlotte mit intensiver Freude. Ihre Großtante Edeltraud sagte immer, dass die Suche nach dem großen Glück eine Garantie für das Unglücklichsein sei.

„Das Glück steckt in den kleinen Dingen des Lebens", sagte sie, meistens bei einem Gläschen selbst gemachtem Eierlikör, den sie stets mit Hut in ihrem Wohnzimmer trank. „Es ist kein Dauerzustand, das Glück, mein liebes Kind. Es ist eine Momentaufnahme. Es kommt hier und da vorbeigeflogen, übersät das Leben mit einem bunten Glitzersprenkel und verschwindet wieder. Aber man muss sie sehen und wertschätzen, die Sprenkel."

Gestern hatte sich durch das Erbe ein außerordentlich fetter Glitzersprenkel auf ihr Leben gelegt. Hinzu waren viele kleine, nicht minder schöne Sprenkel gekommen, in Form all der Menschen, die Gestern erst rund gemacht hatten. Carole und Pierre waren zwei richtige Schätze. Ihr Vater, der zeit ihres Lebens nichts weiter gewesen war als eine vage Gestalt, hatte ihr posthum durch seine Worte und eine unglaubliche Geste seine Zuneigung gezeigt. Und dann war da natürlich auch der vergebene Rotweinmann, der Charlottes ramponierter Seele ein klein wenig die Hoffnung zurückgegeben hatte, dass es auch nette Männer gab. Diese Claudine konnte sich wirklich glücklich schätzen, so ein Exemplar ihr Eigen nennen zu dürfen. Sie musste das unbedingt ihrer Mutter erzählen. Und Meret.

Ihre Gedanken an zu Hause führten unweigerlich auch zu Stefan. Was war eigentlich mit ihm?

Charlotte griff nach ihrem Handy, machte es an und wartete gespannt auf einkommende Nachrichten. Nichts. Schnell schrieb sie eine kurze Nachricht an ihre Mutter und Sabine. „Melde mich morgen in Ruhe, alles gut hier, nur viel zu tun, bis dann!"

Stefan zeigte tatsächlich einmal etwas Respekt und nahm sich zurück. Das tat er allerdings schon eine ganze Weile, der letzte Kontakt war gute drei Tage her. Hoffentlich blieb er noch eine Weile still, immerhin hatte sie hier jede Menge zu regeln. Und das in kurzer Zeit. Heute war Samstag und die Besichtigung des Anwesens. Morgen am Sonntag würde sie ihre Mutter und alle anderen anrufen. Für Montag hatte sie noch gestern auf der Parkbank einen Maklertermin in Marseille bekommen. Und für Dienstag war schon der Flug zurück nach Hamburg geplant.

Ein Blick auf die Uhr verriet, dass sie sich sputen musste. Elf Uhr. In einer Stunde stand Carole vor der Tür. Charlotte machte sich zurecht und ging hinunter zum Frühstücken.

„Hallo, Madame Bergmann", tönte es von der Rezeption. Es war Jeanette, die mit dem Arrangieren eines Blumenstraußes beschäftigt war. „Kann ich Ihnen mit etwas behilflich sein?"

„Guten Morgen, Jeanette. Nein, alles wunderbar, ich wollte frühstücken, bin allerdings ziemlich spät. Könnte ich noch einen Kaffee bekommen?"

„Einen Augenblick bitte, ich frage schnell nach." Jeanette verschwand hinter der Rezeption und griff zum Telefonhörer. Charlotte blickte nach draußen und ließ verträumt ihren Blick über den weitläufigen, zentralen Platz von Sainte-Sophie wandern.

Die Terrassen der Cafés auf dem Marktplatz waren bereits gut besetzt. An den Marktständen tummelten sich die Menschen und machten ihre Wocheneinkäufe. Charlotte erspähte Berge von Zucchini, Trauben und Äpfeln, lauter Produkte, die jetzt im Frühherbst hier in der Provence geerntet wurden. Wie schön musste es sein, hier eine Küche sein Eigen nennen zu dürfen, in der eigenen kleinen Wohnung. Ein Zimmer und eine Küchenzeile würden ihr schon reichen, um einen Riesensprenkel Glück zu empfinden, immer dann, wenn sie Urlaub hatte. Sainte-Sophie lag zwar nicht direkt am Meer, hatte jedoch genug Natur und Schönes zu bieten, um zur Ruhe zu kommen und aufzutanken. Und nach einer halben Stunde Autofahrt durch malerische Landschaften konnte man direkt ins Meer springen.

„Kein Problem, Madame Bergmann“, rief Jeanette, die gerade aufgelegt hatte und Charlotte aus ihren Tagträumen riss.

„Der Koch hat Ihnen ein frisches Baguette und etwas Butter an ihren Lieblingstisch gebracht. Ich wollte, dass er Ihnen noch etwas Marmelade oder Aufschnitt mit dazu bringt, aber er sagte, dass Sie das gar nicht essen? Der Kaffee kommt auch gleich.“

„Vielen Dank, das ist genau so perfekt. Wow, Ihr Personal und Sie sind wirklich sehr aufmerksam, das ist exakt, was ich am liebsten frühstücke. Baguette mit Butter und Salz und dazu einen schönen Kaffee!“

„Sehr gute Entscheidung, liebe Madame Bergmann. Gern geschehen und guten Appetit!“, gab Jeannette lächelnd zurück und machte sich wieder an ihren riesigen Blumenstrauß aus Sonnenblumen, Olivenzweigen und in der Sonne getrocknetem Lavendel.

Als Charlotte um fünf vor zwölf auf dem Parkplatz des Hotels erschien, wartete Carole bereits auf sie.

„Du bist fünf Minuten zu früh, Carole. Ist alles okay mit dir, oder bist du vielleicht eine verkappte Deutsche, die sich als Französin ausgibt und mich hier, aus welchen Gründen auch immer, an der Nase herumführen will? Genau! Die Testamentsverlesung gestern war sicher auch nur eine Show, wie in diesem Film, in dem alles nur gespielt wird, wie hieß der noch gleich?“

„*The Truman Show*“, antwortete Carole, die lässig gegen die offene Fahrertür lehnte und mit einer großen pechschwarzen Sonnenbrille und ihrem ausgewaschenen schwarzen Leinenkleid unheimlich cool aussah. Alles, was noch fehlte, war eine Zigarette in ihrem Mundwinkel.

„Du hast so ein bisschen einen an der Murmel, Charlotte. Stimmts? Gibs zu. Und weißt du was? Ich auch.“

Die Frauen brachen in lautes Gelächter aus und begrüßten sich mit einer herzlichen Umarmung. Charlotte fühlte ihre Lachmuskeln noch vom Abend zuvor. Und jetzt lachte sie wieder. So ein schönes Gefühl war das!

„Steig ein, Lieblingsdeutsche! Die Wettervorhersage ist ein bisschen unklar, die eine App sagt Sonnenschein voraus, die andere, dass ein Sturm kommt.“ Carole schnallte sich an, und Charlotte tat es ihr nach. Sturm in diesem Paradies? Konnte sie sich gar nicht vorstellen.

Sie verließen den Parkplatz und tauchten ein in den regen Verkehr von Sainte-Sophie, der an diesem Samstagmittag wie wahrscheinlich überall auf der Welt besonders geschäftig war. Eine neue Perspektive für Charlotte, die bis dato alle Wege im weitgehend autofreien historischen Kern von Sainte-Sophie zurückgelegt hatte. Sie fuhren vorbei an modernen Gebäuden und Wohnhäusern und gelangten nach einer Viertelstunde auf eine pittoreske Landstraße, wo sie Tempo aufnahmen.

Sie fuhren durch die malerische Landschaft der Provence, die genauso bildschön war wie bei ihrer Ankunft vor drei Tagen. Die Sonne schien hell am blauen Himmel, Lavendelfelder schmückten die sanften Hügel mit dem immer noch unverkennbaren Blau ihrer herbstlichen Ähren. Ein goldener Schimmer lag über allem, und der Duft von Lavendel und wilden Kräutern drang durch das halb geöffnete Fenster.

Charlotte und Carole lachten, plauderten fröhlich miteinander und ließen den gestrigen Tag Revue passieren.

„Das Fest war ein voller Erfolg“, sagte Carole. „Oriannes Freundinnen waren wohl völlig aus dem Häuschen vor lauter Begeisterung, wie mir heute ein Vater sagte.“

Ein Vater, dachte Charlotte und musste sofort an den Rotweinmann denken. Bestimmt war er das. Andere Väter hatte sie auch gar nicht gesehen. Die meisten der Eltern waren Mütter und noch zwei, drei Elternpaare. *So ein toller Typ*, dachte sie und lächelte verträumt.

„Alles gut bei dir, Charlotte? Wie nennen dich eigentlich deine Freunde in Deutschland? Charlotte? Oder hast du einen Spitznamen?“

„Lotte oder Lottchen. Und manchmal auch Charlotte. Mein Freund nennt mich eigentlich immer nur Charlotte.“

„Aha, du hast also einen Freund“, bemerkte Carole. „Wie heißt er?“

„Stefan. Und tatsächlich ist es mein Ex“, gab Charlotte wortkarg und stirnrunzelnd zurück.

Carole blickte Charlotte nachdenklich an und konzentrierte sich dann wieder auf die Fahrbahn.

„Und mit Nachnamen heißt er Stinkstiefel“, ergänzte Charlotte nach einer Minute des Schweigens und löste eine Lachsalve bei Carole aus, so laut, dass sie den coolen French Pop, der die ganze Zeit spielte, übertönte.

„Wunderbar“, quietschte sie. „Ein stinkender Stiefel, ha ha ha! Wie kommt ihr nur auf diese Wortbindungen?“

Jetzt brach Charlotte in Lachen aus. Wortbindungen! Diese süßen kleinen Fehler waren in Verbindung mit ihrem französischen Akzent einfach nur hinreißend. Ihr Deutsch war super, viel besser als Charlottes Französisch. Sie sprachen in einem fort abwechselnd in beiden Sprachen. Jedes Mal, wenn ihnen ein Wort in der Sprache der anderen nicht einfiel, switchten sie in die eigene Sprache. Dann und wann kamen die tollsten Wortschöpfungen dabei heraus.

„Dann hast du eigentlich niemanden mehr, der dich an Hamburg bindet, oder?“ Da war sie wieder, die Frage, auf die Charlotte unbewusst schon gewartet hatte. Sie und Carole waren sich in kurzer Zeit sehr nahegekommen, und sie konnte deutlich fühlen, dass ihrer beider Zuneigung füreinander gleichermaßen stark war. Carole, so viel war jetzt schon deutlich, wollte, dass Charlotte hier in Sainte-Sophie blieb. Eine vom Irrsinn befallene Idee, ganz klar.

„Nicht wirklich. Meine Mutter und meine Freunde sind ja da und spielen eine wichtige Rolle in meinem Leben. Und dann ist da natürlich mein Job. Aber mit mir und Stefan ist es vorbei. Wir hatten Monate lang nur noch gestritten, dann zog er aus und wollte eine Beziehungspause, und kurz darauf war endgültig Ende. Ende Gelände. Schicht im Schacht. Aus die Maus.“

Carole riss die Augen auf und bemühte sich krampfhaft, nicht zu lachen.

„Du darfst ruhig lachen, Carole. Das waren immerhin drei auf einmal“, sagte Charlotte und beobachtete Carole, die mit einer Hand auf das Lenkrad schlug und sich freute wie ein Schneekönig.

„Die musst du mir alle aufschreiben! Im Gegenzug versorge ich dich mit französischen Redewendungen. Oh, oh, oh! Aus die Maus! Ich sehe sie vor mir, die kleine Maus!“

Durch die Boxen kam jetzt ein Lied, das Charlotte von irgendwoher kannte. Sie überlegte noch woher, als sie sich mit der ersten Strophe erinnerte – *Ella, elle l'a!*

Sie beide wandten gleichzeitig den Kopf zueinander, strahlten übers ganze Gesicht, Carole drehte auf volle Lautstärke, und sie begannen zu singen. Der alte Sommerhit war bis heute bis über die Grenzen Frankreichs bekannt und machte einfach gute Laune. Le Stinkstiefel? Oublié in Sekunden!

„Kennst du Yseult?", fragte Carole, als das Lied zu Ende war.

„Nie gehört, nein", antwortete Charlotte.

„Sie ist super, Sängerin und Plus-Size-Model, hat vor ein, zwei Jahren zusammen mit Claire Laffut einen super Hit gelandet, Nudes, warte …"

Carole suchte mit einer Hand am Handy den Titel in ihrer Playlist und drückte auf Play. Was dann folgte, sollte zum Lied ihrer Freundschaft werden. Charlotte war sofort gefangen. Der coolste Rhythmus, Meeresrauschen, sexy, sinnlich, genial! Der Wind, der inzwischen stärker geworden war, wirbelte durch die offenen Fenster Charlottes Locken durcheinander. Charlotte und Carole wippten im Rhythmus des Stücks, beide mit einem breiten Lächeln auf dem Gesicht. Das Leben konnte so schön sein, Charlotte hätte weinen können, und wenn sie ehrlich war, tat sie das auch fast, einfach aus purem Glück.

Als die letzten Klänge des Liedes verstummten, machten Charlotte und Carole im Chor einen tiefen Seufzer und lachten.

„Das war toll, das muss ich unbedingt haben, schickst du es mir?"

„Na klar, mach ich", antwortete Carole.

„Wie lang ist es noch bis zum Anwesen?"

„Nicht mehr lang, wir sind in fünf Minuten da, wenn alles gut geht …"

Noch bevor Charlotte fragen konnte, was sie damit meinte, fiel ihr Blick auf die dunklen Wolken, die plötzlich heranzogen.

„Was ist das denn?", fragte sie entgeistert. Sie hätte schwören können, dass der Himmel noch vor einer Minute strahlend blau gewesen war.

„Der Mistral", antwortete Carole dunkel und schloss alle Fenster.

„Hatte die Vorhersage doch recht. Man kann es sich nicht vorstellen, wenn die Sonne scheint. Besucher aus anderen Regionen Frankreichs und dem Ausland sind immer total baff, wenn sie dieses Unwetter erleben. Meistens kommt der Mistral alleine, als sehr trockener, sehr kalter, heftiger Wind. Aber heute scheint er im Duo mit starken Regenfällen zu kommen.“

Die ersten Tropfen fielen im wahrsten Sinne des Wortes aus heiterem Himmel auf die Windschutzscheibe. Keine Minute später war aus den Tropfen Extremregen geworden, und der Mistral blies so stark, dass Carole nur noch Schritttempo fuhr. Weit und breit war kein anderes Auto zu sehen. Charlotte hatte noch nie in ihrem Leben einen solchen Sturm und derart heftige Niederschläge erlebt.

„Das ist Wahnsinn. Unglaublich!“, rief sie. Sie musste regelrecht schreien, weil der Regen zusammen mit den heftigen Windböen ihre Stimme überdeckte.

Nach zehn Minuten Schritttempo tauchte in der Ferne eine Seitenstraße auf, die man immer nur für eine kurze Sekunde lang erkennen konnte, wenn der Scheibenwischer das Wasser wegfegte.

„Schau, Charlotte, am Ende der Straße links ist es“, sagte Carole mit einem strahlenden Lächeln und zeigte auf einen Fleck.

„Siehst du das Pinienwäldchen? Dahinter liegt dein kleines Stück vom Himmel, mitten in der Provence.“

Charlotte kniff die Augen fest zusammen, konnte jedoch nichts erkennen. Alles, was sie sah, waren der Weg und das Wasser, das mit voller Wucht auf das Glas peitschte. Was sich am Ende des Weges befand, war undefinierbar.

„Was glaubst du denn, wie lange dieses Weltuntergangsszenario dauert?“, fragte sie besorgt.

„So genau kann man das eigentlich nicht sagen, aber ich schau mal in meiner App nach, warte.“

Carole steuerte langsam die Seitenstraße an, fuhr noch ein paar Meter weiter und hielt dann an. Sie stellte den Motor ab und griff nach ihrem Handy.

„Dieser Regenradar hier sagt, dass es noch mindestens zwei Stunden so weitergeht. Tut mir echt leid, Charlotte. Heute Morgen war das alles so noch gar nicht klar. Ich dachte echt, dass wir uns alles in Ruhe anschauen können. Aber so, wie es jetzt aussieht, wird da nichts mehr draus."

Charlotte überlegte. Sie war wahnsinnig neugierig und wollte zumindest ein kleines bisschen von dem sehen, was nun ihr gehörte.

„Meinst du, wir können trotzdem hinfahren und einfach im Auto bleiben?"

„Na klar, das wollte ich jetzt sowieso tun. Nur mit dem Aussteigen könnte es schwierig werden …"

„Nee, bist du verrückt? Ich habe nicht vor, heute noch einen Wet-T-Shirt-Contest zu starten", gab Charlotte trocken zurück und löste die Spannung auf, die seit Eintritt des Unwetters die Stimmung gedämpft hatte.

Carole startete lächelnd den Wagen und fuhr langsam die schmale, einspurige Straße entlang, die nach einer Minute durch einen kleinen Wald führte.

„Hier beginnt dein Grundstück", erklärte sie. „Pinienkerne musst du nie mehr wieder kaufen, die findest du hier in Hülle und Fülle."

„Das ist eine ganz schöne Stange Geld, ich esse die nämlich oft!", gab Charlotte begeistert zurück.

„So lecker, geröstet auf Salat …"

„Ja, genau!"

Als sie vor dem Hauptgebäude ankamen, war tatsächlich nicht ans Aussteigen zu denken. Vor ihnen stand ein Haus, das Charlotte nur schemenhaft erkennen konnte. Noch undeutlicher war das Grundstück selbst, und das Haus, in dem ihr Vater gewohnt hatte, wurde komplett vom Regen verschluckt.

„Jo. Habe alles gesehen", sagte Charlotte ernüchtert.

„Tut mir so leid." Carole zog die Mundwinkel nach unten und legte den Kopf mit bekümmerter Miene zur Seite.

„Da kannst du doch nichts für!"

„Nein, aber ich lebe hier und fühle mich deshalb schon etwas verantwortlich. Außerdem hätte ich es dir so gerne gezeigt."

„Mach dir keinen Kopf. Weißt du was? Du fährst mich jetzt einfach zu diesem Autovermieter, den dein Mann gestern erwähnte. Ich schau mir alles in aller Ruhe morgen an. Bis dahin wird dieses Monsterwetter ja wohl vorbei sein. Oder?“

Carole zuckte die Schultern.

„Wenn die Vorhersage stimmt, wird es wie gesagt schon in wenigen Stunden wieder ruhig sein, ja. Aber zu 100 Prozent kann man das hier nie wirklich sagen.“

„Malen wir den Teufel mal nicht an die Wand. Ich will vor meiner Abreise am Dienstag zumindest einmal gesehen haben, was ich dem Makler am Montag zum Verkauf übertragen will.“

Carole blickte Charlotte mit erstauntem Gesicht an.

„Du willst übermorgen schon wieder abreisen?“ Sie war wie vom Donner gerührt, und das sah man ihr an. Charlotte kannte sie so gar nicht. Über ihr bis jetzt immer fröhliches Gesicht legte sich innerhalb von Sekunden ein trauriger Schatten.

Sie wollte antworten, brachte aber kein Wort über die Lippen. Sie fühlte, wie ihr mit einem Mal das Herz richtig schwer wurde. Wie konnte das sein? Wie konnte sie sich plötzlich so traurig fühlen? Sie kam sich vor wie ein Teenager, der nach einem wunderschönen Sommer irgendwo am Mittelmeer wieder nach Deutschland musste. Dieses bittersüße Gefühl, das man hatte, wenn man ganz jung war, das allererste Mal heimlich ein bisschen verliebt war und nach Wochen totaler Unbeschwertheit zurück zum Ernst des Lebens reisen musste mit allem, was dazugehörte: Schule. Herbst. Mathe. Klassenarbeiten. Essen, Schule, schlafen – on repeat.

„Ach, Carole. Ich komm doch wieder zurück zum Erledigen all der Formalitäten für den Verkauf. Ich muss echt arbeiten, meine Chefin hat mir mitten im größten Trubel frei gegeben. Ich muss unsere Wohnung kündigen. Und mit Stefan reden. Aber sobald ich ein bisschen Luft habe, komme ich zurück, versprochen. Ich kann das Anwesen am Montag nicht in den Verkauf bringen, ich werde mich nur ein wenig erkundigen und die ersten Schritte in die Wege leiten.“

Carole hörte ihr zu, schien aber mit den Gedanken ganz woanders.

„Carole?“ Charlotte blickte in das Gesicht der Frau, die sie großmütig zu sich nach Hause eingeladen hatte und ihr jeden Augenblick aufrichtig, offen und liebevoll begegnet war.

Carole blickte Charlotte tief in die Augen, lächelte verhalten und nickte nachdenklich.

„Ich versteh dich schon, Charlotte. Komm, lass uns fahren. In einer halben Stunde macht die Autovermietung Mittagspause, und die ist hier bei uns lang.“

Sie zog einen großen Kreis vor dem Hauptgebäude und nahm den Weg durch das Pinienwäldchen zurück auf die Hauptstraße nach Sainte-Sophie.

Während der ganzen Autofahrt sprachen sie kaum ein Wort. Carole musste ihre ganze Konzentration auf die Fahrbahn richten, weil Sturm und Regen in ungebrochener Heftigkeit anhielten. Charlotte begann zu grübeln. *Ausgerechnet jetzt regnet es in Strömen, und man kann fast nichts sehen, es stürmt so, dass wir nicht mal das Auto verlassen können. Wenn das mal kein Zeichen ist! Das ist eindeutig ein Omen*, dachte Charlotte und fühlte sich in ihrer Entscheidung, den Besitz schnellstmöglich zu veräußern, bestärkt.

Als Urlauber hat man einfach eine rosarote Brille auf der Nase. Das ist nicht das echte Leben. Das schöne Wetter. Die netten Menschen an diesem bezaubernden Ort. Der tolle Abend bei Carole und Pierre gestern. Rotweinmänner. Nein. Charlotte hatte für eine klitzekleine Sekunde, an einer entlegenen Stelle ihres Gehirns, geträumt. Geträumt, was wäre, wenn sie einfach hierbliebe, das Anwesen selbst bewohnte, es renovierte und vielleicht eine kleine Pension eröffnete. Aber nein, das konnte sie nicht tun, es war ein schöner Traum, nichts weiter.

Die Autovermietung lag direkt am Ortsanfang auf einem verlassenen Industriegelände. Charlotte entschied sich für einen knallgelben Renault Twingo, den sie am Dienstag mit zum Flughafen nehmen und dort bei einer Partnerfiliale abgeben konnte.

„Findest du den Weg zum Hotel, oder soll ich dich lotsen?“, fragte Carole.

„Nicht nötig, du Liebe. Ich habe mein Handy bei mir, das haut schon hin“, antwortete Charlotte. „Dank dir für alles, Carole. Ich fühl mich so schlecht. Ich kann dir gar nichts zurückgeben.“

„Wegen mir musst du dich nicht schlecht fühlen, ehrlich nicht. Außerdem gibst du mir nicht weniger als ich dir.“

„Aber warum ist denn die Stimmung plötzlich so gedrückt? Doofer Mistral! Wir waren so fröhlich, und nun stehen wir hier wie zwei begossene Pudel."

„Zwei was?" Carole riss die Augen auf und brach in lautes Lachen aus. Charlotte erklärte ihr die Redensart und nahm die noch immer lachende Carole in den Arm.

„Ich bin so froh, dich wieder lachen zu sehen."

Carole schnappte nach Luft.

„Deine Traurigkeit", sagte sie. „Geh ihr auf den Grund, Charlotte. Sie hat einen Grund, und der hat nichts mit mir und nichts mit dem Mistral zu tun."

Carole strich der sprachlosen Charlotte lächelnd und liebevoll eine Locke aus dem Gesicht und nahm sie in den Arm. Dann rannte sie durch den Regen, schlüpfte in ihr Auto und fuhr hupend weg.

Kapitel 12

DEN restlichen Samstag verbrachte Charlotte in ihrer Suite. Der Regen ließ langsam nach und wurde von der Dämmerung abgelöst, die schnell in tiefes Nachtschwarz überging. Was für ein Tag! Wie so ein Unwetter die ganze Schönheit und Unbeschwertheit dieses Ortes mit einem Schlag zunichtemachen konnte! Und dann zu allem Überfluss war sie plötzlich so traurig und wusste nicht warum. Was hatte Carole nur gemeint? Die Aussage war wirklich kühn. Gleichzeitig hatte sie nichts Übergriffiges, im Gegenteil. Charlotte fühlte genau, dass sie recht hatte mit dem, was sie sagte, und es aufrichtig gut mit ihr meinte. Nur verstand sie nicht, was das sein sollte – der Grund für ihre Traurigkeit. Meinte sie Stefan?

Charlotte beschloss, sich ein heißes Bad einzulassen und eine Pizza zu bestellen. Bis das Essen eintraf, war genug Zeit, um ihre Mutter anzurufen. Sie hatte noch keine Gelegenheit gehabt, ihr von dem Erbe zu berichten.

„Mama?"

„Charlotte, Kind, endlich! Wie war die Verlesung?"

„Sitzt du, Mama?"

Dann erzählte Charlotte ihrer Mutter ohne weitere Umschweife alles. Von dem Anwesen. Von der riesigen Geldsumme. Von Carole und dem Tag im Garten. Und dem verunglückten Besuch des Anwesens.

„Junge, Junge, Junge. Das ist ja allerhand. Jetzt bin ich platt."

„Ich bin auch völlig sprachlos, Mama."

„So viel Geld?"

„Yep. So viel Geld. Und ein Haus. Und noch ein Haus. Und Land …"

„Ich weiß gar nicht, was ich sagen soll. François war damals natürlich noch sehr jung. Dann hat er sich über all die Jahre offensichtlich zu einem wohlhabenden Mann entwickelt."

Sie erzählte ihrer Mutter, dass er als Bausachverständiger gearbeitet und seit seiner Pension und dem Tod seiner Frau zurückgezogen auf seinem Anwesen gelebt hatte.

„Ich komme am Dienstag wieder nach Hause und melde mich dann noch mal bei dir, okay?“

„In Ordnung, Mäuschen. Und nun ruh dich mal aus. Das waren anstrengende Tage für dich. Pass gut auf dich auf, auch morgen, wenn du mit dem Auto nach Marseille fährst, hörst du?“

„Mach ich, Mama, versprochen. Hab eine gute Nacht.“

Als sie das Handy zur Seite legte, klingelte es an ihrer Suite. Die Pizza! Charlotte schnappte sich eine eiskalte Cola aus der Minibar und stieg mit der Pizza in die Wanne. Nach dem Essen brauste sie sich heiß ab, cremte sich dick ein und schlüpfte in einen frischen Pyjama. Sie kuschelte sich in das heiß geliebte Bett und wählte Sabines Nummer. Mailbox. Dann hatte sie heute Nachtschicht. Sie hinterließ ihr eine kurze Nachricht: „Verlesung des Testaments war der Hammer. Gute Nachrichten. Mehr übermorgen zu Hause!“ Auch Meret und Stefan bekamen kurze Textnachrichten mit der Mitteilung, dass sie aller Voraussicht nach am Dienstag wieder in Hamburg beziehungsweise im Büro sein würde. Meret kommentierte die Nachricht direkt mit einem Daumen nach oben. Stefan las sie und blieb stumm.

Dann schnappte sie sich ihren Laptop, um noch etwas fernzusehen, doch die Augen fielen ihr schon nach wenigen Minuten zu, und sie fiel in einen tiefen, traumlosen Schlaf.

Als sie am Sonntag erwachte, hatte die Morgensonne die halb geöffneten weißen Fensterläden bereits in warmes Gelb getaucht. Charlotte stand auf und blickte neugierig in den grünen Innenhof. Sie schloss die Augen, holte tief Luft und atmete mit einem beglückten Seufzer wieder aus. Der Duft war geradezu berauschend, so satt und frisch und himmlisch, dass sie nicht anders konnte, als über das ganze Gesicht zu strahlen. Die Traurigkeit von gestern hatte sich zusammen mit dem Unwetter verabschiedet. Der Mistral hatte einmal richtig sauber gemacht. Die Luft war noch klarer als an den Tagen zuvor, alles erstrahlte noch sonniger, noch klarer.

Sie blickte auf die Uhr und sah, dass sie neun Stunden durchgeschlafen hatte. Das war dann wohl offensichtlich nötig gewesen! Es war halb neun, und sie hatte wahnsinnige Lust auf einen starken, schwarzen Kaffee und ihr Baguette mit Butter. Schnell zog sie ihren Kimono über und lief die Treppen hinunter in den Salon. Auf dem Weg dorthin begegnete ihr Jeanette. Charlotte erklärte ihr, dass sie heute nach Marseille fahren und dort übernachten würde. Sie wollte einen Tag vor dem Maklertermin anreisen und in einem Hotel in Marseille übernachten, damit sie sich am Montagmorgen nicht abhetzen musste und womöglich zu spät zu dem Maklertermin kam, der für zehn Uhr morgens angesetzt war.

„Alles klar, danke fürs Bescheidsagen. Hängen Sie den Schlüssel einfach an das Holzbäumchen. Wann werden Sie wieder zurückkommen?“

„Wenn alles gut läuft, bin ich Montagnachmittag wieder hier und checke dann am Dienstag früh aus.“

Als sich Charlotte bewaffnet mit einer Kanne göttlichem Kaffee, einem knusprigen, noch warmen Baguette und frischer gesalzener Butter in ihrer Suite ans Fenster zum Marktplatz setzte, ließ sie noch einmal in Ruhe die Ereignisse der vergangenen Tage Revue passieren. 250 000 Euro. Auf ihrem Konto befand sich immer ein kleines Polster, allerdings war das nie größer als eine Summe, die man brauchte, um drei Monate lang durchzukommen. Auch auf ihrem Sparkonto sah es nicht berauschend aus. Ihr Bankberater hatte ihr zu Fonds geraten, was sie angenommen hatte. In Geldsachen war sie alles andere als bewandert. Und jetzt würde sie so viel Geld auf ihrem Konto haben. Sie konnte es noch immer nicht fassen.

Nach dem Frühstück legte sie sich vor dem großen Fenster ein wenig in die Sonne und las. Sie war so vertieft in die Lektüre, dass sie die Zeit vergaß. Als sie auf die Uhr blickte, war es schon halb drei. Höchste Zeit, sich für die Fahrt nach Marseille fertig zu machen. Sie packte alles Notwendige für eine Übernachtung und das Gespräch mit dem Makler in ihre Handgepäcktasche. Sie hatte ein Hotelzimmer gefunden, das nur wenige Gehminuten vom Maklerbüro entfernt lag. Alles, was sie jetzt bewältigen musste, war die Fahrt nach Marseille, das Finden des Hotels und das sichere Parken des süßen Renault.

Als Charlotte das sonntäglich entspannte Sainte-Sophie verließ und die Fahrt Richtung Marseille antrat, war es Nachmittag. Die Straßen schlängelten sich durch sanfte Hügel, die mit grünen Maisfeldern und immer noch dezent duftenden Lavendelfeldern bedeckt waren, und der Himmel leuchtete in warmen Pastelltönen, als die Sonne langsam hinter den Hügeln sank.

Nach etwa einer Stunde tauchte sie ein in das hektische Treiben des urbanen Verkehrs von Marseille. Ihr Herz begann schneller zu schlagen, als sie an der richtigen Einfahrt vorbeifuhr und sich im dichten Verkehr wiederfand. Doch sie behielt einen klaren Kopf und folgte den Hinweisschildern, bis sie endlich die Einfahrt zur Hotelgarage fand. Erleichtert parkte sie ihr Auto in der Garage und machte sich auf den Weg zur Rezeption, um einzuchecken.

Im Gegensatz zur Intimität des *Chez Jeanette*, wo man sich ohne Probleme im Morgenmantel einen Kaffee holen konnte, strahlte dieses Hotel vornehme Eleganz aus mit seinem glänzenden Marmorfußboden und den funkelnden Kronleuchtern, die das Licht der Abendsonne reflektierten.

Die Rezeptionistin begrüßte sie freundlich, aber förmlich und reichte ihr den Schlüssel zu ihrem Zimmer. Dort angekommen wurde sie von einem atemberaubenden Anblick begrüßt. Große Fenster ließen das sanfte Licht der Abendsonne herein und enthüllten einen malerischen Blick über die Dächer der Stadt und den glitzernden Hafen in der Ferne.

Nach einer kurzen Pause machte sie sich auf zu einem Restaurant, das die Rezeption empfohlen hatte. Als Charlotte dort ankam, wurde sie von einem Wirbel aus Klängen und Düften umhüllt. Viele kleine Tische standen dicht an dicht nebeneinander und waren besetzt von Einheimischen, die sich lebhaft unterhielten.

Sie wurde an ihren Tisch geführt, der direkt unter einem imposanten Jugendstil-Spiegel stand. Sie studierte die Speisekarte und entschied sich für die Anchoïade auf Croûtons, eine Art Dip aus Anchovis, Knoblauch, Olivenöl, dazu einen kleinen Salat. Als Hauptspeise wählte sie die Rouille de Seiche, ein Gericht aus frischem Tintenfisch in einer würzigen Soße aus Tomaten, Knoblauch, Olivenöl und verschiedenen Gewürzen. Sie starb vor Hunger, außer dem Baguette am Morgen hatte sie nichts mehr gegessen.

Direkt neben ihr nahm ein Mann Platz, der ebenfalls alleine zu Abend aß. *Hoffentlich lässt der mich jetzt in Ruhe, ich habe absolut keine Lust auf mühevolle Konversation, wenn ich esse*, dachte sie bei sich. Während er die Speisekarte las, blickte sie unauffällig zur Seite. Er war ungefähr in ihrem Alter, hatte weizenblondes, glattes Haar und markante Gesichtszüge. Plötzlich blickte er auf und schaute direkt in Charlottes Augen, so schnell, dass sie nicht mehr wegschauen konnte.

„Bonsoir, Madame, können Sie etwas empfehlen? Ich habe eigentlich gar keinen richtigen Hunger, aber irgendetwas muss ich essen." Sein Blick war so intensiv und durchdringend, dass Charlotte im ersten Moment gar nicht wusste, was sie sagen sollte. *Seltsamer Typ*, dachte sie und überlegte, wie sie ihm auf Französisch antworten konnte.

„Ich bin nicht von hier", erklärte sie. „Ich habe absolut keine Ahnung, was man hier am besten isst, tut mir leid."

Er nickte lächelnd und fragte sie, woher sie komme. Der Mann hieß Jeff, hörte sich mit offensichtlichem Desinteresse ihre Antwort an und begann dann ohne Punkt und Komma zu reden. Er kam aus Aix und sprach in einem fort von seiner Arbeit als Account Manager in einem IT-Unternehmen. *Wunderbar*, dachte Charlotte, *dann kann ich in Ruhe essen und muss eigentlich nur ab und an nicken. Dass diese Typen nie merken, wie langweilig sie sind.* Die Sorte war echt weltweit identisch.

Was sie besonders störte, war seine Nervosität. Irgendwie kam der Kerl nicht zur Ruhe, seine Stimme war konstant von einem leichten Zittern durchzogen. Er war sehr dünn, vielleicht sollte er mal etwas Ordentliches essen und nicht die ganze Zeit in einer einsamen Salade niçoise herumstochern. Als er schließlich erklärte, dass er sich dringend einen neuen Job mit mehr Verantwortung suchen wolle, spielte er nervös mit dem Besteck und entschuldigte sich daraufhin, um auf die Toilette zu gehen.

Mann, Mann, Mann, was eine Nervensäge, dachte Charlotte und überlegte, ob sie ihren Nachtisch hier oder anderswo genießen sollte. Noch eine halbe Stunde mit dem Mann war eindeutig zu viel. Sie wartete auf den Kellner, der gerade beschäftigt war, und beschloss, zu zahlen und sich irgendwo ein Eis zu holen.

Charlotte griff nach ihrer kleinen Abendtasche, die sie auf die Bank rechts neben sich abgelegt hatte. Doch da war keine Tasche. Sie schaute nach links. Auch keine Tasche. Sie stand auf und bückte sich, um unter die lang gezogene Bank zu schauen, auf der sie und die Gäste neben ihr saßen. Keine Tasche.

Sie wurde panisch. In der Tasche befanden sich ihr Reisepass und ihre Kreditkarte sowie Bargeld und ein Lippenstift. Wieder und wieder suchte sie alles ab, doch die Tasche blieb verschwunden. Da näherte sich der Kellner.

„Kann ich Ihnen irgendwie behilflich sein, Madame?“

„Meine Tasche, sie ist weg.“

Charlotte ließ sich fassungslos auf die Bank nieder, als ihr plötzlich klar wurde, dass mit ihrer Tasche auch dieser Typ verschwunden war.

Kapitel 13

„BERGMANN ist mein Name. Charlotte Bergmann, hallo?“

Es war nicht zu fassen. Erst hing sie eine halbe Ewigkeit in der Warteschleife. Und jetzt war die Verbindung gestört. Und das beim deutschen Generalkonsulat Marseille. Wo zum Teufel war sie hier eigentlich gelandet?

„Madame?“

„Ja!“

„Haben Sie den Diebstahl bei der Polizei gemeldet?“

„Das habe ich Ihnen doch schon dreimal gesagt! Die Polizei hat den Diebstahl direkt vor Ort im Restaurant aufgenommen.“

„Das ist kein Grund, unhöflich zu werden, Madame Bergmann.“ Die Frauenstimme am anderen Ende der Leitung wurde jetzt noch spitzer.

„Hören Sie, ich bin vollkommen verzweifelt. Ich muss übermorgen zurück nach Deutschland fliegen, und das geht nicht ohne Reisepass. Außerdem fallen Sie in einer Tour weg.“

Die Frau hüstelte, legte die Hand auf den Hörer und sagte etwas, das Charlotte nicht verstehen konnte. Dann kam sie zurück.

„Kommen Sie morgen um 14 Uhr in unser Konsulat. Melden Sie sich bei der Rezeption, dort wird man Ihnen sagen, wo Sie erwartet werden. Und bringen Sie auf jeden Fall die Verlustanzeige der Polizei mit. Außerdem brauchen wir zwei biometrische Passfotos …“

„Moment, Moment“, rief Charlotte. „Ich muss mir das aufschreiben, einen Moment, bitte.“

Die Frau seufzte genervt. *Nicht zu fassen, das ist so typisch Deutsch, der werde ich morgen die Meinung sagen, eine Unverschämtheit ist das!* Schnell holte sie Block und Stift vom Hotelsekretär und notierte, was ihr die Frau durchgab. Neben den Fotos und der polizeilichen Verlustanzeige musste sie 52 Euro in bar und ihren Führerschein mitbringen, der zum Glück noch im Handschuhfach des Mietautos zusammen mit allen Papieren lag.

Charlotte saß mit offenem Mund auf ihrem Bett und war zum wiederholten Male in wenigen Tagen sprachlos. Diesmal allerdings war der Grund kein guter.

Kurz nachdem sie dem Kellner vom Verlust ihrer Tasche berichtet hatte, stellte man fest, dass sich ihr reizender Tischnachbar ohne zu zahlen über die Hintertür nahe den Toiletten aus dem Staub gemacht hatte. Zwei Polizeibeamte, die wenige Häuser weiter ihr Büro hatten, waren schnell zur Stelle und nahmen die Zeugenaussage des Spülers auf, der ängstlich alle Fragen beantwortete. Er hatte diesen Jeff, der nach aller Wahrscheinlichkeit einen anderen Namen hatte, noch kurz gesehen. Die Tasche hatte der Mistkerl geleert und mit dem Lippenstift zu Boden geworfen. Nach der Befragung folgte Charlotte den Beamten aufs Revier und erhielt die Verlustanzeige.

„Sie müssen hier in Marseille besser auf Ihre Wertsachen aufpassen. Das ist nicht Hamburg“, hatte einer der Beamten mitfühlend gesagt, als er Charlotte das Schreiben in die Hand drückte.

Tja, für diesen wohlgemeinten Ratschlag war es nun zu spät. Erschöpft zog sie ihr Kleid aus, kroch unter die Bettdecke und schloss die Augen.

Als sie am nächsten Morgen aufwachte, war es sieben Uhr. Sie war überrascht, dass sie so schnell eingeschlafen war und durchgeschlafen hatte. Sofort tauchten die Bilder des vergangenen Abends wieder auf. Sie begann zu überlegen. Wie sollte sie sich nachher ausweisen beim Makler? Vielleicht genügte ja der Führerschein? Obwohl es eine Unsitte geworden war, sein Handy immer bei sich zu haben und auch im Restaurant nicht wegzulegen, war Charlotte gottfroh, es nicht in ihre Tasche getan zu haben. Ihre Bankkarte war auf ihrem Handy, so konnte sie alle Ausgaben problemlos bezahlen. Die Kreditkarte hatte sie gestern direkt im Restaurant sperren lassen. So wie es aussah, hatte keine Belastung stattgefunden. Wenigstens das. Aber das Bargeld, 200 Euro in Scheinen und ein paar Münzen, waren natürlich futsch. Die 52 Euro für das Konsulat würde sie irgendwo abheben müssen.

Dieser Diebstahl war ein Zeichen, dass sie hier so schnell wie möglich die Zelte abbrechen sollte. Sie war keinen Tag hier, und schon wurde sie bestohlen. Eindeutig kein Ort zum Leben. Charlotte bestellte sich ein Frühstück aufs Zimmer, keinen Kaffee, sondern einen Kamillentee. Der Abend war ihr auf den Magen geschlagen. Sie duschte, zog sich an und frühstückte langsam. Dann packte sie ihre Tasche, deponierte sie an der Rezeption und checkte aus.

Bis zum Termin beim Makler hatte sie noch gut zwei Stunden Zeit. Es half alles nichts, sie musste loslassen und vergessen, was geschehen war. Und das ging am besten mit einem Spaziergang durch die Stadt. Vorher kaufte sie sich in der Hotelboutique die günstigste Handtasche, die sie quer am Oberkörper anlegte, die Hand fest um den Korpus gelegt.

Das Hotel lag mitten im Zentrum, nahe dem alten Hafen von Marseille, den Charlotte zuerst erkundete. Schritt für Schritt ließ sie den Schrecken des Abends hinter sich und spürte, wie sich der Knoten in ihrem Magen langsam löste. Marseille quoll geradezu über vor pulsierender Energie und das so früh am Morgen. Der Hafen war lebendig, gefüllt mit bunten Fischerbooten, eleganten Segelschiffen und luxuriösen Jachten.

Sie atmete tief die salzige Meeresluft ein, während sie den Klang der Möwen und das sanfte Plätschern des Wassers gegen die Kaimauern hörte. Die Sonne strahlte vom azurblauen Himmel herab und spiegelte sich funkelnd im klaren Wasser des Hafens wider. Sie machte eine Pause in einer kleinen Bar, bestellte sich einen Kaffee und beobachtete die Menschen um sich. Dann ging sie den Weg zurück zum Hotel, das sie als Orientierungspunkt nahm. Direkt in der Nähe befand sich das Maklerbüro.

Der Makler war sehr freundlich und begutachtete die Unterlagen, die sie nach der Verlesung des Testaments von Carole bekommen hatte.

„Hier und jetzt können wir natürlich nicht viel für Sie ausrichten, Madame Bergmann. Ich werde Ihnen aber so schnell wie möglich eine Liste mit allen Aufgaben schicken, die nach hiesigem Recht erledigt werden müssen, bevor wir das Objekt zum Kauf anbieten können.“

„Das ist gut. Wann, denken Sie, habe ich die Liste?“

„Im Laufe der Woche ist sie bei Ihnen. Dann können wir sie gemeinsam telefonisch durchgehen und besprechen, wie wir weiter verfahren.“

Nach dem Termin setzte sie ihren Spaziergang fort. Bis zum Konsulatstermin musste sie noch Passfotos machen, Geld abheben und etwas essen. Sie fand einen Fotografen, der im Fenster damit warb, Passfotos für alle EU-Anforderungen zu machen. Kurz vor dem Shoot versuchte Charlotte, sich herzurichten. Der Schreck von gestern saß ihr eindeutig noch in den Gliedern. Egal, dieses Passfoto würde ihr genauso wenig gefallen wie alle anderen zuvor, Diebstahl hin oder her. Sie bekam die Bilder sofort mit, verstaute sie in ihrer neuen Handtasche und zahlte mit Karte die Fotos und 52 Euro extra, die ihr der freundliche Fotograf bar auszahlte. Dann machte sie es sich in der nächstgelegenen Pizzeria bequem, um in Ruhe zu Mittag zu essen.

Nach dem Essen hatte sie noch eine Stunde Zeit bis zu ihrem Termin beim Konsulat. Perfekt, um noch ein wenig Marseille zu erkunden.

Mit jedem Schritt spürte Charlotte die Geschichte und die lebendige Kultur der Stadt, die überall deutlich fühlbar war. Ein wahnsinnig pulsierender Ort, ganz anders als Paris, viel wilder, intensiver und rauer. Sie genoss die Vielfalt der Aromen, Klänge und Sehenswürdigkeiten und beschloss, irgendwann einmal für ein paar Tage Städteurlaub zurückzukommen, ohne Eile und ohne Gauner am Nebentisch.

Im Warteraum des Konsulats wurde sie von einer freundlichen jungen Frau aufgerufen, die so gar nichts gemein hatte mit der Krähe vom Abend zuvor. Charlotte füllte ein Formular aus, legte alle notwendigen Unterlagen vor und war überraschend schnell fertig.

„Gut, dann mache ich jetzt noch ein paar Kopien und leite alles für Sie in die Wege, Madame Bergmann. Das muss ja ein gehöriger Schreck gewesen sein, gestern. So etwas Furchtbares, das ist einfach nicht fair."

„Das können Sie laut sagen! Wie lange wird es denn dauern, bis ich den Reiseausweis zur Rückkehr von Ihnen bekomme?"

„Den können Sie bis spätestens Donnerstag abholen, Sie erhalten vorher eine Nachricht per E-Mail. Wir sind gerade unterbesetzt, sonst könnten wir ihn schon heute fertig machen."

Verflixt, dachte Charlotte. Den Rückflug morgen konnte sie also vergessen. Sie bedankte sich bei der netten Mitarbeiterin und machte sich auf den Weg zum Hotel, um ihr Gepäck abzuholen. Unterwegs schickte sie ihrer Mutter, Sabine und Stefan je eine kurze Textnachricht, dass sich ihre Rückreise verzögere. Wie erwartet kommentierte Sabine mit einem Daumen nach oben und ihre Mutter mit einem lieben „Ist gut, Mäuschen“. Nur Stefan blieb wieder einmal still, obwohl er ihre Nachricht innerhalb von Sekunden gelesen hatte.

Dann rief sie Meret an, die überraschend entspannt reagierte.

„Kein Problem, melde dich einfach, sobald du weißt, wann du wieder im Lande bist“, sagte ihre Chefin und Freundin.

„Mensch, dank dir. Ich habe mir schon Sorgen gemacht, immerhin lag bei meiner überstürzten Abreise jede Menge Arbeit auf dem Tisch“, sagte Charlotte erleichtert.

„Habe ich alles der Praktikantin gegeben, also den Papierkram. Die anderen Aufgaben übernimmt Anika, die freut sich als Junior, endlich verantwortungsvolle Aufgaben zu übernehmen, und ich muss sagen, sie macht ihre Sache echt gut.“

Charlotte zuckte. War sie so schnell zu ersetzen? Was, wenn Anika ihren Job so gut machte, dass am Ende ihr eigener Job in Gefahr war?

„Ich kann dich bis hierhin denken hören, Charlotte. Entspann dich. Alles ist gut“, sagte Meret mit einem unüberhörbaren Lächeln auf den Lippen. Meret kannte sie wirklich in- und auswendig.

„Ich dank dir, Meret, und schick dir Grüße aus Marseille! Bis ganz bald!“

Als Charlotte mit ihrem Gepäck die Garage erreichte und das Auto startete, merkte sie, wie sie sich auf ihre Rückkehr nach Sainte-Sophie freute. Sie war noch keine ganze Woche dort und fühlte sich irgendwie schon ein wenig geborgen. Nichts wie raus aus der Stadt und hinauf auf die Landstraße, alle Fenster auf und laut Musik. Carole hatte ihr den Titel von Yseult geschickt, den sie direkt in ihrer Playlist gespeichert hatte.

Wenn es etwas gab, das Charlotte todsicher immer glücklich machte, dann waren es Funk, Soul und Disco. Sie verband ihr Handy mit der Anlage, und sofort ertönte aus den Boxen *Boogie Wonderland* von Earth, Wind and Fire. Sie drehte auf volle Lautstärke, und innerhalb von Sekunden hob sich ihre Laune. Sie fühlte sich langsam wieder wie sie selbst, und je weiter sie die Stadt hinter sich ließ, umso mehr vergaß sie den Ärger der letzten Stunden.

Der Wagen schlängelte sich geschmeidig durch die hügeligen Straßen im Landesinneren. Das sanfte Rauschen der Reifen auf dem Asphalt vermischte sich mit der Musik, und die Sonne goss ihr goldenes Licht über die sanften Hügel, die sich wie grüne Wellen über das Land erstreckten.

Charlotte blickte einmal um sich, um sicherzugehen, dass niemand vor oder hinter ihr fuhr, und stieß dann einen lauten Schrei aus, ließ alles los, was sie belastete, und nahm die atemberaubende Schönheit der Natur in sich auf. Sie strahlte. Fühlte sich glücklich. Warum eigentlich? Ihre Reisepläne waren wegen eines Mistkerls, der sie bestohlen hatte, zunichtegemacht. Das Anwesen, das sie geerbt hatte, hatte sie noch nicht gesehen, weil ein infernalischer Sturm den Besuch unmöglich gemacht hatte. Und trotzdem saß sie da in ihrem sonnengelben Renault und wollte am liebsten die Welt umarmen.

Caroles Lied erklang, und wieder wäre sie am liebsten stehen geblieben, um zu tanzen. Reinste Freude durchströmte sie, nichts als Glück. Vielleicht war das Tante Edeltrauds Geist, der sie gerade heimsuchte und mit lauter Sprenkeln besetzte. Oder einfach nur ihr Körper, der bis zum Rand gefüllt mit Stresshormonen war, die sich nun durch die Musik in Euphorie verwandelten.

Charlotte hatte keine Lust, mit dieser Energie in ihrer Suite zu versauern. Sie wollte etwas anderes damit anstellen. Bis zur Rückkehr nach Hamburg waren es noch zwei Tage. Die wollte sie gerne nutzen, um noch mehr von Sainte-Sophie zu sehen und Zeit mit Carole zu verbringen. Die Uhr zeigte halb vier an. Jetzt war der ideale Moment! Bis zum Sonnenuntergang war noch genug Zeit, um sich das Anwesen auf eigene Faust anzuschauen, und irgendwelche Unwetter standen auch nicht auf dem Programm. Den Schlüssel hatte ihr Garcia ausgehändigt. Den würde sie schnell aus ihrer Suite holen und dann alleine Richtung Saint-Joseph fahren.

Jetzt. Sie fühlte genau, dass jetzt der Moment gekommen war, um diesen Ort zu besuchen.

Kapitel 14

SIE fand den Weg zu ihrem Anwesen wie im Schlaf. Ihr Anwesen – hatte sie gerade „ihr Anwesen" gedacht? Die Seitenstraße war nicht zu übersehen, doch sie war lang genug und durch das Pinienwäldchen perfekt geschützt, um diesem Ort die Ruhe und Abgeschiedenheit zu verleihen, die man sich wünschte.

Mit Herzklopfen passierte sie den kleinen Wald und rollte langsam über den weißen Kies vor dem Eingang des Hauptgebäudes. Sie stieg aus dem Auto und hielt inne. Da war es nun, das Anwesen. Ein majestätisches altes Landhaus im Stil der Provence, schlicht und trotzdem imposant, weiß getüncht, warm und einladend. Zu beiden Seiten des Haupteingangs befanden sich jeweils drei hohe Fenster, die sich in gleicher Anordnung auch auf Höhe der beiden oberen Etagen befanden.

Sie betrat den geräumigen Eingangsbereich über die massive Holztür, wo antike Möbel und Gemälde mit großen Leinentüchern bedeckt waren. Ein riesiger Kronleuchter hing von der hohen Decke herab, und unter ihren Schritten knarrten alte, polierte Dielen mit abgenutzten Stellen. Neugierig inspizierte sie die großzügige, einladende Küche links vom Eingang mit einem riesigen Esstisch in der Mitte. An den Wänden hingen Kupfergeschirr und alte Kochutensilien. Rechts vom Eingang war ein großer Salon mit Kamin und weiteren abgedeckten Möbeln. Charlotte lüftete die Leinentücher und erspähte Ohrensessel aus Samt, hübsche Nussbaumkommoden und einen großen Sekretär.

Wenn man vom Eingangsbereich zur hinteren Seite des rechteckigen Hauses lief, erreichte man den Speisesalon, von dem man über zwei gewaltige Glastüren auf die Terrasse hinter dem Haus gelangte. Die Terrasse ging nahtlos über in eine riesige Wiese, gefolgt von einem Gehege mit Hühnern, ganz am Ende der Wiese. Dahinter bot sich ein atemberaubender Blick auf die Berge.

Charlotte war hin und weg. Ihr war schon klar, dass dieses Anwesen gewaltig war. Es aber nun live zu sehen, war noch mal etwas ganz anderes. Kopfschüttelnd und mit einem breiten Grinsen auf dem Gesicht lief sie zurück ins Haus und ging die Treppe zum ersten Stock hinauf. Die Treppe war breit und aus dunklem Holz, mit einem kunstvollen Geländer aus schmiedeeisernen Ornamenten. Als sie den ersten Stock erreichte, fand sie sich in einem Flur wieder, den sie langsam entlanglief. Die Türen zu allen sechs Zimmern waren geöffnet. Jedes Zimmer war ein Schatzkästchen für sich, alle mit hohen Decken und bildschönem Stuck, alten Dielenböden und prächtigen antiken Möbeln.

Der erste Raum war ein gemütliches Schlafzimmer mit einem massiven Holzbett, das von weißen Leintüchern umhüllt war. Ein alter Schreibtisch stand am Fenster, von dem aus man einen herrlichen Blick auf die umliegenden Hügel hatte. Die anderen Zimmer waren fast alle nahezu leer, hatten aber die gleichen tollen Dielenböden und Decken voller Ornamente. Alles war verstaubt und verlassen, machte aber einen guten Eindruck. Das war keine heruntergekommene Ruine, sondern ein fantastischer Ort, den man ohne Weiteres renovieren könnte.

Im zweiten Stock ergab sich das gleiche Bild wie im ersten. Dieses Hotel hatte also insgesamt zwölf Zimmer. Nicht wenige, aber auch nicht zu viele, genau die richtige Zahl für eine Pension mit intimem Flair. Charlotte lief zurück ins Erdgeschoss und nahm auf der Holzbank im Eingangsbereich Platz, völlig hingerissen von der Schönheit des Anwesens. Sie hatte das Gefühl, durch einen Traum zu wandeln. Wieder einmal zwickte sie sich, nur um abermals festzustellen, dass sie nicht schlief.

Sie schloss die Augen, wie sie es immer tat, wenn sie direkt nach der Besichtigung eines Objekts erste Ideen suchte. Das Anwesen war in einem hervorragenden Zustand, wie Charlotte durch die Erfahrungen der Zusammenarbeit mit Kollegen aus anderen Gewerken vermutete. Alles, was hier getan werden musste, war kosmetisch, immer vorausgesetzt, es verbarg sich nicht irgendwo versteckt ein ernsthafter Schaden. Schnell überschlug sie im Kopf die Kosten, die es brauchte, um dieses Haus in Schuss zu bringen. Mit rund 10 000 Euro könnte man alles reinigen, die Böden schleifen und neu versiegeln und die Wände und Decken mit authentischen Farben auffrischen.

Was deutlich mehr ins Geld gehen würde, war die Beschaffung des kompletten Interieurs, das man für ein kleines Hotel benötigte. Ein kleines Hotel. Das hatte es hier irgendwann einmal gegeben. Und genau das sollte es nach Auffassung der Bewohner von Sainte-Sophie wieder geben. Außer dem *Chez Jeannette* gab es keine anderen Hotels oder Pensionen in Sainte-Sophie. Die nächste Möglichkeit gab es erst wieder in Saint-Joseph, eine in die Jahre gekommene, kleine Pension, die Charlotte beim Buchen ihrer Unterkunft auf Fotos gesehen hatte.

Ein Hotel. Ein süßes kleines Hotel. Charlottes Herz machte einen Sprung. War das nicht insgeheim immer ihr Traum gewesen? Ein eigenes Objekt zu gestalten und zu führen? Im Süden zu leben? Ihr eigenes Ding zu machen? So sehr sie es liebte, mit Meret zu arbeiten, sie arbeitete für sie, nicht für sich selbst. Das hier wäre ihr eigenes Baby. Das erste wirklich große Ding für ihr Portfolio. Wenn andere das konnten, warum nicht sie? Im Ausland leben und arbeiten. Sie könnte den Laden auf Vordermann bringen und wieder veräußern, wenn alle Stricke rissen. Oh-mein-Gott. Wenn ihr Herz nicht langsam zur Ruhe kam, befürchtete sie Schlimmes. Tief einatmen und ausatmen. Alles ist gut.

Sie lief noch einmal das komplette Anwesen ab, machte Fotos und sprach Ideen über die Sprachnotizfunktion in ihr Telefon. Als langsam die Abenddämmerung einsetzte, beschloss sie, den Tag abzuschließen und ins Hotel zu fahren. Sie war müde und hatte einen Bärenhunger.

Auf dem Weg zurück zum Auto klingelte ihr Telefon.

„Hallo, Stefan."

„Hallo, Charlotte."

„Ist alles okay bei dir?", fragte sie mit sanfter Stimme. „Ich wollte mich allerspätestens morgen bei dir melden. Hier ging es nach der Testamentsverlesung nonstop drunter und drüber. Gestern wurde ich zu allem Überfluss auch noch …"

Stefan unterbrach sie harsch.

„Pass mal auf, Charlotte. Das interessiert mich ehrlich gesagt nicht sonderlich, was bei dir gerade so alles drunter und drüber läuft. Du hast hier Verpflichtungen, schon vergessen?"

Charlotte verstummte.

„Hallo? Charlotte? Bist du noch dran?“

Es war Montag. Am Freitag war die Verlesung des Testaments ihres verstorbenen Vaters gewesen. Sie hatte Stefan immer auf dem Laufenden gehalten. Und nach gerade mal drei Tagen musste sie sich nun Vorwürfe der übelsten Art anhören. Kein Wort des Beileids, bis heute nicht. Keine Nachfrage, wie es ihr ging. Keine Frage nach dem Erbe. Charlotte holte tief Luft.

„Stefan?“

„Was?“, schoss er gereizt zurück.

„Ich lege jetzt auf. Und du rufst mich nicht mehr an, bis du zur Räson gekommen bist. Ich habe dir nichts getan, Stefan, im Gegenteil. Ganz ehrlich? Du tickst nicht mehr ganz sauber, mich in einer Tour so runterzumachen. Ständig behandelst du mich wie jemanden, der sich etwas zuschulden hat kommen lassen. Das habe ich nicht! Ich ganz sicher nicht, hörst du? Das Maß ist voll!“

Charlotte zitterte am ganzen Körper und brauchte drei Anläufe, bis sie endlich das rote Telefon-Icon zu fassen bekam und den Anruf beenden konnte. Sie hatte endgültig genug, es reichte ihr bis sonst wohin. Sie kochte, sie war außer sich. Sie setzte sich in den Wagen, schloss die Autotür, schloss die Augen und atmete langsam ein und aus. Diesmal war er endgültig zu weit gegangen. Sie hatte schon immer eine Engelsgeduld gehabt mit den Menschen, die sie liebte, aber irgendwann war auch das Ende ihrer Zündschnur erreicht.

Als sie nach ein paar Minuten die Augen öffnete, war ihr Herzschlag wieder normal. Draußen war es noch nicht komplett dunkel. Sie stieg aus dem Auto und lief über den Kies seitlich des Hauses zu der Wiese hinter dem Haus. Sie atmete tief die frische Landluft ein, drehte sich einmal um ihre eigene Achse – und dann war sie da: eine völlig neue Energie.

Plötzlich durchflutete eine bislang ungekannte Kraft ihren ganzen Körper und nahm Besitz von ihr. Sie musste mit einem Mal an Caroles Frage nach dem Grund ihrer Traurigkeit denken. Sie konnte sie nicht beantworten. Doch eines wusste sie jetzt ganz sicher: Die Tage, an denen man sie, Charlotte Bergmann, kleinmachte, waren vorbei. Für alle Zeiten.

Kein Stinkstiefel dieser Welt würde sie noch einmal so mies behandeln, wie Stefan es immer wieder getan hatte. Ein dummer kleiner Gauner, der ihre Wertsachen stahl? Das konnte jedem passieren und war mit Sicherheit kein Grund, direkt eine ganze Stadt zu fürchten. Unwetter? Und wenn schon! Hier regnete es wenigstens einmal am Stück und nicht wochenlang wie zu Hause in Deutschland. Außerdem war es hier nach einem ordentlichen Guss noch schöner als zuvor, mit Sonnenschein satt.

Und sie selbst? War sie am Ende nicht ihr eigener größter Saboteur? Immerhin hatte sie es die ganze Zeit zugelassen, dass Stefan sie schlecht behandelte. „Lebe wild und gefährlich", klebte als Postkarte auf ihrem Kühlschrank, seit Stefan die gemeinsame Wohnung verlassen hatte. Und was tat sie? Zeit ihres Lebens hatte sie das genaue Gegenteil getan. Und jetzt, da sich ihr eine Chance bot, die nie mehr in ihrem Leben ein zweites Mal kommen würde, wollte sie ganz schnell weglaufen, zurück in die alte, wohlbekannte Sicherheit in Deutschland.

Zeichen? Böse Omen? Was war das für ein Unsinn? Sie war weder abergläubisch noch dumm. Das Gegenteil war der Fall. Sie war so wach und präsent wie nie zuvor. Dieser Anruf von Stefan und der Gauner in Marseille hatten ihr den allerletzten Stoß verpasst, tief hinein in die letzte Ecke eines Käfigs, in dem sie schon viel zu lange verharrt hatte. Nun brach sie mit einem Satz hinaus in die Freiheit, wie eine wütende Löwin.

Noch eine Nacht und einen Tag. Sie würde sich noch exakt 24 Stunden Bedenkzeit geben und dann ihre Entscheidung treffen. Für oder gegen dies kleine Stück vom Himmel, mitten in der Provence.

Kapitel 15

ALS Charlotte nach ihrem Tag der Bedenkzeit, den sie zwischen Marseille und Aix-en-Provence zugebracht hatte, am Mittwochmorgen die Augen öffnete, streckte sie sich vergnügt und genüsslich lang. Alles, was fehlte, war ein lautes Quietschen, doch sie konnte sich gerade noch beherrschen. Sie griff zum Telefon und bestellte sich ihr Lieblingsfrühstück aufs Zimmer. Dann stand sie auf und machte sich ihren ersten Kaffee, den sie am Fenster zum Marktplatz schlürfte.

Sie hatte ihren Entschluss gefasst und alleine bei einem guten Abendessen zelebriert. Nun war es höchste Zeit, Carole die gute Nachricht zu überbringen. Die Arme hatte ihr seit ihrem letzten Kontakt schon zwei Nachrichten geschickt, die sie nicht beantwortet hatte. Nach einem ausgiebigen Frühstück wählte Charlotte die Nummer ihrer neuen, schon jetzt lieb gewonnenen Freundin.

„Carole? Ich bins, Charlotte, du, es tut mir so leid, dass ich die letzten zwei Tage so still war, aber es war mächtig was los."

„Lotte, du Liebe, wie schön, dass du anrufst! Ich habe mir schon Sorgen gemacht und wäre nachher so oder so zu dir gekommen. Was hast du denn alles Wildes angestellt? Wie wars beim Makler?"

„Carole. Ich muss dir ganz viel erzählen", sagte Charlotte mit einem glücklich beseelten Lächeln. „Hast du ein Stündchen Zeit für mich?"

„Oh, jetzt hast du mich aber neugierig gemacht. Hör zu, mein Tag ist leider komplett voll mit Terminen, aber ein Stündchen zum Lunch im *Joseph's* geht auf jeden Fall. So um eins?"

Als Charlotte einige Stunden später über den Marktplatz lief und auf Carole zusteuerte, die gerade Platz genommen hatte, klopfte ihr Herz wieder.

„Nun erzähl schon, Lottileinchen! Was ist es, das du mir erzählen musst?" Carole strahlte und wartete voller Spannung darauf, dass Charlotte mit der Sprache rausrückte.

„Ich muss schon sagen, dass mir Lottileinchen aus deinem Mund richtig gut gefällt. Es ist so verrückt, dass es schon wieder schön ist." Charlotte kicherte.

„Es ist ein Diminutiv, n'est-ce-pas? Ich verniedliche alles, das ich liebe, auch Menschen."

So. Das saß. Und es saß im besten Sinne des Wortes. Diese Frau trug ihr Herz auf der Zunge, und das liebte Charlotte. Das und Carole, mit der es sich anfühlte, als würden sie sich schon seit vielen Jahren kennen.

„Du bist so lieb, Carole, womit habe ich das eigentlich verdient?"

„Schnickschnück, Charlotte, hörst du, was ich sage? Charlotte. Ich nenne dich ab sofort bei deinem vollen Namen, wenn du Unsinn redest."

Charlotte schlug die Hände auf die Knie und lachte laut auf.

„Schnickschnack, es heißt Schnickschnack!"

„Schnickidischnacky, ich will jetzt wissen, was du mir alles erzählen willst, nun komm schon!"

Charlotte klemmte mit beiden Händen ihre Locken hinter die Ohren, strich ihre Hose glatt und wackelte einmal kurz in ihrem Stuhl, um sich bereit zu machen für die große Nachricht.

„Ich springe", sagte Charlotte und grinste wie ein Honigkuchenpferd.

„Pardon, du tust was? Du springst? Wohin?"

„Ich springe hinein ins Leben. Ich werde das Anwesen selbst übernehmen. Ich werde hier wohnen. Ich bleibe hier, Carole."

Während Charlotte die Worte aussprach, merkte sie, wie sie schlucken musste. Es fehlte nicht mehr viel, und sie würde vor Glück weinen.

Carole riss die Augen weit auf, öffnete den Mund und hielt ein paar Sekunden lang die Luft an, während Charlotte heftig nickte und die ersten Tränchen die Wange runterkullerten.

„Charlotte, ma chère! Was? Du tust was?"

Charlotte nickte heftig und wischte sich die Tränen weg. Sie war überglücklich. Alles war noch so frisch, dass sie eigentlich nicht nur Carole, sondern auch sich selbst diese Nachricht überbrachte.

Carole ließ ihre Schultern nach unten fallen, neigte den Kopf zur Seite und klappte den Mund mit einem breiten Lächeln wieder zu.

„Ich freue mich so so so so so sehr!“ Carole sprang auf, zog Charlotte von ihrem Stuhl und umarmte sie so fest, dass die dachte, keine Luft mehr zu bekommen.

„Wow. Das habe ich nicht erwartet. Meine liebe Charlotte. Oh, wie ich mich freue! Ich freue mich für dich, und ich freue mich für mich.“

„Sollen wir darauf anstoßen, oder hast du noch offizielle Termine?“ Charlotte hielt nach dem Kellner Ausschau. Sie wollte zur Feier des Tages mit einem Glas Champagner anstoßen.

„Ach, das ist hier ganz egal, alle trinken, auch zum Mittagessen unter der Woche“, antwortete Carole.

Dann erzählte Charlotte alles, was ihr seit ihrem Abschied im Regen passiert war. Von der Fahrt nach Marseille, dem seltsamen Tischnachbarn, der sich als Dieb entpuppte, von ihrem Besuch des Anwesens und vom Anruf Stefans, dem letzten Tropfen, der das Fass zum Überlaufen gebracht hatte, ihr den ultimativen Anstoß gegeben hatte, um ihr Leben endlich mit beiden Händen am Schopfe zu packen. Sie beschrieb in den schönsten Farben, was sie aus dem Anwesen machen wollte, und war am Ende ein bisschen außer Atem, so sehr sprudelte es aus ihr heraus. Carole saß lächelnd und entspannt zurückgelehnt auf ihrem Stuhl und nahm den letzten Schluck aus ihrem Champagnerglas.

„Du bleibst in Sainte-Sophie. Ich kann es noch nicht fassen“, sagte sie.

„Ja, aber zuerst muss ich natürlich nach Deutschland, um meine Sachen zu packen und einige wichtige Dinge zu erledigen. Am meisten Bammel habe ich davor, es meiner Chefin zu sagen, die auch meine Freundin ist. Sie wird aus allen Wolken fallen.“

„Das verstehe ich. Aber wenn sie deine Freundin ist, wird sie dich auch verstehen. Vielleicht findet ihr ja eine tolle Lösung, warts ab. Heute kann man ja von überall arbeiten.“

Carole winkte dem Kellner, um zu zahlen.

„Lass bitte, das geht heute auf mich“, sagte Charlotte.

„Danke, Lottileinchen, und sorry, dass ich so ungemütlich bin, aber ich muss wieder los.“

„Gar kein Problem, ich habe auch noch ’ne Menge zu tun, als Allererstes muss ich nach einem Flug schauen, je schneller ich hier wegkomme, umso schneller bin ich auch wieder zurück“, sagte Charlotte, während sie zahlte.

„Stopp. Bevor du fliegst, gibt es noch eine Sache. Du musst auf jeden Fall bis Sonntag bleiben. Am Samstag findet nämlich unser jährliches Weinfestival statt, eines der wichtigsten und schönsten Feste des Jahres. Es wird immer im Wechsel in Sainte-Sophie und Saint-Joseph ausgetragen, und dieses Jahr sind wir wieder an der Reihe.“

„Hmmmm.“ Charlotte überlegte. Heute war Mittwoch, bis Samstag waren es noch mehr als zwei Tage.

„Bitte, Lottileinchen! Es ist so toll und die perfekte Gelegenheit, dich vorzustellen, immerhin wirst du hier bald eine neue wichtige Attraktion eröffnen!“

Carole fuhr fort mit den Beschreibungen des Festes und hatte Charlotte im Handumdrehen überzeugt.

„Okay, überredet! Dann fliege ich eben am Sonntag“, sagte Charlotte und umarmte Carole zum Abschied.

Kapitel 16

NACH all den Aufregungen war Charlotte froh, dass zwei Tage vor ihr lagen, die sie nach Herzenslust gestalten konnte. Das Konsulat hatte geschrieben und ihr mitgeteilt, dass ihr Reiseausweis zur Rückkehr am Donnerstagmorgen zum Abholen bereitlag. Perfekt. Dann würde sie auf der Rückfahrt in Aix-en-Provence Halt machen und dort etwas unternehmen. Die bekannte Universitätsstadt lag in der Mitte zwischen Marseille und Sainte-Sophie, und Charlotte brannte darauf, sie zu erkunden. Sie brauchte dringend Inspirationen und freute sich auf neue Eindrücke.

Nach einem schnellen Kaffee in ihrer Suite fuhr sie früh am Morgen los. Obwohl ihr die Strecke nach Marseille mittlerweile nicht mehr unbekannt war, faszinierte sie das Naturspektakel aufs Neue, gerade jetzt zu dieser frühen Stunde. In Marseille angekommen, holte sie das Reisedokument ab und entschied, direkt weiterzufahren und in Aix zu frühstücken.

Als sich in der Ferne die charakteristischen Ziegeldächer und steinernen Fassaden der historischen Gebäude von Aix-en-Provence erhoben, wusste sie direkt, dass sie diese Stadt lieben würde. Ihr Ziel war das Künstlerviertel Mazarin. Die Straßen waren noch leer, die Boutiquen und Geschäfte noch geschlossen, und die Bars servierten den ersten Kaffee des Morgens. Sie fuhr langsam durch das Zentrum der Stadt, vorbei am Cours Mirabeau, einer prächtigen Allee mit schattenspendenden Platanen, gesäumt von eleganten Gebäuden und weiteren Restaurants. Als sie das Quartier Mazarin erreichte, fand Charlotte einen Parkplatz im Schatten eines Mandelbaums. *Wenn der Tag so geschmeidig beginnt, kann eigentlich gar nichts mehr schiefgehen*, dachte sie und legte ihre Handtasche mit einem Lächeln fest um ihren Körper. *Mit mir nicht mehr, Jungs! Müsst ihr euch ein anderes Opfer suchen, ich werde mich kein zweites Mal beklauen lassen.*

Nach einem ausgiebigen Frühstück, umringt von Einheimischen, begann sie ihren Spaziergang durch das wunderschöne Viertel. Die Straßen waren von Kunsthandwerksläden, Galerien und kleinen Cafés gesäumt, in denen Künstler ihre Werke ausstellten und die Besucher mit ihrem kreativen Flair verzauberten. Charlotte ließ nahezu nichts aus, sie schlenderte stundenlang durch die gepflasterten Gassen, bewunderte die lebhaften Farben der Gemälde in den Galerien, ihr einzigartiges Spiel von Licht und Schatten. Kleine Läden mit handgefertigten Töpferarbeiten reihten sich an Geschäfte mit modernsten, künstlerisch gestalteten Skulpturen und Objekten aus Muscheln und Glas. Neben ausgefallener Sommerkleidung gab es die passenden Schuhe oder Handtaschen zu kaufen, und auch die Souvenirläden durften nicht fehlen. Düfte nach Gebratenem und würzigen Tees kitzelten Charlottes Nase. Immer wieder machte sie kleine Pausen, um die kreative Energie der Umgebung in sich aufzusaugen und die Menschen zu beobachten.

Ein spätes Mittagessen und einige Kaffees später näherte sie sich einer Menschentraube vor einer Neueröffnung. Zwei junge, mit riesigen Flügeln als Feen verkleidete Männer, berührten die ankommenden Gäste zum Gruß mit Zauberstäben in der Hand. Nun winkten sie ihr zu, legten die Zauberstäbe auf Charlottes Schultern und beschütteten sie mit goldenem Konfetti. Charlotte wusste nicht, wie ihr geschah und ehe sie sichs versah, hatten die beiden sie mit einem sanften Schubs in die Galerie manövriert, die die Werke einer provenzalischen Künstlerin ausstellte.

Heute war das Eröffnungsfest mit vielen Gästen. Charlotte schüttelte das Konfetti ab, mischte sich neugierig unter das Volk und nahm die Arbeiten genauer unter die Lupe. Sie war nicht leicht zu begeistern, aber was ihr hier präsentiert wurde, gefiel ihr wahnsinnig gut. Die Bilder zeigten in verfremdeter Form die Häuser der Umgebung in ihrer typischen Bauart, jedoch in außergewöhnlichen Farben mit Abschnitten in Gold. Häuser in tiefstem Bordeauxrot und Purpur, intensivem Violett und Blau, frischem Gelb – man wollte hineinspringen, so anregend und schön waren die Arbeiten dieser Frau.

Charlotte wurde ein Glas Champagner serviert, das sie dankend annahm. Die kleine Galerie hatte sich, dank der entzückenden beiden Jünglinge, im Nu so sehr gefüllt, dass sie aufpassen musste, wo sie hintrat. Beim nächsten Bild beugte sie sich vorsichtig nach vorne, um seine Feinstruktur besser sehen zu können. Als sie ihren Oberkörper wieder aufrichtete, geschah es. Ihr Rücken und Kopf stießen mit voller Wucht gegen etwas, so hart, dass sie schrie. Mit der Hand an ihrem Hinterkopf und schmerzverzerrtem Gesicht drehte sie sich um.

„Nee!“, brach es so laut aus Charlotte heraus, dass das eben noch muntere Stimmengewirr um sie herum blitzartig verstummte. Sie fasste es nicht. Weit weg von Sainte-Sophie, mitten in Aix, bei einer kleinen Vernissage, stand er wieder vor ihr: der Rotweinmann. Das konnte doch nicht wahr sein! Und damit nicht genug. Sie war schon wieder mit ihm kollidiert, nur diesmal war es nicht so glimpflich abgelaufen wie noch vor ein paar Tagen im Foyer ihres Hotels. Neben einer Beule, die in wenigen Minuten ihren Hinterkopf schmücken würde, hatte sich ihr komplettes Glas auf ihrer Bluse ergossen.

Arnaud blickte sie verdattert an. „Bitte verzeihen Sie“, sagte er. „Bleiben Sie hier stehen, ich hole sofort etwas zum Trocknen. Nicht weglaufen!“

Gott, sie hatte ihn regelrecht angeschrien, warum nur war sie so schreckhaft? Eigentlich war sie die Ruhe selbst, aber Überraschungen konnten sie komplett aus dem Konzept bringen. Keine Minute später kam er bewaffnet mit zwei frisch gestärkten Küchentüchern zurück.

„Hier, ich nehme Ihr Glas und Ihre Tasche“, sagte er. „Sie tupfen das Malheur trocken. Vielleicht gibt es im Bad einen elektrischen Händetrockner, das wäre noch besser.“

Charlotte tat ihr Bestes, um ihre Bluse einigermaßen auf Vordermann zu bekommen.

„Wie gut, dass ich keinen Rotwein hatte …“, sagte sie, während sie das zweite Tuch auffaltete und wie ein Lätzchen auf Brust und Dekolleté legte. Ihr BH schien garantiert durch, und sie hatte keine Lust, noch mehr Blicke auf sich zu ziehen. Sie waren zur Attraktion des Empfangs mutiert. Als sie beide bemerkten, wie man sie anschaute, begannen sie gleichzeitig zu kichern.

„Das Publikum ist leider besonders extra hier …“, flüsterte Arnaud und trat näher an Charlotte heran, sodass nur sie hören konnte, was er sagte.

„Na, da bin ich aber froh, dass nicht nur ich das so sehe", sagte sie ebenfalls flüsternd. „Ich dachte schon, ich bilde mir das nur ein."

„Nein, das tun Sie nicht. Ich schaue mir so gerne Kunst an, besuche Eröffnungen von Galerien oder Vernissagen. Leider teile ich dieses Hobby mit einer Menge an Leuten, die gerne gesehen werden."

„Ja, das kann einem tatsächlich die Freude an der Sache nehmen, wenn man nicht aufpasst. Ich kann mich dann nicht mehr richtig entspannen und fühle mich irgendwie …"

„… fehl am Platz", ergänzte Arnaud lächelnd.

„Genau das", sagte Charlotte strahlend.

„Dabei ist niemand fehl am Platz. Sie nicht. Ich nicht. Niemand hier", schloss Arnaud.

Sie lächelten einander an.

„Ich bin ganz schlecht mit Namen, muss ich gestehen. Wie war noch mal Ihr Name? Carole hatte uns vorgestellt, aber …", sagte Charlotte und kratzte sich am Hinterkopf, wo sie meinte, eine kleine Erhebung zu fühlen an der Stelle, wo Arnauds Kopf gegen den ihren gestoßen war.

„Gar kein Problem. Arnaud Jourdain ist mein Name. Und Sie waren Charlotte, richtig?"

„Ganz genau, Charlotte Bergmann", sagte sie und gab ihm die Hand.

„Klebt schön auf der Haut, der Champagner …", sagte sie.

„Crémant. Das war kein Champagner. Sooo extra ist man dann doch nicht hier."

Wieder lachen sie.

„Hatten Sie nicht versprochen, auf das Rückwärtslaufen zu verzichten?", fragte Charlotte jetzt. Sprechpausen mit diesem Mann konnte sie irgendwie nicht gut aushalten, weshalb sie solchen Situationen gerne mit Witzeleien begegnete.

„Wollte ich, aber ich muss natürlich auch auf die Gesundheit meiner Knie achten, Sie erinnern sich, das war Ihr Tipp. Wegen meines Alters", konterte Arnaud gekonnt und ließ Charlottes freche Coolness wie Butter in der Sonne zerschmelzen. Alles, was sie jetzt noch hätte sagen können, wäre flach gewesen. Stattdessen stand sie einfach nur da und grinste ihn verlegen an.

Was ein Typ! Er hatte ihre Bluse gebadet, ohne dabei die Fassung zu verlieren. Er war viel entspannter als sie. Ruhte irgendwie in sich. Das war ihr schon bei ihrer ersten Begegnung aufgefallen. Auch heute machte er wieder eine tolle Figur. Er trug eine dunkelblaue Jeans, schwarze Lederschuhe, ein Hemd mit feinen Streifen in Schwarz-Weiß und ein lässiges Sakko aus schwarzem Leinen. Unauffällig sog sie seinen Duft ein, der zu ihr herüberwehte. Er roch schwach nach einem Herrenduft der Sorte, die man nur in ausgewählten Läden mit Nischendüften finden konnte – himmlisch. Himmlisch einfach nur. Oh Gott. Ohgottohgott. Claudine. Mia. Sie durfte nicht vergessen, dass dieser Mann in festen Händen war.

Charlotte streckte ihren Oberkörper, hob das Kinn und kehrte mental zurück in ihre Contenance-Zone.

„Und Sie lieben also die Kunst? Haben Sie beruflich damit zu tun?“, fragte sie bemüht beiläufig.

„Oh nein. Nein, ich mache etwas ganz anderes, oben in Sainte-Sophie. Bei Kunst und Kultur tanke ich nur auf. Ich habe auch gar nicht wirklich Ahnung davon. Ich genieße sie nur, das allerdings sehr intensiv“, erklärte er freundlich.

Hatte er verstanden, was ihr vorhin durch den Kopf gegangen war? Irgendwie funkelte da etwas Freches in seinen Augen. Oder bildete sie sich das nur ein? Mann, diese Franzosen, wie sollte sie das nur durchstehen in Zukunft, gab es da vielleicht irgendwelche Kurse, die sie lockerer machten, das artete ja regelrecht in Stress aus!

„Geht mir eigentlich genauso“, bekräftigte sie und ließ ihren Blick über die Wand mit den Gemälden gleiten, um seiner intensiven Energie zu entgehen. „Entscheidend ist nicht der Kopf, sondern das, was die Kunst mit uns macht, oder? Im Herzen, im Bauch. Wie sie uns bewegt und inspiriert“, sagte Charlotte und wandte ihren Blick wieder mutig seinem Gesicht zu. Fehler. Fehler! Der Mann funkelte noch immer. Er hatte sie die ganze Zeit angeschaut.

„Sie beschenkt uns mit Glück“, sagte er. „Die Kunst.“

„Genau das. Sie verteilt … bunte Glitzersprenkel!“, gab Charlotte zurück und wartete darauf, dass er seine Contenance nun auch verlor.

„Glitzerwas?“, fragte er lachend.

Charlotte erzählte von ihrer Tante Edeltraud und ihrer Glücksformel.

„Sehr sympathisch, Ihre Tante Edeltraud, recht hat sie! Sie kommen also aus Deutschland?“

„Ja, aus Hamburg, um genau zu sein.“

„Und machen jetzt Ferien in Sainte-Sophie in der Nebensaison?“, hakte er nach.

„Nein, keine Ferien. Ich habe hier etwas … anderes zu erledigen“, erklärte sie und überlegte, was sie sagen wollte, wenn er weiter nachhaken würde. Sie wollte den Moment nicht verderben, indem sie das Testament und damit auch den Tod ihres Vaters erwähnte. Doch Arnaud hakte nicht nach. Stattdessen blickte er sie schweigend und lächelnd an, als wollte er sagen: „Verstehe schon. Du willst es nicht sagen. Gar kein Problem.“

Seine Augen funkelten noch immer. Irgendetwas spielte sich da ab, hinter diesen olivgrünen Augen, in denen sie nun die gleichen honigfarbenen Pünktchen entdeckte, die auch ihre olivgrünen Augen zierten. Und dann, eine kleine Ewigkeit später, als hätten sie sich abgesprochen, räusperten sie sich in derselben Sekunde, gefolgt von einem ebenso synchronen Lachen. Charlotte griff nach dem Küchentuch und wandte den Blick ihrer Bluse zu.

„Ich glaube, ich versuche das mal mit dem Händetrockner. So schnell wird die Bluse nicht trocken, und ich will nicht länger mit Lätzchen rumlaufen. Bin gleich wieder da“, sagte sie und ging in das Bistro im Hinterhof, um das WC aufzusuchen.

Als sie zurückkam, sah sie von Weitem, dass sich Arnaud nicht von der Stelle gerührt hatte, nur unterhielt er sich nun mit einem Paar, das Charlotte schon am Eingang gesehen hatte. Er winkte sie zu sich herüber. Charlotte wusste, dass sie gut daran täte, seiner Aufforderung zu folgen. Sie musste hier Kontakte knüpfen und ihr Netzwerk aufbauen. Doch sie war müde und hatte keine Lust auf Small Talk mit Wildfremden. Das Gespräch mit Arnaud war auf wundersame Weise unkompliziert gewesen, nicht oberflächlich, sondern offen und herzlich. Aber auch sehr aufregend und auf verwirrende Weise intensiv. Charlotte hatte das Gefühl, als hätte man etwas aus ihr herausgesaugt und sie gleichzeitig mit einer neuen, schönen Energie aufgeladen. Dieses Gefühl wollte sie sich bewahren. Sie winkte freundlich ab und drehte mit beiden Händen ein imaginäres Lenkrad. Arnaud hob den Daumen nach oben und winkte ihr lächelnd zu. Charlotte lächelte zurück, verließ die Vernissage und spazierte zurück zu ihrem Auto mit einem dicken, fetten Dauergrinsen auf dem Gesicht. Wie süß und nett zugleich kann man bitte sein?

Kapitel 17

DIE Vorbereitungen zur *Fête des Vignerons Sainte-Sophie & Saint-Joseph* begannen früh. Bereits in den Morgenstunden hörte Charlotte, wie zwei Lastwagen durch das sonst autofreie Zentrum fuhren und die Stände der Weinbauern auf dem Markt aufgebaut wurden. Sie drehte sich noch einmal um, um noch ein wenig weiterzuschlummern, bis ihr Wecker sie offiziell aus den Federn rufen würde. Ihre Gedanken liefen die vergangenen Tage ab. Wie wunderschön Aix gewesen war. Und wie unglaublich das Treffen mit dem Rotweinmann! Das dritte zufällige Aufeinandertreffen in wenigen Tagen. Verrückt. Obwohl, vielleicht war es auch ganz logisch. Er lebte hier, also war es nicht weiter verwunderlich, wenn er im einzigen Hotel am Ort ein paar Flaschen Wein holte. Und dass er mit Carole und Pierre befreundet war, war in Anbetracht des gleichen Alters der Kinder auch nicht allzu weit hergeholt. Tja, und Aix und die Kunst waren auch nicht am Ende der Welt. Er hatte halt Geschmack, davon hatte sie sich bereits überzeugen können. Es schien, als liebte er, wie sie selbst auch, die schönen Dinge des Lebens.

Den Freitag dann hatte Charlotte mit Telefonaten, E-Mails und der Suche nach dem besten Flug zugebracht. Abends war sie gemeinsam mit Carole und Pierre zu Besuch in den Bergen bei einem Bauern, um herrlich zu Abend zu essen. Zwei wunderschöne Tage lagen hinter ihr und ein weiterer vor ihr. Das Fest startete um vier Uhr nachmittags und sollte bis Mitternacht dauern. Sie hatte also noch genug Zeit und konnte den Tag in aller Ruhe angehen.

Der Wecker klingelte. Charlotte stand auf, wusch sich das Gesicht und putzte sich die Zähne. Dann zog sie sich ein Kleid über und holte sich im Salon ihr Frühstück, das sie am Fenster zum Marktplatz genoss, wo sie das muntere Treiben neugierig beobachtete.

Nach dem letzten Bissen machte sie es sich auf dem Sofa in dem kleinen Salon gemütlich und beschloss, endlich Sabine anzurufen, um ihr von den Ereignissen der letzten Tage zu berichten. Sabine wusste noch gar nichts, auch nichts über das Erbe. Aufgeregt wählte sie ihre Nummer und hörte direkt nach dem ersten Klingelton Sabines Stimme.

„Na du, alte Französin? Was bist denn du für ’ne untreue Tomate? Man hört ja außer kurzen Textnachrichten gar nichts mehr von dir, lebst du noch? Gehts dir gut?“

Charlotte entschuldigte sich für ihr langes Schweigen und begann dann ohne weitere Umwege mit der Eröffnung der großen Neuigkeit.

„Du hast was geerbt? Ich hab das nicht richtig verstanden …“, fragte Sabine ungläubig.

„Ein bildschönes altes Landhaus, irgendwie noch ein Haus, irgendwas Kleines, hab ich noch nicht gesehen, Wiesen und Obstbäume und die kleine bescheidene Summe von 250 000 Euro. Netto. Alles meins. Und ja, ich weiß, das alles ist richtig gaga. Und all das wurde mir in einer sehr feierlichen Verlesung mitgeteilt, aus einem Testament, in dem mich mein Vater als seine geliebte Tochter beschrieb. Ich dachte erst, das seien allgemeine Formeln. Aber irgendwann wurde mir klar, dass das echt war. Es passte alles zusammen, weißt du? Diese unglaubliche Geste. Mich so zu bedenken. Dann die Worte. Dieser Mann hat wirklich mich gemeint. Mich hat das sehr bewegt, wie du dir vorstellen kannst …“ Charlotte hielt kurz inne, um sich zu sammeln.

„Och Mensch, Lottchen“, sagte Sabine, und Charlotte konnte ihr Gesicht förmlich sehen, wie sie sie liebevoll lächelnd ansah.

„Es war so bewegend. Und wunderschön. Es war, als wäre dieser Mann mit im Raum. Wer weiß, vielleicht begegnet mir noch jemand, der mir etwas über ihn erzählen kann. Etwas, das mich das alles besser verstehen lässt.“

Charlotte lag mit ausgestreckten Beinen auf dem herrlichen Sofa und nickte langsam mit dem Kopf, während Sabine viele kleine Schreie des Unglaubens ausstieß. Charlotte musste lachen und hielt den Hörer nach jedem Schrei weit weg von ihrem Ohr, bis sich die Freundin beruhigt hatte.

„Lottchen, ich sag dir eins. Wenn du jetzt in der Provence ein Hotel aufmachst, komm ich dich ständig besuchen, das ist dir schon klar, ne?“

„Du, ich habe nichts anderes erwartet, natürlich kommst du mich besuchen, hallo? Du bist meine beste Freundin“, antwortete Charlotte und wusste genau, was Sabine als Nächstes sagen würde.

„Ich habe einen Witz gemacht, Lotte. Du wirst das Ding doch sicher verkaufen, oder? Oder willst du es vermieten?“

Charlotte atmete tief ein und aus und setzte sich gerade auf das Sofa.

„Weder noch. Ich behalts. Ich will schauen, was ich damit machen kann“, sagte sie jetzt und wartete gespannt Sabines Reaktion ab. Die zweite große Nachricht, die sie Sabine eröffnete. Auf der anderen Seite hörte sie eine Weile nichts, gefolgt von einem Räuspern und erneutem Schweigen. Offenbar hatte Sabine alle Schreie für heute verbraucht und war nun dazu übergegangen, gar nichts mehr zu sagen.

„Sabine?“, fragte Charlotte, die es langsam mit der Angst zu tun bekam. Angst davor, ihre beste Freundin vor den Kopf gestoßen zu haben.

„Ich habe mir schon so was gedacht“, brach Sabine ihr Schweigen mit nachdenklicher Stimme. „Eine Woche kein Ton, nur kurze Nachrichten. Ich wusste, dass da irgendetwas passiert ist. Jetzt bin ich ehrlich platt und muss das erst mal verdauen. Aber ich bin vor allem froh, dass dir nichts zugestoßen ist, Lottchen. Aber ja … du gehst nach Frankreich. Wow.“

„Mir ist schon etwas zugestoßen, ist aber nur halb so wild. Mich hat so ein Mistgauner beraubt, mitten in einem Restaurant in Marseille, flutsch, war meine Tasche weg und mit ihr 200 Öcken Bargeld und mein Reisepass. Das ist der Grund, warum ich hier noch immer festsitze. Aber ich habe jetzt den vorläufigen Reisepass vom Konsulat bekommen und reise am Sonntag zurück nach Hamburg“, erklärte Charlotte.

Dass sie dann schon alles in die Wege leiten wollte, um Deutschland bis auf Weiteres den Rücken zu kehren, behielt sie erst mal für sich. Sabine hatte offensichtlich genug daran zu knabbern, dass sie nach Frankreich ziehen würde. Umso erstaunter war sie, als Sabine plötzlich in den Hörer quietschte.

„Mensch, Lottchen, ich freu mich für dich. Ehrlich, das wird dir so guttun. Ein tolles neues Projekt, mal richtig neue Eindrücke und Erfahrungen in schönster Umgebung. Und endlich weg von diesem

Mistkerl Stefan.“ Sabine freute sich aufrichtig. Und mit ihrem Kommentar zu Stefan hatte sie natürlich vollkommen recht.

Sie redeten noch lange, tauschten sich über alles intensiv aus und verabschiedeten sich nach zwei Stunden. Charlotte legte das Handy zur Seite, rieb ihr warmes Ohr und überlegte. Ihrer Mutter hatte sie alles schon berichtet, bis auf die Sache in Marseille, aber das würde sie ihr erst in Deutschland sagen, sonst erschrak sie womöglich zu sehr. Auch Meret war vorerst über alles Wesentliche im Bilde. Nur Stefan hatte noch keine Ahnung, dass sie morgen wieder im Lande sein würde. Charlotte nahm ihr Handy und verfasste eine Nachricht an ihn.

„Tut mir leid wegen neulich abends. Ich war echt verletzt, hätte aber nicht einfach so aufhängen dürfen. Hoffe, es geht dir okay. Lass uns doch in Ruhe sprechen, wenn du Zeit hast, ich komme morgen Abend zurück und übernachte bei meiner Mutter. Gruß, Charlotte.“

Sie drückte auf Absenden, wartete ab, ob er die Nachricht las und etwas antwortete, doch nichts von beidem geschah. *Seltsam*, dachte Charlotte. Dass er schweigt, war nichts Neues. Aber dass er ihre Nachricht nicht umgehend las, das war neu. Dann meldete sie sich bei ihrer Mutter mit der Nachricht, dass sie sonntagabends heimkomme und gerne bei ihr übernachten wolle. „Wie schön, Liebes, ich freu mich. Nichts essen, ich koch uns was Schönes, Bussi Mama.“ Die Nachrichten ihrer Mutter waren einfach immer die besten. Charlotte seufzte zufrieden. Dann ging sie ins Bad, um zu duschen. Es wurde Zeit, sich für den Abend herzurichten.

Als Carole ihr vor ein paar Tagen von dem Weinfest erzählt hatte, hatte Charlotte sofort gewusst, dass sie sich etwas Passendes zum Anziehen kaufen musste. Beim Bummel durch Sainte-Sophie hatte sie ein entzückendes blau-weiß gestreiftes, knielanges Kleid gefunden, in das sie sich verliebt hatte. Es war aus leichter, feiner Baumwolle gearbeitet, hatte einen Empire-Ausschnitt und freie Schultern. Sie war überglücklich, so schnell etwas so Hübsches gefunden zu haben. Die Suche nach ein paar passenden Schuhen gestaltete sich schon schwieriger. Irgendwie war hier bei Schuhgröße 39 Schicht im Schacht, und Charlotte hatte Größe 41. Egal, dann würde sie einfach ihre weißen

Sneakers tragen. Der dunkelblaue Kaschmirschal, den sie mitgenommen hatte, falls es im Flugzeug zu sehr ziehen sollte, passte perfekt zu dem Kleid und war ideal zum Umhängen während der kühlen Abendstunden.

Ihre Haare drapierte sie mit Klammern zu einer halb offenen Frisur mit vielen Locken, die aus dem kleinen Dutt am Hinterkopf hinabfielen. Beim Blick in den Schminkspiegel sah sie zum ersten Mal, wie braun sie in den letzten Tagen geworden war. Sie strahlte, und ihre grünen Augen kamen jetzt besonders schön zum Vorschein. Sie entschied sich für ein wenig Wimperntusche und schminkte ihre Lippen dunkelrot.

In Deutschland traute sie sich nur selten, sich so zu stylen. Hier fühlte es sich ganz natürlich an. Die Französinnen waren so selbstbewusst und standen so kraftvoll in ihrer Weiblichkeit, dass es Charlotte im Nu angesteckt hatte. Es fühlte sich an, als würde sie hier ihrem wahren Kern als ausgesprochen feminine Frau auf natürliche Weise näher kommen.

Charlotte freute sich auf das Fest. Sie war total entspannt, hatte keine Angst vor irgendwelchen Rotweinmännern, weil die ohnehin alle vergeben waren, fühlte sich nicht zu dick, sondern genau richtig, und hatte auch keine komischen Zöpfe, sondern sah absolut hinreißend aus. Ab nach unten und hinein ins Vergnügen!

Ihre Tasche mit dem Schal deponierte sie nach Rücksprache mit Jeanette hinter der Rezeption. Ihr Handy mit ein paar Geldscheinen passte in die Seitentasche des Kleides.

„Wenn Ihnen kalt wird, kommen Sie einfach und holen sich Ihren Schal, auch dann, wenn gerade niemand an der Rezeption ist“, sagte Jeanette freundlich. „Sie sehen übrigens fantastisch aus, was für ein tolles Kleid, steht Ihnen ganz toll!“ Charlotte wurde fast ein bisschen rot und freute sich sehr über das nette Kompliment. Jeanette war so ein Schatz. Oh Mann, mit ihr würde sie reden müssen, wenn sie zurückkehrte. Immerhin wären sie in ein paar Monaten so etwas wie Konkurrentinnen. Charlotte hoffte, dass der gute Kontakt mit ihr fortbestehen würde.

Als sie auf den Marktplatz trat, wurde sie geradezu erschlagen von der Sinnlichkeit, die sich ihr darbot. Der Marktplatz war das pulsierende Herz der Feierlichkeiten, die bis in die vielen Gässchen rund um den Platz stattfanden. Hier drängten sich die Stände der örtlichen Winzer mit

Tischen voll beladen mit edlen Weinen. Charlotte beschloss, alle Stände in Ruhe abzulaufen. Die Palette reichte von schimmernden Rosés bis hin zu tiefen, rubinroten Cuvées. Überall hoben Menschen die Gläser, nahmen an spontanen Weinproben teil oder aßen einen Happen.

Es war eine Szenerie wie aus einem Gemälde – bunte Blumenranken schmückten die Häuser rund um den Marktplatz, auch Jeanettes Hotel war verziert, wie Charlotte jetzt aus der Entfernung entdeckte. Das Lachen der Menschen verschmolz mit den lebhaften Klängen französischer Akkordeonmusik, und kleine Gruppen von Freunden und Familien schlenderten über den Platz, während sie den Geschichten der Winzer lauschten. Neben Wein in Hülle und Fülle lockten die Stände mit lokalen Delikatessen. Charlottes Liebling – frisches Baguette – war natürlich überall vorhanden, ebenso knusprige Flammkuchen, und eine Fülle von Käsesorten aus der Region verführten die Sinne und weckten den Appetit.

Für die Kinder gab es einen eigenen Bereich, wo sie sich mit Spielen und Aktivitäten vergnügen konnten. Bunte Ballons schwebten über ihren Köpfen, während sie an Bastelständen arbeiteten oder auf einer kleinen Schaukel schwangen.

Gerade als Charlotte überlegte, wo sie an einer der vielen Weinproben teilnehmen sollte, kam Carole auf sie zugelaufen.

„Da bist du ja, ich habe dich schon gesucht! Wow, du siehst wunderschön aus, Charlotte! Was ist denn das für ein süßes Kleid, das ist ja wie für dich gemacht!“ Charlotte drehte sich einmal um ihre eigene Achse und schloss die Präsentation mit einem koketten Knicks ab.

„Hier in Sainte-Sophie habe ich das gefunden. Es war Liebe auf den ersten Blick“, sagte sie verschämt.

„Und zu Recht!“, sagte Carole bekräftigend.

„Du, Pierre steht drüben bei einem befreundeten Winzer, lass uns dorthin gehen und zusammen anstoßen“, sagte Carole, nahm Charlottes Hand und zog sie durch die dichten Menschenmengen hinter sich her. Der Stand, an dem Pierre mit seinem Freund ins Gespräch vertieft war, lag ein wenig abseits, am Rande des Marktplatzes. Direkt daneben war ein weiterer Stand mit warmen Speisen und Bänken mit Tischen.

„Wir bleiben heute hier. Zwischendurch können wir abhauen, aber das hier ist der perfekte Ort zum Ankern, dann verlieren wir uns nicht.

Außerdem gibts hier das beste Essen", sagte Carole und zwinkerte Charlotte zu, die sich sichtlich freute. Wunderbar, sie fühlte sich perfekt aufgehoben. Wenn man allein als Tourist ein Fest wie dieses besuchte, war es natürlich auch schön, aber nichts war besser, als Freunde unter den Einheimischen zu haben. Sie wussten genau, wie man was wann und wo tun musste. Charlotte beobachtete, wie Carole zu ihrem Mann lief und ihm einen Kuss auf die Wange gab. Der drehte sich sofort zu seiner Frau, küsste sie zurück und nahm sie fest in den Arm. Was für eine Liebe, die diese beiden hatten! Charlotte hatte ein untrügliches Gespür für glückliche Paare, wahrscheinlich schon deshalb, weil sie selbst das Gegenteil erleben musste.

„Charlotte, du bist hier! Komm, nimm ein Glas mit uns!" Pierre winkte Charlotte zu sich und stellte sie seinem Freund vor. Der Winzer goss ein Glas für sie ein. Dann stießen sie alle miteinander an, und Charlotte lauschte den Geschichten, die ihr der Winzer über sein Weingut und den Tropfen, den sie gerade in vollen Zügen genoss, erzählte.

„Hör mal, Lottileinchen." Carole schlich sich an Charlottes Seite. „Nachher kommen ein paar Leute mit uns hier zum Abendessen, ich hoffe, das stört dich nicht. Es ist für dich, wenn du magst, die perfekte Gelegenheit, die Bürgermeisterin von Sainte-Sophie kennenzulernen. Die wirst du nämlich noch brauchen, als Hotelbesitzerin." Carole gluckste und gab Charlotte einen Knuff in die Seite.

„Oje, ich kann aber gar nicht mit so High-Society-Leuten", sagte Charlotte sorgenvoll.

Carole brach in Lachen aus.

„High Society? In Sainte-Sophie? Wo? Zeig mir, wo hier auch nur ein Angeber rumläuft!"

Charlotte musste lächeln. Natürlich hatte sie recht, Sainte-Sophie war wirklich entspannt und informell, man fühlte sich nie deplatziert. Aber die Bürgermeisterin? Carole schien Charlottes Gedanken zu lesen.

„Glaub mir, Violette Brulet ist genauso nahbar wie jeder Winzer hier. Sie ist etwas speziell, das ja, aber keine ultra-elegante Dame aus Paris oder so. Entspann dich, das rockst du mit links!"

„Und wieso kommt sie heute Abend? Das ist ja schon 'ne Hausnummer. Was habt ihr denn mit ihr zu schaffen?" Charlotte war noch nicht vollständig überzeugt. Eigentlich hatte sie mit einem entspannten Abend unter Freunden gerechnet, nicht mit einer langen Tafel voller Fremder, mit denen sie Konversation treiben musste.

„Ach, Pierre will irgendwas mit ihr bekakeln wegen seines Geschäfts. Aber sie kommt ja nicht alleine, ihre Tochter Emily wird auch mit dabei sein, ein ganz liebes Mädchen, außerdem kommen noch ein paar Freunde von uns. Einen kennst du schon, Arnaud, weißt du noch? Damals bei uns im Garten? Er hatte die kleine Mia abgeholt, die dir die Zöpfe geflochten hatte."

Oh ja, allerdings wusste sie noch, wer Arnaud war. Ha! Der Rotweinmann. Charlotte lachte sich innerlich schlapp.

„Yup, der Mann, der mich anschließend mit eben jener lustigen Zopffrisur gesehen hat", sagte Charlotte lachend und griff sich nur in Gedanken an den Kopf. Vor Carole wollte sie nicht zu deutlich werden, immerhin hatte der Mann Frau und Kind.

Bevor Carole etwas erwidern konnte, wurde sie durch den Ruf ihres Namens aus dem Konzept gerissen.

„Carole, elle est là!"

Carole drehte sich um und winkte eine Frau heran, die sich jetzt auf sie zubewegte, während sie einer anderen jüngeren Frau hinter sich zurief, dass sie Carole gefunden habe.

„Das ist sie, unsere Bürgermeisterin", flüsterte Carole Charlotte zu und lief ihr grüßend mit ausgestreckten Armen entgegen. *Was eine Erscheinung*, dachte Charlotte wie vom Donner gerührt.

Die Aufmachung der Bürgermeisterin, die irgendwo in ihren Fünfzigern sein musste, war ein wahres Feuerwerk an Farben und Mustern. In ihrem mit Pailletten besetzten und mit Rüschen verzierten Kleid wirkte sie, als wäre sie in den Fundus eines Verleihs für Karnevalskostüme gefallen. An ihrem Hals hing ein feuerroter Schal, den sie sich mit einem beherzt dramatischen Griff über die Schultern warf. Dicht hinter ihr stand ihre Tochter Emily, die das komplette Gegenteil ihrer Mutter verkörperte in ihrer schlichten Hose, einer hübschen Bluse und eleganten, flachen Slippern.

„Wie schön, dich zu sehen, Carole. Hallo, Pierre", rief die Bürgermeisterin, die einen nach dem anderen mit den typischen zwei

Küsschen grüßte, allerdings landeten ihre Küsse weniger auf der Wange als vielmehr in der Luft.

„Die Freude ist ganz meinerseits", sagte Carole und drehte sich dann um zu Charlotte.

„Darf ich vorstellen? Das ist Charlotte Bergmann, die neue Besitzerin des alten Anwesens von François Durand, Charlotte, das ist Violette Brulet, unsere Bürgermeisterin."

„Angenehm", sagte Charlotte verdutzt und schüttelte die Hand der Frau, die sie freundlich willkommen hieß. Man wusste also schon, dass sie das Erbe angenommen hatte? Als ob die Bürgermeisterin ihre Gedanken lesen könnte, wandte die sich an Charlotte.

„Hallo, liebe Madame Bergmann! Ich hoffe, Sie sind uns nicht böse. Ich habe Carole so lange gelöchert, bis sie sich verplappert hat. Wie schön, dass Sie Ihren Weg in unsere kleine Gemeinde gefunden haben."

Charlotte wollte gerade ansetzen, etwas zu erwidern, als Violette Brulet auf den Winzer zusteuerte. „Zwei kühle von deinem besten Weißwein, bitte!", sagte sie und fächerte sich mit einem bunten Fächer Luft zu. Carole näherte sich und trat ganz nah an Charlotte heran.

„Sie weiß nicht, dass du hier wohnen wirst, und sie hat auch keine Ahnung, was du mit dem Haus anstellen wirst. Das kannst du ihr selbst erzählen, wenn du willst. Tut mir echt leid, aber es war, wie sie sagt, sie lag mir seit dem Ableben deines Vaters in den Ohren, bis ich irgendwann nachgeben musste", flüsterte Carole in Charlottes Ohr.

„Ach, mach dir keinen Kopf, soll sie es wissen, muss uns ja nicht weiter kümmern, oder?"

„Nein, muss es nicht. Sie ist eigentlich ganz okay. Ich kenne sie noch nicht allzu lange. Sie sitzt erst seit knapp zwei Jahren auf dem Posten und ist, wie nur unschwer zu erkennen ist, etwas eigen."

Charlotte drehte sich zu Carole und lächelte sie verschmitzt an.

Das wäre geschafft, dachte Charlotte und beschloss, vor dem Abendessen noch ein wenig die Stände des Weinfestes zu erkunden.

„Ich geh noch ein bisschen rund, okay?"

„Klar, schau dir nur alles in Ruhe an", erwiderte Carole.

Charlotte ließ sich treiben. Sie schlenderte entlang der schmalen Gassen, die die Stände bildeten, sog den Duft von gerösteten Nüssen und das Aroma von Wein ein. Vor einem Stand mit kunstvoll gestalteten Schalen und Vasen aus Keramik blieb sie stehen. Ihr Blick verweilte fasziniert auf einem wunderschönen Blumenmuster, das sich über eine große Vase erstreckte. Die Farben und Formen waren charakteristisch für diese Region, sie hatte sie schon bei ihrem Bummel durch Sainte-Sophie gesehen, als sie ihr Kleid kaufte.

Ob diese Vase noch in ihren Koffer passte? Mit Sicherheit. Die würde sie ihrer Mutter mitbringen, sie liebte geschmackvolle Wohnaccessoires wie dieses, das auch in moderne Interieurs passte, obwohl es den hiesigen traditionellen Formen folgte. Sie hielt Ausschau nach dem Verkäufer, als sie plötzlich eine Hand auf ihrer linken Schulter spürte. Sie zuckte zusammen und konnte niemanden sehen, als sie ein Flüstern in ihrem rechten Ohr wahrnahm.

Charlotte machte einen Satz zur Seite und erblickte den Rotweinmann, der völlig verdutzt vor ihr stand.

„Ja, sagen Sie mal! Sie haben mich zu Tode erschreckt! Wird das jetzt zur Gewohnheit? Erst im Hotel, dann in Aix und nun hier!“ Charlotte war außer sich. Ihr Puls raste.

„Bitte verzeihen Sie mir, das war nicht meine Absicht“, sagte er und legte die Hand auf sein Herz. „Wirklich, das war dumm von mir, Sie waren so vertieft beim Anschauen der Vase, da wollte ich nicht zu laut sein …“

Charlotte machte einen tiefen Seufzer. Der arme Kerl wirkte etwas verloren. Wahrscheinlich hatte ihre Reaktion ihn genauso erschreckt wie seine Begrüßung Charlotte.

„Schon gut, können Sie ja nicht wissen. Ich bin extrem schreckhaft. Und das ist nicht Ihre Schuld. Ich muss mich entschuldigen für meine heftigen Reaktionen. Hallo, Rotweinmann!“ Charlotte gab ihm lächelnd die Hand, die er dankend annahm.

„Rotweinmann?“ Arnaud lachte. „Wie komme ich denn zu dieser Ehre? Ach! Unsere Kollision im *Chez Jeanette*, ich verstehe …“, sagte er immer noch lachend. „Ich kann Ihnen versichern, dass ich Ihnen nicht nachstelle, Charlotte. Aber Sie haben absolut recht, unsere Begegnungen fallen durchaus aus der Norm. Sie sind nicht nur häufig, sondern auch ungewöhnlich.“ Er lächelte sie an und wirkte, als müsse er sich ein weiteres lautes Lachen verkneifen.

„Caroles Garten haben Sie in Ihrer Aufzählung vergessen“, schoss er dann aus heiterem Himmel nach.

„Wie meinen?“, fragte Charlotte verwirrt.

„Sie haben unsere Begegnung in Caroles Garten vergessen. Oriannes Geburtstag. Sie erinnern sich?“, fragte er sichtlich amüsiert. Und ob sie sich erinnerte! Wie konnte sie diese Schmach auch vergessen? Als sie damals abends in ihrem Badezimmer das Werk begutachtete, hatte sie der zweite Schlag des Abends getroffen. Mia hatte beide Zöpfe so schief platziert, dass sie aussah wie ein verunglücktes Stillleben.

„Aber ja, der Garten …“, gab Charlotte mit einem gespielten Lächeln zurück.

„Sie hatten …“, begann Arnaud.

„… die Haare schön!“, vervollständigte Charlotte seinen Satz, und dann brachen beide endgültig in lautstarkes Lachen aus. Um sie herum entstand wieder die gleiche schlagartige Stille wie schon bei der Vernissage in Aix-en-Provence.

„Ich kann mich mit Ihnen nirgends blicken lassen, Rotweinmann! Immer fallen wir aus der Rolle!“ Charlotte kicherte und strich sich ihr Kleid glatt. Dann wandte sie sich wieder dem Stand zu.

„Was meinen Sie? Taugt die Vase als Geschenk für meine Mutter?“

„Ich denke schon“, antwortete Arnaud, wieder gefasst, und begutachtete die Vase genauer. „Sie sieht echt aus. Und sie ist hübsch. Beim Sonntagsmarkt auf der Place de l'Aube allerdings müssen Sie aufpassen. Da verkaufen Leute, die nicht von hier sind, billige Kopien nach dem Vorbild unserer traditionellen Handwerkskunst.“

„Verstehe“, sagte Charlotte. Mit diesem Phänomen, mit dem man wahrscheinlich weltweit zu tun hatte, kannte sie sich als Innenarchitektin gut aus.

„Danke für den Tipp!“ Sie lächelte ihn an. Er war wieder einmal sehr geschmackvoll angezogen. Wo wohl seine Frau war? Und die kleine Mia? Immerhin war das hier ein Fest für die ganze Familie.

Charlotte ließ sich die Vase einpacken und zahlte.

„Haben Sie Carole und Pierre schon irgendwo entdeckt?“, fragte Arnaud.

„Ja, ich wollte gerade zurücklaufen, sie sind alle dort hinten, ganz am Ende der Gasse in der Ecke.“

Gemeinsam liefen sie langsam Richtung des Standes, den sie als Treffpunkt vereinbart hatten. Arnaud lief hinter Charlotte her. Einerseits war sie heilfroh, in ihrem Kleid eine gute Figur zu machen, den Komplimenten zufolge, die sie schon bekommen hatte. Andererseits hatte sie das ungute Gefühl, von hinten beobachtet zu werden. Blitzschnell drehte sie sich um und blickte direkt in Arnauds lächelnde Augen.

„Alles gut“, sagte er freundlich. „Ich bin dicht hinter Ihnen.“ *Ja, das bist du*, dachte Charlotte. *Vielleicht ein bisschen zu dicht.* Sie beschleunigte ihren Gang und lief schnell zu Carole und Pierre, die bereits an dem langen Tisch auf der Bank des Essensstandes Platz genommen hatten. Mit am Tisch saßen die Bürgermeisterin, ihre Tochter Emily und sechs weitere Personen, die Charlotte noch nicht kannte. Arnaud begrüßte die Gesellschaft und nahm neben Pierre Platz. Charlotte hielt Ausschau nach einem freien Platz, als die Bürgermeisterin sie zu sich heranwinkte.

„Kommen Sie, Madame Bergmann, hier ist noch ein Platz frei“, rief sie und schlug ein paar Mal mit der flachen Hand auf den Platz neben sich.

„Danke, Frau Brulet“, sagte Charlotte und nahm neben der Frau Platz, direkt gegenüber von Carole, Pierre und Arnaud.

„Ach, nennen Sie mich Violette, wir sind hier nicht so“, sagte die Bürgermeisterin und hob ihr Glas zum Anstoßen. Ein intensiver Duft wehte direkt in Charlottes Nase. Die Frau war nicht nur sensationell bunt angezogen, sie trug auch so viel Parfum, dass es einen Toten hätte wecken können.

Carole warf Charlotte ein aufmunterndes Augenzwinkern zu, das sagte: „Siehste, alles ganz easy.“ Ja, so schien es tatsächlich. Die Frau war eine Erscheinung, flirtete in einer Tour mit den anwesenden Männern, wobei sie es insbesondere auf Arnaud abgesehen hatte, aber ihre offene und unkomplizierte Art machte die Intensität ihrer Persönlichkeit wieder wett. Ihre Tochter Emily hingegen war auch im Hinblick auf ihr Wesen das krasse Gegenteil der Mutter. Sie war nicht nur sehr still, sie schien zudem ein wenig traurig zu sein. Charlotte wollte sie gerne aufmuntern, kam aber nicht an der Mutter vorbei, die heftig gestikulierend und mit lauter Stimme zwischen ihnen saß.

Die Gläser klirrten, Charlotte wurde den Freunden von Carole und Pierre vorgestellt, allesamt entspannte Leute in ihrem Alter, wie Charlotte erleichtert feststellte. Und dann wurde gegessen. Zwei Bedienungen, die die Bestellung offensichtlich längst empfangen hatten, servierten viele kleine Vorspeisen mit frischem Baguette, gefolgt von einem rustikalen Eintopf. Der Wein floss ohne Unterlass, und Charlotte genoss alles in vollen Zügen. Was für ein Abend, einfach nur herrlich und genau nach ihrem Geschmack! Nach dem Essen wechselten alle immer wieder ihren Platz, und Charlotte hatte so die Gelegenheit, alle Anwesenden kennenzulernen. Nur Arnaud blieb die ganze Zeit über bei Pierre sitzen. Die beiden waren die meiste Zeit tief im Gespräch versunken, schienen über irgendeinem Problem zu sitzen. Trotzdem kam sie im Laufe des Abends auch mit Arnaud ein paar Mal ins Gespräch. Charlotte erfuhr, dass er der Tierarzt von Sainte-Sophie war.

„Sie sind hier der einzige Tierarzt?“, fragte Charlotte überrascht.

„Ja, das stimmt, aber im Nachbarort ist auch ein Veterinär. Wir unterstützen uns gegenseitig, so kommt es eigentlich nie zu Engpässen oder unnötigen Konkurrenzkämpfen.“

Charlotte nickte. Sie war hier wirklich in einem kuscheligen Nest gelandet, ein herzliches, liebes, warmes Nest, wo jeder jeden kannte und die Leute einander die Unterstützung boten, die man als Mensch eigentlich immer haben sollte. Charlotte liebte Hamburg. Sie war viel gereist und hatte reizvolle Orte besucht. Aber ihrer Heimatstadt war sie immer treu geblieben. „Ich will nirgends anders wohnen. Es ist toll, die Welt zu sehen, ohne Frage. Aber nur hier bin ich wirklich zu Hause.“ Das waren immer ihre Worte gewesen. Nun hatte sich zum ersten Mal in ihrem Leben ein zweiter Ort in ihr Herz geschlichen. Sainte-Sophie war für sie schon jetzt Zuhause geworden.

„Und Sie? Wollen Sie mir verraten, was Sie hier in Sainte-Sophie tun?“, fragte Arnaud nun. „Ferien sind es ja nicht, wie Sie vorgestern schon angedeutet hatten.“ Da war es wieder, das Funkeln in seinen immerzu lächelnden Augen. Charlotte überlegte. Violette war bereits im Bilde. Carole und Pierre sowieso, und der Umstand, dass beide mit Arnaud befreundet waren, unterstrich Charlottes Bauchgefühl, dass sie dem Mann vertrauen konnte. Trotzdem wollte sie nicht, dass es die anderen mitbekamen, also beugte sie sich nach vorne über den Tisch und winkte Arnaud zu sich heran.

„Ich habe das Anwesen im Chemin des Pins von meinem verstorbenen Vater, François Durand, geerbt. Carole ist mit der Pflege seines Nachlasses betraut, und ich habe beschlossen, meine Zelte hier aufzuschlagen. Ich werde im Haus meines Vaters leben und das Hotel wieder eröffnen“, berichtete sie mit leiser Stimme.

Arnaud formte seine Lippen zu einem stummen Pfiff. „Na, herzlichen Glückwunsch! Das sind ja mal Neuigkeiten!“ Er streckte seine Hand aus, um ihr zu gratulieren.

Charlotte nahm sie entgegen und merkte im nächsten Augenblick, dass ihr Dekolleté gefährlich tiefe Einblicke gewährte. Schnell lehnte sie sich wieder nach hinten und zupfte ihr Kleid zurecht. Arnaud schien keine Notiz davon zu nehmen und blickte ihr interessiert in die Augen.

„Und wie geht es Ihnen damit? So etwas tut man ja nicht alle Tage. Sein Zuhause verlassen, in ein fremdes Land ziehen und ein Hotel eröffnen …“

„Ich muss sagen, dass ich es selbst noch nicht vollständig fassen kann“, erklärte sie. „Die Nachricht kam so plötzlich und ist noch so frisch. Ich werde es wahrscheinlich erst richtig begreifen, wenn ich meine Angelegenheiten in Deutschland erledigt habe und hier loslege.“ Während sie ihm ihre Gefühle beschrieb, drehte sie konstant eine Locke um ihren Finger. Als sie sich dessen bewusst wurde, hörte sie sofort damit auf. Ihr wurde klar, dass es sich leichter anfühlte, mit diesem Mann Späße zu treiben. Sobald ein Thema ernster wurde, verkrampfte sie sich. Dann hatte sie Angst, sie könnte irgendetwas Falsches sagen, oder auf andere Art nicht richtig zu sein – den Mann zu enttäuschen. Die Jahre mit Stefan hatten ihr mehr zugesetzt, als sie wusste. Dass ihr ein Mann interessiert zuhörte, so wie es Arnaud tat, sich für sie interessierte, war sehr ungewohnt.

Arnaud nickte. „Ich finde das ganz normal. Sie werden das aber sicher bald verstanden haben, spätestens dann, wenn es an die Arbeit geht“, sagte er verständnisvoll und aufmunternd.

„Ja, das denke ich auch“, sagte Charlotte. „Was mich beruhigt, ist mein Job. Als Innenarchitektin kann ich zumindest einen Teil der Arbeit selbst erledigen. Und wer weiß, vielleicht schaffe ich es auch, selbst zu renovieren. Das Haupthaus ist so schön, ich würde am liebsten jeden Zentimeter selbst entdecken und mit dem gebotenen Respekt erneuern."

Arnaud lächelte. „Da hat Ihr Vater eine gute Entscheidung getroffen. Menschen wie Sie braucht Sainte-Sophie", sagte er anerkennend.

Charlotte lächelte und blickte verschämt auf ihre Hand auf der Tischplatte. Als sie aufblickte, sah sie, wie er sie anlächelte.

„Danke für das freundliche Kompliment. Ich hoffe, dass ich hier niemanden enttäusche."

„Och, das werden sie über kurz oder lang tun, das bleibt nicht aus im Leben, erst recht nicht, wenn man einem – wie sagt man so schön heute – signifikanten Point of Interest in dieser Gemeinde neues Leben einflößt", sagte Arnaud und sorgte dafür, dass Charlotte erschrocken aufblickte. „Machen Sie sich keine Sorgen", sagte er mit beruhigender Stimme. „Wir sind ein netter Haufen. Aber natürlich gibts auch hier Tratschmäuler und Besserwisser. Irgendwer hat immer etwas zu meckern. Aber Sie haben mit Carole und Pierre schon jetzt zwei ganz feine Menschen an Ihrer Seite, die Ihnen sicher mit Rat und Tat zur Seite stehen werden. Und ich werde Ihnen hoffentlich auch helfen können. Warten Sie …" Er griff in die Innentasche seines Sakkos und fischte eine Visitenkarte aus seiner Geldbörse. „Rufen Sie mich an, wenn Sie nicht mehr weiterkommen, egal, was es ist, okay? Ich kann Ihnen nicht versprechen, dass ich Ihnen immer helfen kann, aber mein Netzwerk ist ganz gut. Und das ist hier Gold wert."

Charlotte nahm die Karte dankend entgegen und war überwältigt. „Das ist so lieb von Ihnen, danke schön." Sie neigte den Kopf zur Seite und schenkte ihm ihr schönstes Lächeln, das er sofort erwiderte. *Himmel, Herrgott, Charlotte. Nun ist gut. Du wirst doch hier nicht mit einem verheirateten Mann flirten.* Aber was sollte sie tun? Er war einfach verdammt liebenswürdig. Sie konnte nicht in einer Tour mit platten Witzen jede Situation umschiffen, die sie verunsicherte. Die Leute hier waren offensichtlich viel entspannter. Höchste Zeit, sich selbst auch locker zu machen.

„Ich weiß nicht, ob Sie es schon wissen, aber Sie haben jetzt Hühner und einen Kater. Haben Sie die Tiere schon gesehen?", fragte Arnaud jetzt und nahm einen Schluck aus seinem Weinglas.

„Den Kater noch nicht, aber die Hühner ja, die habe ich schon aus der Ferne gesehen. Um die Tiere kümmert sich wohl gerade Margot, die Nachbarin“, gab Charlotte zurück.

„Wenn Sie Hilfe brauchen mit den Tieren, bin ich auf jeden Fall Ihr Ansprechpartner, immer vorausgesetzt, Sie wollen mich als Ihren Tierarzt behalten“, sagte er.

„Aber ja, natürlich!“, rief Charlotte.

„Ich war schon eine ganze Weile nicht mehr dort. Ihr Vater hatte immer Mühe, Oscar einzufangen, also habe ich den jährlichen Check-up des Katers vor Ort gemacht.“

„Sagt mal, Ihr zwei siezt euch noch?“ Carole, die ein Weilchen am anderen Ende des Tisches gesessen hatte, ließ sich wieder neben Charlotte nieder und hob ihr Glas in Richtung Arnaud.

„Das ist Charlotte. Du, Charlotte, nicht Sie. Los, stoßt an!“

Charlotte und Arnaud folgten brav der Aufforderung Caroles und stießen miteinander an. Arnaud stand auf und beugte sich über den Tisch, um Charlotte den obligatorischen Kuss zu geben. Schnell reichte sie ihm ihre Wange, hauchte einen flüchtigen Kuss auf seine Wange und setzte sich wieder. Wozu das Theater, man konnte doch auch einfach so zum Du übergehen, dachte Charlotte verlegen und war froh, als sich Carole ihr nun zuwandte.

„Oh ma chère, ich glaube, ich habe eine Schwups!“

Charlotte lachte und nahm Carole in den Arm. „Einen Schwips hast du“, erklärte sie Carole, die heftig nickte. „Natürlich, einen Schwips! Et toi? Bist du auch beschwipst?“, fragte sie, was Charlotte ebenfalls mit einem Nicken kommentierte – auch sie hatte ein Gläschen zu viel und war deshalb schon zum Mineralwasser übergegangen.

Die neuen Freundinnen drehten sich um, um ungestörter sprechen zu können. Auf Caroles Frage, wie es Charlotte inzwischen ergangen war, packte die aus. Sie erzählte, dass sie sich hier plötzlich so lebendig fühle wie schon lange nicht mehr. Irgendetwas hier hatte sie wach gemacht und dafür gesorgt, dass sie wieder sie selbst war. Dann erzählte sie von dem Streit mit Stefan, seiner Engstirnigkeit und dass sie froh war, dass es vorbei war. Sie war jetzt 35 Jahre alt und hatte sich schon eine ganze Weile gefragt, ob das alles gewesen sein sollte. Dass sie mit diesem Mann keine Kinder bekommen hatte, erfüllte sie aus heutiger Sicht mit

Erleichterung. Davon abgesehen waren sie wegen seiner ständigen Übellaunigkeit und ihrer Streits ohnehin nicht mehr intim gewesen.

„Was ich nicht verstehe, warum er so eine Klette ist, wenn er dich gleichzeitig so schlecht behandelt. Komisch, oder?“, fragte Carole, die Charlotte die ganze Zeit konzentriert zugehört hatte.

„Ja, das stimmt“, erwiderte Charlotte. „Er braucht mich, um seine schlechte Laune loszuwerden. Ich bin für Menschen wie ihn die perfekte Projektionsfläche. Viel zu friedliebend und nachgiebig“, erklärte Charlotte.

„Ich denke, du musst jetzt alles abschließen, was dich noch mit ihm verbindet“, sagte Carole jetzt ganz direkt und blickte Charlotte fest in die Augen.

Charlotte nickte eifrig.

„Allerdings. Ich werde nächste Woche alle gemeinsamen Verpflichtungen auflösen. Die Mietwohnung, Versicherungen, lauter Dinge, die er zum Anlass nimmt, mir weiter nachzustellen. Und dann war es das.“

Carole nahm Charlotte fest in den Arm.

„Magst du einen Kaffee? Ich hole mir einen.“

Charlotte nickte und drehte sich wieder zum Tisch, als ihr Blick direkt auf Arnaud fiel, der sie mit festem und ernstem Blick ansah.

Sie blickte hilflos in eine andere Richtung und dann wieder zurück zu Arnaud.

„Es tut mir leid, Charlotte“, sagte der jetzt. „Ich wollte nicht lauschen, es war unvermeidbar, alles mitzubekommen.“

Charlotte fühlte sich nicht wirklich ertappt oder belauscht. Dieser Mann hatte so liebe Augen mit kleinen, lächelnden Falten, eine so gütige Ausstrahlung, dass sie einfach nur mit dem Kopf schüttelte.

„Du, gar kein Problem, ist ja kein Staatsgeheimnis“, sagte sie seufzend.

Arnaud stand auf, lief einmal um den langen Tisch herum und setzte sich neben sie.

„Darf ich dir etwas sagen?“

„Hau raus. Mich kann nach den letzten Jahren nicht mehr so schnell etwas erschüttern“, log sie. In Wahrheit ging ihr Puls schneller. Sie hatte

Angst, gleich etwas zu hören, das sie noch mehr verunsicherte. Arnaud wartete noch einige Sekunden ab, bevor er weitersprach.

„So etwas, wie das, was du Carole erzählt hast, darfst du dir niemals gefallen lassen. Egal, wer der Mensch ist.“ Er sagte das wohlwollend, respektvoll und warmherzig zugleich. Sie konnte fühlen, dass er es ernst meinte. Es kam geradewegs aus seinem Herzen und sollte sie aufrichten, als Frau und als Mensch. Keine blöde Anmache. Keine Besserwisserei, nichts von alledem.

„Das ist sehr lieb von dir, danke“, sagte sie berührt und merkte, wie ihr ein Schauer den Rücken hinunterlief. Es war kalt, sie musste ihren Schal im *Chez Jeanette* holen.

„Ich gehe kurz etwas zum Drüberziehen holen“, sagte sie und wollte aufstehen, als Arnaud fest seine Hand auf ihre legte. Langsam ließ sie sich wieder auf die Bank nieder. Im nächsten Augenblick zog er lächelnd seine Jacke aus und legte sie über ihre Schultern.

„Nicht weglaufen, Charlotte. Hiermit wirst du nicht mehr frieren“, sagte er mit einem freundlichen Lächeln und machte, dass Charlotte kein Wort mehr über die Lippen brachte.

Kapitel 18

ALS Charlotte am Sonntag in Hamburg ankam, begrüßte sie der Herbst in hanseatischer Vollendung. Auf den nassen Straßen spiegelten sich im Licht der Laternen die Häuser, und alle paar Meter flog ein Stoß Blätter von den halbkahlen Bäumen. Sie saß im Taxi auf dem Weg zu ihrer Mutter, die schon mit dem Essen auf sie wartete. Der Flieger hatte sich verspätet, und nun steckten sie im Verkehr fest. Charlotte legte den Kopf gegen die weiche Stütze und dachte an Sainte-Sophie. Hinter ihr lag ein wunderschöner Abend mit netten Menschen, neuen Gesichtern und einem köstlichen Essen mit fantastischen Weinen. Carole hatte sie, unter heftigem Protest Charlottes, mit ihrem Mietauto zum Flughafen gebracht.

„Lottileinchen, chérie, sieht dieses Gesicht dumm aus? Ah? Non! Du zahlst doch extra drauf, wenn du es am Flughafen lässt, meinst du, das weiß ich nicht? Siehst du, wie schlau ich bin? Ich fahre. So können wir zwei noch schön quatschen, danach bring ich das Auto zurück zur Vermietung in Sainte-Sophie und zickizacki!" Mit dieser Entscheidung war der Fall für Carole geritzt.

Charlotte fühlte noch immer ihre vom Lachen strapazierten Bauchmuskeln. Zickizacki. Ein Jahr mit Carole, und sie würde die Grundbedeutung der Redewendungen ihrer eigenen Muttersprache vergessen. Ein Jahr. Ein Jahr in Sainte-Sophie. Sie lächelte verträumt und musste an das wunderschöne, cremeweiß getünchte Landhaus mit seinen rustikalen Mauern denken, dessen Renovierung sie in Kürze in Angriff nehmen würde. Aber vorher musste sie in Deutschland noch einiges regeln. Den Rückflug hatte sie noch nicht gebucht, aber sie hatte sich eine Liste gemacht mit allem, was sie erledigen musste:

- Mama über Frankreich Bescheid sagen
- Meret über Frankreich Bescheid sagen
- Stefan Wohnung/Vermieterin

- Lagerdienst für Möbel buchen
- Kartons besorgen und packen
- große Koffer packen und aufgeben
- mit Sabine reden
- Flug Marseille buchen

Zuerst war ihre Mutter an der Reihe. Charlotte hatte gemischte Gefühle, einerseits freute sie sich, ihre Mama endlich wiederzusehen und sich von ihr verwöhnen zu lassen, andererseits hatte sie ein wenig Bammel davor, ihr von ihren Plänen zu berichten.

Sie hatte ein Taxi genommen, und als sie bei ihrer Mutter ankam, roch sie schon an der Haustür den unverkennbaren Duft des Sonntagsbratens. Nach einer herzlichen Begrüßung begannen sie mit dem Essen, und Charlotte erzählte von ihrer Zeit in Sainte-Sophie. Sie hatten beide gerade den letzten Happen Crêpe Suzette verputzt, Charlottes absolute Lieblingsnachspeise, als sie ansetzte.

„Mama …?“

„Ja, mein Mäuschen?“

„Ich werde das Anwesen nicht verkaufen. Ich möchte mit Meret sprechen und sie fragen, ob ich ein Sabbatical bekomme oder reduzierte Stunden arbeiten kann. Ich will diese Chance nutzen, eine ganz besondere Erfahrung zu machen. Wenn ich das schaffe, schaffe ich auch den Sprung in meine Selbstständigkeit.“

Charlotte wartete gebannt auf die Reaktion ihrer Mutter, die an der Spüle stand und ruhig zuhörte. Sie drehte sich um, nahm wieder am Tisch Platz und sah Charlotte mit festem Blick an.

„Aber du kannst doch nicht einfach die Arbeit sausen lassen? Und was ist mit Stefan?“

„Mit Meret finde ich hoffentlich eine Lösung, das muss ich noch mit ihr besprechen. Ich denke aber, dass sie mich unterstützen wird. Ich weiß, dass sie für gute Mitarbeiter alles tut, damit sie sich wohlfühlen. Tja, und Stefan … Du hast ja mitbekommen, dass es schon eine ganze Weile nicht mehr lief zwischen uns. Ich wollte dich damit nicht belasten und erst mal meine eigenen Wunden lecken, aber wir haben uns vor einigen Wochen entschieden, getrennte Wege zu gehen. Ist echt besser so …“, erklärte Charlotte.

Ihre Mutter nickte. Sie war sehr traurig gewesen, als sie das erste Mal von den Problemen mit Stefan erfahren hatte.

„Ja, sag mal, und du willst da ein ganzes Jahr hin, nach Frankreich?“, fragte sie dann.

„Ja, ein Jahr. Danach kann ich es noch immer verkaufen, wenn es nichts wird …“

„Das verstehe ich nicht. Du hast doch gesagt, dass man gar nicht viel tun muss? Was, wenn du das Hotel komplett einrichtest, und der Käufer will dein Interieur gar nicht? Dann war doch alles für die Katz.“

Charlotte kniff ihre Lippen zusammen. Da hatte ihre Mutter natürlich einen Punkt. In diesem Moment wurde Charlotte bewusst, dass sie sich etwas vorgemacht hatte. Unterbewusst wollte sie, dass es klappte. Dass sie nach der Renovierung und Einrichtung, die grob geschätzt mindestens ein halbes Jahr in Anspruch nehmen würde, direkt verkaufen wollte, stand insgeheim gar nicht auf ihrer Agenda. Sie war mit ihrem Plan – irgendwie – ins Blaue gesprungen, darauf vertrauend, dass alles klappen würde.

„Ich würde dann schon einen Käufer finden, der das Objekt im Ganzen nimmt. Die Suche würde ich auf mich nehmen“, sagte Charlotte diplomatisch und schaute dabei aus dem Fenster, um dem Blick ihrer Mutter zu entgehen. Die erwiderte nichts, und es war klar, dass kein Wort deutlicher oder lauter hätte sein können als ihr Schweigen. Nach einer gefühlten Ewigkeit, die tatsächlich nur einige Sekunden lang war, legte sie ihre Hand auf die ihrer Tochter.

„Wenn du das unbedingt machen willst, wenn dein Herz es dir klar und deutlich sagt, Mäuschen, dann tu es. Dann stehe ich hinter dir und bin da für dich.“

Ihre Worte trafen Charlotte mitten ins Herz. Wellen des Glücks durchströmten ihren Körper, und sie gab ihrer Mutter einen Kuss auf die Wange.

„Genau so ist es. Ich will es unbedingt. Ich habe das Gefühl, dass etwas ganz Großes daraus wird. Danke, Mama. Dein Segen bedeutet mir echt alles. Es macht mich so viel stärker.“ Dann erzählte sie ihrer Mutter von Carole und Pierre, von Sainte-Sophie, dem Marktplatz und dem

Hotel, wie nett alle zu ihr waren und natürlich in aller Ausführlichkeit von ihrem Erbe. Sie zeigte ihr die Fotos, die sie vom Anwesen gemacht hatte, und ihre Mutter war sehr beeindruckt. Arnaud erwähnte sie nur am Rande. Sie hatte sich selbst noch nicht gestattet, darüber nachzudenken, was da eigentlich geschehen war, am Ende ihres letzten Abends. Also musste sie vorsichtig sein, denn ihre Mutter hatte wahnsinnig sensible Antennen.

„Warum musstest du eigentlich verlängern? Du wolltest doch eigentlich schon am Dienstag wieder zurück sein", fragte ihre Mutter am Ende von Charlottes Erlebnisbericht. Genau das war es. Dieser Frau konnte man einfach nichts vormachen. Sie erzählte auf möglichst schonende Weise vom Verlust ihrer Tasche, während die Mutter beide Hände über dem Kopf zusammenschlug.

„Kind! Warum hast du denn nichts gesagt! Du lieber Himmel!"

„Genau deshalb. Damit du dich nicht aufregst. Außerdem war es nur halb so schlimm, ehrlich. Es war wie eine Feuerprobe. Ein bisschen wie ein Erwachen."

Die Mutter schüttelte mit dem Kopf, stand auf und machte sich ans Aufräumen.

„Kann ich helfen?", fragte Charlotte.

„Ach was, geh du ins Wohnzimmer dich ausruhen. Und such uns schon mal was Schönes im Fernsehen raus. Ich komm gleich nach."

Am nächsten Morgen nahm sich Charlotte bei ihrem ersten Kaffee ihre Liste vor. Vor den praktischen Punkten musste sie sich mit Stefan kurzschließen, daran führte kein Weg vorbei. Es galt, die gemeinsame Wohnung zu kündigen und einen Nachmieter zu stellen. Sie schaltete ihr Handy ein. Noch immer keine Nachricht von ihm. Charlotte runzelte die Stirn. Er hatte sich nach dem Telefonat am Anwesen nicht mehr gemeldet und ihre Nachrichten komplett ignoriert. Die letzte hatte er nicht einmal mehr gelesen. Das passte überhaupt nicht zu ihm. War ihm am Ende etwas zugestoßen? Sie griff zum Telefon und rief Sabine an.

„Hey, wieder im Lande?", rief Sabine direkt in den Hörer.

„Ach, du Liebe, ja, wir müssen uns ganz bald treffen, du hast mir gefehlt", antwortete Charlotte.

„Wenn du magst, kannst du heute Abend zum Essen kommen, ich hatte eine Woche Nachtdienst und hab jetzt eine Woche frei", schlug Sabine vor.

„Super! Ich komm gerne. Ich muss nur vorher ein paar Sachen erledigen. Als Erstes muss ich Stefan erreichen, hast du ihn eventuell gesehen, im *Walfisch* oder so?" Sabine, ihr Mann Jörg, Stefan und sie hatten eine gemeinsame Stammkneipe, in der man sich immer irgendwie über den Weg lief, auch wenn man sich nicht verabredete.

„Ach verdammt, Charlotte. Ich wollte es so am Telefon …" Sabine stockte.

„Was ist los, raus mit der Sprache."

„Jörg hat Stefan vor ein paar Tagen tatsächlich zufällig getroffen. Er saß in der hintersten Ecke, und es schien ihm nichts auszumachen, gesehen zu werden. Ehrlich gesagt muss es wohl extrem unangenehm demonstrativ gewesen sein …"

„Ich verstehe kein Wort. Was meinst du?", fragte Charlotte verwirrt.

Sabine seufzte. „Er saß da mit einer anderen Frau. Ziemlich lange. In eindeutiger Pose", fuhr Sabine niedergeschlagen fort.

Charlotte nahm jedes Wort wie durch einen Verstärker auf, scharf und gnadenlos klar. Gleichzeitig fühlte sie weder Erschrecken noch Traurigkeit. Sie fühlte gar nichts. Warum blieb sie so gleichgültig? Würde sie gleich realisieren, was sie gerade gehört hatte, und dann zusammenbrechen?

„Charlotte? Bist du noch dran?", fragte Sabine besorgt.

„Ja, das bin ich, ich bin am Telefon", antwortete Charlotte und versuchte, ihre Gedanken zu sortieren.

„Komm zu uns, Lotte. Ich will dich fest in den Arm nehmen, dir was Schönes kochen und reden", sagte Sabine mit liebevoll sanfter Stimme.

Charlotte dachte kurz nach. „Du, das machen wir. Aber nicht jetzt. Ich mach hier jetzt erst mal Nägel mit Köpfen. Ich bin so fertig mit dem Typen, das kannst du dir gar nicht vorstellen. Ich melde mich, sobald ich hier mit allem fertig bin. Kann ich dann bei euch schlafen?"

„Na logisch!", rief Sabine erleichtert. „Und sag, wenn ich mit irgendwas helfen kann, ja?"

„Danke, werde ich machen“, antwortete Charlotte und wollte gerade auflegen.

„Ach, bevor ich es vergesse, noch was, aber keine Angst, nix Schlimmes. Hattest du nicht gesagt, dass du einen Nachmieter stellen darfst?“, fragte Sabine.

„Das weiß ich noch nicht, da muss ich erst mit der Vermieterin sprechen. Wieso, kennst du jemanden?“

„Allerdings. Zwei Personen, um genauer zu sein. Ich schick dir gleich mal ihre Namen und Telefonnummern. Suse kommt von mir aus der Klinik, OP-Schwester, supernett, Frank ist ein Kollege von Jörg. Beide suchen händeringend, unabhängig voneinander“, erklärte Sabine.

„Top, schick mir das“, sagte Charlotte. „Das kommt jetzt wie gerufen, danke, Sabine!“

Charlotte legte auf, lehnte sich zurück und schüttelte mit dem Kopf. Gott sei Dank war ihre Mutter bei einer Freundin und bekam das nicht mit, es hätte ihr das Herz gebrochen, dass Stefan ihre Tochter so behandelte. Dieser Mistkerl. Na warte, Freundchen, jetzt knallts.

Charlottes Gutmütigkeit und Geduld waren geradezu legendär. Sie kannte niemanden, der in Stresssituation wie der mit Stefan auch nur annähernd so lange still geblieben wäre, wie sie es stets gewesen war. Nicht so bekannt, aber mindestens ebenso außergewöhnlich, war ihr Verhalten, wenn man das Ende ihrer Zündschnur erreichte. Es begann immer mit exakt dem, was Charlotte jetzt fühlte: gar nichts mehr.

Kapitel 19

IHRE To-do-Liste, die Charlotte bei ihrer Rückkehr nach Deutschland noch wie ein hoher Berg erschienen war, war überraschend schnell abgearbeitet. Ein Telefonat mit der Vermieterin, und die Kündigung war informell über die Bühne gegangen, ganz ohne unangenehmen Beigeschmack. Wie sich herausstellte, hatte Stefan die Kündigung bereits eingereicht und ohne weitere Erklärung vermeldet, dass ihre, Charlottes Unterschrift, nachgereicht werden würde. Und das, ohne Charlotte auch nur einen Ton davon zu sagen.

„Ganz ehrlich, Frau Bergmann, ich bin froh, dass Sie sich bei mir melden", sagte die Vermieterin, die geradezu erleichtert schien, was Charlotte ihrerseits ebenfalls beruhigte. Die Frau war nicht enttäuscht. Gott sei Dank. „Ich verstehe jetzt alles besser und bin froh, dass Sie mir zwei Kandidaten präsentieren. Die Art und Weise, wie Ihr Freund sich hier verhalten hat, kam mir direkt seltsam vor. Mein ungefragter Tipp: Packen Sie Ihre Sachen und verschwinden Sie. Die Renovierung übernehmen wir ja mit unseren Handwerkern wie damals vertraglich festgehalten. Die Differenz der Arbeiten verrechnen wir dann mit Ihrer Kaution."

Nach dem Gespräch mit der Vermieterin rieb sich Charlotte die Hände und musste über ihre eigene Geste lachen. Geschmeidiger hätte es nicht laufen können. Unter normalen Umständen hätte es sie gefuchst, nicht selbst renovieren zu dürfen und die Kaution nicht komplett zurückzubekommen. Sie musste jetzt mit jedem Cent rechnen, womöglich kamen Monate ganz ohne Einnahmen auf sie zu, das Gespräch mit Meret stand noch aus. Natürlich hatte sie das Geld ihres Vaters, nur wollte sie das lieber für das Hotel nutzen. Nun aber war sie froh über diesen Passus in ihrem Mietvertrag. Die Wohnung war beim Einzug damals nicht ohne Grund in einem überaus gepflegten Zustand gewesen. Die Vermieterin wollte das Streichen und kleine Reparaturen den Profis überlassen und nicht in die Hände der Mieter geben. Nun kam

Charlotte genau diese Klausel zugute. Sie konnte sich in kürzester Zeit aus dem Staub machen und war vor allem nicht gezwungen, mit Stefan auch nur ein Wort zu wechseln.

Charlotte wollte Stefan wortlos verlassen. Nichts sagen von ihren Plänen, ihn vollkommen im Ungewissen lassen. Still und heimlich verschwinden. Er sollte ihre ganze Kälte spüren. Kaum etwas war schlimmer für einen Menschen als die Gleichgültigkeit eines anderen, wichtigen Menschen. Noch schlimmer war nur die Gleichgültigkeit eines treuen Schafs, wie sie es war, gegenüber einem Narzissten wie Stefan Behrens. Sie war wild entschlossen, alles zu tun, dass er tobte, wenn sie mit ihm fertig war.

Charlotte fand eine Lagerhalle, buchte einen Studentenservice für den Transport ihres Hausstands und ließ sich vorab Kartons bringen. Als sie die gemeinsame Wohnung betrat, war Stefan nicht da. Er hatte alles wie bei ihrer Abreise zurückgelassen. Da war wohl jemand feige oder noch kaltschnäuziger, als sie gedacht hatte. Bei ihrem türkischen Lieblingshändler für Obst und Gemüse eine Straße weiter kaufte sie preisgünstig vier große Reisetaschen aus Kunststoff. Die würden zusammen mit den Koffern des gemeinsamen Hausstands reichen für alles, das sie aufgeben würde. Der Rest wurde nachher abgeholt und gelagert.

Sie zögerte keine Sekunde und markierte neben ihren eigenen Möbeln auch die beiden wunderschönen Antiquitäten zur Abholung, die sie gemeinsam mit Stefan in Belgien gekauft hatte. Er sollte es nur wagen, sie darauf anzusprechen. Sie würde ihm mit leiser Stimme und klaren Worten deutlich machen, dass er bei ihr gar nichts mehr zu melden hatte, so viel war klar. Als alles eingepackt, markiert und schließlich abgeholt worden war und sie die Tür hinter sich schloss, hinterließ sie eine aufgeräumte, besenreine Leere, die sie vorsichtshalber filmte. Den Film schickte sie der Vermieterin fürs Übergabeprotokoll.

Stefans Kleidung, das gemeinsame Bett, seine Lieblingstasse und ein paar alte Ikea-Möbel waren alles, was er bei seiner Rückkehr vorfinden würde. Charlotte war diejenige gewesen, die alles Schöne in den gemeinsamen Haushalt gebracht hatte, nicht selten ohne seine bissigen Kommentare, obwohl er sich nie am Kauf von Wohnaccessoires wie

Deko-Objekten oder hochwertigen Gebrauchsgegenständen wie einem schönen Tafelgeschirr beteiligte. Sollte er mit seiner neuen Perle und ihrem Geschmack glücklich werden. Es konnte nur schlechter werden.

Auch das Gespräch mit Meret verlief positiv. Nachdem die im ersten Moment nach der großen Verkündung Charlottes aus allen Wolken gefallen war, fasste sie sich schnell.

„Ganz ehrlich: Anika hat sich in der Zeit deiner Abwesenheit super gemacht. Wenn das nicht so wäre, würde ich jetzt ganz schön blöd dastehen, das weißt du“, sagte sie.

Charlotte nickte. „Ich bin ehrlich nicht froh, dir das anzutun, Meret. Ich hatte nicht mal im Ansatz und auch nur den Hauch einer Vermutung, was da auf mich zukommen würde. Ich dachte, es wäre genau das, was ich dir damals auch mitgeteilt hatte: eine Formsache, die in wenigen Tagen abgeschlossen sein würde.“

Die Frauen überlegten lange, welche Lösung für beide Seiten gleichermaßen nützlich sein könnte. Dann kam Meret mit der Lösung.

„Ich könnte dir Aufgaben übertragen, die du online erledigst. Allerdings wäre das dann reine Administration, also Jobs, die sonst der Trainee erledigt. Könntest du dir das vorstellen?“

Charlotte musste nicht lange überlegen und stimmte dankbar zu. Sie vereinbarten einen Projekttag pro Woche auf freiberuflicher Basis mit einem akzeptablen Stundensatz. Die acht Stunden konnte sie flexibel einteilen, und mit dem Geld hatte sie genug für Einkäufe und zum Leben zur Verfügung.

Am Ende waren beide zufrieden, und Merets Gesicht hellte sich sichtlich auf.

„Ich wünsch dir alles Glück für dein Projekt, Lotte. Und wenn es doch nicht das Richtige ist für dich, da unten im Land des Lavendels, finden wir hier einen Weg, dich wieder unterzubringen. Im Gegenzug komm ich dich besuchen, das ist klar. Ich verliere meine beste Innenarchitektin, dafür musst du natürlich bezahlen …“

Charlotte lachte. „Es wird mir ein Vergnügen sein, dich zu begrüßen, Meret! Danke, danke, danke für dein Verständnis, deine Unterstützung und dein tolles Angebot. Das ist so ein Geschenk — ich darf ein Abenteuer wagen und bekomme ein Netz dazu.“

Als Charlotte an ihrem letzten Abend in Deutschland mit Sabine zu Abend aß, war es ungewöhnlich still. Charlotte war müde, das fühlte sie deutlich, aber was war mit Sabine los?

„Sag mal, bist du eigentlich gar nicht traurig, dass ich gehe? Immerhin wohne ich ab morgen nicht mehr um die Ecke, sondern ganz schön weit von dir entfernt.“ Charlotte schob sich ein großes Stück von Sabines herrlichen Kartoffelpuffern mit Apfelmus in den Mund und blickte sie erwartungsvoll an.

„Also ich für meinen Teil werde deine Kartoffelpuffer schon vermissen“, fügte Charlotte kauend hinzu und wartete auf ein Lachen oder irgendeinen frechen Kommentar.

Charlotte hatte neben Sabine und Meret keine anderen Freunde, nur ein paar alte aus Schulzeiten, die sie aus den Augen verloren hatte. Sabine verbrachte viel Zeit mit ihrem Mann, und Meret war mit ihrer Arbeit verheiratet. In den Wochen ohne Stefan hatte Charlotte gemerkt, wie viele Stunden sie plötzlich alleine verbrachte, ohne Partner. Umso mehr hatte sie sich gefreut, wenn sie Sabine sah. Und nun haute sie einfach so ab. Es mochte absurd sein, doch sie fühlte sich schuldig.

Sabine nestelte an ihrem Handy und richtete es auf die kleine Anlage in der Küche. Stings *If you love somebody, set them free* ertönte, und Sabine legte, noch immer ohne etwas zu sagen oder das Gesicht zu verziehen, das Handy wieder auf den Esstisch. Als der Refrain kam, blickte sie Charlotte mit lächelnden Augen an, riss den Mund demonstrativ weit auf und schob sich dann ein riesengroßes Stück Kartoffelpuffer in den Mund.

Wenn du jemanden liebst
Lass ihn frei
Frei, frei, lass ihn frei
Frei, frei, lass sie frei.

Sabine drehte die Lautstärke nach unten und putzte sich mit der Serviette den Mund ab.

„Natürlich bin ich traurig, klar bin ich das“, sagte sie und sammelte mit Gabel und Fingern die letzten Kartoffelstückchen vom Teller. „Aber was wäre ich für eine Freundin, wenn ich dich jetzt nicht unterstützen würde. Beides geht gleichzeitig – traurig sein, dass du weggehst, und mich für dich freuen."

Charlotte merkte, wie sich langsam die Tränen in ihrem Hals ihren Weg nach oben hinter ihre Augen bahnten. Sie schluckte.

„Ich schwöre dir, als Jörg nach Hause kam und mir von Stefan und dieser Frau erzählte, musste er mich festhalten, damit ich nicht dahin fahre und ihm rechts und links eine runterhaue. Ich wollte das so sehr. Es ist für Menschen, die dich lieben, eigentlich schon sehr lange unerträglich geworden zu sehen, wie er dich behandelt, auch in Gegenwart von anderen. Du hast es so verdient, wieder zu lachen, Lotte. Das Leben in vollen Zügen zu genießen, ohne diesen Klotz am Bein, der dich in zehn Leben nicht verdient hat."

Charlotte kullerten die Tränen jetzt über die Wangen, während Sabine weitersprach.

„Ich kann nicht sagen, dass ich dich in Sainte-Sophie sehe. Das ging alles so schnell, ich habe ehrlich gesagt keine Ahnung, ob das der richtige Ort für dich ist. Ich denk mal, dass sich das erst noch zeigen wird. Aber alles, was du mir bis jetzt davon erzählt hast, klingt, als ob es an diesem Punkt deines Lebens genau das Richtige ist. Einfach mal hier rauskommen und etwas ganz anderes machen. Dich wieder aufrichten. Deine Wunden lecken geht in Südfrankreich, mit so einem krassen Tapetenwechsel, viel schneller als hier. Und die Chance, die dir da auf dem Silbertablett präsentiert wurde, nicht zu nutzen, wäre wirklich eine Sünde. Außerdem wäre Sting da auch nicht mit einverstanden."

Sabine hob ihre Bierflasche und wartete, bis Charlotte es ihr nachtat. Die musste erst ihre Nase putzen.

„Ich weiß gar nicht, was ich sagen soll", wimmerte sie tief gerührt und schnäuzte noch einmal in ihr Taschentuch.

„Man versteht kein Wort, Charlotte, immer wenn du aus Rührung heulst, klingst du wie eine Kreuzung aus einem Leierband und einer erkälteten Opernsängerin", sagte Sabine. „Heul leise, Charlotte!", legte sie nach.

Jetzt brach Charlotte noch halb unter Tränen in lautes Gelächter aus.

„Und dass eins klar ist: Ich komm dich besuchen. Ganz ganz oft. So oft, bis es dir reicht. Prost!"

Kapitel 20

CHARLOTTE strich langsam mit ihrem Zeigefinger über ihren Handrücken, dort, wo Arnaud sie berührt hatte, als sie vor seinem intensiven Blick flüchten wollte. Sie war gerade in Paris gelandet und musste zwei volle Stunden warten, bis ihr Anschlussflug nach Marseille ging. Sie ließ ihren letzten Abend in Sainte-Sophie Revue passieren und fragte sich, was sie so verunsichert hatte. Arnaud war sehr zuvorkommend zu allen gewesen. Er behandelte Menschen mit Respekt und tat das, ohne aufgesetzt zu wirken, ganz natürlich. Er strahlte eine Form der Demut aus, ohne dabei an Männlichkeit und Kraft einzubüßen. Wenn die Bedienung kam, schaute er, dass sie ohne Probleme servieren konnte, rückte einen Brotkorb zur Seite oder reichte einen Stapel Teller an. Wenn er nicht ins Gespräch mit Pierre vertieft war, nahm er genussvoll seine Umgebung wahr, beobachtete das ältere Paar am Tisch nebenan und lächelte ihnen zu. Stefan hatte immer etwas zu meckern. Dieser Mann hingegen war leicht, ohne einfältig zu sein, strahlte Wärme aus, war interessiert und empathisch. Und er hatte Tiefgang. Charlotte ging der Satz nicht mehr aus dem Kopf, den er ihr gesagt hatte, bevor er seine Hand auf ihre gelegt hatte: „So etwas darfst du dir niemals gefallen lassen. Egal, wer der Mensch ist." Das hatte gesessen. Damit hatte er die wichtigste Regel ausgesprochen, der man als Mensch folgen musste. Aus Selbstliebe. Aus Selbstrespekt. Warum sie; Charlotte, diesen Grundsatz so sträflich vernachlässigt hatte, wusste sie nicht. Aber sie wusste, dass dieser Satz zu denen gehörte, die sie nie mehr wieder vergessen würde.

Seine Frau, diese Claudine. Charlotte verstand nicht, warum sie schon zum zweiten Mal nicht an seiner Seite gewesen war. Sie musste mit einem Mann wie ihm sehr glücklich sein. Er schien alles in sich zu vereinen, das einen Mann wirklich anziehend machte: Haltung, Charme und ein absolut unverschämtes, überirdisch gutes Aussehen. Kein Schönling, sondern ein attraktiver, natürlicher, gepflegter Typ. Was für eine Kombination! Bis jetzt war sie der festen Überzeugung gewesen, dass man sich als Frau entscheiden musste: entweder ein guter Kerl. Oder ein gut aussehender. Beides zusammen existierte nicht, und wenn doch, dann war es ein Fang mit Ausnahmecharakter, der längst vergeben war. Tja, und genau das war dieser Arnaud auch, von daher, Schluss jetzt mit diesen Gedanken.

Charlotte setzte sich auf und blickte um sich. Wo, oh, wo konnte sie etwas Leckeres zu essen finden? Ihr war nach etwas Süßem und einem heißen starken Kaffee. Sie wollte sich gerade auf die Jagd nach einem frischen Schokoladencroissant machen, als ihr Handy piepte. Es war eine Textnachricht von Carole, die ihr mitteilte, dass sie sie abholen würde. Ging das schon wieder los, wie sollte sie sich bei dieser Frau eigentlich jemals revanchieren können? Charlotte hatte keine Geduld zurückzutexten und wählte stattdessen ihre Nummer.

„Bonjour, Charlotte!“, rief Carole, während im Hintergrund die Kinder im Chor schrien.

„Alles gut da bei euch?“, fragte Charlotte und hielt das Telefon vom Ohr.

„Nein, hier ist gar nichts gut, leider. Wir sind noch nicht ganz sicher, aber es sieht aus, als hätten die Kinder … les Oreillons … wie sagt man im Deutschen? Wenn man aussieht wie ein Hamster am Hals?“

„Ach du liebe Güte“, rief Charlotte. „Mumps! Haben sie Fieber?“

„Noch nicht, aber das kann noch kommen. Pierre bleibt nachher bei ihnen, wenn ich dich abhole. Wohin soll ich dich eigentlich bringen? Ach Mist, ich wollte, ich könnte dich hier im Gästezimmer unterbringen, aber … einen Augenblick bitte …“ Carole legte den Hörer zur Seite und beruhigte mit sanfter Stimme ihre beiden Kinder. Dann rief sie Pierre, und es wurde ruhiger.

„Da bin ich wieder. Also, du kannst hier schlafen, wenn du magst. Hattest du Mumps? Bist du immun?“

„Ja, aber ich werde auf keinen Fall bei euch schlafen, vergiss es. Ihr habt jetzt außerdem genug um die Ohren mit den Kids. Ich hatte eigentlich geplant, bei Jeanette einzuchecken …“, sagte Charlotte nachdenklich.

„Wieso gehst du nicht einfach direkt in dein neues Zuhause?“, fragte Carole jetzt und las damit Charlottes Gedanken. Tja, warum eigentlich nicht?

„Hm …“, überlegte Charlotte.

„Hör zu, Lieblingsdeutsche. Auf dem Weg vom Flughafen zur Landstraße kommt ein riesiges supertolles Einkaufscenter, wo man einfach alles bekommt. Wenn ihr keine Verspätung habt, gehen wir dort alles besorgen, um deinen Kühlschrank zu füllen, und können dann so gegen 16 Uhr bei dir zu Hause sein. Pierre muss um sechs zu Arnaud, dann übernehme ich wieder die Kinder.“

„Klingt spannend“, sagte Charlotte, die mit Unbehagen daran dachte, was sie wohl im Haus ihres verstorbenen Vaters erwartete. Sie ekelte sich extrem schnell vor fremden Gerüchen und Umgebungen und fühlte, wie sich ihr langsam die Haare aufstellten bei dem Gedanken an einen unsauberen Haushalt. Aber es half alles nichts. Früher oder später musste sie dort wohnen. Sie gab sich einen Ruck.

„Nein wirklich, das machen wir. Danke, Carole … oh Mann, ich klinge wie eine Platte, die einen Sprung hat, immerzu tust du etwas, für das ich mich bedanken muss.“

„Eine Platte, die was hat?“, fragte Carole jetzt.

„Erklär ich dir nachher im Auto“, sagte Charlotte und konnte es kaum erwarten, sich wieder den Bauch zu halten vor Lachen mit dieser Frau.

Im Flugzeug machte sie sich mit Vorfreude daran, eine Einkaufsliste zu schreiben. Sie liebte es, in fremden Ländern Lebensmittel zu kaufen und sie dann in einer eigenen Küche zuzubereiten. Dein neues Zuhause … Caroles Worte klangen bei Charlotte nach, während sie aus dem Fenster blickte und zuschaute, wie die Maschine abhob. Sie würde heute nach Hause gehen, mitten in Frankreich, oder besser gesagt im Süden Frankreichs, nahe dem Mittelmeer, im Land des Lavendels, des guten Essens, der Sonne, der knallblauen Himmel und der …

„Ladies and Gentlemen, this is your Captain speaking ...“ Charlotte wurde jäh aus ihren Tagträumen gerissen, als der Pilot seine Begrüßung machte, und setzte dann ihre Einkaufsliste lächelnd fort.

Als sie mit ihrem Wagen voller Taschen die Flughalle verließ und nach Caroles Auto Ausschau hielt, begrüßte sie die Provence mit einer warmen Brise. Charlotte fühlte sich sofort glücklich. Was war das nur hier, was nur machte dieses Land mit ihr? Im nächsten Augenblick fuhr Carole rasant vor, bremste direkt vor ihrer Nase und sprang aus dem Auto.

„Ah, ah, die Taschen sind ja ultraschick, ich kann nicht mehr!“, rief Carole vergnügt und schnappte sich sofort die erste, um sie in den Kofferraum zu packen. Als alles verstaut war, nahm sie Charlotte fest in den Arm. „Ich freu mich so, dass du zurück bist, Lottileinchen. Hoffentlich erholen sich die Kleinen schnell, dann habe ich wieder den Kopf frei und mehr Zeit“, sagte sie und stieg gemeinsam mit Charlotte in den Wagen.

„Du hast das Haus deines Vaters also noch gar nicht angeschaut?“, fragte Carole, während sie das Auto durch den dichten Verkehr manövrierte.

„Ich hab es noch nicht mal von außen gesehen“, gab Charlotte erklärend zurück.

„Wie kann das denn sein? Ich dachte, du wärst beim Anwesen gewesen?“

Charlotte erzählte Carole von ihrem Besuch des Anwesens, wie sie das alte Hotelgebäude mit der Terrasse und der Wiese dahinter erkundet hatte, ein anderes Haus jedoch nicht gesehen hatte.

„Verstehe. Ja, wenn man es nicht weiß, sieht man es auch nicht sofort. Das Haus steht links hinter den Holunderbäumen, am Ende der Obstbäume, etwas versteckt“, erklärte Carole. „Du wirst es lieben, da bin ich mir ganz sicher. Es ist ein Traum, oder vielmehr, das Haus ist süß, aber seine Lage ist ein echter Hammer.“

Jetzt wurde Charlotte neugierig.

„Was genau meinst du?“, fragte sie gespannt und sah Carole fragend an. Die sagte nichts und formte stattdessen mit Daumen und Zeigefinger einen Reißverschluss über ihre Lippen.

„Lass dich überraschen, Lotti.“

Der Besuch des Supermarktes war für Charlotte eine echte Sensation. Nicht, dass sie den Besuchen von Museen und anderen Sehenswürdigkeiten in fremden Ländern abgeneigt war. Aber Lebensmittelgeschäfte toppten für sie alles, dicht gefolgt vom Erkunden fremder Interieurs. Charlotte wollte Carole nicht zu lange warten lassen und versuchte sich zu beeilen. Der Supermarkt des Einkaufscenters war so gigantisch, dass Charlotte einen halben Tag dort hätte verbringen können, ohne sich auch nur eine Sekunde zu langweilen. Sie nahm sich fest vor, eines Tages alleine wiederzukommen, um jedes Regal minutiös zu inspizieren.

In einer Abteilung mit regionalen Spezialitäten wurde sie von einer Fülle an provenzalischen Köstlichkeiten begrüßt: frisches Baguette neben würzigem Aioli, Oliven aus den umliegenden Hainen, sonnengetrocknete Tomaten und kräftiger Lavendelhonig. An den Käsetheken lockten Ziegenkäse aus der Region, begleitet von duftenden Bouquets aus frischem Thymian und Rosmarin. In den Regalen glänzten Flaschen mit köstlichem Pastis, dem traditionellen Anislikör der Provence. Mit jedem Schritt entdeckte Charlotte die reiche Vielfalt der provenzalischen Küche und konnte es kaum erwarten, all diese Aromen zu kosten.

Als Charlotte und Carole die Tüten ins Auto verstauten, war der letzte Zentimeter dichtgepackt.

„Na, dann kannst du es dir heute Abend richtig schön gemütlich machen, Lotte! Du scheinst gerne zu kochen? Ich habe keine einzige Fertigmahlzeit gesehen auf dem Laufband, nur frische Sachen!“

„Ooooooh, ich liiiiiiiebe es sooooo sehr“, schwärmte Charlotte verzückt. „Ich kanns ehrlich gesagt kaum erwarten. Nur bin ich offen gestanden ganz schön nervös“, gab sie zu.

„Nervös warum? Wegen des Hauses?“, fragte Carole, als sie die Tiefgarage verließ und sich wieder auf die Straße Richtung Norden begab. Charlotte nickte.

„Wir werden es gleich sehen. Ich würde mir aber nicht allzu viele Sorgen machen“, sagte sie. Und sie sollte recht behalten.

Kapitel 21

EINE Stunde später fuhren sie langsam mit dem Auto über die riesige breite Wiese, die vom Kiesweg vor dem Haupteingang des Hotels abging und irgendwann zu vier langen, nebeneinanderliegenden Alleen mit Obstbäumen führte. Zwischen dem Ende der Obstbaumallee ganz links und den parallel verlaufenden, lang gezogenen Holunderbüschen war ein schmaler Wiesenweg, den sie nun hinunterrollten. Am Ende des Weges stoppten sie, um zu Fuß weiterzugehen. Sie durchquerten schwer bepackt mit Taschen und Koffern die kleine Lücke des Holunders, und kaum, dass sie den Busch passierten, trat ein langer, cremeweißer Kiesweg mit Blumenwiesen links und rechts zum Vorschein, an dessen Ende das Haus stand.

Charlotte blieb stehen und ließ die beiden riesigen Koffer zu Boden gleiten.

„Wow! Das ist das Wohnhaus meines Vaters?“, fragte sie ungläubig.

„Ganz genau“, gab Carole keuchend zurück. „Und es wird noch besser, warts ab.“

Das Haus mit einer süßen kleinen Veranda, auf der zwei Schaukelstühle standen, war wie ein kleines Ebenbild des Haupthauses und war eingebettet in ein Meer aus Lavendel. Selbst die verblühten blauen Ähren hatten ihren ganz eigenen Reiz und umrahmten das rustikale cremeweiße Steingemäuer. Charlotte stellte sich vor, wie traumhaft schön es hier erst im Frühjahr sein musste, wenn das frische Grün austrieb und der Lavendel seine volle Pracht entfaltete.

Von dem schrägen Dach aus roten Ziegeln glitt Efeu herab, und eine knorrige Weinpflanze rankte sich an der Seite empor, ihre überreifen Trauben in der Herbstsonne glänzend. Bunte Geranien schmückten viele kleine Terrakottatöpfe entlang des Weges sowie vor den Fenstern unten und an den Fenstern des oberen Stockwerks. Die blauen Fensterläden waren halb geöffnet, und von der mit Kletterpflanzen umrankten Veranda drang das fröhliche Zwitschern der Vögel. Das Häuschen strahlte auf zeitlose Weise die Schönheit und den Zauber der Provence aus.

Am Haus angekommen stellten die Frauen ihre Taschen ab, und Charlotte griff mit vor Aufregung zitternden Händen nach ihrer Handtasche und fischte den schweren Schlüsselbund heraus, den ihr der Notar gegeben hatte. Einer der Schlüssel war mit einer blauen Kunststoffhülle überzogen.

„Vielleicht ist es der …“, sagte Charlotte und führte den Schlüssel in das Schloss, das sich sofort öffnete.

Sie traten ein und waren sofort im Wohnbereich mit einer rustikalen offenen Küche im hinteren Bereich links und einem Essbereich mit einem urigen Holztisch und sechs Stühlen davor. Ringsum befanden sich große Fenster mit hübschen Gardinen aus weißer Fliegerseide. Vor dem schlichten, offenen Kamin rechts hinten befand sich eine Sitzgruppe aus Leder, und die Wände waren mit Drucken bekannter französischer Maler geschmückt. Ein paar Bücherregale und ein Sekretär mit Blick auf den Kiesweg sowie der Boden aus bildschönen, weiß lackierten Terrakottafliesen rundeten das Interieur ab. Charlotte schätzte die Fläche hier unten auf etwa 45 m^2. Sie bot alles, was sie zum Glücklichsein brauchte.

„Hast du die Fliesen gesehen? Mein Vater hatte Geschmack und Ahnung, die sind handgefertigt und kommen aus Italien. Die unregelmäßig weiße Lasur, die wie Zuckerguss auf der Terrakotta liegt und das Braun hier und da durchschimmern lässt. Die habe ich mir immer gewünscht, und nun sind sie in meinem Haus? Wow.“

„Bist du bereit für den Höhepunkt, ma chère?“, fragte Carole mit feierlicher Stimme.

„Noch mehr? Ich bin jetzt schon hin und weg. Der Wahnsinn!“, rief Charlotte begeistert.

Carole griff Charlottes Hand und führte sie bis ans Ende des Wohnbereichs, wo sich eine breite Tür befand, die von Vorhängen verborgen war.

„Un, deux, trois … voilà!“ Carole griff die Fliegerseide und schob beide Vorhänge zur Seite. Charlotte stand direkt vor der großen Glasschiebetür und riss den Mund auf, als sie erblickte, was sich dahinter offenbarte. Es war so unerwartet und so unfassbar schön, dass sie für einen Moment dachte, sie träumte.

Direkt hinter der Tür und nur von einem kurzen Abschnitt Wiese getrennt erstreckte sich ein See, der rechts und links von Trauerweiden eingesäumt wurde, die sich im Wasser spiegelten. Auf der hinteren Mitte ließen die Bäume den Blick frei auf einen Bach, aus dem der See sein Wasser speiste. Es war eine magische Melange aus saftigem Seegrün und schimmernden Lichtspielen, die sie im Nu verzauberte. Charlotte bestaunte die Perfektion, mit der die Trauerweiden den Bach umschlossen, und die Seerosen, die hier und da die Szenerie ergänzten. Es war atemberaubend. Ein kleiner, grüner Feenwald. Hinter ihrem Haus. Charlotte wusste nicht, ob sie jemals ein so schönes Grün gesehen hatte. Es war wie im Märchen.

„Ich bekomme es langsam mit der Angst zu tun. Wann hört das auf? Wo ist der Haken?“, fragte Charlotte und blickte zu Carole.

„Als Kinder haben wir uns manchmal hierhergeschlichen, um zu baden“, erinnerte sich Carole. „Wir sind mit lautem Geschrei in den See gesprungen und dann schnell weiter in den Bach geschwommen, wo unsere Kleider und Räder auf der Wiese lagen. Vor deinem Vater gehörte das Land einer alten Frau, die uns jedes Mal wegscheuchte. Irgendwann gab es solchen Ärger, dass wir es aufgaben.“

Charlotte trat zum Seeufer, bückte sich und ließ ihre Hand durch das kühle Wasser gleiten. Die Wiese zwischen Glastür und Wasser war der perfekte Ort an heißen Sommertagen.

„Wie kann ich so etwas Schönes nur für mich alleine nutzen? Hier wirds im Sommer richtig heiß. Da kann ich meine Gäste doch nicht in dem Haus ohne Pool schwitzen lassen“, überlegte Charlotte.

„Hierher kannst du sie keinesfalls lassen“, sagte Carole entschieden. „Der See und die ersten Meter des Flusses liegen zu nah an deinem Haus und damit an deiner privaten Umgebung. Du kannst aber deinen Bereich umzäunen, frag mal bei der Gemeinde nach, wo genau dein Land aufhört. Dahinter läuft der Fluss weiter. Platz genug zum Baden für die Gäste und jeden aus der Umgebung.“

„Zwick mich, Carole. Zwick mich und sag mir, dass ich nicht durch die Matrix auf einer Postkarte gelandet bin. Dieses Paradies hier in Seegrün ist zu schön, um wahr zu sein!“ Charlotte konnte es noch immer nicht fassen und lief außer sich hin und her wie eines der Hühner am hinteren Rand des Gartens hinter dem Hotel.

„Hab ichs nicht gesagt? Es ist unglaublich. Wie du sagst, ein richtiges Paradies.“ Carole freute sich mit Charlotte und legte die Hand auf ihre Schulter.

„Wir waren noch gar nicht oben. Solange du noch hier bist, muss ich unbedingt schauen, was es da noch zu entdecken gibt!“, rief Charlotte und lief zurück ins Haus. Über die Holztreppe gelangte sie in den zweiten Stock mit einem viereckigen Flur und drei geschlossenen Türen. Hinter der ersten lag ein geräumiges Badezimmer mit einer tollen alten Badewanne direkt unter dem Fenster, einem großen, viereckigen weißen Waschbecken mit alten Messing-Armaturen, für das man heute viel Geld bezahlen müsste. Das Zimmer gegenüber war eine Kombination aus Gästezimmer und Arbeitszimmer. Die Decken hier oben waren niedrig und verliehen jedem Raum Gemütlichkeit und das Gefühl von Geborgenheit.

Beim Öffnen der letzten Türe nahm sie sofort einen frischen Zitronenduft wahr, den sie von irgendwoher kannte. Genau! Der nette Taxifahrer, damals am Flughafen von Marseille, der sie nach Sainte-Sophie gebracht hatte. Hier befand sich wie erwartet das Schlafzimmer. Das Bett war frisch gemacht, nirgendwo auch nur der Hauch von Staub. Ein großer, alter Nussbaumschrank, ein kleiner Tisch mit Stuhl und eine bildschöne, alte Nussbaumbank am Fußende des Bettes, auf der fein säuberlich zusammengefaltet eine blau-weiße, genoppte Baumwolldecke lag.

„Perfekter geht es nicht mehr. Ich fühle mich direkt wohl. Verrückt ist das“, sagte Charlotte und strich über die Bettdecke. Sie verstand nicht, warum ihr Vater ihr einerseits all das vermacht hatte und andererseits niemals den Kontakt mit ihr gesucht hatte. Alles fühlte sich so richtig und gut an – sauber, frisch und vertraut. Sie fühlte sich keine Sekunde wie eine Fremde.

„Wer immer hier sauber gemacht hat, hat es gründlich getan“, fügte Charlotte hinzu. „Nur wer hat das getan?“

„Das kann eigentlich nur Margot gewesen sein, deine neue Nachbarin, du hast sie bei der Verlesung gesehen. Sie ist eine ganz liebe, sorgsame

Frau. Etwas still, aber sie war wohl immer da für deinen Vater, vor allem in der ersten schweren Zeit, als er seine Frau plötzlich verlor."

„Wann war das eigentlich?"

„Lass mich nachdenken …", sagte Carole und legte den Zeigefinger auf ihre Unterlippe. „Knapp zwei Jahre ist das her, ja, genau, damals hatten wir hier einen heftigen Sturm, der viel zerstört hat. Dein Vater half mit anderen Bewohnern beim Herrichten in Sainte-Sophie, als ihn die Nachricht ereilte. Sie war einfach so umgefallen. Schlaganfall."

Charlotte nickte nachdenklich. Vielleicht hatte ihm dieser Verlust das Herz gebrochen.

Carole verabschiedete sich, um zu ihren kranken Kindern zurückzukehren, und sie vereinbarten, sich über Textnachrichten auf dem Laufenden zu halten. Charlotte begleitete sie bis zu ihrem Auto und beschloss, die Zeit mit dem Timer auf ihrer Armbanduhr zu messen, die es von ihrem Haus bis zum Hotel dauerte. Es war eine Gehminute entlang des langen Kiesweges bis zu den Holunderbüschen und vier Minuten entlang der Obstbäume und Wiese bis zur Hotelauffahrt. Ein kleiner Spaziergang von fünf Minuten also von zu Hause bis zum Hotel. Das war einerseits perfekt, denn auf diese Weise hatte sie genug Abstand zu den Gästen und allem, was mit der Arbeit zu tun hatte. Andererseits könnte sie nicht für alles hin- und herlaufen, mehrmals pro Tag. Vielleicht richtete sie sich eine kleine Schlafstätte im Hotel ein, um immer präsent zu sein, wenn es richtig brummte, vor allem am Anfang.

Charlotte ging zurück zum Haus, schloss die Tür und ließ sich auf einem der gemütlichen Ledersessel nieder. Von diesem Moment an begann für sie ein neuer Zeitabschnitt. Hinter ihr lagen spannende Wochen voller Überraschungen, die ihr Leben in kürzester Zeit auf links gedreht hatten. *Nein, nicht auf links, sondern auf rechts*, dachte sie. Charlotte wollte nicht den Teufel an die Wand malen. Von gemeinen Umtrieben hatte sie mehr als genug. Alles würde fortan gut laufen für sie.

Kapitel 22

CHARLOTTES erste Nacht im neuen Zuhause war traumlos. Keine Vorhersagen, keine Störungen. Sie wurde durch den Wind geweckt, der sanft, aber beharrlich um das Haus blies, und ging direkt hinunter in die Küche, um sich einen Kaffee zu machen. Die Temperaturen waren noch immer angenehm, doch es würde bald auch hier kühler werden, und dann müsste sie sich etwas einfallen lassen, denn das Haus hatte keine Heizung.

Ihr Vater hatte eine blitzblank polierte French Press auf dem Holzregal über dem Herd stehen, mit der sie auch in Hamburg ihren Kaffee zubereitet hatte. Sie liebte den vollmundigen, warmen Geschmack, den der Kaffee in dieser Kanne erhielt.

In ihrem weiten Baumwollnachthemd und mit einer der hübschen bauchigen weißen Porzellantassen trat sie barfuß auf die Veranda, nahm einen großen Schluck Kaffee und ließ sich den Wind ins Gesicht blasen. Mit einem zufriedenen Lächeln kniff sie die Augen zusammen und atmete die frische, saubere Luft ein. Wie gut, dass sie auf Carole gehört hatte und direkt hierhergekommen war! Sie hätte sonst den sicheren Komfort des *Chez Jeanette* gewählt, unnötig Geld ausgegeben und ihre neu wachsenden Mut-Muskelchen nicht weiter trainiert. Doch genau das wollte sie fortan tun – sich immer weiter neuen Herausforderungen stellen, kleinen wie großen. Sie wollte nie mehr wieder zurück in ihre alte Komfortzone. In der konnte sie hier genauso gut wie in Hamburg weiterleben, wenn sie alles erst mal zum Laufen gebracht hatte. Nein, damit war jetzt Schluss. Sie wollte auf ins Leben, auf in viele Abenteuer, das war ihr Mantra, und jedes Mal, wenn sie sich darauf besann, fühlte sie die Aufregung darüber, was ihr noch alles bevorstand.

Wie sich herausstellte, lebte die befreundete Nachbarin ihres Vaters, Margot Dupont, in etwa 500 Metern Luftlinie auf der anderen Seite der Obstbäume, ebenfalls versteckt, allerdings nicht hinter Holunderbüschen, sondern hinter dem Pinienwald, nahe der Straße, die zum Hotel führte. Sie war gerade verreist und hatte Charlotte einen handgeschriebenen Brief auf dem Küchentisch hinterlassen.

Liebe Madame Bergmann,

ich hoffe, Sie können meine Schrift lesen. Ihr Französisch war ja hervorragend, wie man bei der Verlesung des Testaments hören konnte, mein Kompliment. Ich schreibe Ihnen diese Zeilen, da ich für eine Weile bei meiner Tochter in Paris zu Besuch bin. Sie, ihr Mann, die Kinder und ich haben wie jedes Jahr das Obst geerntet und im Keller des Haupthauses gelagert. Um die Äpfel müssen Sie sich nicht sorgen, aber die Kirschen und Pflaumen müssen bald verwertet werden. Außerdem brauchen die Hühner ihr Futter, schauen Sie einfach auf die Anleitung, die an der Tür vor dem Gehege hängt, dort ist alles erklärt. Sie sollten jede Menge frische Eier zur Verfügung haben.

Ganz wichtig ist auch, dass der kleine Kater Oscar sein Futter bekommt. Eine Freundin füttert die Tiere jeden Tag, bitte seien Sie so gut, und rufen Sie mich an, sobald Sie hier sind und sich selbst darum kümmern, dann kann ich meiner Freundin Bescheid sagen, dass sie nicht mehr kommen muss. Der Kater hat ein chronisches Blasenleiden und darf deshalb nichts anderes bekommen als ein spezielles Diätfutter, das Sie nur beim Tierarzt kaufen können. Seine Adresse notiere ich Ihnen weiter unten im Brief.

Oscars Futter befindet sich im Gartenschrank auf der Veranda Ihres Hauses, sein Napf für Futter und Wasser sowie sein Körbchen stehen in dem geschützten Hundehäuschen um die Ecke der Veranda an der Hauswand. Ihr Vater ließ den Kleinen immer ins Haus, wenn er das wollte. Ich mache mir große Sorgen, wie es dem Tier seit dem Fortleben Ihres Vaters geht, und hoffe sehr, dass Sie sich mit dem Kleinen anfreunden. Er ist grundgütig und sehr verschmust.

Ich hoffe, Sie finden sich zurecht und leben sich gut ein.

Mit freundlichen Grüßen
Margot Dupont

Ein kleiner Kater! Und Hühner! Beides hatte sie überhaupt nicht mehr auf dem Schirm gehabt, obwohl Arnaud die Tiere beim Weinfest erwähnt hatte. Rasch nahm sie den letzten Schluck Kaffee, schlüpfte in ihre Hausschuhe und lief einmal um das ganze Haus. Kein Katerchen weit und breit. Sein Körbchen war trocken und beide Näpfe halb gefüllt. Margots Freundin musste irgendwann gestern vor ihrer Ankunft noch hier gewesen sein.

Charlotte öffnete die Tür des Gartenhäuschens und griff nach dem großen Sack Katzenfutter, der fast leer war. Auweia! Dann war das Programm für heute um einen weiteren Tagespunkt voller. Sie musste sich dringend um einen Internetanschluss kümmern und hatte einen Termin mit dem Autovermieter. Von ihm hatte sie ein sehr faires Angebot für einen Monat bekommen. Danach wollte sie einen Kombi aus zweiter Hand kaufen. Er wollte um zwölf mit seinem Bruder kommen, um den Wagen zu bringen. Sie hatte also noch genug Zeit, um die Hühner zu besuchen, das Obst in Augenschein zu nehmen und sich fertig zu machen.

Charlotte nahm ihre erste Dusche im neuen Zuhause, cremte sich genüsslich ein, zog sich an und tuschte die Wimpern. Dann machte sie sich mit dem schweren Schlüsselbund auf zum Haupthaus. Obwohl inzwischen auch hier der Herbst Einzug gehalten hatte, war das Wetter traumhaft schön. Die Sonne schien, die Luft war herrlich frisch und duftete würzig, und eine sanfte Brise wirbelte die welken Blätter der Obstbäume auf der wild bewachsenen Blumenwiese umher. Oben angekommen ging sie zunächst hinter das Haus zum großzügig angelegten Freilaufgehege der Hühner, das etwas abseits windgeschützt hinter einer Mauer lag. Die Hühner scharrten, pickten und schienen zufrieden. Charlotte studierte das laminierte Blatt mit den Futterhinweisen und darüber, wo die Eier lagen. Sie befüllte das Gehege mit einer Ladung Körnern und schnappte sich fünf Eier, die sie in ihre Jackentaschen legte. Das Becken mit frischem Wasser war noch voll. Erleichtert zog sie weiter, um sich das Obst anzuschauen.

Den Keller des Haupthauses hatte sie sich damals bei ihrem Besuch nicht angesehen. Dort gab es einen kleinen Weinkeller, einen großen Waschkeller ohne Waschmaschine oder Trockner und einen gut sortierten Raum mit Handwerkszeug. Im Zentrum des größten Raums lagerte das Obst in riesigen Bottichen. An den Wänden befanden sich vier große Tiefkühltruhen, zwei große Waschbecken und eine lange Küchenzeile zum Verarbeiten des Obstes. Charlotte pfiff leise durch die Zähne. Da stand ihr jede Menge Arbeit bevor. Margot hatte recht, wenn sie sich nicht bald um dieses Obst kümmern würde, gabs hier bald Gärobst, und zwar in rauen Mengen. Sie schnappte sich eine der Schüsseln auf der Arbeitsfläche und füllte sie mit Pflaumen. Der Duft war himmlisch. Obst mit diesem Aroma existierte in Deutschland nicht, dazu fehlten der besondere Boden und die Sonne.

Auf dem Weg zurück in ihr Haus dachte sie, dass es eine halbe Ewigkeit her war, als sie das letzte Mal etwas Schönes gekocht oder gebacken hatte. Butter und Mehl, Zucker und Milch hatte sie gestern im Supermarkt gekauft, und frische Eier hatte sie nun auch – *wunderbar*, dachte sie vergnügt. *Dann back ich mir jetzt einen Pflaumenstreuselkuchen!* In der Küche fand sie alles, was sie brauchte, sogar ein paar Mandelplättchen und etwas Zimt im Vorratsschrank. Als der Kuchen im Ofen war, rief sie Margot an und teilte ihr mit, dass sie angekommen war und sich fortan um alles kümmern würde.

„Die Hühner sind froh, das Obst ist auch in Ordnung, nur den kleinen Oscar habe ich noch nicht gesehen", berichtete sie.

„Ja, genau das meinte ich, als ich sagte, dass ich mir Sorgen mache. Ich habe ihn sonst immer gesehen, doch seit ein paar Wochen ist er nur noch ganz selten aufgetaucht. Schauen Sie heute Abend mal auf die Veranda. Sobald es dunkel wurde, kam er immer gerne ins Haus", sagte Margot, die sichtlich erleichtert schien, dass Charlotte das Anwesen begonnen hatte, unter ihre Fittiche zu nehmen.

„Haben Sie sich schon ein Feuer gemacht?", fragte Margot. „Das Holz liegt in dem langen Schrank an der Häuserwand. Oscar liebt es, sich abends vor dem Feuer zu rekeln."

„Nein, Feuer habe ich noch nicht gemacht, aber gut, dass Sie es sagen, bestimmt wird es bald kühler, und ich habe keine Heizung gesehen", sagte Charlotte.

„Ja, das stimmt. Das Haus ist alt – wunderbar in Schuss, aber eine Zentralheizung hat es nicht. Im Keller finden Sie aber drei Heizkörper auf Rädern. Die funktionieren prima, einfach in die Steckdose stecken, und es ist ganz schnell mollig warm", erklärte Margot.

„Ach, Sie sind ein Engel, vielen Dank für Ihre Hilfe und all die Tipps. Obwohl Sie noch gar nicht hier sind, haben Sie mir schon sehr geholfen. Das Haus ist ja in tadellosem Zustand, so sauber und aufgeräumt, ich habe mich sofort wohlgefühlt. Danke dafür, Madame Dupont."

„Sehr gerne, ich freue mich, dass Sie gut angekommen sind. Und nennen Sie mich bitte Margot", sagte die Nachbarin hörbar erfreut.

„Gerne, Margot, und Sie mich bitte Charlotte. Tja, also ich denke, ich komme jetzt erst mal klar. Ich muss nur zum Tierarzt, neues Futter für Oscar besorgen heute. Die Hühner füttere ich erst mal mit den Körnern."

„Wunderbar. Und ja, die Adresse des Tierarztes hatte ich Ihnen ja aufgeschrieben. Er ist sehr nett. Ich schicke Ihnen eine Nachricht, sobald ich mich auf den Weg zurück nach Sainte-Sophie mache, liebe Charlotte. Irgendwann in einer Woche, denke ich, komme ich zurück."

Perfekt. Margot war richtig nett, ohne aufdringlich zu sein, genau so, wie ein Nachbar sein musste. Und wie recht sie hatte – der Tierarzt war in der Tat sehr nett. Charlotte lächelte versonnen und wollte gerade ihr Handy zur Seite legen, als es schnell hintereinander zwei verschiedene Signaltöne absetzte. Einer sollte sie daran erinnern, den Kuchen aus dem Ofen zu holen. Der andere war eine Textnachricht. Die Brüder der Autovermietung waren da und warteten vor dem Haupthaus.

Schnell stellte sie den Kuchen auf die Küchenplatte und lief hoch zur Auffahrt. Wenn das so weiterging mit dem Auf und Ab zwischen ihrem Haus und dem Haupthaus, hätte sie hier im Handumdrehen eine Traumfigur. Die Brüder grüßten freundlich, erledigten mit ihr die Formalitäten und fuhren mit ihrem eigenen Wagen fort.

Sie freute sich, dass sie wieder den sonnengelben Renault bekommen hatte. Jetzt war sie mobil und konnte ihre Besorgungen machen. Vorher jedoch musste sie zu Arnaud, das Katzenfutter holen. Auf dem Weg zurück zum Haus beschloss sie, ihm den Pflaumenkuchen mitzubringen. Sie hatte noch genug Zutaten für einen zweiten Kuchen, den sie heute Abend backen würde. Sollte er mal sehen, wie gut die klassischen deutschen Kuchenrezepte waren! Beim Weinfest hatte es ein paar Neckereien gegeben. Caroles Freunde und Arnaud behaupteten, dass die französische Küche ganz oben in der Liga der besten Küchen der Welt spielte, und hatten gelacht, als Charlotte die deutsche Küche ebenfalls in dieser Liga sah. Niemand meinte es böse, aber es hatte dennoch ihren

Stolz angestachelt, und sie hatte beschlossen, es ihnen eines Tages zu zeigen. Heute war dieser Tag. Entschlossen legte sie den noch warmen Kuchen auf ein großes rundes Holzbrett und bedeckte ihn mit Papier. Von wegen! Nichts war besser als das Arsenal an Rezepten, die ihre Großtante Edeltraud in einem Büchlein hinterlassen hatte!

Kapitel 23

ALS Charlotte aus der Seitenstraße mit dem bezeichnenden Namen *Chemin des Pins*, dem Pinienweg, bog, sah sie links ein Schild nach Saint-Joseph, den nächstgelegenen Nachbarort, den sie beizeiten erkunden wollte. Heute bog sie nach rechts ab, Richtung Sainte-Sophie, das auf dem Weg nach Aix-en-Provence und Marseille lag. Wenn man ihr heute in Sainte-Sophie nicht helfen konnte mit dem Internetzugang, wäre sie in einer halben Stunde in Aix. Sie liebte diese Anbindung und Lage. Von allem das Beste, zum Greifen nahe – das Land und die Stadt. Lächelnd drehte sie die Musik lauter. Womit hatte sie das verdient? Wo war der Haken? Das konnte doch alles nicht wahr sein!

Als sie sich der Tierarztpraxis von Arnaud Jourdain näherte, merkte sie, wie ihr Herz schneller zu schlagen begann. „Entspann dich, Charlotte", sagte sie leise singend zu sich selbst. „Der Mann hat Frau und Kihiiind!" *Du gehst jetzt direkt ein paar Säcke Katzenfutter holen, dann musst du so schnell nicht wiederkommen zu ihm und seinem immensen Charme, den du kaum erträgst.* Es war wirklich seltsam. Normalerweise hatte sie eine Art eingebauten Schutzmechanismus, der sie für gebundene Männer immun machte. Sie konnten ihr nichts anhaben, weil sie jede ihrer Avancen sofort anwiderte. Vor der Frau eines Mannes hatte sie Respekt, ein Prinzip, für das sie viele belächelten. Außerdem wollte sie sich eine Affäre selbst nicht antun.

Sie beschloss, vor dem Aussteigen nicht in den Spiegel zu schauen, und steuerte geradewegs auf das Haus zu, das abgelegen am Eingang des Dorfes auf einem weiten Feld lag, wenige Meter entfernt von einem hübschen Wohnhaus.

Sie trat ein und war direkt im Wartezimmer. Links neben der Tür befand sich die Anmeldung. Dahinter saß eine Frau mit blondem, halblangem, gewelltem Haar und einer Lesebrille in einem kurzen, weißen Kittel. Sie blickte auf und warf Charlotte grußlos einen fragenden Blick zu.

„Guten Tag … ich möchte gerne zu Arnaud Jourdain …“, sagte sie etwas verunsichert. Niemand sonst war anwesend, und es war ungewohnt still für eine Praxis nachmittags um halb zwei mitten in der Woche.

„Monsieur le Docteur ist nicht hier, kann ich Ihnen weiterhelfen?“ Die Frau verzog keine Miene und ließ ihren Blick kurz zu Charlottes Hand wandern, in der sie den Kuchen balancierte. Charlotte räusperte sich.

„Bitte verzeihen Sie. Mein Name ist Charlotte Bergmann. Ich bin die neue Besitzerin des Anwesens hinter dem Pinienwald. Arnaud gab mir seine Karte. Ich benötige das Futter für Oscar, den Kater meines verstorbenen Vaters, François Durand.“

Wortlos wandte sich die Frau dem Bildschirm zu, tippte etwas und stand dann auf, um hinter der Tür nahe der Rezeption zu verschwinden.

Nett, dachte Charlotte. Die erste unfreundliche Person, der sie bis jetzt in Sainte-Sophie begegnet war. Wurde auch höchste Zeit für das echte Leben.

Nach einer Minute kehrte die Frau zurück.

„Das Futter ist aus“, sagte sie und nahm ohne jedes weitere Wort wieder an ihrem Rechner Platz. Charlotte wartete auf eine Erklärung, die jedoch nicht kam.

„Und nun?“, fragte sie. „Man sagte mir, dass ich das Spezialfutter nur hier bei Ihnen finde. Der Kater darf nichts anderes fressen, weil er sonst Harnsteine bekommt, und das ist nicht nur äußerst schmerzhaft, sondern auch gefährlich.“ Charlotte fühlte sich hilflos. Was war das denn für ein Besen? Die arbeitete für Arnaud? Oder war sie am Ende seine Frau?

Charlotte stellte jetzt den Kuchen auf dem Tresen der Rezeption ab.

„Der hier ist übrigens für die Praxis. Für Sie und Arnaud. Ein kleines Geschenk, frisch gebacken“, sagte sie versöhnlich und wartete auf die Reaktion der Frau.

„Das Futter ist bereits bestellt und sollte diese Woche noch ankommen“, sagte sie ungerührt. „Am besten Sie melden sich telefonisch bei uns, damit Sie nicht mehr umsonst kommen müssen.“ Sie warf einen kurzen abschätzigen Blick auf den Pflaumenstreusel. „Den Kuchen werde ich dem Doktor geben, sobald er zurück ist. Sonst noch etwas?“

Charlotte zog erschrocken die Brauen hoch, bedankte sich und verließ die Praxis. *Was für ein schrecklicher Mensch*, dachte sie, stieg ins Auto und fuhr enttäuscht auf den Parkplatz vor dem autofreien Sainte-Sophie.

Nach wenigen Minuten erreichte sie das einzige Mobilfunkgeschäft des Ortes, wo sie direkt fündig wurde. Sie kaufte einen Minirouter mit Prepaidkarte, die sie ganz einfach aufladen konnte, wenn ihr Internetkontingent aufgebraucht war.

„Für einen festen Internetanschluss müssten Sie einen Termin mit einem Anbieter vereinbaren, der bei Ihnen verkabelt ist. Warten Sie, ich schau eben für Sie nach." Der hilfsbereite Inhaber des Ladens tröstete Charlotte schnell über die unerfreuliche Begegnung mit der Frau in Arnauds Praxis hinweg. Sie war sicher zehn Jahre älter als Arnaud, den Charlotte auf Anfang vierzig schätzte. Es war nicht sehr wahrscheinlich, aber es konnte natürlich trotzdem seine Frau sein. Nette Männer waren immerhin nicht selten mit den schrecklichsten Frauen liiert. Charlotte war alles andere als eitel, wusste aber trotzdem, dass manche Frauen allergisch auf sie reagieren konnten. Heute trug sie ihre glänzend braunen Locken offen, eine schulterfreie, weiße Leinenbluse und eine figurnah geschnittene Blue-Jeans mit schwedischen Clogs aus weichem, braunem Leder. Sie fühlte sich wohl in ihrer Haut, obwohl sie am liebsten zehn Kilo leichter wäre. Besonders der Bauch machte ihr zu schaffen. Sie genierte sich für ihn, aber ihre Liebe zu gutem Essen war einfach stärker. Dagegen anzugehen, hatte sie irgendwann nahezu aufgegeben.

„Sie haben zwei Optionen", sagte der Ladenbesitzer. „Ich schreibe Ihnen die Namen und Rufnummern der Anbieter auf." Charlotte zahlte und beschloss, im *Joseph's* zu Mittag zu essen.

Sie nahm auf der Terrasse Platz und genoss einen großen Café au Lait und ein Jambon-beurre. Das Sandwich hatte nichts mit dem gemeinen Schinkenbrötchen zu tun, das man aus Deutschland kannte und zweifelsohne lecker war. Diese Variante hier jedoch mit frischem Baguette, gesalzener Butter und gekochtem Schinken war überirdisch lecker. Wenn sie die Menschen hier von der deutschen Küche überzeugen wollte, musste sie sich tatsächlich ins Zeug legen.

Zu Hause backte sie den zweiten Pflaumenkuchen des Tages, packte ihre Koffer und Taschen aus und beschloss, sich einen Plan zu machen.

Jetzt ging es ans Eingemachte. Bis dato jagte eine Hammernachricht die nächste. Nun würde sie gefordert werden. Es galt, einen schier unüberschaubaren Berg an Aufgaben zu bewältigen. Und bevor sie den ersten Klimmzug nehmen konnte, musste sie sich ein Bild machen von diesem Berg. Sie recherchierte online, welche Anträge und Aufgaben der Eröffnung eines Hotels hierzulande vorausgingen. Nach zwei Stunden sah sie vor lauter Bäumen den Wald nicht mehr und war genauso schlau wie vorher.

Frustriert lief sie zum Haupthaus, um sich dem Obst zu widmen. In der Kellerküche befanden sich ganze Arsenale an Einmachgläsern und Tiefkühlboxen. Sie legte sie nacheinander in die beiden Spülmaschinen. Während die zweite Runde durch die Maschinen lief, beschloss sie, bei Carole anzurufen und sich nach den Kindern zu erkundigen.

„Lieb, dass du nachfragst“, sagte Carole mit müder Stimme. „Die beiden bekamen gestern noch Fieber und liegen heute komplett flach. Pierre und ich hatten beide zum Glück als Kinder Mumps und werden wohl verschont bleiben. Wie geht es dir? Wie war deine erste Nacht im neuen Zuhause? Ich finde es so schade, dass ich dir nicht mehr beistehen kann“, sagte Carole bedauernd.

„Hör bloß auf! Ich komme wunderbar alleine zurecht, ehrlich“, sagte Charlotte, während ihr Blick auf die Berge an Obst fiel, die sich in der Mitte des Raums türmten.

„Mit Ausnahme vielleicht der Unmengen an Obst, die ich putzen, schneiden, einmachen und tiefkühlen muss“, sagte sie nun etwas hoffnungslos.

„Ach! Da habe ich, glaube ich, jemanden für dich“, rief Carole. „Die Zwillingssöhne einer Bekannten machen gerade eine Ausbildung zum Koch und verdienen sich bestimmt gerne etwas dazu. Soll ich die Mutter mal anrufen?“

Wie sich herausstellte, hatten Noah und Jules nicht nur Lust, sondern auch Ferien und darum Zeit, mit Charlotte ans Werk zu gehen.

„Zu dritt sind wir damit schnell fertig, Madame. Wir haben Ihrem Vater damit im letzten Jahr schon geholfen. Morgen früh um neun könnten wir bei Ihnen sein“, sagte Noah.

„Ach, das ist so toll, vielen Dank, Noah! Dann bis morgen früh um neun!“, sagte Charlotte erleichtert. Die misslungene Recherche hatte sie richtig geknickt, doch nun ging es schlagartig besser. Sie war froh, dass die Dinge in Bewegung kamen. Sie würde das hier alles schon schaffen. Schritt für Schritt.

Kapitel 24

DIE Sonne war gerade aufgegangen, als Charlottes Wecker klingelte. Acht Uhr. In einer Stunde würden die Jungs kommen. Sie machte sich fertig, lief hinunter in die Küche und bereitete ihr Frühstück zu – einen herrlichen Morgenkaffee und Toast mit den köstlichsten Gemüseaufstrichen aus der Feinkostabteilung des Marseiller Supermarkts. Auf dem Weg hoch zum Haupthaus sah sie schon einen Wagen vorfahren.

„Guten Morgen! Sie bringen Noah und Jules?“, fragte sie freundlich die Frau hinter dem Steuer.

„Ganz genau, Élise mein Name, guten Morgen. Sie sind Charlotte? Carole hatte mich gestern noch angerufen …“, fragte die Frau interessiert.

„Ja, genau, die bin ich. Vielen Dank für die Hilfe, Élise, ich hätte sonst nicht gewusst, wohin mit all dem Obst.“

„Ach, der Dank ist ganz auf unserer Seite, oder Jungs?“ Sie drehte sich um zu Jules und Noah, die grinsend nickten. „Momentan sind Herbstferien, es passt also wunderbar“, ergänzte sie.

Charlotte wandte sich zur Rückbank und sprach die zwei jungen Männer direkt an.

„Ich sorg fürs Mittagessen, und wenn wir heute Abend fertig sind, fahre ich euch wieder nach Hause, einverstanden?“

„Ach, wunderbar, danke, Charlotte“, sagte Élise. „Die Jungs zeigen Ihnen dann den Weg.“

Sie verabschiedeten sich und liefen gemeinsam in den Keller. Dann verteilten sie die Aufgaben und begannen mit der Reinigung des Obsts. Es lief super, und Charlotte war erstaunt, wie schnell und routiniert die beiden zu Werk gingen.

Die beiden Jungen begannen zu erzählen, immer abwechselnd, wie in einem geübten Pingpongspiel. Der Vormittag verging wie im Fluge, und ehe sie sichs versahen, war es Zeit zum Mittagessen.

„Mögt ihr Hamburger und Pommes? Es gibt keine Haute Cuisine hier bei mir, ich hoffe, das ist okay für euch?“

Die Jungs lachten. „Mehr als okay, danke!“

Nach dem Essen, das den beiden sichtbar schmeckte, setzten sie die Arbeit mit neuer Energie fort. Am Abend war ein Drittel des Gesamtpensums erledigt. Ein Teil des Obstes war bereits eingefroren, nun galt es, den Rest vorzubereiten und zu Marmeladen zu verarbeiten.

„Seid ihr euch wirklich sicher, dass ihr morgen und übermorgen noch mal helfen könnt?“, fragte Charlotte hoffnungsvoll.

„Na klar! Sehr gerne, es macht Spaß, und wir sind froh, dass wir unser Taschengeld aufstocken können“, sagte Jules mit einem Augenzwinkern.

Als die Uhr im Keller des Haupthauses am dritten Abend sechs Uhr anzeigte, klatschten Charlotte und die Zwillinge ihre vom Obst rot gefärbten Hände aneinander.

„Geschafft, Jungs! Wir haben es geschafft!“ Charlotte war überglücklich und machte ein Freudentänzchen um die eigene Achse.

„Du hörst echt coole Musik, Charlotte“, bemerkte Jules, während er das Waschbecken reinigte. „Das hat super gepusht.“

„Ihr habt großartige Arbeit geleistet, vielen Dank dafür. Ich hoffe, ich kann nächstes Jahr wieder auf euch bauen“, sagte Charlotte und überreichte den beiden je einen Umschlag.

„Euer Geld. Wie vereinbart plus ein kleines Extra, weil ihr echt klasse geholfen habt.“ Die beiden freuten sich sichtlich, und alle drei begaben sich zum Auto.

Als Charlotte vor dem Haus der Zwillinge hielt, standen Élise und ein Mann im Vorgarten. Élise winkte Charlotte heran.

„Kommen Sie doch noch auf einen Aperitif herein, Charlotte“, bat sie und begrüßte ihre Söhne. Bei dem Aperitif sollte es nicht bleiben. Charlotte wurde gebeten, zum Abendessen zu bleiben, und gab ihre deutsche Höflichkeit irgendwann auf. Die Uhren tickten hier anders. Die viel beschworene Gastfreundschaft der Südeuropäer war keine Mär, sondern gelebte Wirklichkeit.

„Haben Sie schon eine Idee, was Sie mit dem alten Anwesen tun wollen?“, fragte Gabriel, Élises Mann, während er zum Abschluss des Abendessens eine Käseplatte mit hausgemachten Crackern auf den Tisch stellte.

„Es ist noch nicht offiziell, aber ich habe beschlossen, wie ursprünglich auch ein Hotel zu eröffnen“, sagte Charlotte. Élise und Gabriel klatschten gleichzeitig in die Hände.

„Bravo, bravo, Charlotte, das ist wunderbar! Das wird unseren Gemeinden guttun“, sagte Gabriel, und Élise nickte einstimmend.

„Darf ich fragen, was Sie machen?“, gab Charlotte nun zurück. „Wir Deutschen fragen immer nach den Berufen, das ist schon eine Unart, aber ich bin einfach neugierig. Sie haben zwei so tolle Söhne, ich habe mich die ganzen drei Tage gefragt, woher sie ihr Engagement haben. Ich bin mir sicher, dass die beiden einmal großartig werden, auf ihrem Gebiet“, sagte Charlotte mit ehrlicher Bewunderung. Sie beschrieb den Eltern, dass die Zwillinge für eine relativ monotone Arbeit außergewöhnliche Hingabe gezeigt und jeden Arbeitsschritt gewissenhaft ausgeführt hatten.

„Danke, Charlotte, das hören wir natürlich gerne“, sagte Gabriel schmunzelnd und strich seiner Frau, die gerade eine Träne wegwischte, liebevoll übers Haar.

„Ach!“, sagte sie. „Jetzt haben Sie mich und mein Mutterherz aber erwischt.“ Charlotte, die nah am Wasser gebaut war, konnte die Reaktion der Mutter nur zu gut nachempfinden. Wie sich herausstellte, gehörte Élise und Gabriel das *Joseph's* am Marktplatz. Charlotte war begeistert.

„Ich liebe Ihr Bistro“, gestand sie und erzählte von all den Besuchen, die sie in ihrer kurzen Zeit in Sainte-Sophie schon erlebt hatte.

„Ihr Jambon-beurre ist eine Wucht! Vom Kaffee einmal ganz zu schweigen. Sie werden mich noch oft, sehr oft sehen“, sagte Charlotte strahlend.

Am Ende des Abends begleiteten Élise und Gabriel Charlotte zur Türe.

„Wenn es bei Ihnen richtig losgeht mit den gastronomischen Planungen für Ihr Hotel, geben Sie uns Bescheid. Wir können Ihnen sagen, wo Sie die besten Produkte bekommen, und Sie mit unseren Lieferanten aus der Region bekannt machen“, sagte Gabriel.

„Jetzt muss ich aufpassen, dass mir nicht auch gleich die Tränen kommen. Ich steig am besten direkt ins Auto. Sie sind zu liebenswürdig, danke. Und danke auch für das tolle Abendessen!“, sagte Charlotte. Sie fuhr müde und tief beseelt nach Hause. Die Dinge kamen in Bewegung. Sie hatte begonnen, ihr Netzwerk aufzubauen und das mit liebenswürdigen Menschen. Morgen würde sie direkt weitermachen.

Zu Hause angekommen setzte sie sich noch ein Stündchen hin, um zu arbeiten. Nach einer halben Stunde am Computer begann sie zu frösteln. Sie ging hinaus und holte Holz. Es war mittlerweile so kühl geworden, dass sie heizen musste. Nach mehreren Anläufen ging die kleine Flamme von der alten Zeitung über auf das Holz und entwickelte ein wohliges Feuer in dem großen, offenen Kamin. Charlotte zündete ein paar Kerzen an, schenkte sich ein Glas Rotwein ein und wollte sich gerade wieder an ihre Arbeit setzen, als sie ein Kratzen und Miauen an der Tür hörte. Oscar! Sofort sprang sie auf, öffnete die Tür und ließ das Katerchen herein.

Oscar war bildschön. Er hatte schwarzes Fell mit einem weißen Bäuchlein und weiß getupften Pfoten, war klein und drahtig und wirkte mit dem prachtvoll glänzenden Fell überhaupt nicht wie der Streuner, der er in den letzten Wochen gewesen war.

„Hallo, Oscarchen, halloooooooo … da bist du ja endlich“, flüsterte sie zärtlich, während das Tier sanft um ihre Beine strich. Er fasste direkt Vertrauen. Wahrscheinlich hatte er sie schon länger beobachtet. Nach einer ausführlichen Inspektion des ganzen Hauses strich der kleine schwarze Kater nochmals um Charlottes Beine, bevor er auf einem der Sitzkissen vor dem Kamin Platz nahm und einschlief.

Kapitel 25

CHARLOTTE stand vor ihrem Esstisch und kontrollierte, ob sie alles hatte. Toast, Kaffee und Butter. Die köstlichen provenzalischen Tapenades, Tomaten, Schnittlauch und ein Glas frischen Orangensaft. Es konnte losgehen mit ihrem Lieblingsmoment des Tages, dem Frühstück. Sie wippte fröhlich mit einem Fuß, während sie ihren Toast genüsslich verspeiste. Charlotte freute sich, dass das komplette Obst verarbeitet war. Die Arbeit war immens, alleine hätte sie damit Ewigkeiten zugebracht. Sie überlegte, was sie mit den Hunderten Gläsern Kirschmarmelade und Pflaumenmus anstellen sollte. Wahrscheinlich war es tatsächlich das Beste, es den Gästen zum Frühstück zu servieren. Alternativ könnte sie die Gläser in Sainte-Sophie zum Verkauf anbieten, zumindest das Pflaumenmus nach einem Rezept ihrer Großtante Edeltraud würde den Leuten hier sicher schmecken.

Als sie den letzten Happen verspeist hatte, öffnete sie ihren Laptop und ihre To-do-Liste. Wo sollte sie nur anfangen? Sie bemühte sich, nicht sofort wieder zu verzagen, und dachte angestrengt nach. Wenn sie einmal wusste, was sie tun musste, gab es für sie kein Problem mehr. Nur wo um Himmels willen bekam sie zuverlässige Informationen über die Reihenfolge und Art der Aufgaben? In Charlottes Kopf schwirrten zahllose Stichwörter gleichzeitig umher, angefangen von Bausubstanz, Nachhaltigkeit, historische Merkmale und Denkmalschutz über Farben, Feuchtigkeitsschutz und Isolierung bis hin zu struktureller Integrität, Brandschutz und Sicherheitseinrichtungen. Es war zum Verzweifeln, ganz abgesehen von all den Aufgaben rund um die professionelle Hotelführung des fertiggestellten Gebäudes. *„You never get a second chance to make a first impression"* – sie musste bei den Gästen direkt von Beginn an einen guten Eindruck machen, sonst war sie schnell geliefert, im Zeitalter von Google Reviews und Co.

Charlotte schob den Laptop weit weg bis ans Ende des Esstischs und nahm einen Schluck Kaffee. Was sie jetzt brauchte, war vor allem Struktur. Zu Hause in Hamburg säße sie schon seit einer Stunde an ihrem Schreibtisch oder wäre bereits draußen bei Kunden. Sie blickte hinunter zu ihren nackten Füßen und wieder hoch und vorbei an ihrem weißen Leinennachthemd, das sie von Tante Edeltraud geerbt hatte. Sie stand auf und schaute in den kleinen Spiegel neben der Garderobe. Ihre Locken standen in alle Himmelsrichtungen, und die Mascara von gestern hing wie bei einem Pandabären unter den Augen. Das Abschminken hatte sie vor lauter Müdigkeit gestern Abend, erschöpft nach drei Tagen körperlicher Arbeit, komplett vergessen. Nun aber vite, vite ins Bad und dann weitersehen. Sie drehte sich um und lief zur Treppe nach oben, als sie plötzlich ein seltsames Geräusch vernahm.

Was war das? Sie hielt inne und lauschte gebannt. Es kam von draußen. Sie ging zum Fenster und sah, wie jemand den Kiesweg entlang auf ihr Haus zulief. Es war Arnaud! Unter dem Arm hielt er eine Tüte und war jetzt nur noch wenige Meter von ihrer Haustüre entfernt. Um Gottes willen, was sollte sie nur tun, sie konnte ihm in dem Aufzug unmöglich die Türe öffnen, sie sah aus wie eine von Kohlhiesels Töchtern! Schnell sprang sie weg vom Fenster und lehnte sich gegen die Haustür. Sie schloss fest die Augen und hielt den Atem an, betete, dass Arnaud sich auf wundersame Weise in Luft auflöste, wieder ging, ohne zu klopfen. Dass das hier ein Traum war und sie in Wahrheit noch im Bett lag, gleich die Augen öffnen würde und sich ihr Frühstück machte.

„Hallo? Ist da wer?“ Arnaud stand direkt vor der massiven Holztüre und klopfte mehrmals. Es half alles nichts. Bevor er sie gleich durchs Fenster an der Tür lehnen sah, musste sie ihm öffnen. Sie holte tief Luft, drehte ihre Locken um sich selbst zu einem Dutt und wischte sich die Mascara weg. Dann öffnete sie die Türe und strahlte Arnaud an, als könnte sie kein Wässerchen trüben.

„Monsieur le Docteur, Sie! Hier!“ Während sie so dastand, steif und mit aufgesetzter Unbekümmertheit, musste sie fast über sich selbst lachen. Etwas noch Bekloppteres hätte sie nicht von sich geben können. In Verbindung mit ihrem Aufzug musste sie wie eine Wahnsinnige wirken. Arnaud war offenkundig amüsiert und bemühte sich nicht, das zu verbergen.

„Habe ich dich geweckt?“, fragte er und grinste übers ganze Gesicht.

„Geweckt? Mich? Wo denkst du hin, ich bin schon voll am Arbeiten! Wie kann ich dir denn helfen? Was führt dich zu mir? Hast du dich vielleicht verlaufen?“ Nun grinste auch sie, während sie gleichzeitig noch immer versuchte, Haltung zu bewahren in Tante Edeltrauds Nachthemd, mit ihren nackten Füßen, der noch immer verlaufenden Mascara und einer Frisur, die keine war.

„Ben oui“, sagte Arnaud jetzt mit gespieltem Ernst. „Ich habe mich verlaufen und brauche dringend Unterschlupf.“

Charlotte trat zur Seite und ließ ihn mit einer beschwingten Handbewegung ins Haus.

„Als Dank habe ich ein kleines Geschenk mitgebracht“, fuhr er fort und stellte die Tragetüte auf den Esstisch. „Oscars Futter. Es ist heute früh angekommen, und ich dachte, ich bringe es schnell vorbei auf dem Weg zu einem Patienten. Nicht, dass der Kleine hungert. Außerdem wollte ich mich für deinen formidablen Pflaumenkuchen bedanken.“

Charlotte strahlte übers ganze Gesicht. „Er hat dir geschmeckt?“

„Und wie! Ich konnte mich kaum beherrschen, Catherine musste ihn wegräumen, sonst …“ Arnaud machte eine Handbewegung, die sagen sollte, dass es sehr gut geschmeckt hatte. So, so, Catherine also. Die Dame hieß also nicht Claudine und war folglich nicht seine Frau, sondern seine Praxishelferin. Charlotte beschloss, das Thema nicht anzuschneiden. Sie wollte nicht, dass die Frau Probleme bekam.

„Darf ich dir einen Kaffee anbieten?“, fragte sie stattdessen. „Ich wollte mir gerade sowieso einen frischen aufsetzen.“

„Sehr gerne, ja. Einen Moment habe ich noch“, sagte Arnaud und schaute auf seine Armbanduhr. „Ein Pferd, es frisst nicht mehr. Ich fahre gleich weiter nach Saint-Joseph.“ Charlotte setzte Wasser auf und kam zurück zum Esstisch, an dem Arnaud bereits Platz genommen hatte.

„Hast du schon gefrühstückt? Ich habe eine unglaublich gute Tapenade – auf Toast mit Tomate, ein Gedicht!“

„Hast du die auch selbst gemacht?“, fragte Arnaud grinsend.

„Nee, gekauft. Ist aber trotzdem Bombe!“

Arnauds Blick fiel auf den Kuchen auf der Anrichte.

„Wie viele von diesen himmlischen Dingern hast du denn gebacken? Hast du vor, hier als Konditorin durchzustarten?“

Charlotte lachte. „Oder lieber doch ein Stückchen Pflaumenkuchen?“

Arnaud warf beide Hände zum Himmel und legte sie dann auf seine Augen. Charlotte lachte wieder, lief in die Küche und bereitete den Kaffee und einen Teller mit einem Stückchen Pflaumenkuchen vor.

„Sei froh, dass ich keine Schlagsahne im Haus habe, sonst würdest du endgültig verzweifeln.“

Begeistert machte Arnaud sich über den Kuchen her und nahm dann einen Schluck von dem Kaffee.

„Donnerwetter. Du machst nicht nur guten Kuchen, der Kaffee ist auch sensationell.“

Charlotte schmunzelte und zeigte auf die hübsche French Press.

„Die macht einfach den besten Kaffee, finde ich“, sagte sie und freute sich, dass es ihm schmeckte. *Wie ein Junge, so unbekümmert und glücklich*, dachte sie. *Was für ein lieber Typ!*

„Tja“, sagte er nun. „Ist ja auch ein französischer Kaffeebereiter. Kein Wunder, dass der Kaffee so gut ist.“ Er putzte sich den Mund mit der Serviette ab und blitzte Charlotte mit einem frechen Grinsen an.

„Was seid ihr nur für ein arrogantes Volk, ihr Franzosen, he?! Nicht zu glauben. In einem Moment so freundlich und im nächsten will man euch zum Mond schießen, tz, tz, tz …!“ Charlotte schüttelte den Kopf.

Arnaud lachte laut.

„Die deutsche Küche ist hervorragend!“, fuhr sie mit gespieltem Ärger fort. „Du armer, ahnungsloser Franzose! Warst wohl nur in Frittenbuden und bist nie richtig essen gegangen bei uns, was? Pah!“

Arnaud gähnte mit gespielter Gleichgültigkeit.

„Aber ja, wer kennt sie nicht, die deutsche Küche, oft kopiert und nie erreicht …“, sagte er immer noch gähnend.

„Na warte, Freundchen. Eines Tages werde ich es dir beweisen“, rief Charlotte und lehnte sich mit verschränkten Armen gegen die Stuhllehne.

„Sehr gerne“, gab Arnaud zurück. „Aber vorher bin ich dran. Du hast mit dem Kuchen vorgelegt. Jetzt möchte ich dir etwas Gutes zubereiten.

Hast du am Samstag schon etwas vor? Wenn nicht, bist du herzlich zum Essen eingeladen.“

Nun war Charlotte baff. Ihr war schon klar, dass es darauf hinauslaufen würde, dass man füreinander kochte, bei all den kulinarischen Neckereien, die schon beim Weinfest angefangen hatten. Aber so schnell? Und eingeladen bei ihm? Sie hatte eigentlich an eine Einladung zu sich nach Hause gedacht, sie, Carole und Pierre und vielleicht noch ein paar andere Leute, die sie kennengelernt hatte. Arnaud …

„Nein, ich habe am Samstag nichts Konkretes vor“, sagte sie. „Herzlichen Dank für die Einladung!“

„Wunderbar. Dann kommenden Samstag bei mir, sagen wir um acht? Den Weg kennst du ja schon. Es ist das Haus hinter der Praxis. Und bring Hunger mit!“ Er stand auf und taxierte mit einem vergnügten Grinsen ihr Nachthemd. Sofort sprang sie auf, um ihn zur Tür zu begleiten.

„Du musst meinen Aufzug entschuldigen. Ich habe die letzten drei Tage mit den Zwillingen von Élise und Gabriel die ganze Ernte verarbeitet. War ein Höllenjob. Als du kamst, war ich gerade fertig mit Frühstücken.“ Noch während sie das sagte, ärgerte sie sich über sich selbst. Sie sollte viel selbstbewusster sein. Es gab überhaupt keinen Grund, sich dafür zu entschuldigen, dass sie noch im Nachthemd war.

„Du musst dich bei mir nicht entschuldigen, Charlotte. Ich hatte ein tolles Frühstück, einen herrlichen innereuropäischen Streit über Essen, und mit deinem Aufzug ist alles vollkommen in Ordnung. Was nicht in Ordnung ist, sind Überraschungsbesuche. Ich habe mich zu entschuldigen.“ Er faltete die Plastiktüte zusammen, in der er das Futter für Oscar transportiert hatte, und legte sie auf den Esstisch. „Ich freu mich auf Samstag“, sagte er und winkte Charlotte zum Abschied.

„Adieu, Monsieur le Docteur! Ich freue mich auch!“ Sie stand an der halb geöffneten Tür, während er den Kiesweg zurücklief. *Guter Gott*, dachte sie. *Ich mache jetzt die Türe zu. Oder nee, ich warte noch. Ob er sich wohl noch mal umdreht? Bis dahin sollte ich definitiv schon drinnen sein, wie sieht denn das aus?*

Gerade, als sie die Türe schließen wollte, kurz bevor Arnaud hinter den Holunderbüschen verschwand, drehte er sich tatsächlich um und winkte ein letztes Mal Charlotte zu, die noch in voller Pracht an der offenen Tür stand.

Kapitel 26

„DU glaubst nicht, was hier gerade passiert ist!"

Charlotte lief im Wohnzimmer aufgeregt auf und ab, noch immer barfuß, ungeduscht und im Nachthemd, während sich Sabine am anderen Ende der Leitung erst einmal sortieren musste.

„Was ist denn mit dir los?"

„Ganz schlimm, Sabine. Katastrophe …"

„Du bist ja völlig aus dem Häuschen, setz dich erst mal, ich höre bis hierhin, dass du rumrennst wie ein aufgescheuchtes Huhn."

Charlotte folgte artig und ließ sich mit einem Plumps auf die Ledergarnitur nieder.

„Arnaud war hier, und ich war im Nachthemd!"

„Ar-was?"

„In Tante Edeltrauds Nachthemd, mit Pandaaugen!"

„Beruhige dich, und erkläre mir, wer bei dir war."

Charlotte seufzte tief. Sie hatte ihrer Freundin zu Hause in Hamburg viel von Carole erzählt, von Sainte-Sophie, dem Weinfest und natürlich vom Anwesen. Arnaud hingegen war allenfalls marginal in ihren Erzählungen vorgekommen. Mehr oder minder bewusst hatte sie sich die Erwähnung seiner Person selbst untersagt. Warum von einem gebundenen Mann mit Kind schwärmen? Das wäre für Sabine genauso absurd wie für sie selbst. Nun holte sie nach, was sie ausgelassen hatte.

„Er hat ehrlich Eindruck auf mich gemacht. Und diese ständigen Zufallsbegegnungen haben natürlich auch nicht dabei geholfen, ihn auszublenden. Er ist so präsent, hat so eine intensive Ausstrahlung. Was ich nicht verstehe, er wirkt mit allem, was er tut, so anständig. Warum kommt er mir dann so nahe?" Charlotte spielte mit der Bordüre des Kissens, das auf ihrem Schoß lag, und dachte angestrengt nach.

„Wer sagt denn, dass er damit irgendwelche Absichten verbindet?", warf Sabine ein. „Kann doch sein, dass er einfach nur nett ist, seine Frau liebt und nie was mit einer anderen anfangen würde?"

„Tja, das rede ich mir auch die ganze Zeit ein. Aber kommt man dann morgens um zehn bei einer anderen Frau mit Katzenfutter in die Küche?“

„Du hast ihm Pflaumenkuchen geschenkt. Das ist auch nicht so ganz ohne“, stellte Sabine fest.

„Na, hör mal! Das ist doch völlig normal. Das machen Patienten ständig, können Ärzte doch Lieder von singen, von all den selbst gemachten Marmeladen und Weihnachtskeksen, die die ständig bekommen …“

Sabine kicherte.

„Wieso kicherst du? Was denkst du? Sag bitte, sei ehrlich.“

„Ich denke, dass du hysterisch bist, Lottchen. Mach dich mal locker. Du bist zum Essen eingeladen, ist doch super. Spätestens dann wirst du seine Frau kennenlernen, und die Zweifel sind vom Tisch. Sollte er dir dann noch Avancen machen – was er bis dato nicht getan hat –, kannst du dich immer noch aufregen. Aber jetzt sehe ich da keinen Grund. Solltest du dir nicht eigentlich graue Haare über all die Arbeit wachsen lassen, die du hast? Wie läuft denn das? Hotel schon ausgebucht?“

Charlotte lachte schrill.

„Sehr witzig! Ich musste erst mal ein paar Zentner Obst vor dem Verfaulen retten. Aber ja, du hast vollkommen recht. Nur weiß ich absolut nicht, wo ich anfangen soll. Jedes Mal, wenn ich recherchiere, krieg ich solche Panik … dann würde ich am liebsten alles hinschmeißen und Prinzessin werden!“

Sabine lachte. „Nee, Prinzessin werden ist total überbewertet!“

„Ich sags dir. Mir steht ein undefinierbarer Berg an Arbeit bevor. Ich habe schlicht keinen blassen Schimmer, wer hier für was zuständig ist, womit ich starten sollte, und vor allem: wer in seinem Fach der Beste ist und mir nicht unnötig Geld aus der Tasche zieht.“

„Was ist mit Carole?“

„Die ist zu Hause mit zwei kranken Kindern. Außerdem kann ich sie nicht schon wieder belangen.“

„Hm, verstehe …“ Sabine überlegte.

„Und was, wenn du mit der Hotelinhaberin sprichst? Die war doch so nett.“

Charlotte überlegte. Jeanette war stets überaus freundlich und hilfsbereit gewesen, keine Frage, allerdings gehörte das zu ihrer Arbeit. Sie privat um Hilfe zu bitten, würde sie jedoch womöglich in Bedrängnis bringen.

„Meinst du echt? Nicht, dass ich da zu viel von ihr verlange. Außerdem steht da ohnehin noch ein Gespräch aus. Ich habe ihr noch gar nichts von meinen Plänen gesagt. Nicht, dass sie distanziert oder sogar feindselig wird, wenn sie erfährt, dass wir bald Konkurrenten werden."

„Ach, das ist so ein unpassendes Wort, finde ich", widersprach Sabine. „Ihr seid dann allenfalls Mitbewerber. Und wer weiß, vielleicht freut sie sich sogar und arbeitet Hand in Hand mit dir? Das ist eine kleine Gemeinde. Da schließt man nicht so einfach eine Tür."

Charlotte ließ einen weiteren Seufzer ab, diesmal jedoch aus Erleichterung. Sabine war einfach die Beste. Wann immer sie, Charlotte, ratlos war oder rotierte, war ihre Freundin mit Rat zur Stelle.

„Wie du das immer schaffst, mich zu beruhigen. Du Liebe. Fühl dich ganz feste gedrückt."

„Hm, feste Umarmung zurück, Lottchen!"

„Und wie gehts dir so? Alles gut bei dir? Wie gehts Jörg?"

„Ach du, bei uns nix Neues. Alles ist prima. Nächste Woche wollen wir für ein paar Tage ans Meer fahren, ausspannen. Ansonsten alles wie sonst. Wir vermissen dich."

„Echt?"

„Ja, aber nur ein bisschen. Nur ganz wenig."

Die Frauen lachten, und als Charlotte auflegte, war sie deutlich entspannter und zuversichtlicher.

Zu ihrer großen Überraschung hatte Jeanette noch am selben Tag Zeit für sie. Als Charlotte das Foyer des *Chez Jeanette* betrat, wurde sie direkt begrüßt. Sie hatte ihr nicht gesagt, in welcher Angelegenheit sie mit ihr sprechen wollte, und war nervös. Wie würde sie reagieren, wenn sie gleich von der bevorstehenden Hoteleröffnung erführe?

„Hallo, Frau Bergmann, wie geht es Ihnen?“, fragte Jeanette und trat hinter der Rezeption hervor. „Sollen wir uns in den Meetingraum setzen? Oder lieber in den Salon?“

„Wie Sie möchten, beides ist fein für mich“, antwortete Charlotte nervös lächelnd.

„Kommen Sie. Wir gehen in den Meetingraum, da sind wir ungestört. Darf ich Ihnen etwas zu trinken bringen?“

„Ein Wasser bitte“, antwortete Charlotte und folgte Jeanette in den Besprechungsraum.

„Nehmen Sie Platz, ich bin sofort wieder da.“

Als Jeanette mit den Getränken zurückkam, fragte sie Charlotte geradeheraus nach ihrem Anliegen.

„Ich bin gespannt, Madame Bergmann. Was führt Sie zu mir?“ Sie lächelte aufmunternd und war so freundlich, dass es Charlotte mit der Angst zu tun bekam. Gleich würde dieses Lächeln Enttäuschung weichen. Aber da musste sie durch, lieber jetzt als zu spät.

„Der Grund für meinen Aufenthalt in Sainte-Sophie war die Verlesung des Testaments meines verstorbenen Vaters, François Durand“, begann sie zögerlich in der Hoffnung, dass Jeanette selbst eins und eins zusammenzählen würde. Die nickte jedoch nur, noch immer lächelnd und sagte nichts, sondern wartete, dass Charlotte fortfuhr.

„Ja, und was soll ich sagen. Sie haben mich hervorragend bewirtet. Mir die Suite gegeben zum Preis eines Zimmers. Waren so freundlich und zuvorkommend. Und nun …“

„… werden Sie das alte Hotel hinter den Pinien neu eröffnen und machen sich Sorgen, wie ich darauf reagieren werde. Richtig?“ Jeanette hatte aus dem Stegreif Charlottes Satz beendet, noch immer lächelnd. Charlotte musste sich zusammenreißen, ihre Fassung zu behalten.

„Woher wissen Sie das? Aber ja. Ganz genau das. Besser hätten Sie es nicht sagen können“, stieß sie hervor und ließ mit einem tiefen Seufzer ihre angespannten Schultern hängen.

„Das Dorfradio funktioniert hier einwandfrei. Manche Dinge sprechen sich herum wie der Wind“, erklärte Jeanette mit einem Augenzwinkern.

„Ja, das hätte ich mir eigentlich schon fast denken können. Na, dann sind Sie ja bereits informiert“, sagte Charlotte, nahm einen großen Schluck von ihrem Wasser und blickte Jeanette dann fest in die Augen.

„Mir ist es extrem wichtig, dass wir beide einen guten Kontakt zueinander haben. Deshalb habe ich um dieses Gespräch gebeten“, fuhr Charlotte fort und schämte sich bei dem Gedanken daran, dass sie die Frau außerdem um Hilfe bitten wollte. Das würde sie auf keinen Fall tun, beschloss sie jetzt. Antworten auf ihre Fragen würde sie woanders finden müssen.

„Also, liebe Madame Bergmann. Ihre Befürchtungen sind vielleicht verständlich, aber in meinem Fall absolut unbegründet. Und ganz ehrlich: Als die Nachricht über Ihr Erbe durchsickerte, war mir schnell klar, dass eine Neueröffnung im Raum stehen könnte. Dass dies nun tatsächlich so ist und noch dazu Sie die neue Inhaberin sein werden, erfüllt mich nur mit Freude. Herzlichen Glückwunsch, Madame Bergmann!“ Sie griff Charlottes Hand und schüttelte sie.

„Danke, vielen Dank, ach, Sie wissen ja gar nicht, welcher Stein mir jetzt vom Herzen fällt …“

„Das kann ich mir gut vorstellen. Aber wie gesagt, keine Sorge. Im Gegenteil! Ich bin, genau wie Sie, an einem guten Kontakt interessiert. Stärker noch: Ich würde es schön finden, wenn wir von Beginn an transparent kommunizieren und Hand in Hand arbeiten, wenn das nötig wird.“

„Was genau meinen Sie damit?“, fragte Charlotte neugierig. Ihr ging es auf einen Schlag besser.

„Dass wir einander helfen, bei Überbuchungen zum Beispiel. Außerdem kommt es immer wieder mal zu Engpässen bei Messen oder anderen Veranstaltungen. Dann kommen die Leute in die Dörfer und Gemeinden, weil die Unterkünfte in der Stadt überlaufen sind. Wir können uns gegenseitig helfen, indem wir Anfragen an die andere weiterleiten. Ein guter Kontakt garantiert, dass diesen Menschen dann auf harmonische Weise eine Alternative geboten wird.“

Charlotte nickte heftig.

„Absolut, da können Sie sich auf mich verlassen. Und wer weiß, vielleicht kann ich auch ganz gezielt von Anfang an meine Marketingkommunikation so ausrichten, dass wir beide davon profitieren. Ich weiß gerade selbst nicht, was ich konkret damit meine. Aber ich kann mir vorstellen, dass es eine ganze Flut an Dingen gibt, die ein kollegiales Miteinander einschließen."

„Oh ja", bestätigte Jeanette. „Da gibt es jede Menge. Also, ich bin hocherfreut über Ihre Nachrichten, liebe Madame Bergmann. Haben Sie denn schon einen Plan, wann Sie eröffnen wollen?"

Charlotte ließ demonstrativ den Kopf hängen.

„Davon bin ich noch weit entfernt …"

Jeanette runzelte die Stirn.

„Warum? Gibt es Probleme mit den Anfragen? Oder dem Gebäude?"

„Nicht direkt. Mein Problem ist, dass ich gar nicht weiß, wo ich anfangen soll. Ich habe keine Ahnung, welche Anfragen ich stellen muss. Und ich weiß auch noch gar nicht, ob das Haupthaus in Ordnung ist. Auf den ersten Blick sah es so aus. Aber das muss natürlich erst von professioneller Seite geprüft werden."

Jeanette überlegte und hob dann den Finger.

„Ein guter Bekannter gibt in Aix Workshops für angehende Hoteliers …", sagte sie.

„Oh?" Charlotte spitzte die Ohren.

„Ja, er hat sich auf die Ausländer aus Holland, England und Deutschland spezialisiert, die in Südfrankreich Immobilien kaufen, um B&Bs zu eröffnen, und in der Praxis scheitern, weil sie nicht vom Fach sind. Wäre das vielleicht etwas für Sie? Er hat beste Referenzen und vermittelt die wichtigsten Grundlagen auf kompakte Weise in einem Workshop, der vor Ort in Aix und remote stattfindet."

Charlotte klatschte in die Hände und warf beide Arme in die Luft.

„Yes! Allerdings könnte das etwas für mich sein! Mensch …! Sie können sich gar nicht vorstellen, wie erleichtert ich jetzt bin! Wir werden gut zusammenarbeiten, und zu allem Überfluss haben Sie mir auch noch richtig geholfen jetzt. Ich war nämlich echt verloren. Der hört sich richtig gut an, dieser Workshop!" Charlotte neigte den Kopf zur Seite und lächelte Jeanette an, die ihr Handy in die Hand nahm und abwinkte.

„Gar kein Problem, Madame Bergmann. Ich werde dann auch mal Charlotte sagen, d'accord? Sie sind jetzt eine von hier, da fackeln wir nicht mehr lange rum!“, rief sie lachend, einen Arm in der Höhe und die Hand zur Faust geballt, während sie mit der anderen Hand auf ihrem Handy die Telefonnummer des Bekannten heraussuchte. Das Eis war gebrochen. Charlotte fühlte sich mit einem Mal noch ein weiteres Stückchen mehr zu Hause.

„Aber ja, sehr gerne!“

„Warten Sie … hier! Ich habs gefunden. Geben Sie mir Ihre Nummer, dann schicke ich Ihnen die Kontaktdaten meines Bekannten. Ich würde ihn schnellstmöglich anrufen und meinen Platz für den nächsten Workshop reservieren.“

Einen Kaffee im Salon des *Chez Jeanette* später bei einer netten Unterhaltung mit Jeanette über ihre Anfänge als Hotelbesitzerin trat Charlotte zufrieden auf den Marktplatz. Was ein Tag! Er begann turbulent. Nun endete er mit einem tollen Kontakt und kostbaren Informationen, die sie wieder ein Stückchen weiter an ihr Ziel brachten. Auf dem Weg vom Besprechungsraum zum Salon hatte Jeanette ihr noch einen Tipp gegeben.

„Gehen Sie zu unserer Lokalzeitung hier am Marktplatz, und schalten Sie eine Anzeige. Machen Sie bekannt, dass Sie das Anwesen übernommen haben und die Wiedereröffnung planen. Auf die Weise machen Sie klar Schiff, fordern sich selbst, alles beizeiten auf den Weg zu bringen, und wer weiß, vielleicht werden die richtigen Leute auf Sie aufmerksam und bieten Ihnen die Dienstleistungen an, die Sie benötigen.“

Das würde sie auf jeden Fall machen. Charlotte notierte den Gang zur Anzeigenstelle in Gedanken auf ihre To-do-Liste und machte sich auf den Weg zu ihrem Auto, als sie Arnaud am anderen Ende des Platzes sah, die kleine Mia an der einen Hand und die andere Hand am Rücken einer Frau, die ihren Kopf auf seine Brust gelegt hatte. Charlotte blieb wie vom Blitz getroffen stehen und starrte auf die Szenerie. Da waren sie nun, er und seine Claudine. Was sie da sah, war Liebe pur. Absolute Vertrautheit und so schön, dass man es als Stillleben hätte zeichnen können. Sie fühlte, wie sich innerhalb weniger Sekunden ihr Magen zusammenzog und ihr Herz schwer wurde. Diesen Kerl musste sie ganz schnell vergessen. All die Signale, die er ihr in der kurzen Zeit gesendet hatte, waren falsch gewesen. Das hätte er nicht tun dürfen, erst recht nicht, da er genau wusste, dass sie eine frisch getrennte Frau war.

„So etwas darfst du dir niemals gefallen lassen. Egal, wer der Mensch ist.“

Das hatte er ihr beim Weinfest gesagt. Wie recht er hatte! Egal, wer der Mensch ist. Auch ein Arnaud, der ihr morgens schöne Augen machte und Katzenfutter brachte, seine Jacke um ihre Schultern und seine Hand auf die ihre legte.

Schnell machte sie sich davon. Nichts wie weg hier. Am Ende bildete er sich noch Schwachheiten ein, wenn er sie hier sah, wie sie ihn anstarrte.

Zu Hause angekommen setzte sich Charlotte einen Tee auf und beschloss, den Tag bei einem großen Teller Soulfood abzuschließen. Während sie darauf wartete, dass das Wasser für ihre Pasta zu kochen begann, schaute sie sich noch einmal die Textnachrichten an, die sie beim Zubereiten der Soße mit Sabine ausgewechselt hatte.

Habe gerade Arnaud in enger Umarmung mit seiner Frau und seinem Kind mitten auf dem Marktplatz gesehen. Bin richtig down jetzt. Keine Ahnung, was mich da geritten hat. Das wird ein nettes Abendessen mit der Familie morgen ...

Hast wohl insgeheim gehofft, dass er doch Single ist, hm?

Ja, das habe ich wohl. Ich Schaf. Bin jetzt kuriert. Aber auch angewidert irgendwie. Er hat mit mir geflirtet. Eindeutig. Und das hätte er niemals tun dürfen.

Vergiss das ganz schnell und konzentriere dich auf dich und dein großes Projekt, nur das zählt jetzt. Fühl dich umarmt und mach dir einen schönen Abend. Sei gut zu dir, Lottchen.

Kapitel 27

CHARLOTTES Morgen begann grummelig. Unter der Dusche äffte sie all die netten Dinge nach, die Arnaud ihr in der kurzen Zeit, die sie sich kannten, gesagt hatte. Das tat sie so lange, bis sie ihn so laut und so gemein imitierte, dass sie über sich selbst lachen musste. Beherzt griff sie nach ihrem Handtuch.

„Weichet alle, ihr Dämonen! Männer? Wer braucht schon Männer? Selbst ist die Frau – selbst ist Charlotte!“, rief sie laut und dramatisch in die als Mikrofon fungierende Haarbürste hinein, während sie dabei in den Spiegel schaute und versuchte, ihren Turban vor dem Hinunterfallen zu retten.

Als sie später ihr Frühstück genoss, war sie fast froh über ihre Entdeckung. Sie war frisch von einem Mann getrennt, der ihr nicht gutgetan, ihr Selbstbewusstsein massiv beschädigt hatte. An eine Liebelei oder gar Beziehung war jetzt ohnehin nicht zu denken. Besser so. Sie würde bei Arnaud, Claudine und Mia zu Abend essen und seine Freundlichkeit als das sehen, was es für sie war: Freundschaft. Etwaige Avancen würde sie in Zukunft im Keime zu ersticken wissen! Jetzt war sie an der Reihe! „Sei gut zu dir, Lottchen!“ Genau das würde sie sein, gut zu sich.

Beim Aufräumen des Frühstückstischs musste sie lächeln. Das Leben schickte ihr immer wieder Tests. So lange, bis sie ihre Lektion gelernt hatte. Und weil es schlau war, das Leben, kam der gleiche Test stets in neuer Form zurück. Es schickte nicht zwei Stefans hintereinander. Stattdessen folgte auf einen Stefan ein Arnaud, viel charmanter, viel netter, das scheinbare Gegenteil des gemeinen Stefan, doch unterm Strich war die Prüfung dieselbe: *„Du sagst, dass du dich nie mehr wieder schlecht behandeln lassen willst. Bleibst du deinem Versprechen treu?“*, fragte das Leben. Charlottes Antwort war klar. *„Ja, das werde ich. Ich werde meine Energie auf mich richten. Mich nicht aus dem Takt bringen lassen durch einen hübschen Franzosen, der Grenzen* *überschreitet, genau wie Stefan Behrens, nur auf nette Weise. Ich habe verstanden. Test bestanden.*“

Entschieden klappte Charlotte ihren Laptop auf und begann ihr Tagwerk. Auf dem Programm heute standen zwei Aufgaben, die zu erledigen waren. Zuerst wollte sie sich den Workshop etwas genauer anschauen, danach musste sie zur Zeitung, ihre Annonce schalten. Sie las sich durch die Informationen auf der Seite des Workshops – er schien wie für sie gemacht, allerdings fehlten Unterrichtsinhalte zu den leidigen Themen, die rund um das Gebäude anstanden. Der Workshop legte den Fokus auf alles rund um das Führen eines Hotels – die Anfragen und Formalitäten im Vorfeld sowie alle Vorbereitungen vor der Eröffnung und die Hotelpraxis danach. Der Preis war happig. Aber sie bekam auch etwas für ihr Geld. Drei Monate intensives Training in Theorie und Praxis, persönliche Begleitung beim Papierkram und mehrere Wochen Nachsorge, lange nach der Eröffnung. Spontan schnappte sie ihr Telefon und rief den Mann hinter dem Training an. Sein Name war Willem de Groot, eindeutig ein Benelux-Mann.

„Met Willem, hallo?“

„Bergmann mein Name, spreche ich mit Herrn de Groot von der Southern France Hospitality Academy?“

„Ja, der bin ich, allerdings rufen Sie gerade auf meinem privaten Anschluss an“, sagte der Mann.

„Oops, sorry!“, sagte Charlotte.

„Gar kein Problem. Wie kann ich helfen?“

„Ich habe gestern Ihren Kontakt von Jeanette Mestre erhalten und möchte mich für Ihr Komplettpaket mit allen Modulen anmelden. Wann starten Sie?“

„Seit letzter Woche. Der aktuelle Kurs läuft bereits, tut mir leid, Frau Bergmann …“

„Oh nein! Und wann fängt der nächste an?“, fragte Charlotte enttäuscht.

„Leider erst nächstes Jahr im Frühling, fürchte ich. Ich bin noch alleine, deshalb gibt es noch niemanden, der die Kurse parallel abhalten kann.“

„Ach Mensch, das ist jetzt aber wirklich schade", sagte Charlotte unüberhörbar geknickt.

Der Mann raschelte im Hintergrund mit Papier und machte eine Pause, dann kam er wieder näher.

„Wie viel Zeit haben Sie? Würden Sie sich zutrauen, die Inhalte der letzten Woche eigenständig nachzuarbeiten? Es ist viel Vorbereitung, das meiste muss gelesen und verstanden werden. Der interaktive Teil beginnt erst nächste Woche. Wenn Sie alles gründlich durcharbeiten, kann ich Sie noch reinlassen. Außerdem hat Jeanette noch einiges gut bei mir …", sagte der Mann, der Holländer sein musste, so locker und entspannt, wie er klang.

„Absolut!", rief Charlotte enthusiastisch. „Ich werde lernen, bis die Tasten glühen!"

„Haha haha, heerlijk! Eine richtige Deutsche, toll!" Willem de Groot lachte. „Und wir sagen Du im Kurs, Charlotte. Welkom, ich freue mich auf dich. Ich schick dir heut Abend, spätestens morgen den Vertrag. Sobald ich deine Unterschrift habe, kommen alle Unterlagen zum Tastenglühen."

Charlotte bedankte sich und machte ein Freudentänzchen. *Ich werde professionelle Hôtelière!* Dann schnappte sie sich ihren Autoschlüssel und machte sich auf den Weg zur Zeitung *Le Quotidien Sophie & Joseph*, die Anzeigen noch nicht online entgegennahm. Das Büro mit allen Redaktionen und der Anzeigenannahme befand sich in Saint-Joseph, schrieb aber für Leserinnen und Leser beider Ortschaften. Saint-Joseph war im Gegensatz zu Sainte-Sophie nicht autofrei. Auch hatte es nicht den gleichen Charme. Es war hübsch, keine Frage. Aber irgendwie fehlte Charlotte hier die Energie, die sie an ihrem neuen Heimatort so faszinierte.

Sie fand einen Parkplatz direkt vor dem kleinen Medienhaus, das neben der Zeitung auch eine Radiostation der Ortschaften und einen kleinen Verlag beherbergte. Die Anzeigenstelle befand sich in einem Flur, vor dessen Eingang eine Dame hinter einer Glasscheibe saß. Charlotte musste direkt an die Praxishelferin Arnauds denken. Die gleiche Lesebrille, die gleiche Haltung, die gleiche französische Nonchalance – um nicht zu sagen Leck-mich-am-Popöchen-Haltung.

„Guten Tag! Ich möchte eine Anzeige schalten“, sagte Charlotte vergnügt, um eventuelle Launen der Dame direkt zu nehmen. Dabei vergaß sie, dass just Freundlichkeit von Ausländern die Überheblichkeit einiger Franzosen verstärken konnte. Die Frau hob die Augenlider, bewegte ihren Blick Richtung Charlotte aber erst nach einigen Sekunden.

„Ihr Text?“, fragte sie knapp.

„Hier!“, sagte Charlotte noch immer strahlend und reichte der Frau den Anzeigentext, den sie am Morgen zu Hause im Arbeitszimmer ihres Vaters erst auf Deutsch geschrieben, dann ins Französische übersetzt und schließlich ausgedruckt hatte. Der Name „Chez Charlotte“ war ihr gestern im Gespräch mit Jeanette spontan eingefallen, die ihn mit Begeisterung abnickte.

Renovierung und baldige Eröffnung des neuen Hotels hinter den Pinien in Sainte-Sophie

Wir freuen uns, Ihnen mitteilen zu dürfen, dass das vormalige Hotel „Aux Pins Dorés“ unter neuem Namen seine Türen öffnen wird! Nach einer umfassenden Renovierung, die planungsgemäß im Sommer nächsten Jahres abgeschlossen sein wird, begrüßen wir Sie in traditioneller französischer Gastfreundschaft mit einem modernen Twist.

Bleiben Sie auf dem Laufenden und melden Sie sich für unseren Newsletter an unter ChezCharlotte@stsophie.fr mit aktuellen Infos zum Renovierungsfortschritt, dem Eröffnungsdatum und unseren Angeboten. Ihre Buchungen und Anfragen könne Sie ebenfalls an diese E-Mail-Adresse richten.

Ihr Team Chez Charlotte

Die Frau schüttelte den Kopf und zeigte mit dem Finger in eines der Fächer neben der Glasscheibe.

„Sie müssen den Text in den Vordruck schreiben. Formular II“, sagte sie.

„Prima! Gar kein Problem, Madame!“, rief Charlotte noch immer fröhlich. Sie würde jeden, der ihr blöd kam, einfach mit ihrer Liebe in die Knie zwingen. Dann setzte sie sich an den Tisch im Warteraum und schrieb die Anzeige fein säuberlich in den Vordruck ab. Als sie das Papier durch den Schieber unter der Glasplatte der Frau übergab, griff die sofort danach und überflog den Text.

„Da sind drei Fehler drin. Können Sie so schalten lassen. Würde ich aber nicht machen. Ist peinlich“, sagte die Frau, und während sie das sagte, konnte man ihr deutlich ein unterdrücktes Lächeln ansehen. Charlotte schnappte nach Luft, war aber wild entschlossen, sich nicht verrückt machen zu lassen.

„Oh, bitte verzeihen Sie und ja, Sie haben vollkommen recht, das macht natürlich einen ganz schlechten Eindruck, solche Fehler, noch dazu in dieser wunderschönen Sprache!“

Jetzt blickte die Frau Charlotte direkt an.

„Ganz genau. Außerdem wollen wir nicht, dass Ihre ersten Worte als neue Besitzerin des guten Hauses Ihres lieben Herrn Papa Fehler enthalten. Hier!“ Die Frau schob den Zettel mit drei rot markierten Textstellen wieder zurück in das Schubfach und schenkte Charlotte ein Lächeln.

„Sie haben meinen Vater gekannt?“, fragte Charlotte sichtlich entwaffnet.

„Ja, das habe ich. Er war ein wunderbarer Mann. Und Sie haben seine zauberhaften Augen geerbt, Mademoiselle.“ Charlotte schluckte. Die Frau hatte Pfeffer, zweifelsohne, aber mindestens genauso viel Herz.

„Kommen Sie klar mit der Korrektur? Beim ersten markierten Wort muss das S am Ende weg, beim zweiten fehlt ein T und das dritte können Sie einfach weglassen. Klingt besser. Bitte noch mal in einen frischen Vordruck schreiben, dann sind wir sicher, dass beim Druck nichts schiefgeht.“

Den neu geschriebenen Text nickte die Frau ab. Charlotte bedankte sich für die Unterstützung, zahlte und wollte sich gerade zum Auto machen, als die Frau ihr etwas zurief. Sie drehte sich um und lief schnell zurück, damit sie sie verstand hinter der Glaswand.

„Herzlichen Glückwunsch zum Hotel, Mademoiselle Bergmann. Alles Gute Ihnen. Ich hoffe, dass Sie das Erbe Ihres Vaters würdig vertreten und glücklich werden hier bei uns“, sagte sie mit warmer Stimme und einem gütigen Lächeln. „Wir waren gute Freunde, Ihr Vater, mein Mann und ich. Gott hab ihn selig.“

„Das ist wirklich lieb von Ihnen, Madame …“

„… Lefèvre. Adèle Lefèvre. Einen schönen Tag Ihnen noch.“

„Danke, Ihnen auch, Madame Lefèvre. Wir werden uns sicher wiedersehen“, sagte Charlotte und sah, wie die Frau still und lächelnd nickte. Was für eine verrückte Begegnung! Die würde sie erst verdauen müssen.

Zurück zu Hause machte sie sich eine Liste mit allem, was man in Deutschland tun würde, um ein Gebäude sattelfest zu machen. Es reichte ihr. Sie wollte nicht länger vor diesem Berg sitzen, untätig und verunsichert. Dann übersetzte sie die einzelnen Instanzen und Gewerke ins Französische und recherchierte anschließend alle Namen und Adressen aus der Umgebung, die die entsprechenden Dienstleistungen anboten. So schwer war das eigentlich gar nicht, warum hatte sie das so lange vor sich hergeschoben?

Charlotte musste über sich selbst lächeln. Sie war in einem fremden Land, und vieles funktionierte anders als in Deutschland. Allein die Bürokratie unterschied sich hier deutlich von der zu Hause, was Charlotte so überwältigte, dass sie es mit der Angst zu tun bekam. Aber genau das wollte sie nicht mehr tun. Sich einschüchtern lassen. Stattdessen wollte sie ihre Mut-Muskelchen wachsen lassen. Jede neue Überwindung tat so gut. Sie könnte mit der Liste zu Élise und Gabriel gehen, zu Jeanette und vielleicht auch zu Carole und Pierre. Außerdem war das Bürgermeisteramt von Violette auch ein möglicher Anlaufpunkt. Früher oder später hatte sie alle Infos zusammen, das war jetzt klar.

Charlotte fiel ein Riesenstein vom Herzen. Gleichzeitig ärgerte sie sich über sich selbst. Warum nur schob sie immer alles, das ihr schwerfiel, so lange vor sich her? Nichts war nicht machbar, nahezu gar nichts, und manchmal musste man sich einfach etwas quälen bis zum Durchbruch. Das Gefühl, das sie dann hatte, war unbezahlbar, und das

Schicksal, das immer dann traf, wenn sie sich durch etwas gekämpft hatte, machte sie jedes Mal wieder wundern, welche Kräfte zwischen Himmel und Erde aktiv waren, um sie zu schützen, zu belohnen, ihr unter die Arme zu greifen.

Als Charlotte den Rechner schließen wollte, erreichte sie die E-Mail des Holländers. Sie beschloss, den langen Vertrag nur zu überfliegen. Gar keine Lust oder Zeit jetzt für so etwas, außerdem genoss der Mann Jeanettes Vertrauen. Das und seine durchweg positiven Reviews ließen keinen Zweifel über die Integrität seiner Dienste. Sie unterschrieb digital und erhielt kurze Zeit danach den Zugang zum Lernportal, zusammen mit einer netten kurzen Nachricht.

Als sie am Abend unter die Decke schlüpfte, war sie tief beseelt von dem schönen Gefühl, das man nach getaner Arbeit hatte. Sie hatte viel geschafft heute und würde morgen mit der Nacharbeit der Unterrichtsmaterialien beginnen. Bald hatte sie einen Rhythmus gefunden, und das fühlte sich toll an! Vergessen war der Rotweinmann, nun war sie mittendrin in der Arbeit für ihr großes Projekt, mitten an einem der schönsten Flecken der Erde in einem zauberhaften Zuhause mit neuen Menschen um sich, die ihr das Beste wünschten.

Kapitel 28

CHARLOTTES Tage flogen nur so dahin und waren voll mit Arbeit. Die Vormittage waren für die Nacharbeit der Unterrichtsmaterialien reserviert. Ihre Stunden für Meret arbeitete sie nach dem Mittagessen ab. Sobald sie damit fertig war, konnte sie sich in aller Ruhe den Vorbereitungen rund um das Hotel widmen. Dann bastelte sie an der Website des *Chez Charlotte*, machte erste Fotos, erstellte und pflegte Social-Media-Kanäle und kümmerte sich um alle notwendigen Formalitäten. Die ersten Anträge beim Departement waren bereits positiv beantwortet, alle weiteren Anträge würde sie im Bürgeramt von Sainte-Sophie stellen. Vorher aber wollte sie mit Violette sprechen, die ihr beim Weinfest versprochen hatte, die Bearbeitung zu beschleunigen. Sobald die genehmigt würden, stand der Eröffnung des *Chez Charlotte* nichts mehr im Wege! Obwohl die Zeit noch nicht gekommen war, konnte Charlotte es nicht lassen, nach Möbeln für ihr Hotel Ausschau zu halten. In einem Businessforum stieß sie auf eine nette französische Kollegin aus Aix-en-Provence, die ihr anbot, ihr mit Antworten auf ihre Fragen rund um Geschäfte und Flohmärkte zu helfen. Charlotte lud sie zum Mittagessen in Aix ein und war anschließend um viele kostbare Tipps und Adressen reicher, die ihr die Suche nach den passenden Möbeln und Accessoires erleichtern würden.

Inzwischen war auch Margot von ihrer Visite in Paris zurückgekehrt und hatte ihr einen Nachbarschaftsbesuch abgestattet. Charlotte hatte sie zu Kaffee und Pflaumenstrudel eingeladen, was das Eis im Nu gebrochen hatte. Schnell waren sie zum Du übergegangen und hatten einen entspannten Nachmittag miteinander verbracht.

„Wenn du irgendetwas brauchst, melde dich bei mir“, hatte Margot gesagt. „Hier ist meine Telefonnummer. Wenns brennt, bin ich in fünf Minuten hier. Aber so, wie ich es sehe, hast du dich gut eingelebt, oder?“

„Das stimmt, es ist verrückt, aber ich habe mich ganz schnell zu Hause gefühlt, auch dank deiner lieben Vorbereitungen, Margot.“

Margot tätschelte Charlottes Schulter mit einem gütigen Lächeln. „Ich freue mich sehr, dass du das Erbe deines Vaters angetreten hast. Wirklich sehr. Ich meine schon jetzt zu sehen, dass du das Beste machen wirst aus dem alten Hotel, ganz genau so, wie François es sich insgeheim gewünscht hatte.“

„Hat er das denn gesagt?“, fragte Charlotte neugierig. „Dass er sich das wünscht, meine ich?“

„Nicht direkt, nein. Er war nicht der Typ, der jemanden unter Druck setzt. Es war mehr so, dass er dir etwas schenken wollte, und irgendwie hatte er die Idee, dass es genau dein Ding sein könnte. Das ist natürlich verrückt, weil er dich gar nicht kannte, als erwachsene Frau.“

Charlotte hörte gebannt zu. „Hat er von mir erzählt, mein Vater?“

„Erst in den letzten Jahren nach dem Tod seiner Frau, fast auf den Tag genau fünf Jahre nach dem Tod meines Mannes. Vorher wusste ich gar nichts von einer Tochter, um ehrlich zu sein. Doch dann begann er langsam zu erzählen. Wie er deine Mutter kennenlernte. Wie schwierig es damals war für sie beide …“ Charlotte merkte, dass Margot etwas zurückhielt. Sie wollte sie nicht bedrängen. Irgendwann würde sie sicher mehr erzählen.

„Ich freue mich schon auf viele weitere Nachmittage mit Kuchen und Geschichten“, hatte Charlotte lächelnd gesagt und Margots Arm gedrückt. Sie spürte genau, wie sehr Margot ihren Vater vermisste. Ihre azurblauen Augen sahen traurig aus, auch dann, wenn sie lachte. Charlotte schätzte sie auf Ende 60. Sie war klein, schlank und wie schon bei ihrer ersten Begegnung wie aus dem Ei gepellt. Sie trug eine frisch gestärkte, weiße Bluse, ein Wollkostüm, eine Feinstrumpfhose und bequeme flache Lederschuhe. Sie roch nach frischer Seife, war ungeschminkt und trug eine goldene Brosche am Revers ihres Kostüms. Charlotte wünschte sich von Herzen, dass sie eine neue Routine ohne ihren Vater entwickelte und die Gesellschaft fand, die ihr guttat. Sie selbst würde ihr Bestes tun, um sie zu unterstützen und aufzuheitern.

„Und du, Margot, sag du mir bitte auch immer, wenn du etwas brauchst, ja? Ich bin viel zu Hause und bringe dir auch gerne vorbei, was du nötig hast. Hab da bitte keine Hemmungen. Ich sage dir Bescheid, wenn ich meinen nächsten Großeinkauf mache. Schick mir einfach eine Liste als Textnachricht, und ich besorge es dir.“

Margot strahlte übers ganze Gesicht. „Ganz lieb von dir, Charlotte. Und nun lern schön weiter, dann wirst du eine Top-Hôtelière!“

Der Lernstoff hatte es in sich. Charlotte paukte wie zuletzt in der Schule. Nach einer Woche hatte sie alle Inhalte seit dem Start des Workshops nachgeholt, und ihr erster normaler Unterrichtstag war gekommen, der morgens um neun Uhr per Videocall starten sollte. Charlotte hatte noch eine halbe Stunde Zeit, die sie mit dem Lesen der heutigen Inhalte verbrachte. Dabei fiel ihr Blick immer wieder auf Oscar, der sich seit drei Tagen merkwürdig verhielt. Sie stand auf und lief hinüber zu ihm.

„Was hast du nur, mein kleiner Schatz, hm? Willst du gar nicht mehr rausgehen? Nur noch hier auf der Fensterbank sitzen?“ Charlotte streichelte über Oscars Köpfchen. Aus irgendeinem Grund war die Fensterbank unten neben der Eingangstür sein neuer Lieblingsplatz geworden. Sie konnte nicht sehen, was es war, aber irgendetwas schien seine Aufmerksamkeit so stark einzunehmen, dass er nicht mehr auf ihre Kuschelversuche reagierte und stattdessen wie gebannt aus dem Fenster starrte.

Charlotte machte sich einen Tee und setzte sich wieder an ihren Laptop. Wenige Minuten, bevor sie sich in den Workshop einwählen musste, hörte sie plötzlich ein seltsames Geräusch. Es kam von der Fensterbank. Charlotte lief zu Oscar und sah, dass sein Gebiss so stark zitterte, dass sie es bis zum Esstisch hören konnte. Nervös beobachtete sie den Kater, der nicht ansprechbar war. Sie schaute auf ihre Armbanduhr. Wenn sie sich jetzt nicht einwählte, würde sie sich verspäten. Willem de Groot hatte sie lange nach der Anmeldung noch in den Kurs gelassen und die ganze Woche lang ihre Fragen per E-Mail beantwortet. Sie durfte jetzt auf keinen Fall negativ auffallen. Schnell setzte sie sich an den Esstisch, der ihr Arbeitsplatz geworden war, und erschien zusammen mit den anderen Teilnehmern gerade noch rechtzeitig zum Start der Montagsbegrüßung.

Zwei Stunden später zur Pause saß Oscar noch immer auf der Fensterbank. Er hatte fast die ganze Zeit über dieses Geräusch gemacht und Charlottes Sorgen verstärkt. Ängstlich suchte sie im Internet nach Antworten, doch die Suchergebnisse waren so beunruhigend, dass sie kurzerhand Arnauds Praxis anrief. Catherine Blaise meldete sich, und Charlotte begann ohne Umwege das Problem zu schildern.

„Da müssen Sie vorbeikommen“, gab Catherine Blaise knapp zurück.

„Ich kann ihn heute nicht vorbeibringen, ich weiß noch nicht mal, wo der Transportkorb ist, und bin …“

„Heute haben wir sowieso keinen freien Termin“, unterbrach sie die Praxishelferin. „Ich kann Ihnen frühestens Ende der Woche etwas anbieten.“

Charlotte seufzte. „Haben Sie vielleicht eine Idee, was das sein könnte?“, fragte sie hoffnungsvoll. „Er wirkt eigentlich nicht krank, und fressen tut er auch!“

Stille am anderen Ende der Leitung.

„Hallo?“, rief Charlotte. Sie hörte ein Rascheln, gefolgt von einem Seufzen.

„Das will nichts sagen. Nein, Sie müssen schon vorbeikommen.“

Na super, dachte Charlotte, bedankte sich und legte auf, bevor Catherine Blaise etwas sagen konnte. Diese Frau war wirklich ein Besen. Wie konnte die Mitarbeiterin eines so freundlichen Mannes wie Arnaud so schroff sein?

Die folgenden zwei Stunden konnte sich Charlotte mehr schlecht als recht auf den Unterricht konzentrieren und war froh, als der Workshop für diesen Tag beendet war. Sie konnte es nicht erwarten, Sabine anzurufen, um sie zu fragen, was mit Oscar los war. Ihre Freundin lebte mit vier Katzen zusammen. Wenn sich einer mit Samtpfötchen auskannte, dann war sie es. Doch egal, wie oft sie anrief, sie erreichte immer nur die Mailbox. Oscar lag inzwischen schlafend auf dem Ohrensessel vor dem Fenster. Charlotte hatte sein seltsames Verhalten gefilmt und schickte Sabine nun die Aufnahme mit einer Textnachricht.

Sie wollte gerade nach draußen gehen, um etwas Luft zu schnappen, bevor es dunkel wurde, als sie Schritte auf dem Kiesweg hörte. Ein blitzschneller Blick aus dem Fenster genügte, und sie erkannte den Besucher sofort. Es war Arnaud. Verdammt! Was wollte der denn hier? Und wie sah sie überhaupt aus? Schnell richtete sie ihre Haare, da klopfte es auch schon.

„Sie haben gerufen, hier bin ich, Ihr Leib-und-Seelen-Notarzt“, sagte er charmant und küsste Charlottes Wangen. Dann trat er ein, bevor Charlotte ihn hereinbitten konnte. Sie stand noch immer an der Tür, klappte ihren Mund zu und drehte sich langsam zu Arnaud.

„Hallo, Arnaud. Wo kommst du denn her? Ich habe überhaupt nicht mit dir gerechnet …“

„Du, wir haben Computer in der Praxis“, sagte Arnaud vergnügt und legte Tasche und Jacke ab.

„Schön. Und was meinst du damit? Ich habe auch einen Computer und stehe trotzdem nicht einfach so vor deiner Tür.“

Arnaud trat an Charlotte heran und lächelte sie unverhohlen an.

„Tja, du bist Deutsche und ich Franzose. Wir fragen nicht, wir stehen auf der Matte. Aber wenn du lieber erst einen formellen Termin vereinbaren willst …“ Er blitzte sie grinsend an, und Charlotte wusste plötzlich nicht mehr, was sie sagen sollte. Der Mann machte sich extra auf den Weg zu ihr, da wollte sie natürlich auf keinen Fall undankbar sein. Nur war diese Spannung, die von ihm ausging, schon heftig und brachte sie durcheinander. Warum schaute er sie so durchdringend an? War das auch Teil der tierärztlichen Visite?

„Ich kontrolliere jeden Tag alle Einträge. Jeder Vorgang wird elektronisch festgehalten, auch Telefonate. So erfuhr ich von deinem Anruf heute. Ich bin nur noch nicht so ganz schlau aus dem Inhalt eures Gesprächs geworden …“

„Das wundert mich nicht …“, sagte Charlotte und biss sich auf die Lippe. Sie wollte nicht über seine Praxishelferin schimpfen, jetzt, wo er extra gekommen war. Arnaud schaute um sich, während Charlotte ihm erzählte, dass Oscar seit Tagen starr auf der Fensterbank saß.

„Wo ist der Patient denn? Ah! Ich sehe ihn schon …“ Langsam näherte er sich der kleinen Fußbank in der Sitzecke, wo Oscar inzwischen Platz genommen hatte und den Besucher neugierig beobachtete. Arnaud setzte sich auf den Boden vor den Kater, schloss und öffnete seine Augen langsam.

„Na, mein Kleiner? Ruhst du dich ein wenig aus? Ah okay, verstehe, nein, wirklich, ich bin ganz deiner Meinung“, sagte er leise und sanft. „Nein, nein, recht hast du, das tut man nicht, einfach so unangemeldet reinzuschneien. Hm, hm, verstehe. Oh ja? Aha. Ich sehe schon, nein, wirklich, ich bin schon weg, Monsieur Oscar. Vielen Dank für deine Mithilfe … shhhhhttt …“

Arnaud streichelte mit beiden Händen hinter Oscars Öhrchen, was der Kater mit einem vernehmlichen Schnurren quittierte.

Charlotte hatte die ganze Zeit über an der Wand gelehnt und den beiden fasziniert zugeschaut. Oscar war nicht ängstlich, aber scheu. Wann immer er sich gleichzeitig mit einem Besucher im Hause befand, hatte er sich bislang zurückgezogen und kam erst nach einer Weile langsam zum Vorschein. Heute war er nicht geflüchtet und ließ alles über sich ergehen. Er hatte die ganze Zeit keinen Mucks von sich gegeben und sich widerstandslos abtasten und abhorchen lassen. Arnauds Berührungen waren so anwesend, behutsam und einfühlsam, dass Charlotte meinte, sie fühlte sie auf ihrer eigenen Haut. Als er aufstand, lief ihr ein Schauer über den Rücken.

„Was war das denn?“, fragte sie leise.

„Was denn?“ Arnaud packte sein Stethoskop wieder in seine Tasche.

„Na, das Gespräch. Du hast gerade mit meinem Katerchen gesprochen.“

„Ich würde das nicht direkt als Gespräch bezeichnen …“, sagte Arnaud grinsend.

„Du redest tatsächlich mit deinen Patienten, die Leute haben recht. Wie süß das ist …“ Charlotte ging auf ihn zu. „Aber sag mir bitte, konntest du etwas finden? Was ist das nur? Ich mache mir solche Sorgen, oh warte! Einen Moment!“ Charlotte lief zu ihrem Telefon, das auf dem Sofa lag. Sie wollte Arnaud den Film zeigen, den sie Sabine geschickt hatte. Als sie sich umdrehte, stand Arnaud direkt vor ihr und lächelte sie an. Charlotte zuckte zusammen, und ihre Glieder versteiften sich. Wie hatte es der Mann so schnell hierhergeschafft? Guter Gott im Himmel!

„Ich …“, stammelte sie. „Ich habe … hier. Ein Film. Ich habe Oscarchen gefilmt.“ Sie wollte einen Schritt zurück machen, doch das Sofa versperrte ihr den Weg. Langsam ließ sie sich nieder und setzte sich hin. Sie war völlig fertig. Den ganzen Tag über die Sorgen um das Tier, der Workshop, der ihre komplette Konzentration forderte, Sabine, die nicht erreichbar war, dann hatte sie nonstop in der Bude gehockt und zu guter Letzt der Überraschungsbesuch von Arnaud, der noch immer direkt vor ihr stand. Es war ein Montag wie aus dem Lehrbuch!

„Also mit Oscar ist alles in bester Ordnung, da kann ich dich beruhigen. Ich kann überhaupt nichts Auffälliges sehen. Catherine schrieb, er würde zittern?“

„Nicht direkt …“, sagte Charlotte und wartete auf Arnauds Reaktion, der sich die Aufnahme anschaute und zu lachen begann, erst leise und dann immer lauter. Im nächsten Moment nahm er Charlottes Hand und zog sie hinter sich her nach draußen vor die Tür. Charlotte begriff gar nichts. Er inspizierte die knorrige Weinpflanze, die an der Fassade entlangrankte, und blickte dann hinauf in den kleinen Birnbaum direkt vor der Fensterbank.

„Et voilà!“, sagte er und zeigte mit dem Finger hoch in die Baumkrone. „Siehst du das?“

Charlotte trat stirnrunzelnd an den Baum heran.

„Da ist ein Vogelnest!“, flüsterte sie überrascht.

„Ganz genau. Das ist der Grund, warum Oscar so oft auf der Fensterbank sitzt. Und das, was du als Zittern beschreibst, sind seine Kieferbewegungen. Die kommen von einem Lockruf, den er macht, eine Art Klicklaut. Der soll das Piepen der Vögel imitieren. Das hast du gehört. Ein ganz normales Verhalten für Katzen“, erklärte Arnaud.

Charlotte legte beide Hände vor ihr Gesicht.

„Oh nein …“, sagte sie leise.

„Ist das dein erstes Katzentier?“, fragte Arnaud vergnügt.

Charlotte verdrehte die Augen.

„Ja“, antwortete sie knapp.

„Und du hast dieses Lockverhalten nie bei den Katzen von Freunden oder anderswo beobachtet?“

„Nein.“ Sie blickte Arnaud mit gesenktem Kopf an.

Arnaud lächelte.

„Ich finds trotzdem schön, dass du dich so um den Kleinen gesorgt hast. Also nicht deine Sorgen, das ist natürlich immer furchtbar. Aber dein Herz. Das ist nicht selbstverständlich.“

Charlotte seufzte.

„Schick mir bitte auf jeden Fall deine Rechnung, hörst du? Das ist mir richtig unangenehm jetzt.“

„Muss es nicht sein. Ich mach nur meine Arbeit …", sagte Arnaud entspannt, während er wieder in das Vogelnest spähte.

„Na, ich weiß ja nicht", meinte Charlotte. „Catherine sagte, Ihr hättet keinen Termin mehr frei. Da ist dein Besuch hier ja schon ein Extra, und das möchte ich nicht einfach so annehmen."

Arnaud drehte sich zu ihr, und statt etwas zu sagen, lächelte er sie einfach wieder an, was Charlotte noch nervöser machte.

„Ich habe eine Idee!", rief sie. „Hast du noch was vor?"

„Nö, ich hab eigentlich Feierabend jetzt. Was für eine Idee?", fragte Arnaud neugierig.

Charlotte klatschte freudig in die Hände, griff Arnauds Hand und zog nun ihn hinter sich her, zurück ins Haus.

„Ich hau uns den Apfelkuchen in den Ofen, den ich vor ein paar Tagen vorbereitet und eingefroren habe. Kaffee oder Tee?"

Als Charlotte am Ende des Tages erschöpft in ihr Bett fiel, ließ sie die letzten Begegnungen mit Arnaud Revue passieren. Der Mann hatte wirklich Nerven. Er war verheiratet, hatte mit der kleinen Mia eine entzückende Tochter und war heute, ohne rot zu werden, schon zum zweiten Mal ohne Ankündigung bei ihr zu Hause aufgeschlagen. Das Allerschlimmste aber war, dass er es tatsächlich schaffte, sie immer wieder aus dem Konzept zu bringen. Von ihm ging eine Energie aus, die sie nicht in Worte fassen konnte. In einem Moment fühlte sie sich entspannt, im nächsten wusste sie nicht mehr, wie ihr geschah. War er ein ganz raffinierter Charmeur? Oder einfach nur ein freundlicher Mann, der seine Familie liebte und nett zu seinen Klienten war?

Charlottes Handy auf dem Nachttisch vibrierte. Eine Textnachricht von Sabine.

Mensch, du Liebe! Tut mir leid, dass ich mich nicht früher melden konnte, ich hatte eine Höllenschicht und keine Sekunde Zeit, das Handy einzuschalten. Aber gut, dass du dein Oscarchen gefilmt hast. Was er da tut, ist nämlich nichts Schlimmes! Er macht Lockgeräusche. Irgendwo da draußen muss ein Vogel oder ein anderes Tier sein, das er angreifen will. Geh mal raus nachschauen, und sag mir Bescheid. Dicken Kuss, Sabi.

Kapitel 29

NACH einem anstrengenden Workshop-Vormittag beschloss Charlotte, sich eine Tasse des herrlichen Orangen-Tees zuzubereiten, den sie von Jeanette geschenkt bekommen hatte. Sie stand auf, setzte Wasser auf und bereitete ihre Tasse vor, als sie plötzlich das schon bekannte Geräusch von Schritten auf Kies vernahm. Leicht angesäuert ging sie zum Fenster. Wenn das wieder Arnaud war, war es Zeit für ein ernstes Gespräch, und womöglich stand dann der erste Streit ins Haus für sie, hier in Sainte-Sophie. Vorsichtig schob sie die Gardine zur Seite und schaute hinaus. Aber da war kein Arnaud. Drei ältere Männer spazierten fröhlich auf ihr Haus zu und unterhielten sich, während sie um sich herschauten und lachten. Wer um Himmels willen war das denn? Charlotte warf einen raschen Blick in den Spiegel neben der Garderobe. Alles tipptopp diesmal. Geduscht, frisiert und angezogen. Sie wartete auf ein Klopfen, das postwendend kam.

„Wie kann ich Ihnen helfen, meine Herren?“, fragte sie und blickte kritisch prüfend in die Gesichter der Männer, die sie alle auf Ende 70 schätzte. Alle drei hatten graue Schnäuzer und graues Haar, wobei einer von ihnen fast kahl war. Das gepflegte Trio lächelte sie freundlich an. Dann ergriff der Besucher in der Mitte das Wort.

„Guten Tag, Madame Bergmann. Entschuldigen Sie bitte den Überfall. Mein Name ist Paul Lefèvre, pensionierter Besitzer des Sanierungsbetriebs *Rénovation Lefèvre & Fils* in Sainte-Sophie. Wir sind Freunde Ihres verstorbenen Vaters und haben von Ihrer Übernahme des Hotels erfahren. Wir sind gekommen, weil wir dachten, dass Sie vielleicht unsere Hilfe gebrauchen könnten. Haben Sie Zeit, oder sollen wir ein andermal wiederkommen?“

Charlotte blickte die drei mit offenem Mund an. Das konnte ja wohl nicht wahr sein!

„Bitte, bitte treten Sie ein! Nehmen Sie Platz, warten Sie, ich mache hier eben Ordnung“, sagte sie und räumte schnell den Laptop und einige

Papiere weg. „Wie überaus freundlich von Ihnen! Ich weiß gar nicht, was ich sagen soll …“, sagte Charlotte und wusste nicht, wie ihr geschah.

„Das können wir uns lebhaft vorstellen“, sagte einer der beiden anderen.

„… hab ich nicht gesagt, dass wir vorher anrufen sollten?!“, sagte der Dritte im Bunde.

„Hattest du ihre Nummer? Nein. Also konnten wir gar nicht anrufen!“, stellte der andere fest und lehnte sich zufrieden auf dem Stuhl zurück, auf dem er gerade Platz genommen hatte.

„Ach, du wieder, du Schlaumeier!“, sagte der Dritte.

Charlotte lachte. Die drei waren zum Klauen, einfach nur hinreißend und unglaublich süß. Wenn ihr Vater auch nur ein wenig wie diese drei gewesen war … Charlotte war begeistert und gerührt zugleich.

„Was darf ich Ihnen anbieten? Ich habe gerade frischen Tee aufgesetzt.“

Die Männer wirkten nicht begeistert und zuckten ratlos mit den Schultern. Charlotte überlegte schnell.

„Rotwein?“

Da hellten sich die Gesichter sofort auf. Diese Franzosen! Von jetzt auf gleich hatte sie drei fröhliche südfranzösische Pensionäre an ihrem Esstisch sitzen, die ihr etwas präsentieren wollten, so viel war klar. Da musste sie die perfekten Rahmenbedingungen schaffen. Schnell huschte sie in die Küche und holte vier Weingläser, die sie am Tisch befüllte. Obwohl sie keinen Appetit auf Wein hatte, stieß sie mit den drei Männern an, und nach dem ersten Schluck stellten sich die beiden anderen vor. Einer der beiden hinreißenden Streithähne hieß André Girard, war pensionierter Gebäudesachverständiger und hatte jahrzehntelang als direkter Kollege mit ihrem Vater zusammengearbeitet. Der andere stellte sich als Claude Moreau vor und war vor seiner Pension als Denkmalschutz-Experte tätig gewesen. Alle drei waren Unternehmer gewesen, bevor sie sich zur Ruhe gesetzt hatten. Sie wandten nun ihren Blick neugierig auf Charlotte.

„Nun erzählen Sie mal. Ihnen wachsen die Fragen doch sicher schon aus den Ohren, oder? Wo Sie mit was und wem starten sollen …?“, fragte André Girard und betrachtete Charlotte mit einem väterlich forschen Blick. „Wir wollen Ihnen nichts verkaufen. Wir wollen, dass Sie sorgenfrei durchstarten können, hier in unserer Gemeinde. Wir waren alle drei gute Freunde und enge Kollegen Ihres Vaters. Er hätte es nicht anders gewollt …“, sagte er.

„Was redest du da, nicht anders gewollt? Erwartet hätte er es! Es ist unsere Pflicht!“, korrigierte Claude Moreau ihn.

„Schon gut, reg dich nicht auf, das ist nicht gut für dein Herz“, sagte André Girard. „Also, Charlotte. Ihr Herr Papa hätte er-war-tet, dass wir uns um Sie kümmern. Deshalb sind wir hier. Löchern Sie uns mit Ihren Fragen. Wir sind ganz Ohr.“

„Und wenn Sie keine Fragen haben, dann sagen wir Ihnen einfach, was Sie jetzt tun müssen“, ergänzte Claude Moreau fröhlich.

„Sie muss gar nichts, nun halt dich mal zurück!“, konterte André Girard.

„Oh, là, là, là, ihr alten Streithähne! Nun benehmt euch mal, was soll Charlotte denn von uns denken?!“, sagte Paul Lefèvre, der eindeutig der Ausgeglichene in der Runde war, und schaffte tatsächlich Ruhe.

Charlotte wusste gar nicht, ob sie zuerst lachen oder antworten sollte. Die drei waren einfach zu lustig und richtige Originale.

„Zuallererst einmal: Sie wissen ja gar nicht, wie gerufen Sie kommen! Aktuell gibt es nichts, wirklich absolut gar nichts anderes, das ich dringender benötige, als Ihre geschätzte Expertise. Guter Gott im Himmel, wer hat Sie nur geschickt, das kann doch alles nicht wahr sein!“, sagte Charlotte ehrlich fassungslos. Sie hatte sich gerade dazu durchgerungen, diese Liste zu machen und noch darüber nachgedacht, wie in solchen Momenten immer Hilfe von außen kommt. Und nun saßen diese drei Goldstücke in ihrer Küche und wollten ihr helfen.

„Der Himmel hat uns geschickt!“, rief Claude Moreau lachend und hob sein Glas. Die anderen beiden folgten ihm zustimmend.

„Nous sommes le Trio céleste pour Charlotte!“, sagte André Girard.

„Genau!“, stimmte Claude ein. „Auf uns, auf das himmlische Trio für Charlotte!“

Sie stießen zu viert an. *Wie wahr*, dachte Charlotte und schluckte den Rotwein hinunter. Sie verspürte Hunger. Gleichzeitig brannte ihr eine Frage unter den Nägeln.

„Darf ich fragen, wie Sie von meinem Erbe erfahren haben? Hatte mein Vater mit Ihnen darüber gesprochen?“ Die Männer verstummten und blickten mit einem Mal traurig auf ihre Gläser.

„Ja, das hatte er, vor vielen Jahren. Allerdings sehr indirekt, wie uns jetzt klar geworden ist“, sagte Claude Moreau leise.

Charlottes Herz begann, schneller zu klopfen. Diese Männer hatten ihrem Vater nicht nur nahegestanden. Sie hatten ihn geliebt. Noch ehe sie nachhaken konnte, was Claude meinte, begann er zu erzählen. Sie erfuhr, dass ihr Vater seinerzeit gegen seinen Willen zurück nach Frankreich gegangen war. Sein eigener Vater hatte darauf bestanden, dass er sich um die Familiengeschäfte kümmerte und sein, wie er es nannte, „Lotterleben“ in Deutschland hinter sich ließ.

„Es war Sommer“, sagte Claude. „Wir hatten die Zeit unseres Lebens, fuhren zum Strand, verliebten uns in die Mädchen, die später zu unseren Frauen wurden. Wir glaubten, dass François sein Glück ebenso gefunden hätte. Wir hätten nie damit gerechnet, dass er zurückkommen würde. Doch sein Vater war schon immer sehr autoritär gewesen, sehr hart, und er hatte es geschafft, ihn so unter Druck zu setzen, dass François seinem Ruf folgte“, sagte Claude nachdenklich. Seine Ernsthaftigkeit schien in deutlichem Kontrast zu seinem heiteren Grundwesen zu stehen. Er hatte die Stirn in tiefe Falten gelegt. Charlotte konnte die Emotionen der jungen Männer, damals in diesem Sommer, geradezu spüren. Nicht nur Claude, auch André und Paul wirkten in diesem Moment, als lastete schweres Leid auf ihren Schultern.

„Es muss schwer gewesen sein. Nicht nur für meinen Vater, auch für euch …“, begann sie.

„Das war es tatsächlich“, sagte Claude heftig nickend. „Wir hatten so etwas nicht mitgemacht. Wir erkannten plötzlich, dass das Glück einfach so zerstört werden konnte. Wir waren von klein auf beste Freunde. Wir konnten einander fühlen. Und wir fühlten genau, wie schlecht es deinem Vater ging, es war, als hätte man nicht nur sein Herz gebrochen, sondern auch unseres …“

Claude drehte seinen Kopf zur Seite und wandte sich von Charlotte ab. Er hob seine Hand, und es sah aus, als wischte er sich etwas aus seinem Gesicht. Dann drehte er sich wieder zu ihr und legte seine faltige Hand auf ihre. Charlotte sah die schimmernde Spur einer Träne auf seiner Wange.

„Charlotte, Kind. Dein Vater, er hat dich so sehr geliebt“, sagte Claude, der einfach zum Du übergegangen war, was ihm die beiden anderen fortan gleichtaten. „Er war am Boden. Als er zurück nach Frankreich kam, war er nicht mehr derselbe. Etwas in ihm war, seit er dich und deine Mutter verlassen hatte, zerbrochen und nie mehr wieder geheilt. Wir machten uns große Sorgen. Erst war er wochenlang nicht ansprechbar. Seine Mutter erzählte uns hinter vorgehaltener Hand, dass er sein Zimmer nicht mehr verließ und nichts mehr aß. Irgendwann nahm er sein Studium auf. Doch er vegetierte nur vor sich hin. Es dauerte ganze zwei Jahre, bis er endlich mit uns sprach. Darüber, was geschehen war. Was er fühlte. Er wollte dein Vater sein, doch er durfte es nicht.“

Charlotte sog jedes Wort atemlos auf. Sie konnte nicht glauben, was sie da hörte. Ihre Mutter hatte ihr all das niemals gesagt. Alles hatte in den seltenen Momenten, in denen sie von ihrem Vater gesprochen hatte, so nüchtern geklungen. Zwei junge Menschen, die ein Kind gezeugt hatten, obwohl sie sich nicht liebten, und dann respektvoll auseinandergingen. Was sie nun zu hören bekam, war alles andere als nüchtern. Es war die Geschichte eines großen Bruchs und immenser Schmerzen.

„Ich wusste das alles nicht, Claude“, sagte sie tief bewegt. „Ich wusste nicht, dass er sie so geliebt hatte. Meine Mutter hat mir immer gesagt, dass es besser so war und sie gar nicht zueinander gepasst hätten. Dass er ein guter Kerl war, aber eben nicht der Richtige.“

Die Männer hörten ihr aufmerksam zu und sagten eine Weile nichts, bis Claude seine zweite Hand auf die von Charlotte legte.

„Es war auch tatsächlich nicht so, dass ihm die Trennung von deiner Mutter an sich zusetzte. Es war der Umstand, dass er ihr nicht beistehen konnte und dir nicht der Vater sein durfte, der er sein wollte. Es verletzte sein Gefühl für Anstand zutiefst. Seine Ehre. Dass er diese Schuld auf sich nehmen musste. Das hatte das Herz deines Vaters gebrochen, dass er nicht für dich da sein konnte. Diese Schuld hat er niemals verwunden. Die Schuld, dass er sich dem Druck seines Vaters gebeugt hat, studiert hat und in das Familiengeschäft eingestiegen ist, anstatt für dich da zu sein. Und schließlich die Frau geheiratet hat, die man ihm hier eigentlich schon immer zugedacht hatte, die Tochter des wichtigsten Geschäftspartners seines Vaters. So lief es damals. Entweder man spurte, oder man war auf sich gestellt. Und die Kraft, seinen Kopf durchzusetzen, hatte er einfach nicht. Wir haben immer wieder auf ihn eingeredet und ihm gesagt, dass er nicht schwach gewesen war, weil wir wussten, wie unglaublich hart sein Vater sein konnte und wie empfindlich François war. Er konnte sich nicht wehren gegen ihn. Er hatte so eine feine Seele, so ein gutes Herz. Du kannst mir glauben, dass wir alles getan haben, um ihn aufzurichten. Mit den Jahren wurde es besser. Irgendwann, wir hatten alle viel getrunken und waren nachts zum Schwimmen an den See gelaufen, da sagte er uns, dass er es wiedergutmachen wollte. Seiner Kleinen, wie er dich nannte, etwas zurückgeben und ihr eines Tages seine Liebe zeigen wollte. Er konnte sich gar nicht mehr beruhigen. Immer wieder verfiel er in lautes Schluchzen. All die Traurigkeit, die er jeden Tag kontrollierte, brach in der Nacht durch.“

Inzwischen waren es Charlottes Hände, die die seinen umfassten. Ihr Kinn zitterte, sie versuchte, das Wimmern zu unterdrücken, das sich Bahn brechen wollte, da stand Claude auf, legte den Arm fest um ihre Schulter und ließ Charlotte weinen. So heftig, wie ihr Vater in dieser Nacht wohl geweint haben musste. Paul und André hielten sich zurück, machten aber den Eindruck, als wollten sie jeden Moment ebenfalls herbeieilen, um Charlotte beizustehen.

„Dein Vater hatte ein gutes Leben. Und er wäre so stolz und glücklich, wenn er dich jetzt sehen könnte“, sagte Paul, und André und Claude nickten heftig. Claude griff fester nach Charlottes Arm, deren Schluchzen jetzt noch lauter wurde, woraufhin nun auch André und Paul aufstanden und zusammen mit Claude einen Kreis um sie bildeten. Sanft legten sie die Hände auf Charlottes Schultern, die ihrerseits ungehemmt das Schluchzen fortsetzte. Nah am Wasser gebaut? Vielleicht wurde es Zeit, einen Superlativ für sie zu bedenken.

„Lass es raus, Kleine, weine nur“, sagte André Girard und tätschelte liebevoll Charlottes Schulter. „Alles kommt gut, wir sind da für dich.“

Diese völlig unerwartete Nachricht über das Leid ihres Vaters hatte Charlotte vollends umgehauen. Gleichzeitig spendete ihr die Präsenz ihres Vaters, die durch diese außergewöhnlichen drei Männer entstand, Trost. Die Güte und liebevolle Reaktion auf ihre heftigen Gefühle. Ja, sie war nah am Wasser gebaut. Aber dieser Ausbruch heute war selbst für ihre Verhältnisse beispiellos. Sie ließ alles los. Sie nahm die Aufforderung an, ihren Gefühlen freien Lauf zu lassen. Sie weinte, weil ihr diese Mentalität der Menschen am Mittelmeer so guttat. Die unerschrockene Art, mit Gefühlen umzugehen, Gefühle zu verstehen und zu begreifen, dass es nichts Schlimmes war oder etwas, das man fürchten musste, sondern zutiefst menschlich.

Charlottes Schluchzen wurde langsam leiser. Die Männer nahmen wieder auf ihren Stühlen Platz, und Charlotte stand auf, um sich in der Küche ihre Nase zu putzen. Dann setzte sie sich halb erschöpft und ein bisschen verschämt wieder auf ihren Stuhl.

„Es tut mir leid, dass ich so die Fassung verloren habe, aber damit habe ich wirklich nicht gerechnet“, sagte sie und schenkte den Männern ein kleines Lächeln. Puh – das war ein Sturzbach gewesen.

„Aber bitte, Charlotte, hör auf. Das ist doch völlig normal!“, rief Claude und bedachte Charlotte ebenfalls mit einem Lächeln. Es war, als sei die Luft gereinigt worden von etwas, das Charlotte gar nicht vernommen hatte. Plötzlich musste sie an die Worte Caroles denken. Über die Traurigkeit, der sie auf den Grund gehen sollte. An ihre Mutter als junge Frau. Und an ihren Vater, der, gegen seinen Willen und den Konventionen seiner Familie folgend, einen völlig anderen Lebensweg eingeschlagen hatte, als sein Herz ihm befohlen hatte.

Sie runzelte die Stirn. „Weißt du, warum er in all den Jahren niemals Kontakt aufgenommen hat? Irgendwann ist sein Vater ja sicher gestorben und damit auch der Mensch, der ihn zu diesem Leben gezwungen hatte.“

„Tja“, begann Claude, der im Gespräch die Regie übernommen hatte. Es schien ihm leichter zu fallen, über Themen wie diese zu sprechen. „Um es mit kurzen Worten zu sagen: Es war hoffnungslos. Es war tatsächlich bald nach dem Tod seines Vaters, als er Kontakt mit euch aufnehmen wollte, doch seine Frau ist völlig durchgedreht. Er wollte das nicht hinter ihrem Rücken tun und erklärte ihr, dass es ihm nur darum ging, mit dir zu sprechen und dir zu erklären, was damals geschehen war. Doch er hatte keine Chance. Sie hatte panische Angst, dass er nicht mehr zurückkehren würde. François musste ihr hoch und heilig versprechen, dass er niemals mit deiner Mutter oder dir sprechen würde. Und daran hatte er sich gehalten. Er hatte uns davon berichtet und gesagt, dass es war, als hätte man seine Wunde erneut aufgerissen."

Charlotte nickte erschöpft. Verwicklungen wie diese kannte sie bis jetzt nur aus Filmen oder Romanen. Und nun, von einem Moment auf den anderen, waren sie Teil ihrer Lebensgeschichte geworden. Das geplante Gespräch mit ihrer Mutter würde sie sehr einfühlsam und vorsichtig führen müssen. Sie stieß einen tiefen Seufzer aus und schaute die drei Männer an, die immer noch ganz bedröppelt dasaßen.

„Meine Herren", begann sie. „Ich werde mich nicht noch einmal bei euch für meinen Ausbruch entschuldigen. Ihr seid so einfühlsam, so lieb zu mir, dafür und dass ihr mir so offen berichtet habt, will ich euch danken. Danke, dass ihr mir all das erzählt habt. Und danke für euren Trost."

Die Männer winkten alle drei gleichzeitig ab.

„Ach was", rief Claude, und die beiden anderen stimmten mit überein.

Charlotte putzte sich noch einmal die Nase, holte tief Luft und schlug mit beiden Händen auf ihre Knie.

„Ich schlage vor, ich mache jetzt die Tomatensuppe meiner Großtante Edeltraud, dazu aufgebackenes Baguette, frisches ist leider nicht im Haus. Das Kochen wird mich ablenken. Und euch zeige ich vorher noch meine Liste, die ich schon gemacht habe, mit allen Aufgaben rund ums Gebäude und allen Gewerken und Adressen, die ich finden konnte. Das sollte auch euch wieder auf andere Gedanken bringen. Was sagt ihr?"

Die Männer klatschten. „Sehr gute Idee! Genau so machen wir es! Du kochst, wir lesen!", rief Claude. Die drei nestelten ihre Lesebrillen hervor und beugten sich über Charlottes Papier, während diese Zwiebeln, Stangensellerie und Karotten putzte und schnitt. Hinter ihr entbrannte bald ein Stimmengewirr vom Feinsten. Ein Oooooh jagte das nächste, unterbrochen von Gekicher und jeder Menge Noooons und

Ohhhh, là, là, lààààs. Zum Schluss bekam sie das Blatt Papier voller durchgestrichener und ergänzter Passagen zurück.

„Deine Liste war schon ganz gut. Nun ist sie perfekt. Wir haben ein paar Sachen geändert …“, sagte André.

„… und alle Namen durchgestrichen, die nicht unsere waren“, ergänzte Claude fröhlich.

Charlotte musste lachen, während ihr Gesicht bestimmt noch rot vom Weinen war. Sie hatte nichts anderes erwartet.

„Mein Sohn hat meinen Betrieb übernommen“, erklärte Paul. „Und die Geschäfte von André und Claude leiten jetzt die Schwiegersöhne ihrer Töchter. Wir schauen uns gerne kostenfrei das Haupthaus an, stellen alles fest, was gemacht werden muss, und leiten es an die Kinder weiter, die dir dann einen guten Preis vorschlagen.“

„Und ich kann dir bei der Auswahl der richtigen Produkte für die Feinarbeiten helfen“, ergänzte Claude. „Natürlich auch kostenfrei. Farben und solche Sachen. Damit alles, was rumschwächelt, nach historischem Vorbild wiederhergestellt wird.“

Charlotte strahlte sicher übers ganze Gesicht.

„Was soll ich sagen?“, begann sie und wurde sofort von André unterbrochen.

„Sag gar nichts“, sagte er. „Bring uns die Suppe. Wir haben Hunger!“

Nachdem Charlotte die dampfend heiße Tomatensuppe serviert hatte und die Männer den ersten Löffel genommen hatten, begannen sie zu stöhnen.

„Oh, là, là, là, das schmeckt ja köstlich!“, rief Claude begeistert.

„Na, da sieh mal einer an! Die können ja doch kochen, die Deutschen!“, stimmte André augenzwinkernd zu.

„Ihr seid solche Idioten“, kommentierte Paul kopfschüttelnd. „Nimm die beiden bloß nicht zu ernst“, sagte er mit einem Augenrollen zu Charlotte. „Womit ich ihnen allerdings recht geben muss, ist die Suppe. Die ist wirklich vorzüglich.“

Wie sich beim Essen herausstellte, war die Dame von der Anzeigen-Annahme die Frau von Paul Lefèvre. Sie hatte ihrem Mann noch am selben Abend brühwarm von Charlottes Besuch berichtet, woraufhin ihr Mann die beiden anderen Herren zusammengetrommelt hatte. Charlotte war schockverliebt in alle drei, wie sie mit ihren grauen Löckchen und den lustigen Augen ständig in Bewegung waren und einen Spruch nach dem nächsten raushauten. Sie lachten, stießen noch einmal an, und als sie sich Stunden später voneinander verabschiedeten, war Charlotte so erfüllt und warm ums Herz, dass sie direkt ihre Mutter anrufen musste, um mit ihr all die guten Nachrichten der vergangenen Tage zu teilen. Sie hatte ihren Sturzbach inzwischen lange genug hinter sich gelassen, dass es ihr gelingen würde, einen Teil von den Ereignissen dieses Tages für sich zu behalten. Das musste sie wirklich in einem persönlichen Gespräch tun.

„Ach, Mäuschen. Ich freue mich so sehr für dich. Das machst du so toll. Ich bin stolz auf dich!“

Stolz war Charlotte nun auch ein wenig. Sie war gerade mal eine gute Woche hier, und schon liefen die Dinge wie am Schnürchen. Alles rund ums Haus war jetzt komplett durchgeplant und in den Händen der besten Männer im Umkreis! Le Trio céleste – das himmlische Trio – ja, das waren sie wirklich. Sie kamen als Geschenk des Himmels wie gerufen, direkt nachdem Charlotte die Aufgabe in Angriff genommen hatte, die sie die ganze Zeit am meisten gefürchtet hatte. Zusammen mit dem Workshop gab es absolut nichts mehr, das unerledigt war in dieser Phase ihres Projekts. Das Fundament, auf das sie fortan baute, konnte solider nicht sein. Sie spürte die Energie und den Schutz ihres Vaters deutlich, ein fremdes, neues und zugleich beruhigendes, warmes Gefühl. Sie spürte seine Liebe.

Kapitel 30

„WELCHE Blumen sollen es denn sein, Madame? Rosen vielleicht? Oder lieber etwas Neutraleres?“ Die Blumenhändlerin neigte fragend den Kopf zur Seite und wartete Charlottes Antwort ab, die noch überlegte.

Rosen. Von wegen. Ein Kaktus wäre eigentlich angebracht. Aber sie wollte mal nicht übertreiben, schließlich traf Claudine gar keine Schuld, und ihr sollte der Strauß gelten, den Charlotte nachher zum Abendessen im Hause des Monsieur le Docteur überreichen wollte. Sie entschied sich für einen hübschen Herbstmix, zahlte und lief in hohen Absätzen und mit zunehmenden Schmerzen bis zu ihrem Auto auf dem ersten Parkplatz am Rande der Ortseinfahrt von Sainte-Sophie. Das würde ihr nicht noch einmal passieren, das nächste Mal, wenn sie sich schick machen musste, würde sie flache Schuhe tragen.

Sie startete den Renault und fuhr zu Arnaud. Der Moment auf dem Marktplatz vor wenigen Tagen fühlte sich an, als sei er Wochen her. Sie konnte sich schon gar nicht mehr richtig daran erinnern, traurig gewesen zu sein. Zu viel war seither geschehen, das ihr Auftrieb gegeben, ihren Fokus zurück auf sich und ihr Projekt gelenkt hatte. Charlotte freute sich auf den Abend und war neugierig auf Claudine. Gleichzeitig war sie gespannt, wie sich Arnaud in Gegenwart seiner Frau verhalten würde. Hatte sie sich am Ende doch getäuscht und nur eingebildet, dass er mit ihr geflirtet hatte? Egal! Sie hatte Hunger und war gespannt auf das, was man ihr servieren würde. Immerhin wollte Arnaud ihr heute beweisen, dass sein Essen besser war als das von Tante Edeltraud. *Na, das wollen wir doch mal sehen!*

Sie parkte direkt vor der Praxis und lief die letzten Meter bis zum Wohnhaus zu Fuß. Die Außenbeleuchtung war bereits eingeschaltet, obwohl die Sonne noch nicht untergegangen war. Charlotte hörte etwas, das klang wie ein Kochlöffel, der gegen einen Topf schlug, legte den großen Strauß auf ihren linken Arm und klingelte. Wenige Sekunden später öffnete Arnaud die Tür.

„Guten Abend, Charlotte“, sagte er sanft mit dem gleichen Lächeln, das Charlotte so wohlbekannt war.

„Guten Abend, Arnaud. Da bin ich, vielen Dank für die Einladung.“ Sie putzte sich die Schuhe ab, folgte seinem Wink ins Haus und blieb direkt hinter der Türe stehen.

„Bitte sehr, eine kleine Aufmerksamkeit“, sagte sie und reichte ihm die Blumen, während sie gleichzeitig begann nach seiner Frau und Mia Ausschau zu halten. Arnaud nahm die Blumen dankend an, legte sie auf die große massive Truhe am Eingang und nahm Charlottes ihre Jacke ab. Dann führte er sie langsam in den Wohnbereich. Charlotte pfiff durch die Zähne.

„Donnerwetter! Da hat aber jemand Geschmack. Tolles Haus, tolle Einrichtung!“ Sie war beeindruckt. Selten hatte sie einen derart gekonnten Mix aus Antiquitäten und modernen Elementen gesehen. Im Wohnbereich bildete ein Philippe-Starck-Sessel neben einem futuristisch anmutenden Bücherregal den zentralen Blickfang. Daneben eine Anrichte aus Wurzelholz, das an die Stücke von Trussardi erinnerte. Dazu viel Glas, raumhohe Fenster, eine Sitzgruppe aus hellgrauem Cord und jede Menge Prints moderner Künstler an der Wand. Statuetten und Skulpturen im Stil von Giacometti neben ausladenden Grünpflanzen und imposanter afrikanischer Kunst aus Holz und Metall ergänzten das harmonische Bild. Der Stil war ziemlich männlich und modern, gleichzeitig aber auch warm und einladend.

„Gefällt es dir?“, fragte Arnaud und lief langsam neben ihr her.

„Allerdings. Hier stimmt wirklich alles“, sagte sie voll ehrlicher Bewunderung, während sie sich nochmals umschaute. Wo nur war denn Claudine? Sie liefen weiter durch den offenen großen Wohnbereich.

„Freut mich, dass du es magst“, sagte er. „Noch dazu aus deinem Mund, das ist natürlich eine doppelte Ehre für mich.“ *Pah*, dachte Charlotte. *Als ob du allein für diese Knaller-Einrichtung verantwortlich wärst.* So etwas schafften nur Frauen, Inneneinrichter, schwule Männer oder absolute, einzigartige, fast nicht existierende Heteromänner.

„Ich bin gleich wieder bei dir, bitte entschuldige mich einen Moment“, sagte Arnaud und verschwand in die Küche.

Charlotte lief langsam zum Bücherregal und bestaunte die Sammlung an Bildbänden, als Arnaud wieder zurückkam und ihr eines der beiden Gläser reichte, die er mitgebracht hatte.

„Bitte sehr, ein kleiner Aperitif zum Warmwerden."

„Hmmm, das sieht aber gut aus, Lavendel?" Charlotte bewegte den Strohhalm und versuchte, die Zutaten des gelben Drinks zu ergründen.

„Lavendel, Yuzu und noch ein paar andere geheime Zutaten", sagte Arnaud schmunzelnd.

Charlotte verzog die Miene zu einem koketten Schmollmund.

„War ja klar", sagte sie und nahm den ersten Schluck. „Uuuh, das ist aber lecker, richtig gut! Stand jetzt: Eins zu null für dich, mit solchen Cocktails könnte ich definitiv nicht brillieren", gab sie neidlos zu.

Arnaud lächelte. „Nimm doch schon mal Platz, ich muss die Vorspeise fertig machen und komme dann gleich zu dir, okay?" Er führte sie zum hinteren Ende des Wohnbereichs, der über den Essbereich in die halb offene Küche führte. Vor dem gedeckten Esstisch machten sie Halt. Charlotte blickte abwechselnd auf den Tisch und zu Arnaud.

„Dein Ernst?", fragte sie fassungslos.

„Was denn?", gab er stirnrunzelnd zurück. „Ist irgendetwas nicht in Ordnung?"

„Ob etwas nicht in Ordnung ist, fragst du mich?", schoss Charlotte energisch zurück.

Arnaud schaute sie noch immer stirnrunzelnd an.

„Ich verstehe ehrlich nicht, was du meinst, Charlotte. Aber ich muss jetzt wirklich in die Küche, sonst ist unsere Vorspeise gleich kohlrabenschwarz und ungenießbar." Er ließ sie stehen und lief in die Küche, wo er nach einem lauten Zischen noch lauter fluchte.

Charlotte starrte noch immer fassungslos auf den Esstisch. Vor ihren Augen befand sich ein schlichtes Blumenarrangement mit Olivenbaumblättern und getrocknetem Lavendel, zwei vis-à-vis platzierte Gedecke und alles Weitere, das zu einem intimen Candle-Light-Dinner für zwei gehörte. Was war das denn jetzt schon wieder? Hatte der Mann allen Ernstes den Nerv, sie zu sich nach Hause einzuladen, ohne seine Frau? Was ist das denn für eine Beziehung? Sie war hier immer noch in Südfrankreich, wo man trotz allen Laisser-faires

– zumindest nach außen – gewisse Formen wahrte, und sie, Charlotte Bergmann, war mit Arnaud Jourdain noch lange nicht so persönlich geworden, dass man diese Formen hätte fallen lassen können. Für Charlotte war nun endgültig das Maß voll. Wütend stampfte sie in die Küche und baute sich mit einer zur Faust geballten Hand in der Hüfte vor Arnaud auf, der gerade damit beschäftigt war, einen Fisch von seiner halbschwarz verkohlten Haut zu lösen.

„Alles gut mit dir, Charlotte? Du siehst aus, als hättest du ein Gespenst gesehen“, sagte Arnaud und wandte sich sofort wieder seinem Fisch zu.

„Tja. Wie soll es mir gehen, Arnaud? Ich verstehe das nicht so richtig, fürchte ich“, sagte Charlotte ungehalten.

„Was verstehst du nicht, meine Liebe?“

„Ich bin nicht deine Liebe, Arnaud, ja? Jetzt halt mal schön den Ball flach!“ Charlotte begann langsam zu kochen. Je cooler er wurde, umso mehr verlor sie ihre Geduld.

Arnaud warf Charlotte einen Blick zu und schüttelte den Kopf, was sie augenblicklich wieder runterholte. Sie wollte wirklich keinen Streit mit ihm. Gleichzeitig musste sie für klare Verhältnisse sorgen. Wann, wenn nicht jetzt? Sie holte tief Luft.

„Wo ist denn Mia? Und wo ist deine Frau?“, brach es aus ihr heraus. Am liebsten wäre sie im Boden versunken, obwohl sie sich hier für gar nichts schämen musste.

„Mia?“, gab Arnaud fragend zurück. „Mia ist bei ihrer Mutter. Wieso hast du gedacht, dass Mia heute Abend mit uns essen würde? Und von welcher Frau sprichst du bitte?“ Arnaud hatte den Fisch inzwischen zur Seite geräumt und war auf Charlotte zugegangen, die leicht zitternd um Fassung rang. Sie holte nochmals tief Luft.

„Claudine?“, sagte sie halb fragend, halb antwortend.

Arnauds Stirnrunzeln wich nun einem breiten Grinsen, das innerhalb weniger Sekunden in Lachen überging. Er legte seine Hände auf Charlottes Schultern, die sofort einen Satz zurück machte.

„Es ist ja schön, wenn du dich so freust“, sagte sie verärgert, „nur verstehe ich den Anlass ehrlich gesagt gar nicht. Was ist so witzig, he?!“ Charlotte funkelte ihn böse an. Es fehlte nicht mehr viel, und sie würde ihre Jacke von der Garderobe nehmen und nach Hause fahren.

Jetzt seufzte Arnaud und trat wieder auf sie zu, legte abermals seine Hände auf ihre Schultern und blickte ihr tief in die Augen.

„Claudine ist meine Schwester. Ich habe keine Frau. Ich bin Single. Und ich weiß nicht, wie du auf die Idee gekommen bist, dass Claudine meine Frau ist, aber ich kann dir hoch und heilig versichern, dass dem nicht so ist."

Langsam, ganz langsam drangen die Worte in Charlottes Kopf. Sie traten vorne ein, wo sie noch gar nichts begriff, und bahnten sich dann ihren Weg ganz tief in den Teil ihres Gehirns, der für die Verarbeitung von Informationen zuständig war, die man nicht ohne Weiteres fassen konnte. Arnaud hatte keine Frau. Arnaud war Single. *Ach du Sch…*

„Und Mia?", rief sie.

„Mia ist meine kleine Nichte, Claudines Tochter." *Oh mein Gott. Was für eine Blamage!* Charlotte schaute um sich. Es stank nach verbranntem Fisch, und vor ihr stand Arnaud, der sie mit einer Mischung aus Erstaunen, Mitgefühl und Zuneigung anblickte.

„Du hast den Fisch verbrannt", sagte sie nun, als wäre nichts geschehen. „So eine große Klappe und dann den Fisch verbrennen. Es steht 1:2. Für mich."

Kapitel 31

„Wie heißt das Wort noch mal? Ich liebe es. Sag es bitte noch einmal." Arnaud schob eine Pommes frites in seinen Mund und lauschte gebannt auf das, was Charlotte nun zum dritten Mal aussprechen musste.

„Impulskontrollstörung", sagte sie extra langsam.

Arnaud schlug mit der Hand auf den Tisch und lachte zum dritten Mal.

„Ihr habt einfach die besten Wörter. Unglaublich. Lang und spröde, aber präzise."

„Für jemanden, der mir verkohlten Fisch als Vorspeise und Pommes mit Rindersteak zur Hauptspeise als das Nonplusultra der französischen Küche serviert, hast du eine ganz schön große Klappe", sagte Charlotte und bemühte sich mehr schlecht als recht, nicht mitzulachen. „Sag mir lieber mal, welche Macken du so hast. Was ist deine Störung, Arnaud? Ich will alles wissen, schieß los." Sie schnitt sich noch ein Stück des butterzarten Fleischs zurecht. Die Vorspeise war in die Hose gegangen, dafür war das Steak frites eine Sensation. Arnaud hatte die Fritten selbst gemacht und das Steak auf den Punkt perfekt gegart.

Arnaud räusperte sich.

„Zuallererst will ich dir sagen, dass ich nicht glaube, dass du eine Störung hast. Wer behauptet denn so was?"

Charlotte legte die Fritte wieder zurück auf den Teller, die sie sich gerade in den Mund hatte schieben wollen.

„Ich sage das", sagte sie.

„Und warum? Das ist doch nicht nett, dass du so etwas über dich selbst sagst."

Charlotte lächelte Arnaud an. Da war er wieder, der Weltverbesserer. Man konnte mit Arnaud lachen, bis die Schenkel vor lauter Klopfen wehtaten. Und im nächsten Moment wurde er ganz ernst und hielt das Licht auf das, was seiner Meinung nach genauerer Betrachtung bedurfte.

„Du hast es doch selbst erlebt. Ich bin, was man im englischen Sprachraum als even-tempered bezeichnet. Ich mag den Ausdruck.

Emotional ausgeglichen. Meine Geduld ist wirklich enorm. Mich kann so schnell nichts aus der Fassung bringen. Bevor das Ende meiner Zündschnur erreicht ist, muss viel passieren, und selbst dann fahre ich nicht aus der Haut. Letzteres tue ich allerdings, wenn man mich erschreckt. So, wie du im Foyer bei Jeanette, in Aix bei der Vernissage oder bei meinem Vasenkauf auf dem Weinfest. Dann tick ich schnell aus, kann meinen Impuls nicht kontrollieren. Verstehst du?“ Sie griff zur Gabel und sammelte mehrere Fritten, die sie sich genussvoll in den Mund schob.

„Hm …“, sagte Arnaud und überlegte. „Das heißt also, dass du bei großen Dingen eine Engelsgeduld hast und nur bei kleinen Schreckmomenten deine Impulsko… Störung hast, richtig?“

„Richtig, Monsieur!“

„Dann ist hier aber heute etwas Außergewöhnliches passiert“, schloss Arnaud.

„Verstehe ich nicht. Erklären Sie mal, Monsieur le Docteur.“

„Na ja, theoretisch gehört deine Entdeckung heute bei mir zu Hause zu den Dingen, die dich nicht so schnell aus der Fassung bringen. Ich habe dich weder erschreckt, noch ist sonst jemand plötzlich um die Ecke gekommen, richtig?“

Charlotte überlegte.

„Stimmt. Da hast du tatsächlich recht“, gab sie zu. „Aber um mich soll es hier jetzt gar nicht gehen, hast du schon vergessen? Ich hatte dich nach deinen Macken gefragt.“

Arnaud lächelte Charlotte vergnügt an, putzte sich den Mund ab und legte die Serviette fein säuberlich zur Seite.

„Nun gut. Man sagt mir nach, dass ich mich mit meinen Patienten unterhalte und mit ihnen spreche, als wären sie Menschen. Angeblich. Ich persönlich halte das für ein Gerücht. Die Leute reden und manche interpretieren, was sie sehen, falsch“, sagte er noch immer grinsend.

„Aaaaaaahhhhhh, ein Satz über dich und sofort sind wir wieder bei mir, habe verstanden. Nun gut, ich habe falsche Rückschlüsse gezogen. Asche auf mein Haupt. Aber kann man es mir wirklich verübeln? Sei ehrlich. Mia und du damals im Garten bei Carole und Pierre. Carole, die dich fragte, wo Claudine sei. Und dann die innige Umarmung vor ein paar Tagen auf dem Marktplatz. Außerdem: Ein Tierarzt im besten Alter, der noch dazu nicht total schrecklich aussieht, ist doch gebunden.“ Charlotte lehnte sich zurück und legte demonstrativ die Hand auf den Bauch. Sie war so satt, wenn er jetzt noch mit einem Nachtisch kam, würde sie passen müssen.

„Nicht total schrecklich aussieht, hm, verstehe …“, sagte Arnaud gespielt beleidigt, während seine Augen funkelten.

„Gib zu, dass es total normal war, dass ich dich für einen gebundenen Mann und deshalb einen ganz schön frechen Flirter gehalten habe.“

„Na gut. 5 zu 2. Für mich“, gab Arnaud frech zurück.

„In deinen Träumen. Wir vermischen hier nicht die Angelegenheiten. Erzähl mir lieber mehr darüber, warum du solo bist. Ehrlich, ohne Spaß jetzt, ich kapiere das nicht. Du bist so ein netter Kerl, was ist passiert?“

Charlotte nahm einen Schluck von dem kühlen Weißwein, der einfach nur himmlisch war. Sie genoss den Abend, der eine so überraschende Kehrtwende für sie genommen hatte. Niemals im Leben hätte sie nach dem Moment auf dem Marktplatz noch damit gerechnet, dass Arnaud Single sein könnte. Wie sich herausstellte, war Claudine am bewussten Tag, als Arnaud sie so zärtlich umarmt hatte, nach einem Disput mit ihrer Vorgesetzten weinend bei ihm aufgeschlagen. Sie hatte Stress im Job, und da sie ein sehr enges Verhältnis zu ihrem Bruder hatte, war der gekommen, um sie abzuholen und direkt an Ort und Stelle zu trösten. Die Geschwister sahen sich oft. Wann immer seine Schwester abends länger arbeiten musste, sprang er ein und kümmerte sich um Mia, mit der er ebenfalls tief verbunden war.

„Du bist doch auch solo?“, gab Arnaud zurück. „Wieso müssen denn immer alle gebunden sein? Ein bisschen kurz gedacht, findest du nicht?“ Arnaud wartete prüfend ihre Reaktion ab.

„Sollte man meinen. Aber vielleicht denke ich tatsächlich doch so. Ich kann allein sein. Aber zu zweit ist das Leben schöner, finde ich“, sagte Charlotte und spielte nachdenklich mit dem Dessertlöffel.

„Vorschlag“, sagte Arnaud jetzt. „Ich mache den Nachtisch fertig, und dann unterhalten wir uns weiter, okay?“ Sie nickte, und er entschwand in die Küche. Als er eine Viertelstunde später wieder zurückkam, klatschte Charlotte begeistert in die Hände.

„Du hast Crêpe Suzette gemacht? Das ist meine allerallerliebste Lieblingsspeise der Welt!"

Arnaud freute sich sichtlich, während er den tiefen Teller mit den frisch flambierten hauchdünnen Crêpes in Orangensauce auf ihren Platz stellte.

„Guten Appetit! Ich hoffe, sie schmecken dir." Charlotte nahm den ersten Bissen und war direkt im Himmel.

„Sie sind perfekt, Arnaud. Wirklich. Ach!" Sie genoss in vollen Zügen. „Also", sagte sie mit halb vollem Mund. „Das Leben und die Liebe und die Zweisamkeit und die Einsamkeit. Wie siehst du das?"

„Ich weiß es ehrlich gesagt nicht mehr", sagte Arnaud nach einem kurzen Moment des Überlegens. „Ich habe immer an die Liebe geglaubt. Wollte eine Familie, Kinder, das ganze Programm. Ich habe diesen Wunsch niemals wirklich hinterfragt. Dafür war ich, glaube ich, zu sehr mit anderen Dingen beschäftigt."

„Welche Dinge?", fragte Charlotte neugierig.

Arnauds Gesicht verfinsterte sich ein wenig.

„Mein Leben ist nicht stromlinienförmig verlaufen. Wenn man mich heute so sieht, mit einer gut gehenden Praxis auf dem Land, frei und froh … dann könnte man sicher meinen, dass bei mir alles in bester Ordnung ist. Die Wahrheit ist, dass es mich einiges gekostet hat, hier anzukommen. Auf dem Weg hierher habe ich, sagen wir, ordentlich Federn gelassen. Ich bin nicht mehr der, der ich einmal war", schloss er nachdenklich.

Eine Weile lang schwiegen beide. Charlotte wollte die Intimität des Moments nicht zerstören und ließ ihm seinen Raum. Arnaud schaute einige Sekunden auf die Serviette, die er in seinen Händen hielt, dann blickte er auf und lächelte Charlotte traurig an.

„Du sprichst noch immer in Rätseln, Herr Jourdain. Nicht, dass ich dich bedrängen will. Sag du, was du erzählen willst. Bei mir ist es sicher." Sie schaute ihn aufmunternd und ruhig an.

Arnaud fuhr sich mehrmals durch die Locken, als wollte er sich ordnen, bevor er mehr von sich und seinem Leben erzählte.

„Ich komme aus einer Familie, die das Wort Liebe anders definiert, als ich es tue. Wenn man tut, was von einem erwartet wird, dann genießt man die Gnade des Oberhaupts, in meinem Fall mein Vater. Er wollte, dass ich Humanmedizin studiere und mich zum Facharzt ausbilden lasse. Ich habs versucht, aber mein Herz schlug eigentlich schon immer für die Tiere. Nach dem Physikum habe ich alles hingeschmissen. Ich wollte mit meinem Vater sprechen, doch er hat dichtgemacht und mich wissen lassen, dass ich nicht mehr sein Sohn bin."

„Himmel", entfuhr es Charlotte. „Das ist hart. Wie kann man nur …"

„Ja. Wie kann man nur. Man kann, wenn man verbittert und hart ist. Wenn man anstelle eines moralischen Kompasses eine Liste mit Punkten hat, die andere Menschen zu erfüllen haben, die eigenen Kinder eingeschlossen."

„Traurig ist das. Richtig traurig."

„Traurig und brutal", ergänzte Arnaud. „Aber es hat mich geformt. Meinen Kompass erst geschaffen. Seine Härte mir und meiner Mutter gegenüber hatte gewissermaßen auch etwas Gutes, so abstrus es auch klingt. Die Werte, die mir heute wichtig sind, meine und die der Menschen um mich herum, sind denen diametral entgegengesetzt, die ich zu Hause von klein auf annehmen sollte."

„Das hat er nicht geschafft …", sagte Charlotte vorsichtig.

„Genau. Und das ist richtig gut!", sagte Arnaud nun mit seinem alten Lächeln.

„Ach, Arnaud, so traurig es auch ist. Ich finds schön, dass du aufgemacht hast. Mich ein wenig hast teilhaben lassen an deiner Geschichte. Danke dafür. Und danke für dieses Essen."

„Mein Essen war super, oder? Formidable, n'est-ce-pas?", fragte er mit gespielter Arroganz.

„Wahnsinn. Der Fisch allein – ein Gedicht!" Charlotte lachte und kassierte eine fliegende Serviette, die direkt auf ihrem Kopf landete. Sie stand auf und machte sich bereit zum Gehen. Es war spät, und sie war müde. Auf dem Weg zur Garderobe legte sie die Weichen zur Fortsetzung des Wettbewerbs.

„Also, lieber Monsieur Jourdain. Wenn du mit einem so … ich sage mal bodenständigen Gericht startest, werde ich das analog beantworten. Quid pro quo. Du bist eingeladen zu Schnitzel, Petersilienkartoffeln und Gurkensalat. Wie stehts eigentlich mittlerweile?"

„Ich glaube 10:10“, sagte Arnaud und gab ihr eine warme, feste Umarmung zum Abschied.

Kapitel 32

ALS Charlotte am nächsten Morgen nach etwas Geeignetem zum Anziehen für ihren Termin bei der Bürgermeisterin suchte, fiel ihr auf, dass sie ihre Garderobe dringend auffrischen musste. Schon beim Fertigmachen für das Essen bei Arnaud war ihr aufgefallen, dass ihre Kleider viel zu bieder waren für Frankreich. Für Violette waren sie genau richtig. Für den Alltag und für das nächste Wettbewerbsessen mit Arnaud hingegen würde sie etwas anderes brauchen. Sie hatte Lust auf Röcke und Blusen, auf Kleider und lässige Hosen mit raffinierten Tops, auf mehr Eleganz, femininer, aber gleichzeitig auch lässig und nicht madamig. Sie blickte auf die Uhr. Die Shoppingtour könnte sie direkt nach einem schnellen Mittagessen im *Joseph's* machen. Oh ja! Sie würde in das wunderschöne Aix fahren! Aber erst musste sie zu ihrem Termin bei Violette Brulet.

Nach dem Besuch des himmlischen Trios hatte sie auf dem stark veränderten Papier entdeckt, dass André, Claude und Paul ihr doch tatsächlich eine komplette Liste erstellt hatten mit allen Formalitäten, die sie noch erledigen musste, bevor sie ein Hotel in Frankreich eröffnen durfte. Die drei, nicht zu fassen. Solche Schätze. Nun musste sie die Liste nur noch abarbeiten. Einen Teil hatte sie online erledigt, ein anderer Teil war Sache der Administration in Sainte-Sophie und galt Dingen wie der Aufstellung von Straßenschildern, der Gewerberegistrierung und verschiedenen Lizenzierungen und Registrierungen wie beispielsweise der Genehmigung zum Ausschank von alkoholischen Getränken. Charlotte hatte eine saubere Liste mit allen Punkten angefertigt, für die das Gemeindehaus zuständig war, das Violette Brulet unterstand. Natürlich würde sie, wie jeder andere Bürger und angehende Unternehmer auch, jede Anfrage über den normalen Weg in den entsprechenden Büros des Gemeindehauses stellen müssen. Doch es konnte nicht schaden, auf Violettes Angebot zurückzukommen, das diese beim Weinfest gemacht hatte.

„Kommen Sie in mein Büro, wenn ich Ihnen mit irgendetwas helfen kann. Ich bin gespannt, was Sie mit dem alten Hotel machen wollen, vielleicht kann ich hier und da dabei helfen, den Dienstweg etwas zu verkürzen“, hatte sie damals mit einem Augenzwinkern gesagt und mit Charlotte auf ihr Erbe angestoßen.

Als sie von Violettes Sekretärin in den kleinen Wartebereich zwischen Sekretariat und Bürgermeister-Büro verwiesen wurde, ließ sie den vergangenen Abend Revue passieren. Was für eine Geschichte! Nach einer guten Nachtruhe und einem schönen Frühstück war ihr klar geworden, dass sie der neue Stand der Dinge mit gemischten Gefühlen erfüllte. Vor der Enthüllung seines Singledaseins hatte sie sich sicherer gefühlt. Da war klar, dass er ein kleines bisschen ein Schuft war, und sie konnte deshalb ihre ganze Energie und Konzentration auf sich und ihr Projekt richten. Nun war der Mann wieder präsent und gar kein Schuft, im Gegenteil. Tatsächlich war er jetzt präsenter als jemals zuvor. Charlotte gefiel die Vorstellung, sie könnte ihre Autonomie verlieren, gar nicht. Andererseits – warum sollte sie die verlieren? Sie waren dabei, Freunde zu werden. Es war nichts geschehen. Gar nichts. Genau – nichts hatte sich geändert an ihrem Status quo, und damit war auch ihre Freiheit nicht in Gefahr.

„Madame Bergmann? Die Frau Bürgermeisterin ist nun bereit für Sie. Treten Sie bitte ein.“ Die Sekretärin stand gerade wie ein Soldat an der geöffneten Tür zu Violette Brulets Büro und wies Charlotte an, zu kommen.

„Vielen Dank.“ Charlotte richtete eine Locke, die aus dem Knoten gefallen war, den sie gebunden hatte. Dann trat sie ein in das Reich Violettes. Alles sah exakt so aus, wie sie es sich vorgestellt hatte.

Der Schnitt war dem Büro ähnlich, das Carole und Garcia angemietet hatten, nur war dieses hier mindestens doppelt so groß. Die linke Seite war von hohen Fenstern durchzogen mit kurzen Wandunterbrechungen, die mit kleinen Anrichten dekoriert waren. Die Frontwand war komplett mit deckenhohen, alten Bücherregalen aus glänzendem Holz besetzt. Davor thronte Violettes Sekretär, ein massives Objekt enormen Ausmaßes, das aussah, als käme es aus dem 18. Jahrhundert. Ringsum in lockerer Verteilung Sitzgruppen, Sofas und Beistelltische, an den

Wänden Gemälde vergangener Bürgermeister und Stadträte. Klassischer und französischer ging es nicht mehr.

Violette saß an ihrem Schreibtisch und blickte konzentriert auf ihr Handy. Sie nahm keine Notiz von Charlotte, die wartend vor der inzwischen geschlossenen Türe stand. Nichts geschah. Die Frau hatte echt die Ruhe weg. Charlotte beschloss zu hüsteln, woraufhin Violette sofort mit weit aufgerissenen Augen aufblickte.

„Ah, Madame Bergmann, kommen Sie, kommen Sie!“ Sie winkte Charlotte zu sich an den Schreibtisch und zeigte mit dem Finger auf den Stuhl direkt vor ihr. „Sie müssen entschuldigen, ich habe so viel um die Ohren gerade, schrecklich, einfach nur schrecklich, wenn gewisse Leute ihre Arbeit nicht richtig machen und am Ende alles an einem selbst hängen bleibt.“

Sie pfefferte ihr Telefon mit einer theatralischen Bewegung auf den Tisch und seufzte.

„Was kann ich für Sie tun? Haben Sie sich schon ein wenig bei uns eingelebt?“ Violette lehnte sich zurück und taxierte Charlotte langsam und schamlos vom Scheitel bis zur Sohle.

Wie unangenehm, hoffentlich hängt nichts schief, dachte Charlotte und entschied sich, einfach alle Punkte anzusprechen.

„Zuallererst einmal: Vielen Dank, dass ich so schnell einen Termin bekommen durfte und dass Sie mir Ihre Zeit schenken …“, sagte sie und sah, wie Violette gönnerhaft abwinkte. Ein Schwall des schweren Parfüms wehte zu ihr herüber, das ihr schon beim Weinfest aufgefallen war. Violettes Aufzug war heute kaum weniger spektakulär. Sie war von Kopf bis Fuß in Chanel gehüllt – ein klassisches Kostüm, in der weniger klassischen Farbe Pink und Goldkappen an den cremeweißen Ballerinas aus Lackleder.

„Ich werde das Haupthaus des Anwesens als Hotel neu eröffnen“, sagte Charlotte nun und sah sofort, dass Violette die Nachricht längst über die Anzeige in der Regionalzeitung erhalten hatte. Sie sagte eine Weile nichts und blickte Charlotte mit einem nachdenklichen Lächeln an.

„Schön, Charlotte, schön. Das ist gut. Ein Hotel am Ort ist nicht genug, und das alte Hotel Ihres Vaters ist natürlich ideal, um es weiter als Unterkunft zu nutzen.“

Charlotte nickte und fuhr fort.

„Nun habe ich noch eine ganze Liste an Anträgen, die ich stellen muss. Sie hatten mir seinerzeit beim Weinfest Ihre Unterstützung angeboten, und nun wollte ich fragen, wie ich Ihr großzügiges Angebot nutzen kann …“, sagte Charlotte und wartete Violettes Antwort ab, die wieder wie in Gedanken versunken schien, während sie Charlotte anlächelte. Dann, wie aus dem Nichts, sprang Violette auf und schlug mit beiden Händen auf ihren Sekretär.

„Gar kein Problem, Charlotte! Stellen Sie Ihre Anträge, ich kümmere mich dann darum, dass die Mühlen schneller mahlen“, versprach sie und bewegte sich Richtung Türe. „Wunderbar! Wunderbar! Einen schönen Tag Ihnen noch!“, rief sie dann und streckte den Arm zur Verabschiedung nach Charlotte aus, die völlig verdattert aufgestanden und zur Tür geeilt war.

Das musste die bislang bizarrste Begegnung gewesen sein, seit sie ihren Fuß auf den Boden dieser Gemeinde gesetzt hatte. Der Frau schien irgendetwas durch den Kopf gehuscht zu sein, das sie dazu bewegt hatte, Charlotte so schnell zu verabschieden. Seltsam. Ihr Vertrauen in diese Frau war irgendwie nicht vorhanden, wie Charlotte feststellte. Aber egal, sie war im Zeitplan und würde sich morgen an die Liste der Jungs setzen. Ob diese Frau ihren Einfluss nun geltend machen würde, oder alles nur heiße Luft war, war schlussendlich egal. Im schlimmsten Fall würde sie die Genehmigungen halt über den regulären Dienstweg bekommen.

Auf dem Weg hinaus begegnete Charlotte der Tochter von Violette, Emily. Sie wirkte wie ein Gespenst, sehr in sich gekehrt und blass und schien Charlotte nicht zu sehen, die gerade auf sie zulief.

„Hey, Emily! Wie geht es dir?“, rief Charlotte direkt in Emilys Richtung und blieb stehen.

Emily hob langsam den Kopf, zog die Kopfhörer aus den Ohren und lächelte Charlotte müde und schüchtern an.

„Guten Tag, Charlotte“, sagte sie und schaute schnell zu Boden.

„Ich komme gerade von deiner Mutter. Willst du sie besuchen?“

Emily nickte stumm.

„Ihr habt gerade Herbstferien, stimmts?“

„Ja, eine Woche noch“, bestätigte Emily und schenkte Charlotte nun ein Lächeln.

„Genießt du die Zeit? Hast du spannende Pläne gemacht?“ Charlotte versuchte, Emily aufzumuntern, ihr tat das Mädchen leid. Sie wollte Violette nicht zu Unrecht verurteilen, erwischte sich dennoch bei dem Gedanken, dass es bei der Mutter kein Wunder sei, dass die Tochter so niedergeschlagen war. Sie hatte sie bis jetzt zweimal gesehen, und jedes Mal wirkte sie unglücklich und wie ein Schatten ihrer selbst.

„Nicht wirklich. Ich treffe meine Freunde, schlafe aus, nichts Besonderes“, erklärte sie.

„Ist doch schön. Hab eine gute Zeit, Emily!“ Charlotte hob die Hand und winkte Emily zu, die nickend und blass weiterzog in die Richtung, aus der Charlotte gerade gekommen war.

Charlotte machte sich auf zu ihrer nächsten Station, dem *Joseph's*. Als sie drinnen Platz nahm, stellte sie fest, dass sie Carole schon eine gefühlte Ewigkeit nicht mehr gesehen hatte. Wie es ihr wohl erging? Sie bestellte eine Ratatouille und machte sich daran, ihr eine Textnachricht zu schreiben. Die Reaktion folgte auf dem Fuße. Den Kindern ging es schon viel besser, bis zum Schulanfang seien sie auf jeden Fall wieder fit. Charlotte und Carole verabredeten sich zum Frühstück bei Charlotte für den nächsten Morgen. Wunderbar!

„Hey, Charlotte! Gute Wahl, die Ratatouille ist super geworden!“ Charlotte blickte von ihrem Handy auf und sah, wie Gabriel auf sie zusteuerte.

„Wie gehts? Hotel schon eröffnet?“, neckte er und nahm neben ihr Platz.

„Haha, ja klar! Die Renovierung war in zwei Tagen durch, und nun ist alles komplett ausgebucht“, scherzte Charlotte zurück. Herrlich, der Mann. Ein richtiges Urgestein, groß, wuchtig, mit dem Herzen am rechten Fleck und immer für einen Spaß gut. Er passte perfekt zu der zarten Élise, die in allem deutlich subtiler war. Was sie verband, war die Liebe zum Beruf, die hervorragend gelungenen Zwillinge und mit Sicherheit noch eine ganze Reihe mehr.

„Wo stehst du? Hast sicher den Kopf voll mit tausend Sachen, was?“, fragte Gabriel.

„Allerdings. Ich komme gerade vom Gemeindeamt. Allein die Liste an Formalitäten ist irre lang. Aber zum Glück bekomme ich Hilfe von allen Seiten, und das ist wirklich klasse."

„Na, das ist doch schön. Was willst du eigentlich servieren, wenn es losgeht? Hast du schon nach einem Koch gesucht?"

Charlotte zuckte zusammen. Das Personalthema hatte sie erfolgreich verdrängt.

„Nein, damit habe ich ehrlich gesagt noch nicht angefangen. Wieso, hast du jemanden für mich?"

Gabriel lachte.

„Es wird immer schwieriger, gute Leute für die Küche zu finden. Wir sind froh, dass wir einigermaßen versorgt sind. Mein Tipp: Beginn lieber zu früh mit der Suche als zu spät. Nachher rennen dir die Gäste die Bude ein, und du stehst alleine in der Küche."

Charlotte wurde mulmig zumute.

„Was willst du denn auf die Karte setzen?", fragte Gabriel weiter.

„Ganz ehrlich, Gabriel? Du machst mir gerade ein bisschen Angst. Ich bin eigentlich nur gekommen, um lecker zu Mittag zu essen, und jetzt ist mir fast der Appetit vergangen."

Gabriel klopfte auf Charlottes Rücken.

„Ach was, nein! Das war nicht meine Absicht, im Gegenteil! Du musst keine Angst haben, wirklich nicht! Wir haben deine Anzeige gelesen. Du hast noch locker ein halbes Jahr Zeit für die Planung deiner Gastro und die Suche deiner Leute. Das ist total realistisch! Ich werde außerdem die Augen und Ohren offen halten für dich. Das klappt! Und dein Mittagessen geht zum Ausgleich für den unnötigen Schreck aufs Haus."

Charlotte entspannte sich wieder und lächelte.

„Also, um auf deine Frage zurückzukommen – mein Plan war eigentlich Frühstück und Abendessen, klassisch französisch mit modernen Elementen, aber keine große Karte, sondern eine täglich wechselnde, kleine Karte mit zwei Menüs zur Auswahl. Die Gäste entscheiden sich jeden Morgen nach dem Frühstück an der Rezeption für das vegetarische oder das reguläre Menü und gut ist. Auf die Weise bleibt es überschaubar, wir können jeden Tag frisch kochen und reduzieren Abfall auf ein Minimum. Mittags gibts gar nichts. Damit können Sie zu dir kommen“, sagte Charlotte und knuffte Gabriel in die Seite.

„Na, das klingt doch super!“, sagte er und hob den Daumen. Charlotte atmete erleichtert auf. Diese Unterhaltung war tatsächlich Gold wert. Er hatte recht, sie musste sich nicht fürchten, nur aktiv werden. Gabriel meinte es gut mit ihr.

„Noch ein ungefragter Tipp. Nicht erschrecken“, sagte Gabriel augenzwinkernd. „Wichtig ist, dass das, was du anbietest, auf den Punkt zubereitet ist. Nicht falsch verstehen, aber Ausländer verzeihen viel mehr als die Franzosen. Wenn die einmal schlecht gegessen haben, merken sie sich das“, erklärte Gabriel und machte, dass Charlotte sofort an den Wettbewerb denken musste, den sie mit Arnaud austrug. Sie lachte.

„Glaub ich dir aufs Wort. Eure Strenge beim Essen ist ja legendär.“

Die Bedienung kam und servierte Charlottes Ratatouille.

„Guten Appetit, Charlotte“, sagte Gabriel. „Genieß schön, ich muss weiter.“

Charlotte genoss an diesem Tag nicht nur ihre Ratatouille. Lange Spaziergänge durch die Straßen von Aix-en-Provence und viele Stunden später stand sie an der Kasse der letzten Boutique unter den vielen, die sie an diesem Nachmittag unsicher gemacht hatte. In ihren Taschen lagen ein paar lange Röcke, tolle Blusen, verschiedene Tops und Hosen, die elegant und trotzdem perfekt zum Arbeiten waren. Beim Anprobieren hatte sie den Bund einer Bluse zu einem Knoten festgebunden, was ihre Taille, aber auch den kleinen Bauchansatz betonte. Als Charlotte das im Spiegel sah, musste sie lächeln. Es gefiel ihr. Sie gefiel sich. Sie fühlte sich schön und geliebt, obwohl sie frisch gebackener Single war. Sie hatte begonnen, sich selbst zu lieben, viel bewusster als zuvor. Sie war auf dem Weg zu einem ganz neuen, stärkeren Selbstwertgefühl.

Kapitel 33

„AI, ai, ai, was sind denn das alles für Leckereien?! Da weiß man ja gar nicht, was man zuerst essen will!“ Carole freute sich wie ein Schneekönig über Charlottes Einladung zum Frühstück. Unter den vielen Kostbarkeiten des gemeinsamen Hausstandes hatte es Charlotte nicht verpasst, den über die Jahre liebevoll gepflegten Sauerteigansatz aus Hamburg mitzunehmen. Er hatte die Reise und den Ortswechsel wunderbar überstanden und Charlotte ein köstliches Vollkornbrot aus Roggen und Dinkel mit Sesamkruste beschert. Neben dem dunklen Brot gab es auf dem Frühstückstisch außerdem einen holländischen Gouda, den Charlotte in Frankreich, dem Land der köstlichsten Käse weltweit, aus reinstem Spaß an der Freud in Aix gekauft hatte. Ebenfalls mit von der Partie: himmlisch süßsaure Tomaten vom Markt, Schnittlauch, Gurke und ein selbst gemachter Frischkäse mit vielen frischen Kräutern aus dem Garten, Olivenöl und Seesalz. Carole war begeistert.

„Warte“, sagte Charlotte. „Ich mach dir ein Schnittchen!“

„Ein was?“, rief Carole in ihrer unnachahmlichen Art, wann immer ihr ein neues spannendes deutsches Wort begegnete, was jedes Mal schallendes Gelächter zur Folge hatte. Carole und Charlotte hielten sich die Bäuche vor Lachen.

„Ach, was habe ich das vermisst!“, sagte Carole und wischte sich die Lachtränen weg. „Jeden Tag mit zwei kranken Kindern in der Bude hocken macht echt keinen Spaß.“ Sie schaute neugierig zu, wie Charlotte ihr ein Brot mit Frischkäse machte, mit Tomatenscheiben belegte und das Ganze mit Pfeffer, Salz und Schnittlauch bestreute.

„Und das esst ihr zum Frühstück?“, fragte Carole erstaunt.

„Wir essen alles Mögliche zum Frühstück, Süßes wie Herzhaftes mit einer sehr vielfältigen Auswahl bei den Zutaten und Brotsorten“, erklärte Charlotte, der das Baguette in den letzten Tagen aus den Ohren gekommen war. Sie brauchte dringend ein zünftiges Vollkornbrot.

Carole biss in ihr Schnittchen und kniff die Augen zusammen, während sie fröhlich ihren Oberkörper hin und her bewegte.

„Ich liebe deine Schnittchen! C'est si bon!“, stöhnte sie und nahm einen großen Schluck aus ihrer Kaffeetasse. Dann wandte sie sich wieder an Charlotte.

„Und was hast du so getrieben, die letzten Tage?“

Charlotte überlegte, wann sie das letzte Mal gesprochen hatten, und begann zu erzählen von dem großen Erfolg beim Verarbeiten des Obsts mit den Zwillingen, dem Kennenlernen ihrer Eltern, der Schalte bei der Zeitung und dem sensationellen Auftauchen des himmlischen Trios, inklusive der Nachricht über die Geschichte ihres Vaters, dem gelungenen Gespräch mit Jeanette und der Anmeldung für die Workshops, der seltsamen Begegnung mit Violette und Emily und dem Abendessen bei Arnaud.

„Ja, sag mal! Alle Achtung! Da ist man einmal außer Gefecht gesetzt, und was macht die Lieblingsdeutsche? Lernt das halbe Dorf kennen und hakt eine Aufgabe nach der nächsten ab, das hast du gut gemacht!“

Charlotte lächelte verlegen. „Danke, Carole. Ist natürlich alles auch dein Verdienst. Du hast mir so viel gezeigt und mich eingeführt.“

Carole schüttelte den Kopf, während sie versuchte des großen Bissens Herr zu werden, den sie sich in den Mund gesteckt hatte.

„Wie war das für dich, das über deinen Vater zu erfahren? Ich wusste da selbst gar nichts von. Ich kann mir vorstellen, dass dich das ganz schön umgehauen hat“, sagte Carole und machte eine kleine Schnittchen-Pause, um Charlotte ihre ungeteilte Aufmerksamkeit zu schenken.

„Genau das. Es hat mich umgehauen. Und ich werde da noch mit meiner Mutter sprechen müssen, denn die Frage, die sich mir inzwischen stellt, ist: Wieso hat sie mir nie gesagt, dass er gezwungen war, zurück nach Frankreich zu gehen? Das hätte ja eine völlig andere Qualität gehabt und mich ganz anders geformt in meinem Leben.“

„Weil er es ihr nicht gesagt hat, vielleicht?“, gab Carole zu bedenken. „Vielleicht hat er sich geschämt, es ihr zu sagen. Das kann sehr gut sein. Red da wirklich mal in aller Ruhe mit deiner Mutter drüber. Ich bin mir sicher, dass ihr beide viel mehr Klarheit habt danach.“

Charlotte nickte und bereitete ein weiteres Schnittchen zu.

„Hm, und sag mal, du warst bei Arnaud?“, schoss sie nach und blickte Charlotte mit einem vergnügten Blitzen in den Augen an.

„Yep! Wir kochen um die Wette. Wer die bessere Küche hat, gewinnt“, sagte sie bemüht beiläufig.

„Ach, das ist ja interessant“, sagte Carole neugierig.

„Es ist lustig“, korrigierte sie Charlotte. „Und nur für den Fall, dass du das falsch verstehst: Das ist rein platonisch. Wir schließen Freundschaft. Verstehst du?“ Charlotte tippelte nervös mit einer Schuhspitze und überlegte, womit sie das nächste Schnittchen für Carole belegen sollte.

Carole grinste noch immer.

„Aber ja, verstehe, platonisch. Natürlich.“

„Das ist es wirklich, Carole! Du weißt ja, wie ramponiert mein Herz ist und was alles auf mich wartet. Ich bin jetzt an der Reihe. Ich will jetzt ungestört mein Ding machen.“

„Verstehe ich total“, sagte Carole. „Arnaud ist ein ganz Lieber. Ein bisschen eigen manchmal. Aber das sind wir ja auch. Und das meine ich genau so, wie ich es sage. Keine Ironie. Ich schätze ihn sehr. Und Pierre, der nicht so leicht Freundschaften schließt, ist nicht ohne Grund eng mit ihm befreundet. Wundert mich gar nicht, dass ihr euch gut versteht, im Gegenteil.“

„Warum wundert dich das nicht?“ Nun war Charlotte neugierig geworden.

„Ach … er hat viel hinter sich. Das formt. Aber das wird er dir sicher selbst erzählen, irgendwann“, sagte Carole und machte sich an ihr zweites Schnittchen, diesmal mit Gouda und Gurke. „Du bringst es echt fertig, in Frankreich holländischen Käse zu kaufen und uns vorzusetzen. Frag mich nie wieder, warum ich sage, dass du eigen bist. Und ja: Es schmeckt wunderbar!“, stellte Carole fest.

Charlotte grinste. „Du, wegen Arnaud, kann es sein, dass er ein bisschen verschlossen ist?“, bohrte Charlotte nach.

Carole schüttelte entschieden den Kopf. „Nein. Tatsächlich finde ich ihn ziemlich offen. Er hat keine Angst, über seine Gefühle zu reden, und ist sehr aufmerksam für das Befinden anderer und was sie beschäftigt.“

Charlotte dachte nach. Was Carole sagte, stimmte. Man konnte mit Arnaud einen Riesenspaß haben, lachen und sich die Bälle hin und her werfen. Aber sobald er merkte, dass etwas im Busch war, machte er es besprechbar. Er war so anders als Stefan, dass Charlotte ihn automatisch in die Friendzone manövriert hatte – wohl aus dem irrationalen Glauben, dass so ein netter Kerl nur ein Kumpel sein kann und Partner Schufte. Dabei war Arnaud alles andere als sonderbar. Seine Persönlichkeit und sein Charakter waren alles andere als das. Sie waren wunderbar.

Nach dem Frühstück stand die Inspektion mit André, Claude und Paul an. Charlotte begrüßte das Trio Céleste, das schon vor dem verabredeten Termin eifrig um das Haus lief und sich Notizen machte.

„Ihr Lieben, ihr seid schon da!“, rief sie, als sie gemeinsam mit Carole das Haupthaus erreichte, wo Carole geparkt hatte. Die freute sich, als sie Charlottes Besuch entdeckte.

„Oh, Charlotte. Mit diesen drei Männern kann gar nichts mehr schiefgehen“, sagte sie Charlotte, während sie sich von ihr verabschiedete. „Wie schön, dass ihr euch gefunden habt.“

„Hé, Messieurs! Soyez gentils avec mon amie!“, rief Carole zum Abschied den Männern zu, die ihr zuwinkten. Dann brauste sie davon, und Charlotte folgte den drei Männern auf ihrer Sichtung. So anders die Provence auch war, so vertraut waren ihr all die Gespräche und Prozeduren, mit denen die drei Männer in der folgenden Stunde befasst waren. Als irgendwann die Junioren der drei auftauchten und mit Apparaturen die Untersuchungen fortsetzten, machte sich Charlotte auf in ihr Haus, um eine kleine Stärkung für alle Anwesenden vorzubereiten. Am Nachmittag servierte sie in der Obstküche einen Punsch und viele verschiedene, kleine Häppchen.

„Was ist denn das für ein Brot? Schmeckt toll! Und wie heißt der Käse?“, fragte Claude und genoss, wie alle anderen auch, was Charlotte zubereitet hatte. Sie musste schmunzeln. Wenn ihr wüsstet! Nachdem sich alle gestärkt hatten, kam einer der Junioren zu Charlotte, um ihr die Ergebnisse der Inspektion vorzulegen. Es war Paul Lefèvres Sohn, Luca, der projektführend die Regie übernommen hatte.

„Ich kann Sie beruhigen, Madame Bergmann“, sagte er lächelnd und mit warmer, sonorer Stimme. „Das Haus ist in einem sehr guten

Zustand. Es gibt nur einige wenige Mängel, die wir schnell beheben können. Ich mache Ihnen bis Ende der Woche einen Kostenvoranschlag."

Charlotte seufzte vernehmlich und legte eine Hand auf ihre Brust. „Ach, da fällt mir jetzt aber ein Stein vom Herzen. Vielen Dank für Ihre unkomplizierte und schnelle Arbeit."

„Wenn Sie es wünschen, können wir uns auch um die Renovierung des Innenbereichs kümmern. Malerarbeiten, kleine Schönheitskorrekturen – da gibt es schon noch einiges zu tun", fügte Luca hinzu.

Charlotte überlegte. Eigentlich wollte sie möglichst viel selbst machen. Einmal um Geld zu sparen, aber auch weil ihr diese Arbeiten Freude bereiteten. Andererseits hatte sie schon jetzt so viel zu tun mit dem Workshop, den gastronomischen und Personal-Planungen, der Einrichtung nach den Renovierungen und mit der Arbeit für Meret, dass sie, realistisch betrachtet, komplett eingespannt war.

„Machen Sie den Kostenvoranschlag bitte für alles. Sobald er auf meinem Tisch liegt, werde ich meine Entscheidung treffen. Ich muss schauen, ob alles zusammen in mein Budget passt. Wenn es so ist, werde ich einschlagen."

Luca nickte. „Verstanden. Wir werden schauen, dass wir Ihnen ein gutes Angebot machen."

Als die Junioren weggefahren waren, nahm Charlotte noch mit den drei Vätern vor dem Haupthaus Platz. Sie hatte aus dem Keller vier Stühle und einen alten Klapptisch nach oben gebracht und ließ den Tag bei Wein und Brot mit ihrem himmlischen Trio ausklingen. Die abendliche Herbstsonne schien direkt auf sie und wärmte sie und tauchte alles in ein wunderschönes, rotes Licht. Die Männer gaben einen Schwank nach dem nächsten zum Besten und brachten Charlotte so zum Lachen, dass sie irgendwann husten musste.

„Für heute müssen wir unsere Charlotte in Ruhe lassen, die Arme, sie bekommt keine Luft mehr!", rief Claude und klopfte ihr fest auf den Rücken.

Als Charlotte in dieser Nacht in ihr Bett schlüpfte, war sie so glücklich wie schon lange nicht mehr. Sie überlegte intensiv, wann sie zuletzt so erfüllt, so leicht und tief zufrieden gewesen war. Sie konnte sich nicht erinnern.

Kapitel 34

DAS Bizarre war nicht, dass ein ausgewachsener Mann ohne ersichtlichen Grund im Kreis über den Marktplatz rannte. Charlotte saß im *Joseph's* und schaute sich das Spektakel aus sicherer Entfernung an. Das Bizarre war, dass niemand außer Charlotte Notiz von ihm nahm. Jeder ging seines Weges und schien ihn nicht weiter zu bemerken. Jeanette trat aus ihrem Hotel und nickte Charlotte zu, bevor sie zum Blumenhändler ging. Élise und Gabriel saßen ein paar Tische von Charlotte entfernt und planten das Menü für die nächste Woche. Der ältere Herr am Marktstand mit der kleinen Gemüseauswahl aus seinem eigenen Garten lächelte Charlotte freundlich an. Und der Mann rannte. Und rannte. Wann immer er an Charlotte vorbeikam, staunte sie, dass er trotz der Runden, die er fortdauernd drehte, nicht außer Atem war. Er schien in ihrem Alter zu sein, hatte aber etwas Unmenschliches, Roboterhaftes an sich. Charlotte wollte ihn besser sehen. Sie beugte sich nach vorne und merkte, dass es ihr schwer ums Herz wurde. Sie beugte sich immer weiter nach vorne, stand irgendwann auf und kniff die Augen zusammen, doch sie konnte nichts erkennen. Plötzlich blieb der Mann am gegenüberliegenden Punkt des Kreises stehen und rannte dann direkt auf Charlotte zu. Je näher er kam, umso deutlicher erkannte sie das Muster seiner Kleidung. Abrupt kam er direkt vor ihr zum Stehen, lächelte sie an und legte seine Lippen auf ihre, ganz zart, fast ohne sie zu berühren. Dann machte er einen Satz zurück.

„Ups! Jetzt hätte ich dich fast geküsst!“, rief er.

„Warum hast du es nicht getan?“, fragte Charlotte verwirrt.

„Weil du meine Schwester bist.“

„Ich habe gar keine Geschwister.“

„Nein, aber wir sind trotzdem Familie, und Familie küsst man nicht.“ Der Mann trug eine Art Gefangenenanzug aus gestreiftem Leinen.

„Aber …!“ Charlotte rief ihm zu, doch da war er schon wieder weg.

Miaaaaaauuuuu. Miiiiiiaaaaaaaaaaau!

Charlotte riss ruckartig die Augen auf und blickte in das Gesichtchen von Oscar, der auf ihrer Brust gelegen hatte und nun erschrocken zur Seite sprang. Sie hatte geträumt. Erschöpft setzte sie sich auf. Sie streichelte Oscar und ging dann ins Bad, um sich fertig zu machen. Noch bevor sie ihren Traum analysieren konnte, hatte sie ihn schon abgeschüttelt. Arnaud als Streifenhörnchen in Sainte-Sophie und sie, die verwirrte Wahlschwester. *Nicht wirklich originell*, dachte sie und musste über sich selbst lachen.

Charlotte ging hinunter in die Küche, setzte Kaffee auf und ging zum Briefkasten. Als sie die Klappe öffnete, sah sie ihn sofort. Da war er, der angekündigte Brief von Luca Lefèvre, dem Sohn Pauls, der ihr einen Kostenvoranschlag für die Renovierungsarbeiten am Haupthaus schicken wollte. Auweia.

Sie lief zurück ins Haus und war mit einem Schlag so wach, als hätte sie ihren Kaffee bereits getrunken. Sie faltete den Brief auf und suchte ihn schnell nach einer Zahl ab. Ganz unten, am Ende einer langen Liste mit verschiedenen Posten, fand sie sie fett gedruckt – die Summe, die sie würde bezahlen müssen, wenn sie alle Arbeiten aus der Hand geben würde.

Sie schluckte. Das war ordentlich. Schnell überschlug sie, was man ihr in Deutschland für dieselben Arbeiten abnehmen würde, und kam auf einen deutlich höheren Betrag. Langsam ließ sie die Nachricht sacken. Es war heftig, aber machbar mit dem Geld ihres Vaters. Ihr würde noch genug Geld übrig bleiben, um das Hotel einzurichten und die ersten Monate in Betrieb zu nehmen. Allerdings müsste es dann auch schnellstmöglich Geld abwerfen.

Gedankenverloren deckte sie langsam ihren Frühstückstisch und merkte, wie sich der Schrecken verzog und Platz machte für Klarheit. Ja – sie würde die Renovierungsarbeiten komplett aus der Hand geben. Die Alternative wäre für sie, ohne eine einzige Sekunde freie Zeit, ständig zwischen dem Schreibtisch, dem Workshop und dem Haupthaus hin und her rasend. Nein, der Stress war tatsächlich durch kein Geld der Welt aufzuwiegen. Aus dem ersten kleinen Schrecken über die Rechnung Lucas' war schnell Erleichterung und die Freude darüber geworden, dass sie mit der Familie Lefèvre eine zuverlässige Adresse hatte, mit der schon ihr Vater eng verbunden gewesen war. Sie schrieb Luca eine E-

Mail mit der Bestätigung seines Angebots und der Bitte, sie zur Besprechung des Projekt-Plans zu kontaktieren.

Während sie frühstückte, machte sie sich immer wieder neue Notizen auf ihrer To-do-Liste. Ihr Kopf sprudelte geradezu über von Marketing-Ideen für ihr Hotel. Wie gut, dass der Workshop auch Hotelmarketing behandelte, das sie schon jetzt praktisch umsetzen konnte. Charlottes Kopf ratterte. Sie musste viel arbeiten, sehr viel. Strukturiert vorgehen, jeden Tag genau durchplanen und durchziehen. Ja, das Hotel und das Geld waren ein Geschenk. Ein Geschenk, das ihr ein vollkommen neues Leben ermöglichte. Aber mit diesem Geschenk kamen auch viele Herausforderungen und Aufgaben, die sie meistern musste.

Charlottes Tag war komplett durchgeplant. Heute war zwar unterrichtsfrei, dafür hatte Willem den Teilnehmern Hausaufgaben gegeben, die sie erledigen wollte. Doch da gab es etwas, das ihr Hummeln in den Hintern trieb. Claude hatte ihr eine überaus interessante Palette mit Farbproben in die Hand gedrückt zur Auswahl für die eventuellen Malerarbeiten am Haupthaus.

„Und die Farbe hier, glaub mir, die wäre auch fantastisch für dein Wohnzimmer. Die musst du dir anschauen, in Aix gibts einen Laden für diese Sorte Farben, die Adresse steht hinten auf der Haupttafel“, hatte er gesagt und ihr verschwörerisch zugezwinkert. Er wusste genau, dass sie solche Sachen liebte. Ihrer beider Berufe hatten einen gemeinsamen Schnittpunkt, und Farben waren ein Teil davon. Im Gegensatz zu Paul, der nüchterne Part des Trios, war Claude emotional durch und durch. Er nahm kein Blatt vor den Mund, stritt sich leidenschaftlich gerne mit dem überkorrekten André, war aber zugleich auch der gütigste der drei Männer ohne die geringste Angst, über große Gefühle zu sprechen. Charlotte hatte alle drei Männer gleichermaßen ins Herz geschlossen, doch mit Claude verband sie zusätzlich noch die Liebe für alles Schöne, allem voran die für die Architektur und Interieurs der Gegenwart und Vergangenheit. Und die großen Gefühle natürlich. Auch hier tickten sie gleich.

Charlotte hielt ihre Kaffeetasse in beiden Händen, atmete den Duft des Kaffees ein und beobachtete Oscar, der sich vor ihr hin und her warf und sie wortlos aufforderte, seinen Bauch zu kraulen.

Sie lächelte. Sie gab sich noch maximal eine Woche, dann würde sie endgültig verloren sein und mit Haut und Haaren verliebt in dieses Tier. Der Kleine hatte sie jetzt schon fast vollständig um den Finger gewickelt. Er bekam nahezu immer, was er wollte, und mehr noch als Futter waren das ihre Zuwendung und ihre Liebe. Wie recht er hatte! Dieses kleine Tier schaffte es immer wieder aufs Neue, dass Charlotte innehielt und ins Denken kam. Er zeigte ihr, wie sehr sie sich abgeschnitten hatte von diesen Momenten, die Menschen genau so sehr brauchten wie Tiere. Ohne seine tägliche Aufforderung, alles stehen zu lassen, würde sie den ganzen Tag durchackern. Stattdessen verbrachte sie nun mindestens zweimal täglich ein paar Minuten lang kuschelnd und kraulend mit ihm, genoss sein Schnurren und seine Körperwärme in absoluter Ruhe und intensiver Verbundenheit.

Charlotte liebkoste Oscars Köpfchen.

„Wir zwei kuscheln später, versprochen“, sagte sie sanft, aber entschieden. „Ich muss erst zwei Stündchen arbeiten, dann fahre ich schnell nach Aix, und wenn ich wieder zurück bin, kraul ich dein Bäuchlein extra lange, okay?“

Auf dem Weg nach Aix hatte Charlotte Mühe, sich auf die Fahrbahn zu konzentrieren. Immer wieder glitt ihr Blick ab und wanderte über die Felder und Berge. Mittlerweile war es November, und die bunten Farben der Naturlandschaft schillerten im goldenen Schein der Sonne so intensiv, dass man jeden Moment einfangen wollte. Der Herbst hatte zwar Einzug gehalten, doch die Sonne strahlte ohne Unterlass weiter und trieb das Thermometer noch immer hinauf auf 20 Grad oder mehr. Wenn man sich viel bewegte, konnte man durchaus noch ins Schwitzen kommen, also trug Charlotte jeden Tag die Sommergarderobe, die sie sich gekauft hatte. Heute war es der lange taubenblaue Leinenrock und die dunkelblaue Bluse mit dem weißen Petite-Fleur-Muster. Die Bluse hatte sie wieder über dem Rockbund zusammengeknotet und ihr Spiegelbild mit einem Lächeln abgenickt. Die braunen Clogs mit kleinem Absatz rundeten den Look perfekt ab. Sie warf einen Blick in den Rückspiegel und steckte ein paar Locken fest, die sich aus ihrem lockeren Dutt gelöst hatten.

Als sie Aix erreichte, fand sie sich sofort im regen Verkehr der Stadt wieder. Die Ampel ein paar Autos vor ihr stand auf Grün, doch der erste Fahrer blieb stehen. Schnell entstand ein wilder Mix aus Hupen und Zurufen. Charlotte lächelte. Wie sie das liebte! Die Sonne schien, das Leben summte, alles war so voller Energie und Lebendigkeit – hier waren selbst Streits unter Autofahrern irgendwie romantisch. Sie beobachtete, wie zwei Männer zur Hilfe eilten und den Fahrer gemeinsam mit anderen Passanten zur Seite schoben. Die Autos fuhren langsam wieder an, und Charlotte folgte ihnen, als sie plötzlich ein Hupen vernahm.

„Salut, Madame!“, rief eine Männerstimme aus dem Wagen, der ihr auf der linken Fahrspur entgegenkam. Es war Arnaud, der ihr lachend zuwinkte, als sie sich eine Sekunde lang auf gleicher Höhe anblickten, bevor er sie passierte.

„Das gibts ja wohl nicht!“, rief Charlotte und blickte ihm im Rückspiegel nach. Schon wieder! Was sollte sie jetzt tun? Sie konnte schlecht wenden, und anrufen war auch keine Option, da sie seine Telefonnummer nicht hatte. Charlotte war so aus dem Konzept, dass sie fast die Seitenstraße verpasst hätte, die sie nehmen musste. Schnell bog sie nach rechts und machte sich auf die Suche nach einem Parkplatz. Das Geschäft befand sich im selben Quartier wie die Galerie und das dahinterliegende Bistro, in dem sie Arnaud zufällig begegnet war. Sie beschloss, erst den Laden aufzusuchen und danach das Bistro, das einige Meter weiter entfernt lag. Wer weiß, vielleicht würde er dorthin gehen nach dieser abermaligen Zufallsbegegnung.

Als Charlotte das Malereifachgeschäft betrat, musste sie sofort lächeln. Wie recht Claude gehabt hatte! Das war wirklich ein Eldorado nicht nur für Maler und Innenarchitekten, auch für Amateure auf der Suche nach den schönsten Farbnuancen und Tapeten. Hier gab es restlos alles in allen Preiskategorien, von einfachen Optionen bis hin zu den wahnsinnigsten Designertapeten und top Farben. Charlotte schlenderte durch jeden einzelnen Gang wie ein Kind, das man nachts in einem Süßwarenladen vergessen hatte. Doch innerlich war sie noch immer ganz aus dem Takt. Wie konnte es sein, dass sie diesem Mann alle naselang über den Weg lief? War diese Region in Wahrheit so überschaubar, dass das ganz normal war? Aix war von der Größe her mit

Heidelberg vergleichbar, und die Stadt am Neckar kannte Charlotte von vielen Besuchen während des Studiums sehr gut. Es stimmte, Aix war klein. Trotzdem waren ihre Begegnungen nicht nur diesem Umstand zuzuschreiben. Charlotte entschied, ihre Farbrecherche abzubrechen. Sie spürte genau, dass sie dieses Bistro aufsuchen musste.

Arnaud stand an der Bar, mit dem Rücken zum Eingang, als Charlotte das Bistro betrat. Sie näherte sich ihm langsam, wild entschlossen, sich an ihm für all die Schreckmomente zu rächen, die er ihr schon bereitet hatte. Doch anstatt heftig zusammenzuzucken, drehte er sich eine Sekunde, bevor sie ihn packen konnte, langsam zu ihr um, mit einem vergnügten, strahlenden Lächeln. Charlotte starrte ihn mit offenem Mund an.

„Heeeeh?“, entfuhr es ihr, was Arnaud augenblicklich zum Lachen brachte.

„Tja, sorry, Charly, aber wenn du mich erschrecken willst, musst du schon etwas subtiler vorgehen“, sagte er noch immer lachend.

Charlotte runzelte wortlos die Stirn und schob ihren Kopf ungläubig nach vorne.

„Du meinst, du hast hinter deinen Locken am Hinterkopf ein paar Extra-Augen versteckt, oder was? Oder war es vielleicht meine intensive Aura, die dich sofort ins Bild gesetzt hat? Und wer bitte ist Charly?“

„Die Bar“, sagte Arnaud und wies zwinkernd mit dem Finger auf den riesigen Spiegel hinter dem Tresen.

Charlotte warf die Hand auf ihre Stirn. „Okay, 1:0 für dich!“, sagte sie und stellte sich neben ihn.

„Aber sag mal, was ist das, warum laufen wir uns ständig über den Weg? Das ist ja langsam unheimlich! Vorhin im Auto dachte ich echt, ich sehe nicht recht.“

„Ja, so hast du auch ausgesehen“, sagte Arnaud mit einem liebevollen Lächeln, das Charlotte deutlich wahrnahm. Reflexartig wandte sie sich von ihm ab und hielt nach dem Ober Ausschau.

„Un café s’il vous plait“, sagte sie dem Barista und wandte sich dann wieder Arnaud zu.

„Und was treibst du hier heute so?“, fragte sie ihn bemüht beiläufig. Der Mann haute sie einfach um. Das Wort „Ausstrahlung“ hatte, seit sie ihm zum ersten Mal begegnet war, eine greifbare, sehr konkrete Bedeutung bekommen. Es war, als stünde man direkt vor einem 220 Grad heißen Ofen, nur dass anstelle der Wärme irgendetwas anderes auf sie abstrahlte. Was genau es war, konnte sie nicht in Worte fassen. Nur, dass es sehr intensiv war. Es war eine Energie, die sie nervös machte.

„Mein Kollege in Saint-Joseph übernimmt heute. Ich hatte ihn vor ein paar Tagen vertreten, und nun macht er meine Patienten mit, die sowieso näher bei ihm sind. Da dachte ich, ich fahre auf ein paar Erledigungen nach Aix. Und du so, Charly? Ist es okay, wenn ich dich so nenne?“

Charlotte zuckte mit den Schultern. „Gefällt dir Charlotte nicht?“, fragte sie und nippte an ihrem heißen Kaffee.

„Doch. Charlotte ist ein sehr schöner, klassischer Name. Und er steht dir auch sehr gut. Aber manchmal finde ich, hast du etwas Spitzbübisches, zum Beispiel dann, wenn du dich wie ein Panther an einen nichts ahnenden armen Mann heranpirschst, subtil, elegant, vorausschauend …“ Arnaud beobachtete sichtlich vergnügt, wie sich Charlottes Gesicht künstlich verfinsterte, während sie mit aller Kraft ein Lachen unterdrückte.

„Pass nur auf. Nicht mehr lange, und wir essen bei mir zu Abend. Ich sag nur: Heimspiel. Ich kenne alle Ecken meines Hauses. Früher oder später kriege ich dich zu fassen, verlass dich drauf.“ Sie lehnte sich triumphierend gegen den Tresen und funkelte ihn an.

„Oh nein, mach mir doch nicht solche Angst!“, sagte Arnaud scherzend. „Apropos Essen“, fuhr er direkt fort. „Sollen wir hier um die Ecke zu Mittag essen? Ich bin seit sieben auf den Beinen, habe Bärenhunger, und es ist gleich eins.“

„Hm, ich habe eigentlich meine Zeit gestohlen heute und muss ultradringend an den Schreibtisch …“ Charlotte überlegte.

„Och, komm schon, der Moment kommt so schnell nicht wieder. Mir stehen auch ein paar Kampftage in der Praxis bevor. Hm?“ Arnaud gab Charlotte mit seinem Ellenbogen einen sanften Knuff in ihre Taille.

Sie zuckte zusammen, riss die Augen auf und unterbrach kurz das Atmen. *Hat der jetzt echt meine Speckröllchen berührt?*

„Also gut, überredet. Gehen wir einfach mitten in der Woche in der Stadt lunchen. Wir ham ja sonst nix zu tun. Ne?“

„Falsch“, sagte Arnaud. „Gehen wir einfach mitten in der Woche in der Stadt lunchen – wir leben nur einmal.“ Arnaud zwinkerte Charlotte zu und wies ihr mit einer eleganten Handbewegung den Weg zum Ausgang.

Schweigend ging Charlotte voraus, während er ihr durch den langen Weg über die Galerie hinaus auf die Straße folgte. Diese Zuvorkommenheit immer, der Mann wusste einfach, was Manieren waren, und Charlotte genoss das in vollen Zügen. Sie verabscheute es zutiefst, wenn ein Mann die Regeln des guten Tons missachtete. Im Grunde genommen genügte schon ein Fehler, und die Anziehung war futsch für sie, ganz gleich, wie attraktiv sie einen Mann vor dem Fauxpas gefunden hatte. Wie, oh wie nur, hatte sie es dann so lange mit Stefan dem Stinkstiefel ausgehalten, der keine Gelegenheit ausließ, das Falsche zu tun? Türen öffnen, Jacken anhalten, Verkäufern und Bedienungen freundlich und respektvoll begegnen und über kleine Fehler hinwegsehen. All das war nicht Bestandteil seines Repertoires als Mann gewesen. Für Arnaud war es zweite Natur.

„Sie haben da fantastische Suppen und ganz frischen Fisch. Hast du Lust auf Fisch?“, fragte Arnaud.

„Sehr. Ich hatte schon lange keinen mehr. Es gab da unlängst ein Malheur, musst du wissen …“ Jetzt gab Charlotte den kleinen Hieb mit dem Ellenbogen zurück an Arnaud. Sie freute sich. Sie mochte es so gerne, ihn zu foppen und zum Lachen zu bringen.

Das Restaurant war so entzückend, dass Charlotte am liebsten jede Ecke mit ihrer Handykamera fotografiert hätte.

„*Le Petit Poisson Rouge* – eins meiner Lieblingsrestaurants hier“, erklärte Arnaud, während sie darauf warteten, dass man ihnen einen Tisch zuwies. „Es ist seit drei Generationen familiengeführt, und am Herd steht der Chef persönlich. Er serviert immer den besten Fang des Tages, man weiß nie, was auf dem Menü steht.“ Charlotte betrachtete fasziniert, wie die Menschen an den kleinen Tischen eng an eng bei einem Gläschen Wein ihr Mittagessen genossen, alleine Zeitung lasen bei einem Kaffee, Mütter mit Kindern und ältere Ehepaare, und all das in einem zauberhaften Interieur mit Holzstühlen, Spiegeln und hell getünchten Wänden.

Sie nahmen Platz, und der Ober ratterte die Tageskarte aus dem Kopf runter.

„Was möchtest du am liebsten essen, Charly?"

„Ganz ehrlich, ich habe die Hälfte nicht verstanden. Bestell du für mich, mir schmeckt alles", sagte Charlotte.

Arnaud nickte und bestellte sofort, und ohne lange nachzudenken. Es war, als kannten sie sich schon seit Jahren. Alles floss, fühlte sich natürlich, richtig und entspannt an, immer vorausgesetzt, er strahlte nicht gerade wieder wie ein mysteriöser Energie-Ofen und brachte Charlotte aus dem Konzept.

„Und? Was werden wir essen?", fragte Charlotte neugierig.

„Wir starten mit einer Bouillabaisse – die ist hier immer sensationell. Danach gibt es Filet de Bar au Beurre Blanc – Seebarsch, in Butter pochiert und mit einer Beurre-Blanc-Soße, dazu gedämpfte grüne Bohnen und Kartoffelpüree", sagte Arnaud und goss Charlotte etwas Weißwein ein.

„Hm, tolle Wahl, Arnaud, ich freu mich schon! Aber der Wein? Ich bin mit dem Auto hier", gab sie zu bedenken, doch da hatte Arnaud schon zum Anstoßen angesetzt.

„Nur einmal. Wir leben nur einmal, Charly. Tchin-tchin!" Er lächelte sie an, wieder mit dem gleichen liebevollen Blick, den sie schon einige Male bei ihm gesehen hatte. Er verfügte über mindestens drei verschiedene Formen des Lächelns. Ein freches funkelndes Lächeln, das sie zum ersten Mal im Foyer des *Chez Jeanette* gesehen hatte, als sie ihn innerlich verzweifelt und äußerlich errötend wegwünschte, weil sein Blick viel zu intensiv war. Dieses Lächeln kam eigentlich immer zusammen mit dem Energie-Ofen. Dann hatte er ein freundliches Lächeln, das er im Kontakt mit allen Menschen trug, beim Zuhören im Gespräch mit Pierre zum Beispiel. Dieses Lächeln hatte verschiedene Ausprägungen, es ging von deutlich bis schwach, je nachdem, was gerade geschah. Und dann gab es das liebevolle Lächeln, das Charlotte durch Mark und Bein ging – so wie gerade eben. Es hatte absolut nichts Erotisches, im Gegenteil. Es kam direkt aus seinem Herzen. Es war das

Lächeln seiner Seele. Das Lächeln des Mannes, der er heute war nach einem Leben mit vielen schweren Momenten.

„Nun gut“, sagte Charlotte. „Auf deine Verantwortung. Wenn ich nachher nicht mehr fahrtüchtig bin, bringst du mich nach Hause.“ Sie stießen miteinander an und begannen sofort zu reden. Über Charlottes Arbeit, ihre Begegnung mit dem himmlischen Trio und wie sich alles in den vergangenen Wochen gefügt hatte. Arnaud lauschte konzentriert ihren Erzählungen.

„Ich bin wirklich beeindruckt, wie du das alles stemmst“, sagte er mit ehrlicher Bewunderung. „Deutschland einfach so den Rücken zu kehren und ein völlig neues Kapitel aufzuschlagen. Da gehört schon ganz schön etwas dazu.“

Charlotte nickte zögerlich. „Wenn man es so von außen betrachtet, mag das sicher so aussehen. Aber ganz ehrlich? Es fühlt sich überhaupt nicht so an.“

„Nicht?“ Arnaud beugte sich nach vorne und stützte sich mit seinen Ellenbogen auf dem kleinen Tisch ab.

„Nein. Es ist mir tatsächlich in den Schoß gefallen. Es war ein Geschenk, das ich nur noch annehmen musste. Alles, was ich seither auf die Beine gestellt habe, kam durch die Hilfe von Carole und all den Menschen, denen sie mich vorgestellt hat. Sie hat den Anfang gemacht, mich eingeführt, mich bestärkt und mich mit offenen Armen hier empfangen. Das hat mir so viel Kraft und Sicherheit gegeben, dass die Angst vor dem Unbekannten gar keine Gelegenheit hatte, mich zu erfassen.“

Arnaud nickte.

„Sie ist toll, oder?“, fragte Charlotte Arnaud und nahm einen großen Schluck von ihrem Mineralwasser.

„Ja, das ist sie wirklich. Was du da sagst über ihre Unterstützung, trifft auch auf ihren Mann zu. Pierre hat mir mal wahnsinnig geholfen. Das werde ich ihm nie vergessen.“

„Darf ich fragen, womit?“ Charlotte schaute Arnaud gespannt an. Es war wie ein Drahtseilakt, schien ihr. Grundsätzlich war er ein offener Mensch. Er scherzte, konnte mit Wildfremden ins Gespräch kommen und war auch dann offen und aufmerksam, wenn man sich öffnete und Tiefergehendes zur Sprache brachte. Doch über seine eigenen Themen schien er verhaltener. Sie wusste, dass das Verhältnis zu seinem Vater gestört war und ihn dessen Härte geprägt hatte. Warum ein Mann wie er jedoch solo war, darüber hatte sich Arnaud bei ihrem gemeinsamen Abendessen trotz Charlottes direkten Nachfragens bedeckt gehalten. Vielleicht musste sie vorsichtiger sein.

„Das darfst du sicher“, antwortete Arnaud. „Allerdings will ich dir nicht den Appetit verderben. Unsere Bouillabaisse müsste jeden Moment …“ Kaum dass Arnaud die Worte ausgesprochen hatte, kam der Ober mit der Suppe.

„Ach du meine Güte, wie das duftet!“, sagte Charlotte entzückt und band sich schnell einen neuen Dutt.

Arnaud beobachtete sie lächelnd und wartete, bis sie fertig war.

„Wenn man isst, soll man genießen, also lass uns meine Story auf nachher verschieben, okay?“, sagte Arnaud.

„Einverstanden. Guten Appetit, Arnaud! Das hast du toll ausgesucht!“

Sie genossen ihr Essen und unterhielten sich über Gott und die Welt, so unbekümmert, wie zwei Welpen miteinander spielten. Innerhalb weniger Sekunden konnten sie von ernst nach leicht switchen, ohne dass es sich komisch anfühlte.

Als der Kaffee serviert wurde, brachte Charlotte das Gespräch zurück zu der offenen Frage.

„Also, ich wäre bereit für deine Geschichte“, sagte sie.

Arnaud schaute sie intensiv an und lehnte sich dann in seinem Stuhl zurück.

„Die Austern waren schon bestellt“, sagte er und hinterließ Charlotte stirnrunzelnd.

„Bitte was? Du hast Austern bestellt? Also bei mir passt nichts mehr rein, ich bin pappsatt …“

Arnaud lächelte.

„Die Austern waren bestellt, als ich mit ihr sprach. Danach brachen unsere Welten zusammen. Ihre, die ihrer Familie. Die Welt meiner Familie und mein Leben“, sagte er, und innerhalb von einer Sekunde verfinsterte sich sein Gesicht so sehr, dass es Charlotte kalt wurde.

Kapitel 35

ARNAUD hielt inne und blickte schweigend hinaus, über Charlottes Schultern hinweg auf die Straße. Sie begriff zwar nicht, worum es ging, hatte aber eine Ahnung und beschloss, ihn kommen zu lassen. Sie schenkte ihm einen bestärkenden Blick und blieb still.

„Ihr Name war Roberta. Sie war die Tochter einer Juristendynastie an der Côte d'Azur, mit der meine Familie eng verbandelt war. Wir hatten uns an der Uni kennengelernt. Ich war an der medizinischen Fakultät, sie bei den Juristen. In den Augen unserer Eltern und der gesamten Bubble, in der wir lebten, waren wir das Traumpaar. Wir verstanden uns gut, Roberta war eine liebenswerte Frau, tat alles für mich. Sie versuchte immer, zwischen mir und meinem Vater zu vermitteln. Las mir jeden Wunsch von den Lippen ab, obwohl ich das nie wollte. Doch was ich wollte, wusste ich auch nicht.

Alles, was mir immer deutlicher wurde, war, dass es mir nicht gut ging. Irgendwie drang nichts mehr durch mich hindurch. Alles fühlte sich irgendwie taub an. Erst konnte ich nicht ausmachen, was es war. Natürlich war mir schon seit meiner Kindheit klar, dass ich nicht in diese Welt passte. Doch ich redete mir ein, dass ich – wir – schon einen Weg finden würden, um trotzdem glücklich zu werden. Roberta verstand und unterstützte meine Entscheidung, das Medizinstudium abzubrechen. Das war eine große Erleichterung im ersten Moment. Doch schon bald merkte ich, dass es das allein nicht war. Die Erleichterung verflog viel zu schnell, und das alte Gefühl von Taubheit kehrte zurück. Hinzu kam ein unerklärlicher Schwindel. Ich ging zum Arzt, ließ mich durchchecken, doch man konnte nichts finden.

Ich studierte mit Hochdruck an der tiermedizinischen Fakultät in Toulouse und lebte von meinen Ersparnissen aus dem Erbe meiner verstorbenen Mutter. Mein Vater hatte mir nach dem Ende des Medizinstudiums den Geldhahn abgedreht und redete mit mir nur noch das Nötigste, um nach außen den Schein zu wahren. Ich war innerlich zerrissen. Einerseits verzehrte ich mich nach seiner Liebe, danach, dass er mich akzeptierte, wie ich nun mal war. Andererseits merkte ich, wie ich ihn langsam begann zu verachten. Nach meinem Examen kam ein weiterer Druck hinzu. Alle Blicke lagen nun auf uns, Roberta und mir, und ich fühlte, dass wie alle anderen auch sie erwartete, dass ich unsere Verbindung offiziell machte. Ihre Uhr tickte, und sie wünschte sich ein Baby. Wir waren beide 36. Und sie war immer so gut zu mir gewesen, dass ich es nicht übers Herz brachte, noch länger zu warten.

Ich arbeitete als Angestellter in einer Tierklinik in Nizza, als ich um ihre Hand anhielt. Ich wünschte mir, dass ich mit dieser Hochzeit die Gnade meines Vaters zurückerlangte, und bei unserer Verlobung meinte ich tatsächlich, einen Anflug von Wohlwollen in seinem Gesicht gesehen zu haben. Unsere Familien planten die Hochzeit. Jedes Mal, wenn Roberta oder ihre Hochzeitsplanerin mit einer Frage zu mir kamen, wurde der Schwindel so schlimm, dass ich mich irgendwann festhalten musste, um nicht umzukippen. Tja, und dann kam Pierre zu Besuch."

Charlotte hatte konzentriert zugehört. Was für eine Geschichte! Sie schwiegen beide und sahen einander an in einer Art der Erschöpfung, wie man sie hat, wenn man außer Atem ist, nur auf seelischer Ebene.

„Ach, Arnaud. Ich verstehe jetzt, was du meintest, als du sagtest, dass du viel durchgemacht hast", sagte Charlotte verständnisvoll.

„Ich hoffe, ich habe dir nicht den Tag verdorben …", sagte Arnaud sichtlich mitgenommen.

„Nein, überhaupt nicht. Im Gegenteil. Ich will dir danken für dein Vertrauen. Du hast ja schon einiges über mich und meine kleine Beziehungsstory mitbekommen. Ich komme mir fast dumm vor angesichts deiner Geschichte …" Charlotte warf die Stirn in Falten und drehte den Salzstreuer hin und her.

„Unsinn", sagte Arnaud. „Man kann Schmerz nicht miteinander vergleichen. Oder die Ausmaße menschlicher Erfahrungen. Jeder hat sein eigenes Empfinden, und das zählt."

„Ich werde dich nicht fragen, wie es dir heute geht. Ich warte ab, bis du deine Geschichte zu Ende erzählt hast", sagte Charlotte und warf Arnaud einen aufmunternden Blick zu.

Arnaud nickte. Dann streckte er sich und hielt nach dem Ober Ausschau.

„Also, ich weiß nicht, wie es dir geht, aber ich brauche jetzt was Süßes. Lust auf Crêpes?“, sagte er.

Charlotte stöhnte. „Wenn ich hier heute rausrolle, bist du schuld, aber ja, natürlich, was für eine Frage. Ich habe immer Lust auf Crêpes …“

„Ich kann dich anschieben, dann rollst du besser“, sagte Arnaud amüsiert und schenkte Charlotte sein funkelndes Lächeln.

„Nun seht euch diesen Mann an“, sagte sie. „Erzählt mir hier eine Geschichte wie aus einem Drama und kaum ist Werbepause, wird er frech. Ich schieb dich gleich an.“

Arnaud beugte sich wieder nach vorne, die Ellenbogen auf den kleinen quadratischen Tisch gelehnt und so nah bei Charlotte, dass die Mühe hatte, ihre Fassung zu behalten.

„Ich finde, dass du deine Crêpes nach Herzenslust genießen sollst, Charly. Und wenn du denkst, dass du danach nur noch rollen kannst, fein, dann rollst du eben. Ich hoffe, du meinst das nicht ernst. Du siehst nämlich fantastisch aus.“

Charlotte schnappte nach Luft. Damit hatte sie nicht gerechnet. Sie merkte, wie ihr die Röte ins Gesicht stieg, und blickte verschämt auf ihren Schoß, wo sie ihre Serviette neu zurechtlegte.

„Sehr freundlich, vielen Dank für das Kompliment“, sagte sie und ließ ihren Blick über die anderen Gäste wandern, bevor sie ihn wieder mutig auf Arnaud richtete, der sie mit seinem liebevollen Blick beschenkte. *Wo ist das Loch, in das ich jetzt reinfallen kann?*

„Hast du Kaffee bestellt zu den Crêpes?“, fragte sie, um abzulenken.

Arnauds Gesichtsausdruck wechselte wieder zurück ins Profane, und sie fragte sich, ob er das tat, um es ihr leichter zu machen mit ihrer Verlegenheit oder weil er tatsächlich nur an seine Bestellung dachte.

„Aber ja, Kaffee und Crêpes.“

Im nächsten Augenblick wurde alles serviert, allerdings nicht von ihrem Ober, sondern von einem Mann mit Küchenschürze, der Arnaud herzlich begrüßte. Arnaud stand auf, und die beiden Männer umarmten sich. Plötzlich kam der Ober um die Ecke geschossen und servierte drei Gläser und eine Flasche hausgemachten Lavendel-Likör.

„Charlotte, darf ich dir Constantin vorstellen, den Inhaber des *Petit Poisson Rouge*, Constantin, das ist Charlotte, eine gute Bekannte aus Deutschland.“

Charlotte grüßte den Mann, der aussah wie ein Koch aus einem Bilderbuch, mit roten Wangen, einer Kochmütze und kräftigen Armen. Nach einem beherzten Schluck aus dem Glas und einem kurzen Gespräch verabschiedete er sich und ging zurück in die Küche.

„Ein Wahnsinniger, im besten Sinne des Wortes“, kommentierte Arnaud und füllte die Gläser wieder auf. „Ich mag ihn unheimlich gern.“

„Das konnte man sehen“, sagte Charlotte und blickte ehrfürchtig auf das volle Glas mit Lavendel-Likör vor sich.

„Das Zeug ist viel zu lecker, es trinkt sich weg wie Limonade …“, sagte sie und hob ihr Glas zum zweiten Mal.

„Der ist hausgemacht. Wahnsinnig gut, ja. Auf das Leben, Charly!“, sagte Arnaud und stieß mit ihr an. Dann putzte er sich mit seiner Serviette den Mund ab und fuhr zu Charlottes großer Überraschung ungefragt mit seiner Geschichte fort.

„Also. Wie gesagt. Die Austern für unsere Hochzeit waren bestellt, als Pierre einen Tag vor dem großen Fest an der Rezeption der Tierklinik stand und auf mich wartete. Er kam ohne Vorankündigung. Er war mein Trauzeuge, und geplant war, dass er bei uns übernachtete und später anreisen sollte. Er sagte, dass er mit mir sprechen wollte, bevor wir nach Hause gingen, und bestand darauf, dass ich sofort mitkam. Wir gingen in die nächste Kneipe. Und dann brach in mir ein Damm, wie eine Urgewalt. Er fragte mich mehrmals, ob ich glücklich sei. Ich nickte jedes Mal, doch er ließ diese Antwort nicht gelten. Zum Schluss packte er mich an den Schultern, so lange, bis ich vor ihm, aber auch vor mir selbst zugab, dass ich nicht glücklich war. Pierre wich an diesem Tag nicht mehr von meiner Seite. Als ich vor Roberta die Verlobung löste und damit die Hochzeit abblies, wartete er im Zimmer nebenan.“ Arnaud unterbrach seine Erzählung und goss Charlottes Likörglas nach. „Magst du auch noch einen Kaffee?“, fragte er und winkte den Ober heran.

„Nein, danke“, antwortete Charlotte und nahm einen Schluck von ihrem Likör.

„Tja, das war sie, meine Geschichte. Das Jahr danach war die Hölle. Ich arbeitete weiter, funktionierte aber nur noch. Der Schwindel war nach der Trennung von Roberta wie auf Knopfdruck verschwunden, wurde jedoch von einer Depression abgelöst. Mein Arzt überwies mich zu einem sehr guten Psychologen, der mir dabei half, alles zu verarbeiten."

„Schwindel ist ein klassisches Zeichen von Angst", unterbrach ihn Charlotte, die sich daran erinnerte, davon einmal gelesen zu haben.

„Ganz genau", bestätigte Arnaud. „Es fühlt sich zu 100 Prozent körperlich an, hat aber seelische Ursachen. In meinem Fall war es die Angst davor, irgendwann so tief in ein Leben zu rutschen, das nicht meines war, dass ich nicht mehr herauskommen würde."

„Und Pierre hat dir dabei geholfen, dem ein Ende zu bereiten", folgerte Charlotte.

„Das. Das und mehr. Er musste natürlich zurück nach Sainte-Sophie, hielt aber zusammen mit Carole immer engen Kontakt mit mir. Irgendwann fingen die beiden an, mir zu sagen, dass ich die Praxis des Tierarztes übernehmen sollte. Ich fühlte mich noch nicht bereit, wollte erst das zweite Jahr in der Klinik abschließen. Doch je besser es mir ging, umso häufiger fuhr ich an meinen freien Tagen hoch zu den beiden und erkannte, dass es genau das war: das Leben auf dem Land, weit weg von dem Zirkus in Nizza und den Menschen meines alten Lebens, die mir ständig über den Weg liefen."

„Verstehe. Ich kann mir dich gar nicht vorstellen in der Stadt, ehrlich gesagt. Du wirkst, als wärst du mit allem in Sainte-Sophie komplett verwachsen. Bist du sicher auch …"

„Ich kanns mir selbst nicht mehr vorstellen!", stimmte Arnaud ein. „Eine absolut grauenhafte Vorstellung, nie mehr wieder. Ich komme sehr gerne hierher nach Aix. Marseille ist auch toll. Eigentlich die ganze Welt. Nur das alte Pflaster brauche ich nicht mehr. Das ist wirklich verbrannte Erde."

Charlotte nickte. Wenn sie es recht bedachte, war auch für sie Hamburg ein kleines bisschen verbrannt. Stefan hatte es geschafft, vielen Orten der Stadt eine Tristesse aufzuerlegen, die es vor dem Leben mit ihm nicht gegeben hatte. Der große Unterschied jedoch war, dass sie mit ihrer Mutter, Sabine und Meret eine liebende Umgebung hatte.

„Das war dann aber noch mal ein ganz schöner Schritt, den du da gemacht hast, kann ich mir vorstellen, oder?“, fragte Charlotte. „Als junger Arzt so eine Praxis zu übernehmen, ist sicher nicht ohne …“

„Ja und nein. Eigentlich erging es mir da wie dir. Es war wie ein Geschenk, und ich musste nur zugreifen. Und genau wie bei dir auch waren es dieselben Menschen, die es mir leichter gemacht haben“, sagte Arnaud.

„Verstehe ich total. Ich kann es mir lebhaft vorstellen. Die beiden haben aber auch echt so etwas, das einem alle Ängste nimmt, oder? So pragmatisch und zuversichtlich …“, begann Charlotte und überlegte kurz. „So, hoppa! Zieh weg aus Deutschland und führe ein Hotel in Südfrankreich! Ist doch nix dabei!“

Arnaud lachte. „Genau. Oder hoppa, blas deine Hochzeit ab, und geh weg da und werd Tierarzt in der Provinz!“, stimmte Arnaud ein. Der finstere Gesichtsausdruck war vollkommen verschwunden und hatte wieder der selbstbewussten Kraft Platz gemacht, die Charlotte von ihm kannte.

„Woher kanntest du Pierre eigentlich?“, fragte sie.

„Ich habe Pierre erst durch Carole kennengelernt. Sie und ich sind in Nizza auf dieselbe Grundschule gegangen.“

„Ach was!“, rief Charlotte. „Das ist ja interessant, davon hat sie mir gar nichts erzählt.“

„Ja, Carole ist sehr vorsichtig mit Privatem über andere Menschen. Sie selbst ist superoffen, ansonsten aber verschwiegen wie ein Grab. Einer ihrer vielen Vorzüge.“

Charlotte nickte und erinnerte sich an ihr Frühstück mit Carole, wo sie sich sehr verhalten über Arnaud geäußert hatte.

„Carole verließ Nizza, doch wir hielten immer Kontakt. Es ist verrückt, aber wir haben schon als Kinder gespürt, dass wir nicht in die Welt unserer Familien passten. Später dann bekam das immer mehr Form. Sie war ein Anker für mich, obwohl wir uns nicht regelmäßig sahen oder sprachen. Immer, wenn ich mich wie ein Alien fühlte, in meinen 20ern und danach, war der Gedanke an Carole die tröstende Bestätigung, dass dem nicht so war. Als sie Pierre kennenlernte, wurde ich ihr Trauzeuge. Pierre und ich, das war einfach Liebe auf den ersten Blick. Ich habe so etwas niemals vorher oder danach erlebt. Er ist mein bester Freund. Und irgendwie die weibliche Ausführung seiner Frau. Bodenständig und doch feinsinnig, loyal und verrückt – obwohl deutlich weniger verrückt als Carole …“ Arnaud musste lachen, und Charlotte stimmte mit einem Lächeln nickend ein. Wie wunderwunderschön es war, ihn so zu sehen! Was er erzählte, war traurig, in Abschnitten sogar grausam. Doch es war mehr als deutlich, dass sich Arnaud aus seiner Geschichte auf eine Weise entwickelt hatte, die ihm sehr gut zu Gesicht stand.

„Wie lange bist du jetzt schon in Sainte-Sophie?“, fragte Charlotte.

„Seit drei Jahren erst“, sagte Arnaud. „Fühlt sich aber an wie eine Ewigkeit.“

„Ha!“, rief Charlotte. „Dann müsstest du jetzt 40 sein?“

„Fast. Ein Jahr älter. Ich bin gerade 41 geworden. Und du?“

„Ich werde bald 36 … sehe aber natürlich viel jünger aus“, sagte Charlotte und legte die Hände kokett unter ihr Kinn wie bei einer altmodischen Pose beim Fotografen. Arnaud lachte.

„Absolut! Viel jünger!“ Da war es wieder, das funkelnde Lächeln. Schnell griff Charlotte nach dem Likörgläschen, um etwas in der Hand zu haben. Als sie es absetzte, stöhnte sie.

„Also ich weiß ja nicht, wie es dir geht, aber ich bin echt angeschickert.“

„Ich nicht. Ich hatte nur ein kleines Glas Wein und einen Likör. Außerdem hat mich das Erzählen so nüchtern gemacht, da fließt kein Alkohol mehr durch meine Venen“, sagte Arnaud. „Ich bringe dich gerne nach Hause und morgen wieder zu deinem Auto. Wäre dann allerdings sehr früh …“, schlug er vor.

„Bist du dir sicher? Ist das nicht zu viel Stress?“, fragte Charlotte, die unter gar keinen Umständen mehr fahren konnte. Das Essen hatte zwar eine gute Basis geboten, doch der Weißwein und der Lavendel-Likör waren stärker.

„Macht gar nichts, ich muss morgen sowieso wieder hierher zu einem frühen Termin. Dann hole ich dich einfach bei dir zu Hause ab und lass dich bei deinem Wagen ab.“

„Och, was für ein Service, danke, Arnaud.“

„Gib mir deine Telefonnummer, dann funk ich dich an, kurz bevor ich am Haupthaus ankomme, und du kannst schon mal loslaufen."

„Gute Idee …", sagte Charlotte und diktierte ihm ihre Nummer. Kurz darauf piepte ihr Handy. Sie schaute auf ihr Display, sah das Daumenhoch-Emoji seiner Textnachricht und speicherte seine Nummer. Als sie wieder aufsah, hatte er einige Geldscheine in die Quittung auf dem kleinen Silbertablett gelegt, das der Ober in diesem kurzen Moment, da sie mit ihrem Handy beschäftigt gewesen war, gebracht hatte.

„Das kommt überhaupt nicht infrage, Arnaud, ich zahle", donnerte sie los und versuchte, ihm das Tablett zu entreißen. Sie griff danach, doch bevor sie es zu packen bekam, hatte Arnaud auch schon seine Hand auf ihre gelegt.

„Wir sind in Frankreich, Charly. Die Männer hier sind noch Gentlemen und wissen sich zu benehmen …", sagte er lächelnd.

„Ha ha, schöner Versuch, los, gib mir die Quittung!", rief sie und entzog sich seiner Hand, die die ihre sekundenschnell wieder packte. Er war unglaublich stark und reaktionsschnell, so sehr, dass Charlotte erstaunt die Augenbrauen nach oben fuhren.

„Gewöhn dich lieber dran, Charly. Und nun gib Ruhe. Nicht, dass es mir etwas ausmacht, im Gegenteil, ich finds herrlich, aber die Leute gucken schon wieder …"

Erschöpft ließ Charlotte von ihm ab und kicherte im Takt mit ihm.

„Danke, Arnaud. Aber nächstes Mal zahle ich, okay? Gentlemen in allen Ehren. Aber das ist das 21. Jahrhundert. Auch in Frankreich."

Arnaud stand, ohne zu antworten, auf und wies ihr mit der gleichen galanten Handbewegung den Weg Richtung Türe wie viele Stunden zuvor beim Eintreten.

Als sie in seinem Auto saßen, die Fenster geöffnet und auf dem Weg zurück nach Sainte-Sophie, dachte Charlotte an all das, was sie heute von ihm erfahren hatte. Seine Geschichte war so dicht erzählt und von solcher Intensität, dass sie eine Weile brauchen würde, um alles zu verarbeiten und einzuordnen. Er fuhr, sie hing ihren Gedanken nach. Sie schwiegen, und es fühlte sich so normal an, als würden sie sich schon lange kennen. Charlotte wollte Arnaud ihren Respekt zum Ausdruck bringen. Und sie wollte dem Teil in ihm, der diesen Schmerz durchgemacht hatte, sich ein Leben lang wie ein Alien gefühlt hatte, ein gutes Gefühl geben. Würden sie sich länger kennen, hätte sie ihn einfach fest umarmt, doch das war nicht wirklich eine Option, fand sie.

„Du, Arnaud …“, begann sie.

Arnaud blickte zu ihr herüber und griff nach dem Regler, um die Musik leiser zu machen.

„Ich will dir für dein Vertrauen danken. Was du mir da heute erzählt hast, das ist nicht alltäglich. Wir wollten uns eigentlich nur zeigen, wer der bessere Koch ist. Aber irgendwie laufen wir uns ständig über den Weg und gehen jedes Mal so tief, dass …“ Charlotte merkte, wie sie den Faden verlor, und wollte ihn gerade aufgreifen, als Arnaud sie unterbrach.

„Ich erzähle meine Geschichte nicht jedem, musst du wissen“, sagte er. „Ich mache das nur, wenn ich Vertrauen habe und das Gefühl, dass ich mit einem Menschen rede, den nichts Menschliches schrecken kann, verstehst du?“

„Ich denke ja …“, sagte Charlotte und überlegte, was sie jetzt sagen sollte. Darauf war sie nicht vorbereitet. Sie wollte ihm eigentlich alles das sagen, was sie sich im Kopf zurechtgelegt hatte. Doch da fuhr Arnaud bereits fort.

„Als ich dich im Foyer bei Jeanette sah, hatte ich sofort so ein Gefühl – so einen Anflug von: Das ist ‚famille‘ – mein Tribe. Verstehst du? Gar nicht so sehr bewusst, eher so eine Mischung aus unterschwellig, aber glasklar. Manchmal sieht man Menschen und weiß sofort, dass sie ticken wie man selbst. Dass sie, wie sagt ihr, Wahlfamilie sein können. Natürlich ist das nur ein kurzes Gefühl gewesen. So etwas entwickelt sich. Aber wenn ich dich so sehe, wie du zum Beispiel mit Carole redest. All unsere Gespräche … Es fühlt sich gut an. Richtig.“

Puh! Das saß. Familie also. Friendzone. Charlotte nickte und bemühte sich, ruhig zu wirken, während es in ihrem Kopf ratterte. Für sie war er anziehend gewesen, aber gebunden. Dann war er doch nicht gebunden, aber immer noch anziehend. Aber so richtig geschaut, wer sich hinter seinem schönen Äußeren verbarg, hatte sie bis heute nicht wirklich. Sie hatte seine Höflichkeit und Aufmerksamkeit bemerkt. Wie zuvorkommend er mit Menschen umging. Aber welche Tiefe dieser Mann in sich barg, hatte sie erst heute wirklich verstanden. Sie machte einen neuen Anlauf.

„Ich verstehe, was du meinst, und fühle mich sehr geehrt“, sagte sie. „Schon irre, wie aus einem Kochduell Wahlverwandtschaft werden kann.“ Kaum, dass sie den Satz ausgesprochen hatte, biss sie sich auf die Lippe und hoffte, dass ihr Ton nicht aus Versehen ironisch klang, denn das würde ein ganz blödes Licht auf sie werfen. Sie blickte ihn an und sah, wie er lächelnd nickte.

„Aber sag mal“, hakte Charlotte nun nach. „Was denkst du – im Nachhinein –, wie du das festmachen konntest?“

„Was meinst du?“, fragte er.

„Na, dass ich unerschrocken bin und Material für deine Wahlfamilie.“

„Tja, das ist ja das Ding. Es ist mehr ein Bauchgefühl als etwas, das man rational begründen kann. Vielleicht ist es deine Sentimentalität.“ Er blickte kurz von der Straße weg zur Seite und schaute Charlotte ernst an. „Du bist witzig, fröhlich, nie um einen frechen Spruch verlegen. Aber wir wissen natürlich, was es auf sich hat mit Menschen, die immer wieder den Clown spielen.“

Charlotte erschrak. „Du findest, ich bin ein Clown? Das klingt aber nicht nett …“

„Nein, so meine ich das nicht. Im Gegenteil. Ich mag deinen Humor sehr. Aber es ist nicht der Humor einer harmlosen Frohnatur. Dein Humor ist nicht banal. Er hat immer eine Funktion. Du nimmst damit etwas Schweres weg. Jedes Mal, wenn du ihn zeigst, machst du etwas leichter. Ein Gefühl, eine Angst, eine Sorge. Eine Spannung.“

Charlotte hörte Arnaud zu und fragte sich, ob ihr jemals ein Mensch etwas so Schönes über sie gesagt hatte. Sie suchte nach Worten, fand aber kein einziges. Sie merkte, wie ihr ganz langsam eine Träne den Hals hochstieg, konnte aber nicht sagen, warum. Was war das nur für ein unglaublicher Mensch? Was waren das hier für unglaubliche Menschen? Wieder musste sie an das denken, was Carole ihr im Regen nach dem missglückten Besuch des Anwesens sagte:

„Deine Traurigkeit … Geh ihr auf den Grund, Charlotte. Sie hat einen Grund.“

Die Menschen hier hatten offensichtlich eine völlig andere Art, auf das Leben zu schauen. Sie waren poetischer in der psychologischen Analyse ihrer Umgebung.

„Du bist nicht einfach nur ein Sonnenschein, Charly“, fuhr Arnaud jetzt fort. „Deiner Lebensfreude liegt etwas anderes zugrunde. Eine Erfahrung. Irgendetwas, das dich geformt hat.“

„Du meinst, dass du etwas in mir erkennst, das du nur sehen kannst, weil du es selbst erfahren hast?“

Arnaud blickte sie wieder an und nickte dann.

„Genau das“, sagte er und schenkte ihr sein liebevolles Lächeln.

Charlotte drehte den Kopf zur Seite, sodass er ihr Gesicht nicht mehr sehen konnte. Sie atmete tief die Luft des Windes ein, der ihr durch das geöffnete Fenster entgegenschlug. Noch einmal schlucken, dann war sie weg, die Träne. Sie sammelte sich und setzte abermals an.

„Ich muss mir das durch den Kopf gehen lassen. Ich blicke nicht auf traumatische Erlebnisse zurück, die diese Sentimentalität, wie du sie nennst, ausgelöst haben. Aber ich verstehe, was du meinst. Carole hat das auch schon mal angesprochen. Da ist etwas. Was ich dir aber eigentlich sagen wollte, Arnaud: Ich finde es wahnsinnig, was du hinter dich gebracht hast. Ich finde es unglaublich, wie du aus deiner Geschichte hervorgegangen bist. Ich habe so viel Respekt dafür. Vorhin im Restaurant … am liebsten wäre ich aufgesprungen und hätte dich feste gedrückt, so sehr hat mich das berührt …“

„Warum hast du das nicht gemacht?“, fragte er mit ernster Miene.

„Bist du verrückt?“

„Warum? Wenn du das fühlst, kannst du es doch tun.“

„Na klar, ich steh einfach so mitten in einem knallvollen Restaurant auf und werfe mich an den Hals eines semi-fremden Mannes …“

„Da ist er wieder, Charly.“

„Wer?“

„Der kleine Clown.“

Charlotte runzelte ihre Stirn, warf Arnaud einen finsteren Blick zu und atmete tief durch. Arnaud begann zu lachen.

„Lach nur. Ich sags dir ehrlich und ernst, Arnaud. Ich finde das, was du getan hast, so stark. Deine Geschichte ist so schnell erzählt, aber tatsächlich so komplex. Kein Mensch kann jemals nachempfinden, was du durchgemacht hast. Deine Kämpfe. Schon alleine, dass du bereits als Kind erkannt hast, dass du anders bist und in Carole deinen Kameraden gefunden hast, der dich versteht. Die Einsicht, nicht dazuzugehören, ist etwas, das von Charakterstärke zeugt. Die meisten Menschen tun das nicht. Es macht ihnen Todesangst. Sie hören nicht auf ihre innere Stimme und gehen stattdessen den Weg des geringsten Widerstands. Weil es leichter ist. Weil alle es tun. Du bist deinen eigenen Weg gegangen. Bist für dich eingestanden."

Arnaud hörte konzentriert zu. Er überlegte eine Weile, dann schüttelte er den Kopf.

„Ich empfinde das nicht als Leistung. Ich habs einfach nicht mehr ausgehalten."

„Ich finde schon, dass es eine Leistung ist", sagte Charlotte unbeirrt. „Ich kenne die Leute aus deiner Bubble damals. Es gibt sie überall, auch bei uns in Deutschland. Für sie ist es mindestens genauso schwer, authentisch zu leben, wie für uns Normalos. Nur, dass man in diesen Kreisen noch mal ganz andere Grenzen überschreiten muss. Das ist ein Kraftakt, den du bewältigt hast."

Arnaud schwieg, und Charlotte meinte, den Hauch eines Lächelns auf seinem Gesicht wahrzunehmen.

„Und dann Roberta. Wenn ich das sagen darf …"

„Aber ja, sag, was du sagen willst."

„… eine andere Frau, eine, die dich nicht so geliebt hätte wie sie, selbst dann wäre es ein unglaublicher Schritt gewesen, ein Hochzeitsfest abzublasen. Du hast das geschafft und ihr schlussendlich auch den Weg geebnet in eine glücklichere Zukunft. Das ist so stark, Arnaud. Weißt du das?"

Arnaud schwieg sichtlich angefasst. Es schien ihm unangenehm, doch es war Charlotte ein dringendes Bedürfnis, ihm all das zu sagen.

„Roberta hat mir vor einem Jahr einen langen Brief geschrieben. Du hast schon recht. Sie hat diesen Bruch gut verarbeitet, lässt es langsam angehen, hat einen netten Freund und ist zufrieden. Das zu lesen, war für mich eine Riesenerleichterung, kann ich dir sagen. Ich selbst kann mir nach alldem eine Beziehung gar nicht mehr vorstellen und dachte immer, dass es ihr genauso geht. Doch ihr ist es gelungen. Die Schuld, die ich bis heute noch fühle, wurde so gemindert."

„Ich freue mich für dich", sagte Charlotte und lächelte ihn an.

„Danke, Charlotte. Das bedeutet mir viel, was du da alles gesagt hast. Es ist mir etwas unangenehm, weil ich es nicht gewohnt bin. Aber es tut mir gut." Er blickte zu Charlotte, nahm ihre Hand, drückte sie fest und ergriff dann wieder das Lenkrad.

Charlotte merkte, wie ihr Herzschlag schneller ging. Sie passierten das Ortsschild von Sainte-Sophie, Arnaud drehte die Musik auf, und sie tauchten wieder ein in das gleiche vertraute Schweigen wie zuvor, nur war es diesmal nicht mehr so unbeschwert. Charlottes Hand fühlte sich an, als hätte sie sie aus einem Ofen gezogen.

Als sie sich abends in ihr Bett kuschelte und in sich hineinhorchte, fühlte sie keine Enttäuschung mehr über Arnauds Bemerkung zur „famille". Sie spürte das gelöste und genährte Gefühl, das man nach einem Tag mit einem guten Freund hatte. Ja – genau das war es. Arnaud und sie waren auf dem besten Wege, Freunde zu werden. Und das war nicht nur gut so, sondern perfekt. Was gab es Wichtigeres im Leben als gute Freunde? Sie war geradezu beschenkt worden in den vergangenen Monaten und durfte sich glücklich schätzen, in so kurzer Zeit so vielen besonderen Menschen begegnet zu sein, die sie, Charlotte Bergmann, mochten. Ihr vertrauten und sie als Weggefährtin sahen. Carole. Das himmlische Trio. Weitere Begegnungen, und nun auch noch Arnaud. Zufrieden schloss sie die Augen und fiel in einen tiefen Schlaf.

Kapitel 36

ALS am nächsten Morgen ihr Wecker klingelte, brauchte Charlotte einen Augenblick, um zu begreifen, wo sie war. Sechs Uhr war weit entfernt von ihrem morgendlichen Wohlfühlmoment. Schnell sprang sie unter die Dusche, machte sich fertig und trank ihren Kaffee. Während sie auf Arnauds Signal wartete, füllte sie zwei Becher mit Kaffee und schmierte ein Brot mit Auberginencreme und Käse für Arnaud. Gerade, als sie ihre Jacke angezogen hatte, piepte auch schon ihr Telefon. Es war die verabredete Textnachricht.

„Bin in drei Minuten da …" Wunderbar. Dann musste sie ordentlich Gas geben, um rechtzeitig am Haupthaus zu sein. Als sie außer Atem mit den zwei Bechern oben ankam, wartete Arnaud bereits in seinem Wagen.

„Guten Morgen, Monsieur le Docteur! Haben Sie gut geschlafen? Hier, Frühstück für Sie." Sie reichte ihm seinen Becher und das in eine Serviette gehüllte Brot und stieg ein.

„Wow, das wäre aber nicht nötig gewesen …", sagte Arnaud sichtlich verdattert, mit einem Gesichtsausdruck irgendwo zwischen Rührung und Sprachlosigkeit.

„Nee. Nötig nicht. Nur normal. Immerhin bist du so nett, mich zu meinem Auto zu fahren. Außerdem muss ich am Ball bleiben damit, dich von der deutschen Küche zu überzeugen …", sagte sie und schnallte sich an.

„Auberginencreme, deutsch? Im Ernst?", witzelte er. Er biss in sein Brot und riss nach wenigen Sekunden die Augen auf. „Wow! Also, dass dein Kaffee fantastisch ist, wusste ich ja schon, aber das Brot? Sensationell!"

Charlotte neigte den Kopf zur Seite und strahlte ihn an. „Gut, oder? Das ist ein Sauerteigvollkornbrot nach einem Rezept meiner Tante Edeltraud. Urdeutsch. Nur die Auberginencreme und der Käse sind von euch. Ich wollte dich nicht überfordern, so früh am Morgen." Sie zwinkerte ihm zu, kuschelte sich in ihren Sitz und genoss ihren Kaffee.

Arnaud lachte, verputzte das letzte Stück Brot und nahm noch einen großen Schluck Kaffee.

„Darf ich dir den Becher geben, während ich fahre?"

„Aber ja."

Trotz der frühen Stunde begannen sie ohne Umwege miteinander zu plaudern. Arnaud erzählte, dass er heute ein brandneues 3-D/4-D-Ultraschallgerät bekommen würde, auf das er sich schon freute. Seit einer schwierigen Geburt eines Hundes, die fast schiefgegangen wäre, weil das alte Gerät des vormaligen Arztes nicht alles erfasst hatte, wollte er das Gerät kaufen, und nun war der Moment gekommen. Wann immer er über seine Tiere sprach, war er total in seinem Element. Charlotte beobachtete ihn unauffällig von der Seite. Er war frisch rasiert und geduscht, seine feuchten Haare formten sich langsam zu Locken. Zwischendurch reichte sie ihm immer wieder seinen Kaffee, den er jedes Mal annahm und trank, ohne danach gefragt zu haben. Es war, als verstünden sie sich blind. Mit der gleichen Selbstverständlichkeit, wie sie sich mit Sabine verstand. Wahlfamilie eben.

Als sie ankamen, war die Sonne aufgegangen, und Aix wachte langsam auf. Charlotte stapelte ihre leeren Kaffeebecher ineinander und löste den Gurt.

„Danke fürs Bringen, Arnaud."

„Gar kein Thema, sehr gerne."

Sie beugte sich nach vorne, um ihn kurz zu umarmen, doch Arnaud hatte bereits für einen Kuss auf ihre Wange angesetzt. Charlotte drehte sich zur Seite und ehe sie sichs versah, landete der Kuss mitten auf ihrem Mund. Sie fuhr sofort zurück und starrte ihn mit weit aufgerissenen Augen an.

„Oh! Das … das war jetzt aber nicht geplant … Ich wollte dich umarmen!", stotterte sie und merkte, wie sie puterrot anlief. Für solche Missgeschicke war es ihr entschieden zu früh. Arnaud hingegen schien tiefenentspannt und lächelte sie an.

„War es so schlimm?“, fragte er und versuchte ihren Blick einzufangen, doch Charlotte hielt ihren Kopf gesenkt und kramte in ihrer Handtasche herum.

„Na ja, schlimm, schlimm … Es gibt Schlimmeres!“, sagte sie unbeholfen und mochte sich selbst gar nicht hören. Schnell öffnete sie die Autotür und blickte durch das geöffnete Fenster.

„Was ist das eigentlich für ein Termin, den du jetzt hast?“, fragte sie ihn, noch immer mit einer ungesunden Hitze in ihr, die sich auf ihrem Gesicht ausbreitete. „So früh am Morgen ist doch noch alles geschlossen. Auweia, ich bin viel zu neugierig. Vergiss es.“ Sie zog sich kichernd ihre Jacke an.

Arnaud lächelte sie verschmitzt an, was sie neugierig machte.

„Sicher etwas Geheimes“, sagte sie jetzt mit einem verschwörerischen Blick. „Etwas sehr Geheimes, das du nicht sagen kannst.“

Arnaud lächelte noch immer, sagte aber kein Wort. Charlotte merkte, wie ihr Clown in Fahrt kam.

„Uuuuuhhhh, bestimmt ist es etwas Konspiratives! Vielleicht musst du deinen Freunden hier bei irgendetwas Illegalem helfen? Genau! Ein Bankraub, und du bist der Fahrer, stimmts? Aber macht das Sinn? Immerhin hast du gerade ein 3-D/4-D-Ultraschallgerät gekauft. So jemand hat es doch gar nicht nötig, eine Bank auszurauben!“

Arnaud lachte laut auf.

„Es kann natürlich auch sein, dass du eine deiner vielen Geliebten wach küssen musst“, fuhr Charlotte fort. „Ich stelle mir so ein Leben als Heiratsschwindler schwer vor. Ja, genau! In Aix wohnt deine reiche ältere Ehefrau. Das ist die, die dir das Geld zuschiebt für all die teuren Geräte in der Praxis. Nun ist mir alles klar.“

Arnaud keuchte vor Lachen. „Du hast es erfasst, Charly. Und wenn ich mich jetzt nicht beeile, macht sie mir die Hölle heiß. Sie will immer frisches Baguette zum Frühstück, und das muss ich noch besorgen, bevor sie wach wird.“

„Sag ich doch …“, rief Charlotte vergnügt und stellte sich eine Grande Dame vor, die Arnaud in ihrem Schlafgemach empfing.

„Wann gibts eigentlich deine Schnitzel?“

Ach Gott, ja, das Essen. Charlotte überlegte. Bis zum Wochenende hatte sie ihre Arbeit erledigt, und das Essen war schnell gemacht.

„Freitag um sieben bei mir?“

„Abgemacht“, sagte Arnaud. „Und noch was, Charly. Wundere dich nicht, wenn du mich gleich auf der Landstraße nach Sainte-Sophie siehst. Ich hatte gar keinen Termin in Aix, muss jetzt aber schnell in die Praxis. Also, komm gut nach Hause, und hab einen schönen Tag!“ Er hob die Hand, zwinkerte ihr zu, und bevor sie noch etwas erwidern konnte, war er schon davongebraust.

Meine Güte! So ein Aufstand so früh am Morgen nur ihretwegen. Wie unangenehm! Er war immer so großzügig und zuvorkommend. Nun hatte sie noch jemanden wie Carole in ihrem Leben, der immer einen Schritt voraus war mit all den lieben Gesten. Mensch! Das Essen musste wirklich gut werden, so viel stand fest. Nicht allein, weil sie den Wettkampf für sich entscheiden wollte. Sie wollte Arnaud nach Strich und Faden verwöhnen.

Als Charlotte zu Hause ankam, machte sie sich sofort an die liegen gebliebenen Hausaufgaben für den Workshop. Zum Glück war auch heute unterrichtsfrei, allerdings erwartete Willem die gelösten Aufgaben bis heute zurück. Sie war so dankbar für Jeanettes Workshop-Tipp. Ohne die geringsten Erfahrungen beim Führen eines kleinen Hotels oder B&Bs wäre sie gestrauchelt, das konnte sie bereits deutlich sehen. Die Inhalte des intensiven Workshops deckten alles, vom Hotelmanagement über Gästeservice, Betriebsführung, Marketing und Vertrieb, Finanzmanagement, Personalmanagement, Revenue-Management, Gastronomie und Veranstaltungsmanagement, bis hin zu Nachhaltigkeit im Hotelbetrieb und Qualitätsmanagement und Zertifizierungen.

Nach einem kurzen Mittagessen klingelte Charlottes Telefon. Es war Carole.

„Hey, wie geht es dir?“, fragte Charlotte. Sie nahm einen Schluck aus ihrer Tasse, während sie auf Caroles Antwort wartete, die gerade spontan ihren quengelnden Sohn beruhigen musste. Charlotte lächelte in sich hinein und blickte auf den kleinen Oscar, der auf der Fensterbank saß und wie hypnotisiert nach draußen schaute.

„Du, sorry. Leo hat heute frei. Da bin ich. Wie geht es dir? Ich muss immerzu an dein herrliches Frühstück denken! Wie wars noch mit den Jungs? Hast du schon Rückmeldung bekommen?“

„Die Rückmeldung kam noch am selben Tag – alles in Ordnung. Mir ist ein Riesenstein vom Herzen gefallen!“

„Super, ja, das kann ich mir lebhaft vorstellen. Von dem Geld willst du nichts in aufwendige Sanierungen stecken. Eigentlich müssten wir das feiern, was sagst du?“

„Das stimmt! Ich habe in zwei Monaten Geburtstag, lass es uns damit verbinden, ich lade euch ein und noch ein paar andere Leute, wir essen schön und stoßen an.“

„Ich freue mich!“, rief Carole.

„Ich würde schon vorher anstoßen, aber momentan muss ich mit jeder Stunde rechnen, bei mir liegt gerade so viel Arbeit auf dem Tisch, ich hab wirklich keine Sekunde Zeit und schon jede Menge vertrödelt …“ Charlotte biss sich auf die Lippen. Wenn sie Carole von ihren Tagen mit Arnaud erzählen würde, kämen garantiert Nachfragen, und sie wusste gerade nicht, wie sie darauf reagieren sollte. Sie entwickelten eine Freundschaft. Aber würde das ihre Umgebung auch glauben? Irgendwie beschlich Charlotte das Gefühl, dass dem nicht so sein würde.

„Verstehe“, sagte Carole. „Dann muss ich mit meiner Frage gar nicht kommen, fürchte ich …“

„Welche Frage, los, sag!“

„Ich habe hier ein 41 Seiten langes Schreiben, das ich ins Deutsche übersetzen muss. Frag mich nicht, warum, Garcia hat mir so leidgetan, als er da vor mir saß mit seinen Bergen an Akten, da habe ich ja gesagt.“

„Ob ich dir helfen kann, fragst du?“, fragte Charlotte jetzt.

„Ja“, antwortete Carole zaghaft. „Aber nicht jetzt, es ist nicht so eilig, ich schaffe …“

„Meine liebe Lieblingsfranzösin …“, setzte Charlotte an und konnte förmlich durch die Leitung hindurchsehen, wie sich Caroles Gesicht aufhellte.

„Der Tag, an dem ich dir nicht helfen kann, darf niemals kommen. Niemals. Gib her die 41 Seiten. Worum gehts denn? Ich wette, das Thema ist alles, nur nicht sexy.“

Carole lachte. „Stinklangweilig. Wir haben das Okay der Deutschen, das von einem Muttersprachler durchsehen zu lassen. Es geht um Akten aus einem Versicherungsarchiv. Der Text besteht fast nur aus Listen, also keine komplizierte Syntax oder so. Ich habe die Texte durch eine sehr gute Übersetzungsmaschine gezogen. Mein Eindruck ist, dass alles schon okay ist, aber auf kleinere Fehler kontrolliert und mit dem Original abgeglichen werden muss."

„Schick mir alles rüber, das Original und die Übersetzung", sagte Charlotte.

„Du bist ein Schatz. Ich schicke es sofort rüber, aber nur, wenn du versprichst, dass ich dir danach etwas zu essen kochen darf. Du darfst es dir aussuchen. Mittag- oder Abendessen."

Charlotte überlegte. Mit den Texten war sie locker zwei Stunden beschäftigt, die Arbeit am Workshop würde auch noch mindestens drei Stunden in Anspruch nehmen.

„Abendessen", sagte sie.

Kapitel 37

BEVOR sich Charlotte auf den Weg zu Carole machte, rief sie im Sekretariat von Violette Brulet an. Sie wollte wissen, ob ihre E-Mail bearbeitet worden war, in der sie Violette die Vorgangsnummern all ihrer Anträge mitgeteilt hatte. Die Dame im Vorzimmer konnte ihr keine Antwort geben.

„Madame Brulet behandelt einen Teil ihrer Korrespondenz selbst. Ich fürchte, dass sich diese Nachricht in ihrem persönlichen Postfach befindet, auf das wir keinen Zugriff haben."

Wie blöd, dachte Charlotte. In ein paar Tagen würde Luca und sein Team mit den Arbeiten am Hotel beginnen, und nicht mehr lang, und alles wäre fertig zum Einrichten. Sie wollte am liebsten, dass man schon jetzt beim Vorbeifahren durch die Straßenschilder auf ihr Hotel aufmerksam würde. Solange Violette aber ihre Freigabe hierzu nicht erteilte, bekäme sie nicht nur keine Schilder, ihr blieben außerdem wichtige weitere Genehmigungen vorenthalten, ohne die sie ihr Hotel nicht eröffnen dürfte. Während sie sich für das Abendessen mit Carole fertig machte, beschloss sie, Violette so schnell wie möglich einen persönlichen Besuch abzustatten.

„Wie soll ich dir nur danken?", rief Carole, als sie die Tür zu ihrer Wohnung öffnete. Sie nahm Charlotte in den Arm, die mit einem dicken Lavendelstrauß und einer Flasche Crémant auf der Matte stand. Sie hatte Carole den Text korrigiert zurückgeschickt, alle Aufgaben für den Workshop erledigt und sich zufrieden ins Wochenende entlassen.

„Du musst mir gar nicht danken. Ich bin so happy, dass ich mal was für dich tun konnte. Und dann kochst du auch noch, also …"

„Ach, papperlapappa!", sagte Carole fröhlich und rannte in die Küche. „Ich muss schnell was von der Flamme nehmen, bin sofort wieder bei dir! Geh schon mal in den Garten. Habe ich da eine Flasche gesehen?"

„Ja! Du hattest recht!“, rief Charlotte. „Wir müssen sofort anstoßen, nicht erst, wenn ich Geburtstag habe!“

„Ich bring Gläser“, tönte es aus der Küche.

Papperlapappa. Charlotte quietschte vergnügt und nahm auf demselben Gartenstuhl Platz wie an ihrem ersten Abend in dieser bezaubernden kleinen Oase. Inzwischen war es kühler geworden, die gelben Blätter des Maulbeerbaums lagen auf den Terrassenfliesen, doch die Luft war noch angenehm mild, so früh am Abend.

Carole trat in den Garten und setzte ein großes Tablett auf dem Tisch ab.

„Es gibt Pasta. Die Kinder sind bei den Großeltern, Pierre bei Arnaud, und ich hatte heute weder Zeit noch Lust, was Richtiges zu kochen.“

„Richtig so!“, rief Charlotte.

„Hauptsache, wir werden satt und sind beisammen“, sagte Carole, während sie die Teller füllte.

„Na, als ob das kein gutes Essen wäre, es duftet köstlich!“, sagte Charlotte und hielt die Nase über die dampfenden Nudeln.

„Wir hatten gestern Poulet à la Lavande, und es war noch ordentlich etwas übrig. Mit Knoblauch und Zitrone schmeckt das super mit Spaghetti“, sagte Carole und hielt ihr Glas hoch. „Auf die gute Bausubstanz deines Hotels!“

„Jawohl, darauf stoßen wir an!“, rief Charlotte lachend.

Das Essen war himmlisch. Hühnchen mit Lavendel hatte sie noch nie zuvor gegessen. Das musste sie nachkochen. Als sie ihre Teller leergeputzt hatten, lehnte sich Charlotte zufrieden zurück und nahm genussvoll einen Schluck aus ihrem Glas.

„Pierre und Arnaud sind oft zusammen, oder?“, fragte sie.

Carole nickte und kuschelte sich mit einer Decke in ihren Korbsessel. Charlottes Temperaturempfinden war etwas toleranter als das der Franzosen. Sie hatte die Decke dankend abgelehnt.

„Ach, so oft eigentlich nicht, sie sind halt beste Freunde“, erklärte Carole.

Charlotte überlegte. „Ich finds gut, dass du ihn sein Ding machen lässt“, sagte sie. „Ich kenne Frauen, die ein Problem damit hätten, wenn der eigene Kerl am Freitagabend unterwegs wäre.“

„Oh, die kenne ich auch zur Genüge, glaub mir“, sagte Carole. „Ich habe diese Frauen, aber auch Männer noch nie verstanden. Wir sind da beide anders, Pierre und ich. Wir haben uns für ein gemeinsames Leben mit Kindern entschieden. Wir haben uns lieben gelernt – lernen es noch! Aber das heißt nicht, dass wir uns auf der Pelle hocken müssen. Jeder soll seine Freiheiten behalten, tun, was er mag. Ich brauche meinen Raum mit meinen Büchern, beim Lesen, beim Malen, meiner Beauty-Routine, meine Arbeit, lauter kleine dumme Sachen, aber ich tanke auf, wenn ich meine Zeit für mich nehme. Und Pierre tankt auf, wenn er Jungssachen mit seinem Kumpel macht.“

„Du malst?“, fragte Charlotte erstaunt.

Carole wies mit der Hand an die Wohnzimmerwand. „Nur als Hobby. Da, die bunten Bilder sind von mir. Manchmal schnapp ich mir meine Staffelei und hau ab auf die Felder oder in die Berge. Wenn ich dann wiederkomme, bin ich glücklich und vollkommen entspannt. Egal, was vorher war. Außerdem haben wir dann wieder ein neues Meisterwerk, das wir verschenken können“, sagte sie lachend.

„Die Bilder habe ich direkt bewundert, als ich das erste Mal zu dir kam, die sind toll!“, rief Charlotte begeistert. Die Bilder präsentierten auf abstrakte Weise die Naturlandschaften der Provence in ungewöhnlich intensiven Farben und machten sofort gute Laune.

„Pass auf, was du sagst“, erwiderte Carole lachend. „Nicht, dass du bald eins dein Eigen nennst und es dann jedes Mal aufhängen musst, wenn ich zu Besuch komme.“

„Oh, ich würde mich geehrt fühlen, wirklich wahr“, sagte Charlotte.

„Danke“, sagte Carole mit einem verschämten Lächeln.

„Tja, also was du da beschreibst von eurer Beziehung und den Freiheiten, die ihr euch lasst, finde ich toll!“, sagte Charlotte. „Ich habe das so noch nie gehabt. Aber ich glaube, es würde mir sehr gefallen. Irgendwann mal, wenn ich wieder so weit bin.“ Den letzten Satz schoss sie hinterher. Im Augenblick stand ihr der Sinn nicht nach einer Beziehung.

Carole schaute sie eindringlich mit einem angedeuteten Lächeln an.

„Was?“, fragte Charlotte verunsichert.

„Nichts, was soll denn sein?“, erwiderte Carole und beobachtete, wie Charlotte unruhig auf ihrem Gartensessel hin und her rutschte.

„Du guckst so“, sagte Charlotte peinlich berührt. „Das letzte Mal, als du mich so angeschaut hast, hatten wir gerade den Mistral überlebt und waren beim Autovermieter. *Der Carole-sieht-durch-mich-hindurch-Blick.*“

Carole lachte laut auf und verschüttete ein bisschen von ihrem Crémant.

„Um Himmels willen nein, so ist das nicht gemeint. Ich dachte nur für eine Sekunde, dass du mir irgendetwas nicht sagen wolltest. Aber vielleicht habe ich mich getäuscht, pardon.“

Charlotte überlegte. Sie wollte ihre neue Freundin nicht belügen, und das Verheimlichen der Zeit mit Arnaud wäre nicht ehrlich. Außerdem musste sie damit rechnen, dass sie es längst wusste.

„Dein Eindruck täuscht dich nicht. Ich hatte in der letzten Zeit ein paar Mal das Gefühl, dass mir jemand sehr gut gefällt, aber bei Licht betrachtet ist es völliger Blödsinn. Tatsächlich mag ich den Menschen, nicht den Mann. Ich schließe gerade Freundschaft mit Arnaud.“

„Ach, Lottileinchen, das ist doch schön!“, sagte Carole liebevoll. „Arnaud ist so ein feiner Kerl, ich freu mich, wenn ihr zwei euch gut versteht.“

„Wir haben spontan einen Tag in Aix gemeinsam verbracht. Ich laufe ihm ständig über den Weg, es ist schon unheimlich …“

„Haha, ja, aber Aix ist auch echt ein Dorf. Wir, Arnaud, ich, aber auch Pierre mögen Aix noch lieber als Marseille. Wenn uns hier die Decke auf den Kopf fällt und wir ein bisschen City Vibes brauchen, ist Aix die erste Wahl.“

Charlotte nickte. „Geht mir genauso. Tja, also wir haben sehr gut gegessen, und ich habe viel über ihn und seine Vergangenheit erfahren. Unter anderem, dass ihr zwei euch schon von der Schule kennt.“

Carole nickte. „Ja, das tun wir. Uns verbindet eine ganze Menge …“

„Er hat mir alles erzählt. Von seiner Familie. Seiner Jugend in Nizza, dem Studium, von Roberta und den Austern …“

Jetzt zog Carole die Augenbrauen hoch. „Schau her! Arnaud hat dir tatsächlich viel von sich erzählt.“

„Das hat er. Und es hat mich tief berührt. Ich weiß gar nicht, ob ich schon mal einen Mann kennengelernt habe, der so bei sich ist wie er", sagte Charlotte nachdenklich. „Wie hast du Pierre eigentlich kennengelernt?", fragte sie, teils aus ehrlichem Interesse, ein wenig aber auch, um die Stille zu durchbrechen. Die Stille und diesen einen Moment, in dem ein Bild vor ihrem inneren Auge aufploppte: als eine freundschaftliche Umarmung mit Arnaud plötzlich in einem Kuss auf den Mund geendet hatte.

Ein warmer Schauder rann ihr über den Rücken, doch es gelang ihr, sich rasch wieder auf Carole zu konzentrieren.

Die schüttelte den Kopf. „Moment noch. Ich stehe jetzt gerade doch etwas auf dem Schlitz …", sagte sie stirnrunzelnd.

Charlotte lachte auf. „Pardon, aber Schlauch. Nicht Schlitz. Du stehst auf dem Schlauch", erklärte sie.

Carole klatschte in die Hände und warf sie dann in betender Haltung zum Himmel. „Okay, Lottileinchen. Auf dem Schlauch. Erklär mir mal kurz, wie du von ‚Mir gefällt jemand gut' auf ‚Wir werden doch nur Freunde' kommst." Sie griff nach ihrem Mineralwasserglas und wartete gespannt auf Charlottes Antwort.

Charlotte zuckte mit den Schultern. „Wie soll ich das meinen? Er sieht halt extrem gut aus. Das war mir aufgefallen. Ich habe erst mit der Zeit gemerkt, dass er tatsächlich … nur ein guter Typ ist", stammelte sie etwas hilflos.

„Ja, eben. Und wieso ist das ein Gegensatz?", bohrte Carole weiter.

Charlotte holte tief Luft. „Na, ganz einfach. Wir werden Freunde. Punkt! Nix weiter. Einfach nur Freunde. Außerdem geht es um die Ehre der Küche meiner Tante Edeltraud. Ich will ihn am Boden sehen, kulinarisch, verstehst du? Morgen werde ich ihn plattmachen mit meinen Schnitzeln!" Charlotte kicherte, während Carole lächelnd den Kopf schüttelte.

„Du hast bei Arnaud zu Hause zu Abend gegessen, richtig?"

„Richtig. Ja", bestätigte Charlotte arglos.

„Dann habt ihr euch in der Galerie getroffen, hattest du mir erzählt."

„Ja, aber das war vorher", korrigierte Charlotte sie, immer noch entspannt.

„Oh pardon, das habe ich durcheinandergebracht. Aber wie schön, dass du dich so genau erinnerst, Lottileinchen“, sagte Carole und schenkte Charlotte nun ein zuckersüßes Lächeln.

„Dann habt ihr einen kompletten Tag gemeinsam in Aix verbracht …“

„Ja“, unterbrach sie Charlotte. „Und tags drauf hat er mich morgens vor seiner Arbeit zurück zu meinem Auto gebracht, lieb, oder? Ich konnte nämlich nicht mehr fahren. Lavendel-Likör – teuflisches Zeugs.“ Charlotte rollte mit den Augen, nur um anschließend wieder übers ganze Gesicht zu strahlen, noch immer nicht ahnend, was Carole mit ihrer Zusammenfassung bezweckte.

„So so“, kommentierte Carole. „Und bald kommt er zu dir Schnitzel essen. Und du sagst mir, dass dieser Mann und du eine platonische Freundschaft eingehen. Richtig?“

Bei Charlotte begann der Groschen nun langsam zu fallen. „Richtig“, sagte sie.

„Okay!“, rief Carole, lehnte lächelnd sich zurück und sagte nichts mehr.

„Okay, was? Was willst du mir sagen?“, hakte Charlotte nach.

„Wie soll ich das meinen, ich sag doch: Okay. Alles gut.“

„Carole, hör jetzt auf, mich auf den Arm zu nehmen.“

„Ich nehm dich nicht auf den Arm. Ich wiederhole nur, was ich gehört habe. Es kann ja sein, dass eine zauberhafte, überaus liebenswerte und noch dazu wunderschöne Frau mit dunkel glänzenden Locken, süßen Sommersprossen, einer Stupsnase und einem Kussmund, strahlend grünen Augen und einer hinreißend sexy Figur rein platonisch verbunden ist mit einem der schönsten Männer des gesamten Departements, der zu allem Überfluss auch noch ein verdammt feiner Kerl ist. Klingt doch total plausibel, oder? Oder, Charlotte?“ Carole sprach die letzten Worte lauter aus, so als wollte sie Charlotte wecken.

Die verschränkte die Arme, ebenfalls lächelnd, hob dann ihren Kopf und machte sich gerade wie eine Kerze.

„Liebe Carole. Ich find es ja ganz süß, dass du so romantisch veranlagt bist, wirklich. Aber ganz ehrlich, du weißt, was ich hinter mir habe. Und mittlerweile weiß ich auch ganz gut, was er hinter sich hat. Wir sind beide kein Beziehungsmaterial. Er hat mir wortwörtlich gesagt, dass ich für ihn wie Familie bin, verstehst du? Ich sei sein Tribe. Ich bin in der Friendzone für Arnaud. Okay?“

Carole drehte ihre Haare um ihren Zeigefinger und dachte angestrengt nach.

„Das hat er dir gesagt?“

„Ja, hat er. Und ich verstehe ihn auch“, bekräftigte Charlotte und hoffte, dass Carole nun Ruhe geben würde.

„Quelle bêtise …“, flüsterte Carole, wühlte sich aus ihrer Decke und rief dann laut: „Nachtisch?“ Noch bevor Charlotte reagieren konnte, verschwand sie in der Küche und bereitete ein kleines Dessert für sie zu.

Charlotte hatte genau gehört, was Carole vor sich hin geflüstert hatte. „Quelle bêtise – Was für ein Unsinn.“ Der Kommentar galt Arnaud und seinen Äußerungen zu ihrer Freundschaft, das war deutlich. Doch es war neu für Charlotte, Carole so kritisch zu erleben. Diese Seite kannte sie noch nicht an ihr.

Als Carole mit zwei Schälchen Eiscreme zurückkam, bekam Charlotte keine Gelegenheit, sie auf ihren Kommentar anzusprechen. Die Freundin erzählte, ohne Luft zu holen. Zuerst berichtete sie davon, dass es an Leos Vorschule Läuse gegeben hatte und was es für ein Theater gewesen sei, ihn davon zu befreien. Danach ging sie nahtlos über zu Geschichten aus ihrer Arbeit. Es schien, als wollte Carole das Gespräch partout nicht mehr auf Arnaud bringen. Charlotte konnte sich keinen Reim darauf machen, beschloss jedoch, nicht nachzuhaken.

Kapitel 38

CHARLOTTE konnte nicht fassen, wie schnell die Zeit verflog. Heute war ihr letzter Termin mit Luca Lefèvre, bevor nächste Woche die Arbeiten losgingen. Sie hatte noch genau zwei Stunden, die Zeit bis dahin wollte sie nutzen, um Violette ihren spontanen Besuch abzustatten.

Um ihren kleinen Überfall etwas zu entschärfen, kaufte sie vorher auf dem Markt einen Strauß Blumen für die Bürgermeisterin und nahm noch eine Flasche Wein mit. Als sie das Vorzimmer betrat, war der Platz der Sekretärin unbesetzt. Charlotte setzte sich auf einen der Stühle davor und wartete. Sie hörte, wie Violette in ihrem Büro mit jemandem sprach. Da sie nur ihre Stimme vernahm, führte sie wohl ein Telefonat. *Wie gut, dass sie da ist,* dachte Charlotte und warf einen prüfenden Blick in den kleinen Spiegel in ihrer Handtasche.

Einige Minuten später steuerte eine junge Frau auf den Platz im Vorzimmer zu. Charlotte kannte die Frau nicht. Bei ihrem ersten Besuch hatte hier eine andere Dame gesessen. Seltsamerweise schien sie keine Notiz von ihr zu nehmen. Sie passierte Charlotte grußlos, setzte sich vor ihren Computer und begann sofort zu tippen. Charlotte räusperte sich – vergebens. Dann stand sie auf, legte den Blumenstrauß auf ihren Stuhl und trat an den Vorzimmertresen heran.

„Verzeihen Sie bitte, aber wäre es möglich, kurz mit Frau Brulet zu sprechen?“

Die Frau blickte Charlotte über ihre Brillengläser fragend an.

„Sie haben einen Termin?“

„Nein, ich wollte spontan vorbeikommen und Frau Brulet ganz schnell etwas fragen.“

„Tut mir leid, aber Frau Brulet ist nicht im Hause.“

Nicht im Hause? Charlotte wollte gerade schon widersprechen, riss sich aber im letzten Moment noch zusammen. Natürlich war Violette hier, sie hatte bis gerade eben noch telefoniert! Charlotte lauschte, doch Violettes Stimme war nun verstummt. Sie überlegte.

„Macht es Sinn, hier auf sie zu warten?“, fragte sie freundlich.

Die Assistentin schüttelte den Kopf. „Nein, Madame, das ist nicht möglich. Ich muss Sie bitten, einen Termin zu vereinbaren. Unangemeldete Besuche sind nicht möglich.“

Charlotte ging mit hängenden Schultern zurück zu ihrem Stuhl, nahm die Blumen und überlegte einen Moment, ob sie sie einfach wieder mitnehmen sollte, entschied dann aber, sie hierzulassen.

„Wären Sie bitte so freundlich, ihr den Wein und die Blumen zukommen zu lassen und ihr auszurichten, dass ich auf ihre Antwort auf meine E-Mail warte?“

Noch bevor Charlotte erklären konnte, worum es sich genau handelte, war die Frau bereits aufgestanden und hatte ihr die Blumen und den Wein abgenommen.

„Selbstverständlich werde ich das tun, vielen Dank, Madame Bergmann.“

Charlotte blickte die Frau verdutzt an. Sie hatte ihren Namen nicht genannt. Woher wusste diese Frau, wie sie hieß? Sie wurde das Gefühl nicht los, dass hier etwas nicht stimmte. Es war, als hätte Violette ihre Assistentin angewiesen, sie abzuwimmeln. Sicher waren sie via Chat verbunden, und vielleicht hing hier irgendwo eine Kamera.

Sie hätte vorher anrufen sollen, redete Charlotte sich ein, während die Sekretärin sie höflich hinauskomplimentierte und Charlotte ganz vergaß, einen zeitnahen Termin zu vereinbaren. Violette war eine viel beschäftigte Person, das sah sie ja ein. Aber Charlotte brannte die Zeit unter den Nägeln, und Violette hatte ihr versprochen, ihre Anträge zügig zu bearbeiten.

Sie dachte an ihre letzte Begegnung – an die jähe Unterbrechung ihres Gespräches vonseiten Violettes und Charlottes aufkeimendes, ungutes Gefühl der Frau gegenüber …

Hoffentlich irrte sie sich. Hoffentlich löste sich alles in Wohlgefallen auf. Vielleicht ließ sich alles später am Telefon besprechen. Sie konnte sich beim besten Willen nicht vorstellen, warum sich Violette so seltsam verhielt.

Schnell verließ sie das Bürgerhaus und machte sich auf den Weg zurück nach Hause.

Als Charlotte an ihrem Hotel ankam, war Pauls Sohn bereits angekommen und winkte ihr zu. Sie gingen durch alle Räume, sichteten die Stellen, an denen Reparaturen stattfinden sollten, und bestätigten die vereinbarten Farbschemata. Inzwischen war es Dezember. Wenn alles planmäßig ablief, wären sie bis Ende Januar mit allem fertig. Ab Februar würde sich Charlotte dann um die Einrichtung kümmern, die sie schon jetzt plante.

Nach der Begehung begleitete Charlotte Luca zu seinem Wagen.

„Dann kanns Montag ja losgehen! Wann kommen Ihre Männer?"

„Die Jungs fangen direkt um sieben Uhr an, wie an den anderen Tagen auch. Wenn Sie mir die Schlüssel zu allen Räumen geben und der Obstkeller als Pausenraum und zum Kaffeekochen genutzt werden darf, wäre das ideal. Dann sparen Sie die Kosten für den Baustellencontainer und das mobile WC."

„Aber ja, natürlich. Ihre Männer dürfen sich in der Kellerküche aufhalten, kochen, das WC benutzen, gar kein Problem."

Luca streckte Charlotte die Hand hin.

„Auf ein erfolgreiches Projekt!", sagte sie und schlug ein.

Charlotte winkte Luca zum Abschied und machte sich auf den Weg zurück nach Hause. Sie war glücklich und freute sich, dass es losging. Sie würde den Handwerkern zum Einstand eine Käse-Lauch-Suppe zubereiten, genau das Richtige jetzt im Herbst. Als sie den kleinen Durchgang durch die Holunderbäume kurz vor dem Kiesweg zu ihrem Haus nahm, fiel ihr siedend heiß ein, dass sie vergessen hatte, die Hühner zu füttern. Sie deponierte ihre Unterlagen auf der Wiese, beschwerte sie mit einem Stein und machte auf dem Absatz kehrt, um zum Haupthaus zurückzukehren. Als sie bei den Hühnern ankam, blieb sie abrupt stehen. Statt des üblichen Bildes mit umherspazierenden und brütenden Hühnern bot sich ihr ein Bild, das Charlotte Rätsel aufgab und augenblicklich in Unruhe versetzte. Die Hälfte der Hühner lag in Erdlöchern, die sie anscheinend selbst gegraben hatten, und wälzten sich darin. Ihre Bewegungen waren so schnell und wild, dass Charlotte husten musste von dem Staub, den sie verursachten. Die andere Hälfte tat das Gleiche, allerdings nicht im sandigen Gehege, sondern auf der Wiese daneben. So konnte sie unmöglich zu Carole gehen, die sie spontan auf einen Nachmittagskaffee bei sich zu Hause eingeladen hatte. Sie nahm den Sack Körner und warf ihn auf die Futterstelle. Ohne Erfolg. Die Hühner verharrten in den Mulden und auf der Wiese und schlugen wild mit den Flügeln. Gerade mal zwei der insgesamt zehn Tiere saßen still im überdachten Bereich und brüteten.

Charlotte brauchte Hilfe. Wieder einmal. Ob sie diesmal einfach den anderen Tierarzt in Saint-Joseph anrufen sollte? Nicht, dass Arnaud noch auf Ideen kam und dachte, sie wollte ihn zu sich herlocken. Sie überlegte. Wenn das rauskam, dass sie ihn als langjährigen Tierarzt ihres verstorbenen Vaters überging, konnte das natürlich auch ins Auge gehen. Sie entschied sich für Arnauds Praxis, doch den Anruf sparte sie sich diesmal. Sie hatte keine Lust, sich die Laune von Catherine Blaise verderben zu lassen, und schickte Arnaud eine Nachricht.

Arnaud,

du kannst mich jetzt für komplett verrückt halten, aber etwas stimmt mit den Hühnern nicht. Sie wirken irgendwie verzweifelt. Habe alle Bäume nach Vogelnestern abgesucht. Fehlanzeige. Backe dir alle Kuchen der Welt, wenn du vorbeikommst.

Verzweifelte Grüße von der Stadtpflanze aus Deutschland.

Eine Stunde später stand Arnaud auf der Matte.

„Charly. Hey! Beruhige dich!“ Charlotte lief auf und ab. Arnaud trat auf sie zu, legte seine Hände auf ihre Schultern und blickte ihr tief in die Augen. „Deinen Hühnern geht es gut.“

„Aber warum tun sie das? Das ist doch nicht normal! Ich habe so etwas noch nie gesehen!“

Arnaud lächelte Charlotte aufmunternd an. „Das sieht verrückt aus, zugegeben. Ich habe selten gesehen, dass Hühner dieses Verhalten kollektiv zeigen. Aber aus irgendeinem Grund haben sie gemeinsam beschlossen, sich zu waschen.“

„Zu waschen? Im Sand?“

Arnaud nickte. „Hühner nehmen ihr Bad nicht im Wasser, sondern im Sand oder auf einer anderen Oberfläche, die ihren Federn Widerstand bietet. Auf diese Weise befreien sie sich von Schmutz und Ungeziefer.“

Charlotte stand mit gesenktem Kopf vor Arnaud und hob nun langsam den Blick, ohne ihren Kopf zu bewegen.

„Alles okay mit dir?“

Charlotte verharrte in ihrer Position und ließ sich Zeit mit ihrer Antwort. Arnaud begann zu grinsen.

„Ich bin gerade etwas unschlüssig, ob ich lachen oder weinen soll. Das ist jetzt dein zweiter Besuch in wenigen Tagen, weil ich Panik bekomme, obwohl alles in bester Ordnung ist. Also mit den Tieren. Mit den Tieren ist alles in bester Ordnung. Mit mir eher nicht. Nächstes Mal rufe ich den Dorfarzt für Menschentiere.“

Arnaud lachte. „Ach, den musst du nicht anrufen, solange es dir gut geht, und dir geht es gut, glaube ich.“

„Glaubst du? Das klingt nicht wirklich überzeugt … und ehrlich gesagt kann ich es dir auch nicht verdenken.“

„Weißt du, was ich glaube?“, fragte Arnaud. „Du bist ganz schön gestresst, kann das sein? Hast du mir nicht erzählt, dass du dir eine feste Struktur machen wolltest mit einem freien Tag in der Woche? Wann ist der denn, dein freier Tag?“

Charlotte scharrte mit ihrem Schuh im Sand. „Ganz ehrlich? Ich habe in meiner Agenda alle freien Tage gecancelt. Es ist einfach zu viel zu tun.“

„So geht das nicht“, konterte Arnaud, dessen Hände noch immer auf Charlottes Schultern lagen. Er blickte sie energisch an, während Charlotte immer wieder zur Seite schaute.

„Wenn du so weitermachst, liegst du irgendwann flach und kannst gar nicht mehr arbeiten. Du hast jetzt mehr Verantwortung als in deinem alten Job. In Kürze wirst du auch Personalverantwortung tragen. Du musst schauen, dass du dir regelmäßig Freiräume schaffst, auch jetzt.“

Charlotte befreite sich aus seinem Griff und schaute ihn an.

„Ich finde die Ruhe nicht, nichts zu tun“, sagte sie ungeduldig. „Jedes Mal, wenn Oscar mich zwingt, ihn zu kraulen, werde ich ganz hibbelig.“

Arnaud runzelte die Stirn. „Wenn es schon so weit ist, ist es Zeit für eine Sofortintervention. Ich habe auch schon eine Idee. Wir fahren übermorgen zusammen nach Marseille und machen eine supercoole

Tour. Du hast die Wahl: nur Essen, nur Kunst oder Essen und Kunst“, sagte Arnaud jetzt fröhlich.

„Aber …“

„Keine Widerrede. Ich fahre jetzt nach Hause. In spätestens einer halben Stunde habe ich deine Antwort.“

„Essen und Kunst“, sagte Charlotte lächelnd.

„Na bitte, das waren doch die schnellsten dreißig Minuten der Weltgeschichte, Mademoiselle Bergmann, sehr gut!“

Charlotte sah, wie sich Arnaud freute. Er sah plötzlich aus wie ein kleiner Junge, der dem Nachbarsmädchen aus einem Schlamassel geholfen hatte und stolz auf seine kleine Heldentat war. Er war so süß. Noch bevor sie sich selbst kontrollieren konnte, traf ihr Herz die Entscheidung. Mit einem Satz ging sie auf die Zehenspitzen und gab Arnaud eine feste Umarmung, die er behutsam erwiderte.

„Danke, Arnaud. Danke, danke, danke. Du bist so gut zu mir. Ich freu mich auf unsere Tour, und ich verspreche, dass ich meinen freien Tag künftig einhalte.“

„Tja, das sagst du so, dabei ist schon morgen unser Schnitzelessen, sollen wir das nicht lieber vertagen und vorher nach Marseille fahren? Willst du nicht lieber erst mal ausspannen?“

„Kommt gar nicht infrage!“, rief Charlotte. „Erst die Schnitzel, dann Marseille! Das ist doch ein super Programm fürs Wochenende! Ein deutsch-französisches Freundschaftsevent, wie es sich unsere Regierungen nicht besser hätten ausdenken können.“

Als Charlotte am Nachmittag bei Carole ankam, hingen noch Ballons unter der Decke des Wohnbereichs. Leo hatte Geburtstag gefeiert, und einen Tag nach dem Kinderfest versank Carole in Süßigkeiten und Kuchen, obwohl sie den Eltern seiner Freunde einen großen Teil mitgegeben hatte. Spontan hatte sie Charlotte zum Kaffee eingeladen.

„Hallo, meine Liebe! Wie geht es dir, komm her und setz dich. Willst du lieber Tee oder lieber Kaffee?“ Carole legte den Arm um Charlottes Schulter und führte sie zur Sitzecke.

„Tee, bitte. So, dann habt ihr drinnen gefeiert, was? Nun ist es selbst im Paradies zu kühl geworden für den Garten.“

„Ja, das ist es. Dabei kommt es mir wie gestern vor, dass wir Oriannes Geburtstag da draußen gefeiert haben, dir auch?“, rief Carole aus der Küche, während sie den Tee zubereitete.

„Das war so schön“, erinnerte sich Charlotte und blickte hinaus in den Garten, der auch jetzt in seinem herbstlichen Kleid nichts von seinem Reiz einbüßte.

„Nimmst du deinen Tee pur oder …“

„Mit etwas Zucker bitte!“

Carole kam mit einem Tablett aus der Küche und servierte Tee und lauter kleine bunte Kuchen.

„Sie sehen schrecklich süß aus, sind sie aber nicht. Und sie schmecken himmlisch!“

Charlotte bediente sich und machte es sich auf dem Sofa bequem. „Und? Wie ist es dir ergangen? Läuse und Stress erledigt?“, fragte sie.

„Inzwischen ja. Es war echt schlimm, dabei hatte es uns nicht so hart getroffen wie die anderen Eltern. Orianne, Pierre und ich blieben verschont, dafür war Leo voll damit! Ich habe sofort bei uns allen das komplette Entlausungsprogramm gefahren. Braucht man wie ein Loch im Kopf, so was“, sagte Carole und verdrehte die Augen.

„Und bei der Arbeit, alles gut?“, fragte Charlotte und genoss den starken grünen Tee.

„Jetzt ist alles wieder gut, ja. Wir hatten ein Riesenprojekt, das nicht zu Ende gehen wollte, doch dank deiner Hilfe ist jetzt alles zu einem tollen Abschluss gekommen. Dein Text war perfekt! Die Kanzlei in Aix, mit der wir zusammengearbeitet haben, wollte wissen, woher wir die Übersetzung hatten.“

Charlotte lachte kurz auf.

„Es ist mir gelungen, der Antwort auszuweichen“, fuhr Carole fort. „Sollte er aber noch mal fragen, bist du dran.“

„Na ja, das meiste hat das Programm erledigt, ich habe nur noch mal drübergeschaut“, sagte Charlotte und nahm sich den zweiten Muffin.

„Und bei dir? Tout bien? Wir haben uns, glaube ich, schon seit zwei Wochen weder gesehen noch voneinander gehört.“ Carole funkelte Charlotte neugierig an.

„Die Zeit fliegt momentan, ich habe so viel zu tun, ich weiß manchmal nicht mehr, wo mir der Kopf steht. Nur Arbeit, nichts als Arbeit."

„Oje, ma chère, das geht aber nicht, du brauchst doch auch ein wenig plaisir!"

„Tja, das höre ich dann heute schon zum zweiten Mal ..." Charlotte wusste, dass sie soeben ein Fass aufgemacht hatte. Wenn sich Carole einmal an etwas festgebissen hatte, ließ sie nicht mehr los, und es schien, als sei das Thema Arnaud etwas, das ihre Hartnäckigkeit besonders leicht auf den Plan rief.

„So? Wer hat dir das denn heute schon gesagt?" Caroles Augen funkelten jetzt noch mehr.

Volltreffer, dachte Charlotte mit einem bemühten Lächeln und holte tief Luft. „Arnaud. Ich hatte Theater mit den Tieren."

„Was denn für ein Theater? Charlotte, warum muss ich dir denn alle Würmer aus der Nase ziehen, nun erzähl schon!"

Charlotte lachte. „Ihr sagt Würmer aus der Nase ziehen, wenn jemand nicht reden will?"

Carole nickte und lachte mit. „Ach, jetzt wo du es sagst! Wir kennen das mit den Würmern, glaube ich, auch, aber meistens sagen wir: jedes Wort einzeln aus der Nase ziehen", erklärte Charlotte.

„Aber das macht überhaupt keinen Sinn!", rief Carole. „Die Wörter sind doch im Hals und nicht in der Nase!"

„Aber Würmer machen Sinn?"

Wieder brachen beide in Gelächter aus.

„Ach, herrlich", sagte Carole und goss Tee nach. Dann lehnte sie sich zurück und schaute gebannt auf Charlotte.

„Ich zieh nicht noch mal", sagte sie. „Was war mit den Tieren?"

Charlotte berichtete, wie Arnaud wegen Oscar und den Hühnern gekommen war, unterbrochen von mehreren Pausen, in denen Carole husten musste vor Lachen. Inzwischen war Orianne gekommen und lachte mit. Die Kleine wusste besser Bescheid über Hühnerduschen und Katzenklicklaute als Charlotte.

„Du bist lustig", sagte Orianne sanft und lehnte ihren Kopf an Charlottes Schulter. Sie strich über ihr Haar.

„Und du bist ganz zauberhaft, liebe Orianne. Und dein Haar ist so schön weich …“

„Maman hat es mit einem besonderen Shampoo gewaschen, deshalb“, sagte Orianne. „Soll ich dir wieder Zöpfe flechten?“ Sie sprang auf, rannte weg und kam mit einer Bürste und zwei Haargummis zurück. Dann machte sie sich an die Arbeit.

„Ihr lacht jetzt. Ihr könnt euch, glaube ich, gar nicht vorstellen, wie unangenehm es mir war, dass der Mann jedes Mal für nichts und wieder nichts zu mir kommen musste“, sagte Charlotte.

„Warum?“, fragte Carole. „Er ist Tierarzt, das ist er gewohnt. Muss dir nicht peinlich sein, liebe Charlotte.“ Wieder funkelte Carole sie an.

Charlotte wurde es langsam unangenehm. Es war, als wüsste Carole etwas, wovon sie keine Kenntnis hatte. Sie beschloss, ein anderes Thema anzuschneiden.

„Sag mal, diese Praxishelferin von Arnaud. Ich verstehe das nicht, sie scheint immer gereizt und ist bisweilen richtig unfreundlich. Kennst du sie?“

„Catherine Blaise? Zu mir ist sie immer freundlich. Ich sehe sie nicht so oft, da wir ja keine Tiere haben, aber wenn ich sie sehe, ist sie immer nett.“

Charlotte überlegte.

„Hast du das Arnaud mal gesagt, dass sie nicht so nett ist zu dir?“

„Nee.“

„Warum nicht?“

„Ich will die Frau nicht in Schwierigkeiten bringen. Da muss vielleicht noch der richtige Moment kommen, aber bis jetzt konnte ich mich zurückhalten.“

Carole nickte. „Hm, da würde ich Arnaud aber schon drauf ansprechen. Kann ja nicht sein, dass sie dich so behandelt, oder?“

Charlotte zuckte mit den Schultern. „Werde ich machen“, sagte sie.

„Sag mal …“, fuhr Carole mit ihren Fragen fort. „Was macht euer kulinarischer Wettbewerb eigentlich?“

„Ich koche heute für uns – danach ist er an der Reihe. Aber er hat noch nichts gesagt.“

Carole lächelte. „Oh, hat er noch nichts gesagt … ach Mensch.“

„Nee, hat er nicht. Mensch, Carole, fang nicht schon wieder damit an!“

Carole kicherte.

„Ich werde ihn morgen mal fragen. Dann fahren wir nämlich zusammen nach Marseille.“

„Nach Marseille!“, rief Carole halb begeistert, halb foppend.

Charlotte verdrehte die Augen. „Er ist der gleichen Meinung wie du. Ich brauche ab und zu eine kleine Auszeit. Deshalb.“

„Natürlich. So ein guter Freund, wirklich.“ Caroles Kichern verstummte, nachdem ihr Charlotte einen müden Blick zugeworfen hatte.

„Sorry, Lottileinchen“, sagte Carole mit einem liebevollen Lächeln.

„Kein Thema“, sagte Charlotte versöhnlich. Inzwischen war Orianne fertig mit dem Flechten und präsentierte stolz ihr Werk.

„Das hast du super gemacht, Orianne! Das nächste Mal, wenn ich Zöpfe brauche, komme ich zu dir, einverstanden?“ Charlotte strich Orianne über die Wange.

Das Mädchen hatte seine Hände über die Sofalehne neben Charlotte gelegt und schaute sie schüchtern und neugierig an.

„Charlotte?“, fragte sie jetzt.

„Ja, Orianne?“

„Bist du verliebt?“

Charlotte riss die Augen auf und warf den Kopf zurück. Sie blickte hinüber zu Carole, die genauso erstaunt guckte, gleichzeitig aber ein Lachen unterdrückte.

„Wie kommst du denn auf die Idee?“

Orianne sprang von einem Fuß auf den anderen und kicherte.

„Weiß ich nicht“, flüsterte sie noch immer kichernd und rannte davon.

Kapitel 39

NACH dem Unterricht machte sich Charlotte einen Kaffee und überlegte sich kurz, ob sie das Essen mit Arnaud heute Abend deftig und authentisch zubereiten sollte, oder die Schnitzel, Petersilienkartoffeln und den Gurkensalat auf dekonstruierte Weise als Fine Dining servieren sollte. Doch dann erinnerte sie sich an ihr Versprechen, es etwas langsamer angehen zu lassen, und beschloss die schlichte Variante. Heute würde Tante Edeltrauds Originalrezept aufgetischt werden.

Sie machte sich fertig und fuhr los, um alles Notwendige zu besorgen. Sie musste zum Metzger für das Fleisch, zum Markt für die Kartoffeln, die Gurken und für frische Kräuter und in den Bioladen für Joghurt, Sahne und Apfelessig – ohne den würde das Rezept nicht funktionieren. Sie parkte ihr Auto am Ortsrand, spazierte zum Markt und Metzger und machte alle ihre Erledigungen. Dann ging sie zum einzigen Bioladen in Sainte-Sophie, der sich auf dem letzten Fußgängerweg vor dem Ortsende befand. Schon von Weitem sah sie, was jeder zu ignorieren schien. Ein betrunkener Mann wankte vor dem Eingang des Ladens hin und her, stieß wilde Flüche aus und drohte jeden Moment zu Boden zu fallen. Ungefähr zwei Meter entfernt an der Mauer des Geschäfts stand ein kleiner Junge, der den Mann wie gebannt beobachtete, die kleine Hand halb vors Gesicht gehalten. Der Mann ging immer wieder auf den kleinen Jungen zu, verlor jedes Mal das Gleichgewicht und setzte aufs Neue an. Charlotte war außer sich. Wie nur konnten all die Menschen, ohne etwas zu unternehmen, vorbeilaufen? Und wo war seine Begleitperson? Schnell lief sie auf den Jungen zu, stellte sich schützend vor ihn und bückte sich so weit hinunter zu ihm, dass er den Mann nicht mehr sehen konnte.

„Bist du allein hier?“, fragte sie.

Der Junge schüttelte den Kopf.

„Wer ist mit dir gekommen?“

„Maman!“, antwortete er ängstlich.

„Und wo ist deine Maman, hm?“

Der Junge zeigte mit dem Finger auf die Eingangstür des Bioladens. Der Mann war inzwischen gefährlich nahe gekommen und pöbelte ohne Unterlass Charlotte an, die ihm einen vernichtenden Blick zuwarf. Dann packte sie den Kleinen bei der Hand, hielt ihm die Augen zu, damit er den sabbernden und keifenden Alten nicht mehr sah, und zog ihn in den Laden. Dort rief sie laut nach dem Manager, der bei der Kassiererin stand und direkt zu ihr kam. Er ließ die Mutter ausrufen und ging nach draußen, um den Mann wegzuschicken. Wenige Sekunden später kam die völlig aufgelöste Mutter angerannt, die ihr Kind inzwischen vergeblich gesucht hatte. Sie war so durcheinander, dass sie Charlotte gar nicht wahrnahm, die die Hand des Jungen noch immer festhielt. Charlotte lächelte dem Jungen zu, winkte ihm und verließ die Szene. Sie sah erleichtert, wie der Junge die Arme um seine Mutter legte. *Was für ein Tag!*, dachte Charlotte. Schnell machte sie ihre letzten Erledigungen und fuhr zurück nach Hause.

Daheim angekommen bereitete sie alles für das Abendessen vor. Viel war es nicht, das meiste musste direkt vor dem Essen zubereitet werden. Sie ruhte sich ein wenig aus, duschte sich und machte sich zurecht. Sie wählte ein dunkelblaues langes Leinenkleid mit kurzen Ärmeln, das oben wie ein Hemd mit Knopfleiste und Kragen gearbeitet war, an der Taille schmal zulief und nach unten hin glockig und weit abfiel. Die Haare steckte sie zu einem Dutt zusammen. Sie entschied sich für kleine Perlenohrringe, tuschte die Wimpern schwarz und trug den roten Lippenstift auf, der mittlerweile zum täglichen Accessoire geworden war.

Dann setzte sie die Salzkartoffeln auf und wartete auf Arnaud. Ihr Kuchen hatte ihm geschmeckt, doch ein Abendessen war eine andere Nummer. Hoffentlich ging alles glatt. Auf jeden Fall war sie schon mal glücklich, den Apfelessig gefunden zu haben. Als sie das bereits vertraute Geräusch von Schritten auf Kies vernahm, sprang sie auf, warf noch einen letzten Blick in den Spiegel und öffnete dann die Türe.

„Monsieur le Docteur höchstpersönlich, guten Abend!“, rief sie und merkte, wie nervös sie plötzlich war. Die ganze Zeit über war sie entspannt gewesen. Doch nun, da Arnaud auf sie zulief, war es vorbei mit der Contenance. Er trug einen wahnsinnigen Anzug im edlen Punk-

Look mit breiten Streifen in Beige und Dunkelrot wie die Stücke von Paul Smith. Das Sakko war tailliert, das schmale Hosenbein endete geschlitzt zwei Zentimeter über den braunen Lederschuhen. Seine frisch gewaschenen Haare waren gekämmt und begannen sich hier und da zu kringeln. Charlotte war begeistert. Sie war immer wieder überrascht, wie gut ihr Männer in Anzügen gefielen, aber der hier war so dermaßen cool, dass sie sich zusammenreißen musste, nicht in Begeisterungsstürme auszubrechen.

Arnaud steuerte selbstbewusst auf Charlotte zu.

„Fräulein Bergmann …“ Er küsste sie rechts und links auf die Wange, zum ersten Mal, seit sie auf dem Weinfest Brüderschaft geschlossen hatten, wenn man von dem verrutschten Kuss im Auto absah. Sie sog den mittlerweile vertrauten Duft seines Eau de Toilette ein. Gott, wie sie es liebte!

„Vielen Dank für die Einladung. Hier, eine kleine Aufmerksamkeit.“ Er überreichte Charlotte eine Flasche Rotwein und einen riesigen Topf mit frischem Basilikum.

„Nur für den Fall, dass wir nachwürzen müssen“, sagte er mit einem frechen Lächeln und kassierte sofort einen Hieb auf seine Schulter. Arnaud lachte.

„Alles klar, Arnaud, setz dich doch schon mal an den Tisch, ich bestell dir nur schnell eine Pizza“, witzelte sie. „Mein Essen hast du gar nicht verdient.“

Als sie eine halbe Stunde später vor ihren dampfenden Tellern saßen und Charlotte einen guten Appetit wünschte, waren Arnauds freche Sprüche verflogen.

„Ich bin so gespannt jetzt“, sagte er und nahm das Besteck in die Hand.

„Hau rein!“, sagte Charlotte. „Das ist wie gesagt ein bodenständiges Essen. Kein Chichi. Ich hoffe, es schmeckt dir.“

Er schnitt ein Stück des Schnitzels ab, das Charlotte perfekt gelungen war, nahm etwas von der buttrigen Kartoffel, deren Goldgelb durch die vielen Kräuter hervorschimmerte. Während er den ersten Bissen des Abendessens kaute, schloss er die Augen.

„Hm“, stöhnte er.

Charlotte beobachtete ihn gespannt. *Volltreffer*, dachte sie.

Dann nahm er etwas von dem Gurkensalat, aß es und stöhnte wieder. „Der Salat ist ja unglaublich“, sagte er. „Wie hast du ihn gemacht? Und die Schnitzel – zum Sterben! Und was ist das an den Kartoffeln?“

Charlotte freute sich. „An den Kartoffeln sind frischer Liebstock und Petersilie, Butter und Meersalz. Ist aber auch eine tolle Sorte. Die feinen Gurkenscheiben habe ich mit einem Dressing aus Sahne, saurer Sahne, etwas Sonnenblumenöl, Schalotte, Salz und Pfeffer, Liebstock und einem Schuss trübem Apfelessig angemacht.“

Arnaud hörte kopfschüttelnd zu. „Sensationell. Ich verstehe, warum du mir dieses Gericht gekocht hast. Steak frites ist eigentlich belgisch, wird bei uns aber oft serviert. Ich dachte, ich fange damit mal an. Aber ganz ehrlich: Dein Essen finde ich viel leckerer. Ein richtiges Wohlfühlessen. Hmmmm.“

Charlotte war hingerissen. Besser hätte es nicht laufen können. Es machte sie so glücklich, ihn so genießend zu sehen.

Nachdem er seinen letzten Happen verputzt hatte, blickte er sie an und sagte eine Weile nichts. Charlotte wurde unruhig.

„Alles gut mit dir? Bist du im Fresskoma? Erde an Arnaud, ist da jemand?“

„Dieser Punkt geht an dich, Charlotte Bergmann.“

„Schön!“, rief sie und stand auf, um den Tisch abzuräumen.

„Du hast die Wahl, entweder ich serviere den Nachtisch direkt hier oder später am Kamin.“

„Da muss ich nicht lange überlegen“, sagte Arnaud, stand auf und ließ sich auf dem Sofa in der Sitzecke nieder. „Verdammt, ich wollte noch fragen, ob ich helfen kann. Die zweite Portion schaltet gerade mein Hirn aus …“, sagte er.

Charlotte lachte. „Ich mach uns erst mal einen Kaffee“, sagte sie und kam kurze Zeit später mit einem Digestif und zwei Tassen Kaffee zurück.

„Du wirkst so routiniert und entspannt in deinem neuen Zuhause“, sagte er. „Es ist, als wärst du schon sehr lange hier.“ Er pustete in seine Kaffeetasse.

Charlotte hob das Schnapsglas und reichte ihm seins. „Auf Tante Edeltrauds Schnitzel", rief sie und stieß mit ihm an. „Tja, was soll ich sagen", antwortete Charlotte und kuschelte sich in die Ecke desselben Sofas, auf dem Arnaud Platz genommen hatte. „Der Schein trügt nicht. Ich fühle mich tatsächlich zu Hause hier. Alles fließt irgendwie. Was nicht heißt, dass es einfach wird. Mir steht ein Haufen Arbeit bevor. Aber das gehört dazu …"

„Das gehört dazu, und das schaffst du", sagte er aufmunternd. „Daran habe ich keinen Zweifel."

Charlotte nickte nachdenklich. Sie musste an ihre To-do-Liste denken, und sofort fielen ihr neue Aufgaben ein.

„Wie gehts eigentlich mit deinem Ex? Konntest du in Hamburg alles gut für dich abschließen?"

Charlotte verschluckte sich fast an ihrem Kaffee. Mit der Frage hatte sie nicht gerechnet, sie kam wie aus dem Nichts. Sie schaute auf und sah, wie er sie konzentriert anblickte und auf ihre Antwort wartete. Sie überlegte einen Augenblick. Stefan und Hamburg fühlten sich an, als wären sie Ewigkeiten her.

„Es war ein stilles Ende", begann sie. „Ich wollte ein abschließendes Gespräch mit ihm. Doch dann erfuhr ich von einer Freundin, dass er sich bereits getröstet hatte. Nach Jahren des Streits und meinen zahllosen Versuchen, es einzurenken, ist in dem Moment bei mir eine Klappe runtergegangen. Meine Geduld ist immens. Doch ist ihr Ende einmal erreicht, gibt es kein Zurück mehr. Hat man mich überdies genug geärgert, wie er es getan hat, werde ich gemeingefährlich." Charlotte nahm einen kleinen Schluck des Birnenschnapses und musste über ihre eigenen Worte lächeln.

Arnaud tat es ihr nach. „Das klingt gefährlich", sagte er grinsend und kuschelte sich in die gegenüberliegende Seite des Sofas. „Aber auf eine gute Art gefährlich. Was hast du getan? Lebt er noch?"

Charlotte beobachtete, wie er seine Beine ausstreckte und seine dunkelroten Socken im Schein der Kerzen schimmerten.

„Sorry, aber dein Look heute ist der absolute Knaller, Arnaud! Das ist London pur, und du bist Frankreich galore, wie kommt das? Dieser Anzug!"

„Don't you like it?", fragte Arnaud kokett und lächelte sie an. „Den Anzug habe ich in Paris gekauft. Gefiel mir sofort. Über dem französischen Stil hängen viele Mythen, wir sind nicht alle gleich …"

„Nein, das nicht, aber …"

„Außerdem siehst du jetzt auch nicht aus wie der Prototyp der Deutschen", ergänzte er.

Charlotte hielt kurz die Luft an. „So? Und was soll das heißen bitte?"

„Na ja, nichts gegen die Deutschen, aber …"

„Pass gut auf, was du jetzt sagst. Nicht, dass dir gleich der deutsche Nachtisch um die Ohren fliegt …", sagte Charlotte kampfeslustig.

„Du bist eine Augenweide", sagte Arnaud so blitzartig, dass Charlotte Mühe hatte, die Information sofort zu verarbeiten.

„Ach, komm schon!", rief sie. „Gibs zu. Ich habe dir Angst gemacht. Meine Geduld. Meine Gemeingefährlichkeit. Mein Nachtisch …" Charlotte musste laut lachen, doch Arnaud stimmte diesmal nicht ein, sondern blickte stumm lächelnd von seiner Sofaecke auf Charlotte, die nun begann, mit einer Locke zu spielen, die sich aus ihrem Dutt gelöst hatte.

„Also … um auf deine Frage zurückzukommen, ja, er lebt noch", sagte sie. „Ich bin ohne jedes weitere Gespräch ausgezogen und hierhergekommen. Ende der Geschichte. Es gibt tatsächlich gar nichts weiter zu sagen. Es ist vorbei, und das ist gut so. Ich glaube, ich habe meine Trauerphase schon während des letzten Beziehungsjahres durchgemacht. Ich verschwende kaum noch einen Gedanken an ihn."

Arnaud nickte. „Warum machen wir das?", fragte er. „Warum gehen wir Beziehungen ein mit Menschen, die nicht zu uns passen?"

„Ist das so?", fragte Charlotte. „Hat Roberta wirklich nicht zu dir gepasst? So wie du sie beschrieben hast, war sie eine sehr nette Frau. In jedem Fall war sie kein Stinkstiefel wie Stefan."

„Das stimmt. Gepasst haben wir aber trotzdem nicht zueinander", sagte Arnaud bestimmt.

„Ja, ich kann es mir schon vorstellen. Wenn man, so wie du, keine Luft bekommt in dieser Umgebung, in der ihr gelebt habt, der andere aber gar kein Problem damit hat, liegen natürlich Welten zwischen den Partnern", sagte Charlotte.

„Genau so war es. Unsere Lebensstile haben überhaupt nicht zusammengepasst. Abgesehen von unserer Umgebung gab es außerdem null Spannung zwischen uns. Ich bin eher ruhig, sie war noch ruhiger. Sie widersprach nie. War immer sanft. Sie hatte keine Tiefe, nickte nur immer alles ab. Das alles war eigentlich von Beginn an sichtbar. Ich frage mich, warum ich diese Zeichen ignoriert habe. Es war ja kein Geheimnis, wer sie war, woher sie kam und wie sie tickte. Worauf das alles hinauslaufen würde. Und trotzdem habe ich mich gebunden. War Stefan kein Stinkstiefel, als ihr zusammenkamt?"

Charlotte überlegte keine Sekunde. „Doch", kam es aus ihr herausgeschossen. „Doch. Bei Licht betrachtet war er das schon immer gewesen. Ich habe es nur in einem anderen Licht gesehen. Ich dachte, er ist halt ein eher kritischer Mensch, wenn er sich über alles und jeden aufregte. Mich traf es am Anfang ja auch nicht. Doch wenn ich eins und eins zusammengezählt hätte, wenn ich ehrlich gewesen wäre, dann hätte ich mir das denken können. Ich wollte es aber nicht sehen."

„Warum wollen wir das nicht sehen?", fragte Arnaud beharrlich.

„Weil das Gefühl der Liebe so schön ist?" Charlotte drehte noch immer an ihrer Locke.

„Das ist keine Liebe, Charlotte", widersprach Arnaud.

„Des Verliebtseins. Weil das Gefühl des Verliebtseins so schön ist. Weil wir nicht alleine sein wollen. Weil sich unser Hirn ausschaltet, zu Beginn. Und ehe wirs uns versehen, ist es schon zu spät, und wir hängen mittendrin in einer Beziehung mit jemandem, der nicht zu uns passt."

Arnaud nickte nachdenklich. „Ja. Genauso ist es. Mir hat mal ein Psychologe gesagt, dass Verliebtheit Projektion sei. Dass wir auf eine Person projizieren, was wir uns in einem Partner wünschen, und diese Illusion nach der Verliebtheitsphase der Realität weicht. Erst dann sehen wir den Menschen wirklich, auf den wir uns da eingelassen haben. Erst dann können wir klar sehen und uns entscheiden, was wir von dem Menschen tatsächlich halten."

Charlotte nickte heftig. „Du hast dir selbst die Antwort gegeben. Besser kann man es gar nicht sagen", sagte sie und musste an die kleinen Apfelstreuselkuchen denken, die sie vorbereitet hatte.

„Sorry für den abrupten Themenwechsel, aber: Magst du noch Nachtisch?"

Arnaud stöhnte. „Ich hätte die zweite Portion nicht essen dürfen. Mein Kopf sagt ja, aber meine Anzughose und mein Bauch sagen nein.“

„Schau!“, rief Charlotte. „Das ist doch die perfekte konsequente Umsetzung dessen, was wir gerade besprochen haben. Hör auf deinen Bauch, und alles wird gut!“

„Tut mir leid, Charlotte. Ich hoffe, du kannst deinen Nachtisch retten …“ Arnaud blickte sie mit schuldbewusster Miene an.

„Ist nur ein kleiner Streuselkuchen, der lässt sich prima einfrieren, keine Sorge.“

Sie hingen noch einen Moment ihrem Gespräch nach, als Charlotte ein Gedanke kam.

„Verliebtheit ist gefährlich. Das ist das Problem, der Hormoncocktail, er macht, dass man nicht mehr klar denken kann. Wenn ich mir überlege, wie genau ich hinschaue, wenn ich Freundschaften eingehe – und das dann damit vergleiche, wie ich die Beziehungen in meinem Leben eingegangen bin. Das kann man gar nicht miteinander vergleichen!“

„Oh ja …“, stimmte Arnaud zu. „Das ist allerdings ein Unterschied.“

„Meine Sinne sind total geschärft, wenn ich eine Frau treffe“, fuhr Charlotte fort. „Ich nehme alles wahr, jeden Fehler, jede Macke, und ich weiß sofort, ob das was wird mit der Freundschaft oder nicht. Mein Kompass ist untrüglich in solchen Situationen. Bei Carole – Mann! Ich kann gar nicht sagen, wie das gewuppt hat. Null Alarmzeichen, nur grüne Haken, einer nach dem nächsten.“

Arnaud lächelte. „Nun gut, dann haben wir zwei heute die Formel gefunden für eine glückliche Beziehung. Und das, obwohl wir komplett vollgefuttert sind.“ Er strich sich über seinen Hosenbund.

Der Mann hat eigentlich kein Gramm zu viel, dachte Charlotte. Er war wohlgenährt, aber auf schöne Weise kräftig und gesund. Schnell nahm sie seinen letzten Punkt auf.

„Und die wäre, die Formel? Fassen Sie fürs Protokoll zusammen, Herr Jourdain.“ Charlotte setzte sich in gespannter Haltung auf ihre Knie.

„Ganz einfach. Erst dann, wenn zwei Menschen gute Freunde werden, können sie auch gute Partner werden. Die Anziehung muss natürlich stimmen. Aber sie allein reicht nicht aus. Es braucht den ganzen Sack grüner Haken. Und das Feuer.“

Charlotte sank langsam wieder in ihre Ecke des Sofas. In der Tat. Das war sie, die Formel. Irgendetwas verursachte plötzlich Unruhe in ihr. Der Kaffee, er war zu stark gewesen.

„Du bist plötzlich so still, ist alles in Ordnung?“, fragte Arnaud und legte seine Hand auf ihre, die an der Sofalehne lag.

„Nein, nein, alles gut. Ich bin, glaub ich, einfach nur total kaputt.“

Arnaud stand auf und reckte sich. „Charlotte, ich danke dir für dieses tolle Essen. Du hast gewonnen. Auf der ganzen Linie.“

„Willst du dich etwa schon geschlagen geben? Das solls gewesen sein? Soll ich das dem Rest Frankreichs mal mitteilen?“

Auch Charlotte war aufgestanden und lachte ihn an. Da kam er auf sie zu und umarmte sie ohne Vorankündigung, lange und feste.

„Danke, Charly. Und nein, ich werde natürlich nicht aufgeben.“ Dann ging er zur Tür, wo er sein Sakko aufgehängt hatte. Charlotte stand wie angewurzelt noch immer da, wo er sie gerade in seine Arme geschlossen hatte. Dieser Mann überraschte sie ständig. Himmel! Sie schüttelte sich kurz und folgte ihm.

„Na, dann bin ich ja mal gespannt auf die nächste Einladung! Komm gut nach Hause, und danke für den tollen Wein und das Basilikum“, sagte sie lächelnd und öffnete ihm die Türe.

„Gute Nacht, Charly, und schlaf gut. Wir sehen uns morgen um elf Uhr. Ich warte oben mit dem Auto auf dich, okay?“

Charlotte nickte.

„Ach, was ich noch sagen wollte …“ Arnaud hatte schon den ersten Fuß auf den Kies gesetzt, als er sich zu ihr umdrehte. „Was du da heute für den Kleinen vor dem Geschäft gemacht hast, hat mich sehr beeindruckt.“

Charlotte schaute ihn verwirrt an. Im ersten Moment begriff sie gar nichts. Vor welchem Geschäft denn? Sie überlegte angestrengt, was er meinen könnte. „Ach, du meinst den Bioladen?“, fragte sie.

„Ja. Ich saß in einem Büro im Gebäude gegenüber und schaute gerade aus dem Fenster. Du hast ihn da weggeholt. Ich war selbst schon drauf und dran, runterzugehen.“

„Mein Gott. Was ein Dorf! Ja, es war schrecklich, oder? Zum Glück war er nicht alleine. Drinnen war seine Mutter und bereits in Panik auf der Suche nach ihm. Hast du gesehen, wie die Leute einfach vorbeiliefen? Der Kleine war starr vor Angst. Hoffentlich hat er das ganz schnell wieder vergessen."

Arnaud kam zurück zu Charlotte und machte dicht vor ihr Halt. Sie hielt die Luft an und machte sich auf eine weitere Überraschung gefasst. Da war er wieder, der Energie-Ofen.

„Was er nicht vergessen wird", begann er mit leiser Stimme, „war die Frau, die ihm die Augen zugehalten hat und ihn da rausgeholt hat. Das hat mich sehr berührt. Du hast eine hässliche Situation innerhalb weniger Sekunden so verwandelt, dass ich klatschen wollte."

Charlotte schaute ihn an und wusste nicht, was sie sagen sollte. Sie hatte den Vorfall schon fast vergessen, und nun erfuhr sie, dass sie einen Zeugen gehabt hatte. Und nicht irgendeinen. Arnaud zwinkerte ihr zu und schenkte ihr das liebevollste Lächeln, das sie je aus seinem Repertoire liebevoller Lächeln gesehen hatte. Sie nickte wortlos, unterbrach ihre Atmung und hielt sich am Türrahmen fest, um nicht auf der Stelle zu zerschmelzen.

Kapitel 40

CHARLOTTE lief langsam hinauf zum Haupthaus und wartete dort auf Arnaud, der auf die Minute genau um elf Uhr mit seinem Wagen vorfuhr.

„Guten Morgen, Monsieur, darf ich bei Ihnen einsteigen? Ich hörte, Sie kümmern sich um überarbeitete, leicht überspannte Frauenzimmer mit stellvertretender Hypochondrie …"

„Aber ja, kommen Sie nur herein in mein Auto, Madame, dann zeig ich Ihnen was …"

„Uuuuuuuh, das klingt ja schon fast schlüpfrig, Monsieur!"

Charlotte und Arnaud lachten und begrüßten sich mit einer kurzen Umarmung im Auto.

„Na, dann fahren Sie mal los! Ich bin gespannt wie ein Flitzebogen! Mein letztes Mal in Marseille war nicht so toll …"

Arnaud schaute sie fragend an, und Charlotte erzählte ihm von dem Abend, an dem ihre Handtasche gestohlen worden war.

„Einerseits natürlich eine sehr unschöne Sache. Aber auf der anderen Seite hat mir das einen richtigen Push gegeben. Das und das allerletzte Wort, das ich mit Stefan gesprochen habe und wahrscheinlich jemals sprechen werde, waren der Auslöser für mich, um aufs Ganze zu gehen und das Hotel neu zu eröffnen."

„Was für eine Geschichte! Ich bin sowieso beeindruckt davon, wie du alles schaukelst. Ich hoffe, dass unser Tag in Marseille heute dieses hässliche Erlebnis überschreibt. Ich bin zwar Team Aix, aber Marseille ist trotzdem eine fantastische Stadt."

„Oh ja, das glaube ich dir aufs Wort. Ich freue mich, sie heute entspannt entdecken zu dürfen!" Sie lächelte ihn an und blickte dann aus dem Fenster.

Die Provence im Dezember strahlte eine ganz andere, für Charlotte neue, ruhige und melancholische Schönheit aus. Während der Autofahrt durch die ihr wohlbekannten sanft geschwungenen Hügel zogen die verblühten Lavendelfelder und abgeernteten Weinberge vorbei, die nun in winterlicher Ruhe lagen. Die Baumkronen trugen goldene und rote Kleider, und die kleinen Dörfer mit den steinernen Häusern wirkten wie aus der Zeit gefallen.

Sie öffnete das Fenster einen Spalt und saugte den Duft der klaren, kühlen Luft ein, die von Noten von feuchter Erde und Kräutern erfüllt war. Gelegentliche Nebelschwaden verliehen der Landschaft eine geheimnisvolle Aura. Die Zeit der Stille und Besinnlichkeit, fernab vom sommerlichen Trubel, war angebrochen.

„Weißt du eigentlich, was du für ein Glück hast, hier zu leben?" Charlotte schaute Arnaud an, der zustimmend nickte.

„Ich denke schon. Als Franzose ist es natürlich nie das Gleiche wie für einen Fremden, aber als ich damals von Nizza hierherkam, war mir sofort bewusst, wie kostbar es ist, hier zu leben. Die Luft, die Ruhe, die Natur. Das ist ein Luxus, von dem viele in der Stadt träumen."

„Wird es dir nicht manchmal etwas zu ruhig? Zu ländlich?"

„Nicht wirklich, nein. Ich bin oft weg in Aix, manchmal in Marseille, und hin und wieder muss ich nach Paris oder ins Ausland für Fortbildungen und Tagungen. Das reicht mir absolut. Ich bin immer am glücklichsten, wenn ich wieder zurück nach Sainte-Sophie komme."

„Ach, das ist schön, dass du so empfindest", sagte Charlotte und schloss das Fenster wieder. „Ich bin schon so gespannt, die Veränderungen der Natur und des Lebens über das ganze Jahr hinweg zu erleben. Das ist mein erster Herbst, und ich finds super!"

Arnaud runzelte die Stirn.

„Das ganze Jahr über?"

„Ja! Das ganze Jahr über."

„Hm … wieso klingt das so, als würdest du nach einem Jahr wieder gehen?"

Charlotte schaute ihn verdutzt an. Der Mann hatte wirklich feine Antennen.

„Ich weiß nicht, wie du darauf kommst. Tatsächlich ist dein Eindruck aber nicht ganz falsch. Ich habe in der hintersten Ecke der hintersten Schublade in meinem Kopf einen Plan B. Für den Fall, dass alle Stricke reißen und es nichts wird mit dem Hotel, gehe ich wieder zurück nach Deutschland. Aber ehrlich gesagt denke ich darüber gar nicht nach. Ich konzentriere mich voll darauf, mein *Chez Charlotte* zum Erfolg zu führen.“

Arnauds Gesicht hellte sich langsam wieder auf.

„Na, dann müssen wir aber dafür sorgen, dass kein einziger Strick reißt!“ Er neigte den Kopf zur Seite und schenkte ihr seinen liebevollen Blick, und Charlotte bekam sofort wieder die volle Ladung seiner Energie ab, die sie noch immer augenblicklich umhaute. Das musste auf lange Sicht aufhören. In einer Freundschaft wollte sie sich vollends entspannen können.

Sie parkten im historischen Viertel Le Panier, dem ältesten Stadtteil der Hafenstadt, und starteten ihre Tour in einer Bar bei einem Espresso im Stehen. Dann schlenderten sie durch die engen, gepflasterten Gassen und bestaunten die bunten Fassaden mit zahlreichen Kunstwerken an den Häuserwänden.

„Street-Art à la Marseillaise“, sagte Arnaud lächelnd.

„Wahnsinn“, sagte Charlotte, als sie vor einer farbenfrohen Wandmalerei stehen blieb. „Wie die Kunst das Leben hier widerspiegelt, ist einmalig. So wild und pulsierend, intensiv, heftig und wunderschön – alles gleichzeitig.“

„Du hast es erfasst. Aber warte, bis du die Galerien siehst“, sagte Arnaud lächelnd und führte sie weiter zur Galerie ChacChac mit Werken lokaler Künstler, die moderne und traditionelle Elemente verbanden.

„Bitte wundere dich nicht, wenn ich still bin, das ist immer so, wenn ich etwas Schönes oder Inspirierendes sehe“, sagte Charlotte, als sie die Galerie verließen und weiterspazierten.

„Geht mir genauso“, sagte Arnaud. „Einfach nur genießen.“ Er zwinkerte ihr zu.

„Und jetzt? Wo gehen wir jetzt hin?“ Charlotte gluckste vor Freude. Sie fühlte sich schon jetzt wie im Urlaub.

„Lass dich überraschen“, antwortete Arnaud geheimnisvoll.

Sie machten sich auf den Weg zur Basilika Notre-Dame de la Garde, die majestätisch auf einem Hügel über der Stadt thronte. Von dort oben genossen sie einen atemberaubenden Blick über den Vieux-Port und das funkelnde Mittelmeer.

„Wahnsinn, diese Aussicht. Einfach nur atemberaubend“, bemerkte Charlotte. „Und die Mosaiken! So kunstvoll.“

„Ja, diese Basilika ist ein wichtiger Teil der Stadt“, sagte Arnaud. „Wir haben Glück, das Wetter ist angenehm, und die Touristenströme sind vorbei. Jetzt ist die ideale Zeit für eine Tour durch Marseille.“

Charlotte nickte und ließ ihren Blick treiben.

„Und? Wie siehts aus, Madame Bergmann? So langsam müssten Sie Hunger bekommen, oder?“

„Verrate mir doch mal, warum du mich manchmal Mademoiselle oder Fräulein Bergmann nennst und dann wieder Madame Bergmann, gibts da irgendein System, ich kapiers nicht.“ Charlotte baumelte mit ihren Beinen, die an dem Mäuerchen hinabhingen, auf dem sie es sich bequem gemacht hatten.

„Hm, lass mich nachdenken … Ich habs. Es gibt kein System. Komm, lass uns weitergehen. Es ist Zeit zu essen.“ Er griff ihre Hand und ließ Charlotte von der Mauer springen.

„Kein System, wie enttäuschend, Monsieur Jourdain …“

„Du bist alles, Charlotte. Eine Frau und ein Mädchen, und man weiß nie, wer im nächsten Augenblick zum Vorschein kommt. Kein besonders originelles System. Aber das ist es, wenn du so willst.“ Er blickte sie lächelnd an, während sie zum Vieux-Port schlenderten, wo die Fischer ihre frischen Fänge anpriesen. Arnaud führte Charlotte zu einem gemütlichen Restaurant mit Blick auf den Hafen. Sie bestellten sich Muscheln, gegrilltes Gemüse, Sardinen, gegrillte Dorade und eine Flasche Rosé aus der Region.

„Wie lange sind wir unterwegs? Keine drei Stunden, und ich habe schon jetzt das Gefühl, ich bin im Urlaub, echt wahr“, sagte Charlotte, während sie eine Muschel leer schlürfte. „Wahrscheinlich bist du ein Engel und das ist der verdammte Himmel, in den du mich geführt hast, dabei wollte ich so gerne noch ein bisschen leben.“

Arnaud lachte laut auf und hielt sich die Serviette vor den Mund.

„Außerdem bist du der Allercoolste, Monsieur Jourdain. Die meisten Männer können nämlich gar nichts mit Frauen anfangen, die ständig Witze machen. Du lachst einfach nur und freust dich. Die Frau, die dich mal kriegt, darf sich glücklich schätzen. Hoffentlich ist sie eine

Ulknudel, wäre ja sonst schade drum." Charlotte schnappte sich die nächste Muschel und schaute Arnaud fröhlich an, der nun zurückgelehnt auf seinem Stuhl saß und sie liebevoll beim Essen beobachtete.

„Was?", fragte Charlotte arglos, die jetzt die gegrillten Peperoni in Angriff nahm.

Arnaud goss ihr schweigend Mineralwasser nach. Manchmal war er seltsam, dieser Mann. Für ihn war sie sein Kumpel, und das war prima. Trotzdem beschlich Charlotte manchmal der Eindruck, als würde sie ihn auf irgendeine Weise irritieren. Dabei hatte sie gar nichts Schlimmes gesagt, im Gegenteil. *Ach, Schnickschnack. Ich muss nicht immer alles auf mich beziehen*, dachte sie sich und wischte sich zufrieden den Mund ab.

„Für mich keinen Nachtisch, sonst musst du mich nur einmal anstupsen, und ich roll so durch bis nach Sainte-Sophie", sagte sie.

„Kaffee?", fragte Arnaud und winkte den Ober heran.

Charlotte nickte und entschuldigte sich für einen Moment. Sie nahm ihre Tasche, lief Richtung WC und machte unauffällig einen Bogen zurück zur Bar, um heimlich zu zahlen. Dann ging sie zur Toilette. Als sie wieder zurückkam, wartete Arnaud mit einem vielsagenden Blick auf sie.

„Alles bingo, Monsieur? Sie schauen wie zehn Tage Mistral mitten im Sommer …" Charlotte nahm kichernd Platz und griff nach ihrer Kaffeetasse.

„Warum hast du das getan?", fragte er sie.

„Was?"

„Ich wollte dich heute einladen", sagte Arnaud, anstatt zu antworten.

„Das tust du doch auch."

„Hast du ein Problem damit, wenn ein Mann zahlt, die Tür aufhält, galant ist? Sag mal, vielleicht ist das ja so, und ich weiß es gar nicht. Bei euch im Norden sind manche Dinge ja schon anders als bei uns …" Arnaud wartete interessiert ihre Antwort ab.

„Überhaupt nicht, im Gegenteil. Ich finds toll, dass du gezahlt hast, neulich in Aix. Ich genieße es, wie du mich behandelst, höflich, nach alter Schule. Ich habe mir geschworen, nie mehr wieder einen Mann in mein Leben zu lassen, der mich nicht vorzüglich behandelt. Da kann man mich gerne altmodisch nennen, ist mir egal. Aber du und ich sind Freunde. Und unter Freunden zahlt man abwechselnd, finde ich. Also entspann dich. Sollen wir weitergehen?“ Sie klimperte Arnaud fröhlich an.

„Moment“, sagte er, und Charlotte ließ sich wieder auf ihren Stuhl nieder.

„Was wollen Sie denn noch wissen, Herr Jourdain, sagen Sie es mir, ich bin ganz Ohr“, fragte Charlotte amüsiert. Sie wusste nicht warum, aber irgendwie brachte sie ihn heute ständig aus dem Takt. Lustig war das!

Arnaud lächelte sie an, griff dann kopfschüttelnd durch seine Locken und erhob sich.

„Egal. Komm, Charly, lass uns weiterziehen. Ich habe noch eine Überraschung für dich.“

Er streckte seine Hand nach Charlotte aus, die sie ergriff, als sie mit höfischem Gebaren aufstand.

„Wie Sie befehlen, Monsieur.“

Arnaud funkelte sie kurz an und machte dann einen Schritt auf sie zu. Er kam mit seinem Mund ganz nah an ihr Ohr. Charlotte riss die Augen auf und blieb starr stehen.

„Sei froh, dass wir noch nicht so lange Freunde sind, Charly“, flüsterte er. „Sonst hättest du jetzt einen Klaps auf deinen Hintern bekommen, der dich ins Stolpern gebracht hätte.“ Dann trat er wieder einen Schritt zurück und warf ihr einen unschuldigen Blick zu. Charlotte schrak lachend zusammen.

„Ach, wie schade“, schoss sie zurück, während sie noch überlegte, wie ihr geschah. „Gibts da vielleicht eine Liste, auf der steht, ab wann man lange genug befreundet ist für so was? Die brauche ich, weil dann setz ich das Datum in meinem Kalender!“ Sie schauten sich beide an und brachen dann in Lachen aus. Charlotte musste stehen bleiben, während sich Arnaud immerzu durch die Locken fuhr.

„Incredible!“, sagte er leise und streckte seine Hand nach Charlotte aus, die ihm langsam folgte.

Unterwegs erreichten Arnaud mehrere Textnachrichten, die er alle sofort las, bevor er sein Handy wieder wegsteckte. Wer das wohl war?

Charlotte brannte vor Neugier, hatte aber zu viel Respekt vor seiner Privatsphäre. Sie verbrachten so viel Zeit miteinander, und alles fühlte sich so vertraut und gut an. Er hatte viel von sich erzählt. Gleichzeitig wusste sie gar nichts über sein Liebesleben. Ob er wohl eine Geliebte hatte? Wie sie wohl aussah?

Als sie ihr Ziel erreicht hatten, bat Arnaud sie, kurz stehen zu bleiben.

„Das hier ist die Galerie Photomaison. Sie exponieren seit Freitag eine Ausstellung zur Geschichte der Innenarchitektur im Frankreich der letzten 150 Jahre. Ich dachte, dass dich das …“

„Was? Wow!“, rief Charlotte begeistert. „Davon habe ich überhaupt nichts mitbekommen, das ist ja wie für mich gemacht!“

Arnaud freute sich sichtlich. „Ich wusste, dass es dir gefallen würde.“ Er nahm ihre Hand und führte sie in die Galerie.

„Lass dir Zeit und schau dich um.“

Charlotte nahm jede einzelne Fotografie genau in Augenschein, machte sich Notizen und knipste Fotos. Sie staunte über die Arbeiten, die verschiedene Epochen und Stile abbildeten, von der opulenten Belle époque bis zum modernen Minimalismus.

„Das ist alles so inspirierend, ich habe plötzlich so viele Ideen für das Hotel, dass ich gar nicht weiß, wo die Reise hingehen soll, stilistisch. Eigentlich wollte ich alles klassisch halten, aber es gibt natürlich auch andere Möglichkeiten …“

Arnaud lächelte und beobachtete, wie Charlotte Notizen in ihr Telefon einsprach. Nach einer gefühlten Ewigkeit, in der Charlotte komplett in ihre Welt versank, verließen sie die Galerie.

„Hast du noch Energie für mehr? Ich hätte da noch etwas in petto, und es ist nicht anstrengend, im Gegenteil“, fragte Arnaud.

„Wie könnte ich dazu nein sagen, ich bin gespannt!“

Er führte sie ein paar Straßen weiter zu einem kleinen Theater.

„Voilà – dann schauen wir uns noch ein Stück an! Es geht gleich los. Eine klassische Komödie in moderner Neuinterpretation, aufgeführt von den Studenten der Filmakademie.“

„Du bist echt der Hammer, Arnie. Wie lange hast du gebraucht, um das alles durchzuplanen?“ Charlotte war ehrlich beeindruckt.

Arnaud winkte ab und zog sie mit sich zur Kasse. Charlotte gelang es nicht, die Karten zu kaufen, da Arnaud sie immer wieder wegstieß. Der Mann war nicht abzubringen von seinem Plan, sie zu verwöhnen. Während der Vorstellung wurde sie das Gefühl nicht los, dass er sie beobachtete. Irgendwie war er heute seltsam. Als sie nach mehreren Zugaben wieder auf die Straße traten, hatte es begonnen zu dämmern.

„Lust auf einen kleinen Happen, bevor wir wieder nach Hause fahren?“

„Super gerne. Mensch, Arnaud, wenns mal irgendwann nicht mehr läuft mit der Praxis, kannst du dich locker mit Stadttouren durchschlagen, das war so ein schöner Tag – lass dich knuddeln!“ Sie ging auf ihn zu, genau wie am Tag zuvor und drückte ihn einmal feste. Er legte kurz seine Arme um sie, nur ganz leicht und zog sie schnell wieder weg, noch bevor sie ihn wieder losließ. Charlotte merkte das und fragte sich, ob sie zu weit gegangen war. Nicht, dass er sich schuldig fühlte. Wer weiß, vielleicht hatte er wirklich eine Liebhaberin und konnte hier gesehen werden. Sie beschloss, ihn irgendwann darauf anzusprechen.

„Wo ist der Happen? Ich habe doch tatsächlich schon wieder Appetit, nicht zu fassen“, sagte Charlotte und folgte Arnaud.

„Wir haben nicht viel gegessen. Muscheln, Fisch und Gemüse, völlig normal, wieder Appetit zu haben. Das war mittags. Jetzt ist Abend. Du musst mal aufhören, dich immer so anzustellen.“ Arnaud schaute sie ernst an.

„Was meinst du denn?“, fragte Charlotte erstaunt.

„Du tust immer so, als würdest du extra viel essen oder als seist du ein Fass. Das ist so überflüssig. Du bist eine ganz normale Frau mit einem ganz normalen Appetit. Du solltest stolz sein auf deinen Appetit.“

Charlotte warf ihren Kopf in den Nacken und ließ einen tiefen Seufzer los. „Du hast so recht, Arnie. So so so recht. Ich werde mir das abgewöhnen, versprochen. Es ist nichts weiter als eine dumme Angewohnheit. Ich fühle mich hier so viel mehr als Frau, weißt du? Viel stolzer. Erhabener, auf eine gute Art. Aber manchmal holt mich noch die Charlotte ein, die sich selbst kleinmacht.“

„Voilà! Das ist es. Lass das los, braucht kein Mensch, so was“, sagte er lächelnd und machte, dass Charlottes Ferientag noch runder, noch besser wurde in diesem Moment. Er heilte ihre Seele. Es war, als hätten die Engel Arnaud geschickt.

Sie machten Halt vor einer kleinen Bude mit Bänken und Stühlen am Ende einer belebten Straße, direkt vor einem großen Platz.

„Die machen hier köstliche Sandwiches. Mein Tipp: Die Focaccia mit gegrillter Aubergine und Burrata. Nicht französisch, aber trotzdem fantastisch."

„Wie nett von dir, dass du eine der Top-Küchen weltweit gelten lässt", sagte Charlotte und zwinkerte ihm zu. „Welches nimmst du? Auch die Focaccia?"

Arnaud nickte.

„Darf ich dich bitte, bitte einladen, Arnaud? Bitte, lass mich das zahlen. Ein Bier dazu?"

Arnaud hob den Daumen und ließ Charlotte ziehen. Sie fanden einen lauschigen Platz am Ende der äußersten Bank und begannen zu essen, während sie das rege Treiben um sich herum beobachteten. Charlotte war schockverliebt in alles, die Menschen, die Mode, das Flair und die Architektur.

„Weißt du", begann sie, während sie ihre Focaccia genoss. „Ich bin einfach mit Haut und Haaren verliebt in alles Schöne. Ein Tag wie der heute füllt mich so dermaßen auf mit Kraft. Etwas Besseres hättest du mir gar nicht schenken können." Charlotte biss herzhaft in ihr Riesensandwich. Arnaud nickte zufrieden.

„Geht mir genauso", sagte er nach einer Weile. „Aber vielleicht ist genau das auch die Falle. Unser Schicksal."

„Was meinst du?"

„Wir sprachen doch darüber, warum wir Bindungen eingehen mit Leuten, die gar nicht zu uns passen. Ich habe da noch mal drüber nachgedacht. Wenn man diesen Sinn hat für das Schöne, läuft man vielleicht eher Gefahr, sich in die Falschen zu verlieben", sagte er und nahm einen Schluck aus seiner Bierflasche.

Charlotte stutzte. „Du meinst, dass man sich von Äußerlichkeiten verführen lässt, ohne hinter die Fassade zu schauen?", fragte sie.

„Genau das, ja", sagte er.

Charlotte dachte nach. Sie wurde aus diesem Mann nicht schlau. In einem Moment tickten sie so im Takt, wie sie es vom Beisammensein mit ihren besten Freundinnen kannte. Und dann tat oder sagte er etwas, das sie nicht verstand. Was meinte er nun schon wieder? Dass sie nicht schön war und er sie deshalb als „famille“ sah? Immerhin schlossen sie gerade Freundschaft, und wenn seine These stimmte, dann hatte er bis jetzt nichts mit ihr angefangen, weil sie nicht sein Typ war.

„Wie sah Roberta eigentlich aus?“, fragte sie so geradeheraus, dass sie sich selbst erschrak.

Arnaud begann zu husten.

„Nicht erschrecken, ich musste nur plötzlich an sie denken. Sicher war sie umwerfend schön.“ Neugierig blickte sie ihn an.

Er wischte sich den Mund mit der Serviette ab, zerknüllte sie und faltete seine Hände.

„Roberta war eine klassische Schönheit. Aber ich fühlte kaum Anziehung. Und das ist etwas, das ich ihr niemals gesagt habe und auch niemals sagen werde. Ich dachte lange Zeit, dass es an mir lag, die Taubheit, ich hatte dir davon erzählt.“

Charlotte nickte.

„Doch das war es nicht. Ich konnte einfach ihr Feuer nicht sehen. So etwas ist niemandes Schuld. Entweder es passt zwischen zwei Menschen, oder es passt nicht. Es war allenfalls meine Schuld, die Bindung einzugehen, obwohl ich mich nicht vollständig angezogen fühlte.“

Charlotte sagte nichts und überlegte, was er wohl mit Feuer meinte.

„Und Stefan?“, fragte Arnaud nun.

„Wie bitte?“ Nun begann Charlotte zu husten. Sie hatte gerade den letzten Bissen genommen und trank nun gierig ihr Wasser, um den Husten zu stoppen. „Bitte verzeih, aber, das kam jetzt überraschend. Tja, also Stefan, keine Ahnung. Ich habe gerade noch darüber nachgedacht, was du wohl mit Feuer meinen könntest.“

„Anziehung. Sie hatte nichts Wildes. Keine Hitze. Sie war lieb und clean. Das klingt furchtbar, aber das ist die Wahrheit.“

„Tja, also bei Stefan, ich weiß nicht. Am Anfang hat er, glaube ich, schon irgendwie meine Primärreize getriggert.“

Arnaud lachte auf. „Herrlich! Soso, verstehe. Ein Stinkstiefel mit Feuer also. Funktioniert aber am Ende des Tages genauso wenig wie eine liebenswerte Frau ohne Feuer. Oder?“

Charlotte nickte. „Wenn es emotional und menschlich nicht stimmt mit einem Mann, dann hilft auch das beste Feuer nicht. Das habe ich jetzt im Nachhinein verstanden über mich. Ich habe mich zeitweise so schuldig gefühlt, keine Lust zu haben. Das war richtig schlimm. Heute weiß ich, dass seine Persönlichkeit meine Lust zerstört hat.“

„Was war er für ein Typ Mann? Äußerlich, meine ich.“

„Stefan ist der typische nordische Typ. Groß, schlank, blond, blaue Augen. Die Anziehung hat da sicher am Anfang eine Rolle gespielt. Aber sein Feuer hatte er für mich sehr schnell verloren.“

Arnaud lächelte. „Oh Charly, da sehe ich aber schwarz für dich, wenn ich das so sagen darf …“

„Wie meinen?“ Charlotte blickte erstaunt auf.

„Na, wenn das dein Beuteschema ist, wirst du hier in Frankreich nicht oder kaum fündig werden …“, sagte Arnaud mit seinem funkelnden Blick.

„Wie gut, dass ich nicht beabsichtige zu jagen, aber danke, dass du dich um mein Liebesleben sorgst, lieber Arnaud. Im Übrigen werde ich mir Gedanken machen über einen Spitznamen für dich. Arnie. Da ist er schon!“ Charlotte lachte. „Obwohl du mit dem echten Arnie so gar nichts gemein hast, aber darüber wollen wir mal hinwegsehen.“

„Oh, du magst Muskelpakete wie Arnold Schwarzenegger, alias Arnie, und willst mir durch die Blume sagen, dass ich mehr trainieren sollte?“, gab Arnaud kokett zurück.

Charlotte verdrehte in gespielter Ermüdung die Augen. „Nein, Arnie ist nur eine Kurzform für Arnaud, aber es ist niedlich zu sehen, wie schnell du dich einschüchtern lässt, indem du völlig falsche Rückschlüsse ziehst – Arnie!“ Charlotte kicherte. Irgendetwas hing heute in der Luft. Etwas hatte sich verändert. Es war, als hätte sie zu viel Oberwasser. Warum nur bereitete es ihr plötzlich so eine Freude, ihn auf den Arm zu nehmen?

Als sie nach ihrem letzten Spaziergang das Auto erreichten und Arnaud den Wagen startete, ging gleichzeitig die Musik in einer ohrenbetäubenden Lautstärke an. Die Passanten um sie herum zuckten zusammen und blickten sie entgeistert an. Arnaud lachte und drehte die Musik leiser.

„Du bist so cool, Arnaud. Es ist die reinste Wohltat mit dir, echt."

„Wie meinst du? Du findest es angenehm, dass es dir das Trommelfell zerschießt?"

Charlotte lachte. „Nein. Ich meine, dass du so entspannt bist immer. Das tut mir richtig gut. Du bist der erste Mann, mit dem ich etwas unternehme seit Stefan, der so gechillt ist. Also, ich meine … freundschaftlich, also … ach herrje!" Sie rang nach Worten. Das klang falsch.

Arnaud grinste. „Ich versteh schon, Charly, alles gut."

„Also was ich sagen wollte, auch wenn man befreundet ist wie wir, also, wenn ich das sagen darf, ehm … für mich bist du schon ein Freund geworden, meine Güte, ich red mich hier gerade um Kopf und Kragen!" Jetzt musste Charlotte über sich selbst lachen, und aus dem Augenwinkel sah sie Arnaud, dem es genauso ging. „Aaaaaaaahhhhh! Noch mal! Was ich sagen wollte!" Sie kicherte und holte tief Luft.

„Sprich dich aus, Charlotte. Ohne Hemmungen", sagte Arnaud, während er sichtlich amüsiert das Auto durch die Straßen von Marseille führte. „Sag mir, was du sagen wolltest. Sag mir alles, Charlotte …"

Charlotte merkte, wie ihre Wangen wärmer wurden. Dabei hatte sie weder zu viel Lavendel-Likör intus, noch war sie anderweitig neben der Spur. Oder war sie das? Sie riss sich nochmals zusammen.

„Auch wenn wir nur befreundet sind, bist du immer noch ein Mann und ich eine Frau. Und ich merke, wie anders sich das anfühlt mit dir. Stefan hätte sich zu Tode geschämt, wenn ihm das passiert wäre, und hätte danach erst mal wieder schlechte Laune gehabt. Wäre es mir passiert, ach, will ich gar nicht weiter drauf eingehen. Was ich sagen will: Ich finds so heilsam zu sehen, dass es auch Männer gibt wie dich, die völlig locker sind. Einem nicht sagen, dass man dies und das nicht tun oder sagen soll …"

„Das hat er dir gesagt?!" Arnaud riss die Augen auf.

„Yep."

„Quel idiot …", zischte Arnaud. „Sorry."

„Du hast ja recht. Aber ich wollte jetzt gar nicht von ihm reden, ich muss mich entschuldigen. Ich wollte nur sagen, dass ich es toll finde, wie du bist." Charlotte grinste wie ein kleines Mädchen und freute sich. Freute sich über diesen wunderschönen Tag und darüber, wie er ihr neue Kraft geschenkt hatte. Heute Nacht würde sie wie ein Baby schlafen, tief und fest. Und morgen mit neuer Energie weiterarbeiten.

„Danke für den tollen Tag, Arnaud. Du hast mir einen dicken fetten Glitzersprenkel geschenkt heute." Sie hatten gerade das Haupthaus erreicht, und Charlotte beugte sich hinab zu Arnaud, der am Steuer saß.

„Freut mich, dass es dir gefallen hat. Auf die Sprenkel, auf deine Tatie Edeltraud", sagte er liebevoll lächelnd.

„Komm gut nach Hause", sagte sie und winkte ihm zu, bis er hinter den Pinien verschwunden war.

Charlotte wollte noch duschen, war aber so müde, dass sie ohne Umwege ins Bett fiel und sofort einschlief. Als sie am Sonntag wach wurde, dachte sie über den Tag in Marseille nach. Irgendetwas war anders gewesen als sonst. Vielleicht lag es daran, dass sie dazu übergegangen waren, sich zu berühren. Die Umarmungen, die Küsse zur Begrüßung und, dass sie sich manchmal bei den Händen genommen hatten. Alles hatte sich auf seine Weise entspannt und zu einer schönen Freundschaft entwickelt.

Sie verbrachten viel Zeit miteinander. Und wieder hatte sich Charlotte pudelwohl gefühlt. Gleichzeitig verspürte sie eine Unruhe. Irgendetwas brachte sie aus dem Takt, doch was das war, konnte sie nicht ausmachen. Was hatte ihr dieser Traum eigentlich sagen wollen? Er schien so banal, hatte aber dennoch seine Spuren hinterlassen. Die Wahlschwester küsst man nicht. Sie schloss die Augen und fühlte, wie sie sich in ihrem Traum nach dem Kuss des rennenden Mannes gesehnt hatte. Sie erinnerte sich an die Enttäuschung, als er sich kurz vor seinem Kuss wieder zurückgezogen hatte. Warum träumte sie so etwas? Und warum übte Arnaud manchmal, wenn er ihr näherkam, diese Wirkung auf sie aus? Sie waren wirklich dabei, Freunde zu werden. Wann immer sie sich in der Vergangenheit in einen Mann verliebt hatte, wäre sie jetzt schon längst auf Wolke sieben gewandelt. Mit Arnaud war das überhaupt nicht so. Ihn mochte sie einfach nur unheimlich gerne als Mensch. Mit ihrem Herzen.

Sie streckte sich und fühlte sich so gut. So erholt. Es war schon verrückt, was ein einziger Tag ausmachen konnte. Sie hatte neue Eindrücke gesammelt, neue Kraft getankt und freute sich richtig darauf, sich heute in aller Ruhe an die liegen gebliebene Arbeit zu machen. Unter der Dusche musste sie an das Gespräch mit Arnaud über Pausen denken. Er hatte recht. Sie war ein Arbeitstier und erkannte ihre Grenzen immer erst dann, wenn es schon zu spät war. Um ihre Energien zu schonen, musste sie sich einen Tag in der Woche freihalten, egal wie sehr die Arbeit brannte.

Sie trat aus der Dusche, wickelte das Handtuch um und blickte in den Spiegel. „Ich darf ruhig lieber zu mir sein“, sagte sie laut, warf sich selbst eine Kusshand zu und ging runter in die Küche. *Und was gibt es Lieberes als frisch gebackene Mohnbrötchen am Sonntagmorgen?!* Charlotte quietschte vor Freude. Den Teig hatte sie am Morgen zuvor angesetzt und die Brötchen heute früh geformt. Bis sie eingecremt und angezogen war, würden sie fertig gebacken sein. Sie verteilte den Mohn, drückte ihn fest und schob das Blech mit einem Topf Wasser in den heißen Ofen.

Sie hatte gerade die ersten Stufen nach oben Richtung Badezimmer genommen, als sie hörte, wie es an die Tür klopfte. Sie schrak zusammen. Es war Sonntagmorgen um zehn. Wie frech konnte man sein? Dass man hier auf Voranmeldungen gerne verzichtete, wusste sie ja schon. Aber zu dieser unchristlichen Zeit?

Leise ging Charlotte die Stufen wieder hinunter. Sie konnte unmöglich durch die Gardine spähen, dafür war es zu spät, die Person stand längst vor ihrer Tür und würde sie sofort sehen. Langsam und auf Zehenspitzen trat sie an die Tür heran und legte ihr Ohr gegen das alte Holz.

„Charlotte, ich weiß, dass du da bist. Mach die Tür auf, bitte.“

Sie schrak zurück und legte die Hand vor ihren Mund. Dann drehte sie langsam den Schlüssel um und drückte die Klinke hinunter. Die Tür wurde von außen geöffnet, und hinter ihr kam Arnaud zum Vorschein. Er neigte den Kopf lächelnd zur Seite, trat mit einem Schritt vor sie und schaute ihr tief in die Augen. Dann umschloss er ihr Gesicht mit seinen Händen, drückte Charlotte gegen die geöffnete Holztür und küsste sie.

Kapitel 41

OSCARS Kieferzittern damals war ein feuchter Kehricht gegen das, was Charlotte an diesem heiligen Sonntag die Konzentration raubte. Seit Arnaud sich wenige Minuten nach seinem Erscheinen wieder verabschiedet hatte, war sie komplett und vollständig aus dem Häuschen. In aller Ruhe Mohnbrötchen genießen? So richtig schön was wegarbeiten? Nicht daran zu denken!

Dieser Mann hatte sie geküsst. Einfach so. Ohne Vorankündigung. An einem Sonntagmorgen, sie halb nackt und noch tropfnass vom Duschen. Sein Kuss war so intensiv, dass sie Schwierigkeiten hatte, die Augen zu öffnen. Sie waren noch geschlossen, als er von ihr abgelassen und eine Locke von ihrer Stirn gestrichen und hinter ihr Ohr gelegt hatte. Als sie die Augen öffnete, blickte sie geradewegs hinein in das warme Meer seiner Augen aus Haselnuss, Olive und Honig. Immer wieder streichelte er ihre Wange. Er berührte sie so zärtlich und liebevoll, Charlotte hatte Mühe stehen zu bleiben und war froh, dass die Tür ihr Halt gab. Irgendwann, nach einer gefühlten Ewigkeit, flüsterte er ihr etwas ins Ohr, und es klang genauso unwirklich wie das, was er gerade mit ihr getan hatte.

„Du hast heute sicher viel zu arbeiten, ma belle. Wie gut, dass ich an der Reihe bin mit Kochen. Heute Abend um sieben bei mir. Bring Hunger mit.“ Ein Zwinkern noch. Ein süßer, ihre Lippen zart liebkosender, letzter Kuss. Ein Lächeln und ein Winken. Seine Schritte auf dem Kies.

Charlotte saß seit einer Viertelstunde regungslos am Esstisch. Was war das gewesen? War das wirklich gerade geschehen? Und was sollte fortan geschehen? Er und sie ein Paar? War er verrückt geworden? Sie waren Freunde. Freunde in einer Gemeinde, die ein größeres Dorf war, wo sich Fuchs und Hase Gute Nacht sagten. Sie konnten unmöglich etwas miteinander anfangen. Sie war gerade aus ihrer Beziehung mit Stefan gekommen, hatte die Verletzungen der vergangenen Jahre noch gar nicht verarbeitet. Vor ihr lag ein Riesenprojekt, das sie stemmen musste. Die Abschlussprüfung bei Willem de Groot stand an, und sie musste lernen. Für Meret arbeiten. Möbel suchen und bestellen. Das gesamte Interieur planen, Personal suchen. Das wusste er doch, wie konnte er sie so aus dem Gleichgewicht bringen jetzt?

Charlotte wurde durch den Duft der Brötchen aus ihren Gedanken gerissen. Sie stand auf, schaltete den Ofen aus und ging zurück ins Bad, um sich fertig zu machen. Heute Abend würde sie mit Arnaud Jourdain ein ernstes Wort sprechen müssen. Alles, was sie jetzt brauchte, waren Kraft, ein klarer Kopf und das Wissen, dass ihre Autonomie geschützt und respektiert wurde. Die Liebe war das Letzte, was sie jetzt brauchte. Dieser Kuss war ein Ereignis, das nicht nur vollkommen unerwartet gekommen war, es war auch so unfassbar gewaltig gewesen, so sehr, dass es in Charlotte eine Furcht ausgelöst hatte, die sich allmählich in ihren Sonntag fräste, bis sie am frühen Abend schon fast verärgert war. Sie hatte einige Stunden mit Mühe und Not gearbeitet und saß nun vor ihrem Spiegel im Schlafzimmer und plante ihr Gespräch mit Arnaud. Doch egal, wie sie ansetzte, sie fand einfach nicht die richtigen Worte.

„Ich verstehe nicht, was da heute passiert ist. Wir waren doch Freunde …“ Nein. Das ging gar nicht. „Hör zu, Arnaud. Du weißt, was ich vor mir habe. Eine Beziehung wäre da jetzt …“ Oh Gott, nein, das ging auch nicht, am Ende würde er ihr sagen, dass er gar keine Beziehung haben wollte, sie würde sich nur blamieren. Ja, genau, das war es. Wahrscheinlich wollte er das tatsächlich nicht. Er hatte ihr klipp und klar gesagt damals in ihrem Gespräch, dass er keine Beziehung mehr wollte. Das hier war eine Liebelei. Etwas Lockeres. Und für so etwas war Charlotte noch weniger zu haben als für eine Beziehung. Also, Schluss mit dem Rumgeeiere. Sie war eine erwachsene Frau und würde ihm schon klarmachen heute Abend, was klargemacht werden musste.

Ihr Herz raste, als sie um Punkt sieben Uhr an seiner Tür klingelte, eine Flasche Wein in der Hand, ein zweites Mal geduscht und bis ins letzte Detail zurechtgemacht. Er öffnete lächelnd die Türe, streckte seine Hand aus, um die ihre zu ergreifen. Charlotte trat ein und überreichte ihm stattdessen die Weinflasche.

„Hallo, Arnaud …“

Arnaud blickte die Flasche an, dann Charlotte und schloss die Türe.

„Hallo, Charlotte. Darf ich dir deinen Mantel abnehmen?“ Er wartete ihre Antwort nicht ab, sondern trat von hinten an sie heran und streifte mit einem gekonnten Griff ihren Mantel ab. Noch bevor er irgendetwas anderes tun konnte, ging sie mit schnellen Schritten in das Wohnzimmer Richtung Essbereich.

„Und? Was hast du uns Schönes zubereitet?“ Sie hörte ihre eigene Stimme wie einen fremden Laut, schrill, kalt und unnatürlich. Hinter sich vernahm sie Arnauds Schritte. Schnell drehte sie sich um, um ihren Abstand zu wahren. Doch Arnaud schien längst begriffen zu haben und machte einen guten Meter vor ihr Halt.

„Ich habe gestern Abend von einem Freund spontan frische Langusten und frischen Fisch bekommen. Lass dich überraschen. Damit diesmal nichts anbrennt, entschuldige ich mich sofort in die Küche. Mach es dir bequem, Liebes.“ Arnaud wies zur Sitzecke, wo Charlotte Platz nahm.

Liebes. Was würde sie darum geben, wenn alles so wäre wie gestern Abend noch. So leicht, so einfach und so klar. Geschützt und sicher. Nun fühlte sie sich wie in einem Meer ohne Ufer, ohne Halt.

Ein paar Minuten später kam er mit zwei Gläsern zurück.

„Crémant mit einem Schuss Lavendel-Likör“, sagte er und reichte ihr ein Glas. Dann nahm er neben ihr Platz und legte seinen Arm auf die Sofalehne hinter ihr, seine Fingerspitzen auf ihrer Schulter. Charlotte ließ es geschehen. Ihr Kopf wollte zurückweichen. Doch in diesem Augenblick wurde ihr klar, dass es ihr Körper war, der die Wahrheit kannte und die Regie übernommen hatte. Sie fühlte keinen Widerstand, keine Aversion, nichts. Alles, was sie wahrnahm, war Sehnsucht. Verzehrende Sehnsucht nach ihm, der Wärme seines Körpers und dem frischen Duft seiner Haut, der ihr heute Morgen die Sinne geraubt hatte.

Verdammt, verdammt, verdammt!

„Prost, Arnaud. Schön, dass du uns etwas Feines zubereitest.“ Sie klang jetzt noch bescheuerter als vorhin beim Eintreten. Konnte sie bitte wieder die Kontrolle über ihre Worte bekommen? Herrgottnochmal!

„Ja, nicht wahr?“, sagte Arnaud mit einem verschmitzten Lächeln. „Wie überaus nett von mir.“ Er funkelte sie an, schweigend, ihre Reaktion abwartend.

Charlotte saß da und fühlte sich wie eine Grünpflanze. Genau so musste es sich anfühlen, eine Grünpflanze zu sein. Lebendig, aber ohne Gehirn. Arnaud stellte sein Glas auf den Wohnzimmertisch.

„Ich hau direkt wieder ab, sonst gibts gleich wieder schwarzen Fisch, und die Schmach will ich nicht noch mal durchmachen. Noch dazu …“ Er seufzte, küsste sie zärtlich auf die Wange und lief zurück in die Küche.

„Noch dazu was?“, rief Charlotte ihm nach.

„… Hab mich verquatscht gestern Abend am Meer und keine Einkaufsliste geschrieben. Kurz und gut: Nachtisch fällt flach“, kam es kleinlaut zurück.

„Nein! Du weißt, dass das Punktabzug gibt.“

„Es tut mir so leid …“

Charlotte konnte ihn direkt vor sich sehen, sein zerknirschtes Gesicht, das sie jetzt am liebsten in beide Hände genommen hätte, und dann … Ihr wurde heiß, sie atmete geräuschvoll aus, trank den Aperitif in schnellen Schlucken leer. Sie schmeckte das süße Aroma des Lavendels und schloss die Augen. „Ich bin verloren“, flüsterte sie sich selbst zu.

„Kein Problem“, hörte sie sich mit belegter Stimme rufen. „Wir fahren später einfach zu mir. Gekauftes Zitronen-Sorbet oder selbst gemachtes Kaffee-Eis. Du hast die Wahl.“

„Du bist echt der Knaller, Charly“, rief Arnaud gut gelaunt.

Als sie eine Viertelstunde später mit der Vorspeise begannen, war Charlotte froh, dass Arnaud das Wort ergriffen hatte und ihr in epischer Breite von seinem Freund dem Fischer erzählte, dem sie das Abendessen zu verdanken hatten. Erst beim Hauptgang richtete er seinen Fokus wieder auf Charlotte. Sie wollte gerade ansetzen, als ein Ton die kurze Stille am Esstisch durchbrach. Arnauds Telefon. Er hatte eine Textnachricht erhalten. Charlotte beobachtete, wie er auf die gleiche Art wie zuvor in Marseille die Nachricht sofort las und das Telefon direkt weglegte.

„Eine deiner Liebhaberinnen?“, fragte Charlotte und merkte, wie unwitzig ihr Kommentar war.

Doch Arnaud spielte den Ball fröhlich zurück. „Viel schlimmer. Es war Catherine …“

„Deine Praxishilfe?“

„Richtig. Es gab einen Notfall, aber der Kollege in Saint-Joseph war in der Nähe und hat schon übernommen.“

„Und das teilt sie dir am Sonntagabend mit?“

Arnaud blickte Charlotte fragend an. „Warum nicht? Catherine textet mir ständig. Sie ist sehr beschützend. Sie wollte nicht, dass ich mich umsonst auf den Weg mache. Eigentlich ist es mein Wochenenddienst, daher.“

Charlotte nickte, doch Arnaud merkte, dass sie etwas beschäftigte.

„Was, Charly?“

Sie blickte ihn an und beschloss, ihm von ihren Begegnungen mit Catherine Blaise zu berichten. Sie erzählte ihm von ihrem Tonfall am Tag, als sie wegen Oscars Futter in der Praxis gewesen war und den Kuchen dagelassen hatte. Und von dem Anruf, als Oscar zitternd auf der Fensterbank gesessen hatte. Arnaud hörte ihr aufmerksam zu und warf nun die Hände in die Luft.

„Du liebe Güte, Charlotte, warum hast du denn nichts gesagt?“

„Keine Ahnung, irgendwie war es mir unangenehm. Sie wirkt eigentlich wie eine nette Frau, doch mir gegenüber benahm sie sich wie das Gegenteil.“

Arnaud nickte heftig. „Genau das ist sie – eine wirklich nette Frau. Das Ding ist nur, sie ist auch sehr beschützend, und in deinem Fall musste sie wohl in größter Sorge gewesen sein.“

Charlotte verstand gar nichts und warf Arnaud einen fragenden Blick zu.

„Kurz vor deinem Besuch war es zu einem Vorfall gekommen. Sie und ich waren bei den Eltern einer jungen Frau, die mich, tja, wie soll ich sagen, gestalkt hatte.“

„Was?“, rief Charlotte ungläubig.

Arnaud grinste kopfschüttelnd. „Ja, ich weiß, es klingt irre. Aber tatsächlich hatte mir wochenlang die Halterin eines Pferdes nachgestellt. Ich wurde sie einfach nicht los, ständig stand sie in der Praxis auf der Matte, und ein paar Mal trieb sie sich sogar um mein Haus herum. Catherine bekam es irgendwann mit der Angst zu tun, da gingen wir zu den Eltern des Mädchens, denen es glücklicherweise gelang, ihrem Kind den Kopf zu waschen. Seither ist Ruhe. Catherine wollte, dass ich das der Polizei melde, so schlimm war das."

„Wow. Aber was hat das mit mir und ihrer Unfreundlichkeit mir gegenüber zu tun?", fragte Charlotte.

Arnaud lachte auf. „Die letzte Aktion des Mädchens war ein Kuchen, den sie in der Praxis für mich hinterlassen hatte. Und jetzt, wo wir drüber reden, erinnere ich mich wieder, dass Catherines Textnachricht über deinen Kuchen ungewohnt kühl war."

„Ach herrje! Sie hat gedacht, ich wollte dir nachstellen. Verrückt, aber absolut nachvollziehbar", sagte Charlotte und nahm einen Schluck von dem Lavendel-Likör, den Arnaud mit auf den Tisch gestellt hatte. Er war unglaublich gut. Nicht zu süß, angenehm aromatisch, hausgemacht von einem Freund, wie Arnaud gesagt hatte.

„Ich werde ihr sagen, dass sie sich keine Sorgen machen muss, wenn sie dich das nächste Mal mit einem Kuchen oder Schnitzeln sieht", sagte Arnaud lächelnd.

„Was willst du ihr denn sagen?", fragte Charlotte interessiert und gespannt.

Arnaud funkelte sie an, antwortete ihr jedoch nicht.

„Und du? Konntest du heute gut arbeiten?", fragte er stattdessen und brachte das Thema in einem Zug auf den rosa Elefanten im Raum.

Charlotte schluckte. Sie konnte unmöglich noch mehr Unsinn von sich geben. Sie atmete einmal tief ein und wieder aus und beschloss, sich zu entspannen.

„Es hielt sich in Grenzen. Ich hatte unerwarteten Besuch am Morgen", hörte sie sich sagen und erkannte sich und ihre eigene Stimme wieder.

„So? Wer kam denn da zu Besuch am Sonntagmorgen?", fragte Arnaud amüsiert.

„So ein Typ, mit dem ich befreundet bin. Er hat mich geküsst. Einfach so."

„Was? Das ist ja unerhört, wie kann er nur? Bestimmt ein Franzose!"

Charlotte musste lachen, und Arnaud beobachtete sie lächelnd.

„Ja, das ist er. Ein Franzose. Und er macht mir Angst." Charlotte legte ihr Fischbesteck an den Tellerrand und schaute Arnaud ernst an. Der nahm seine Serviette, wischte sich den Mund ab und blickte sie erwartungsvoll an, doch Charlotte schwieg.

„Was ist los, Charly. Komm schon. Du bist heute Abend gar nicht du selbst. Ist es so schlimm, was passiert ist mit uns?"

Charlotte schaute ihn mit großen Augen an. „Was passiert ist mit uns? Was ist denn passiert?"

„Das weißt du nicht?" Arnauds Stirn lag für einen kurzen Augenblick in Falten, bis sein liebevoller Blick zurückkehrte und sie ermunterte zu sprechen.

Charlotte wusste nicht mehr, was sie sagen sollte. Sie fühlte sich ein bisschen traurig, ein bisschen müde, ein bisschen ängstlich und sehr verwirrt. Arnaud stand auf, schob seinen Stuhl zurück an den Tisch und ging auf sie zu.

„Lass es los, Charly. Komm. Komm zu mir." Er nahm ihre Hand, zog sie zu sich hoch, nahm ihr Gesicht in beide Hände und küsste sie wieder mit der gleichen unfassbaren Intensität wie zuvor und zugleich so zärtlich, dass Charlotte diesmal, ohne Tür im Rücken, kurz wegsackte. Die Süße des Lavendel-Likörs, von dem sie beide getrunken hatten, durchzog ihren Kuss, der noch betörender war als der am Morgen. Er nahm sie fest in seine Arme und führte sie in sein Schlafzimmer. Sie streiften ihre Schuhe ab, ließen sich auf die weiße Tagesdecke fallen und versanken in Küssen.

Kapitel 42

„DU bist so wunderschön, Charly, weißt du das?“

Arnaud und Charlotte lagen nebeneinander, mit angezogenen Beinen und den Händen unter ihren Köpfen. Sie hatten nach einer ewigen Stunde absoluter Stille, in der sie sich nur geküsst hatten, einige wenige Zentimeter Abstand voneinander genommen und blickten sich nun an, fasziniert lächelnd, wie zwei Menschen, die sich gerade neu entdeckten.

„Und du erst“, hauchte Charlotte. „Dein Blick. Du hast einen Blick, der so liebevoll ist, dass es mir in den letzten Monaten, seit ich dich kenne, schon ein paar Mal fast die Schuhe ausgezogen hat.“

Arnaud grinste.„Warum hast du nie etwas gesagt?“, fragte er, während er mit seinem Zeigefinger sanft über ihre Lippen strich.

„Was hätte ich denn sagen sollen, Monsieur Jourdain, zügeln Sie bitte mal Ihre Blicke, das geht doch so nicht.“

Arnaud zog sie lächelnd zu sich heran, doch Charlotte wehrte ihn sanft ab.

„Ich kann dich nicht mehr küssen …“, sagte sie erschöpft. „Atempäuschen?“

„Bist du schon fertig mit mir? Willst du die Scheidung?“

„Fertig noch lange nicht“, flüsterte sie. „Aber erst noch Dessert.“ Sie zwinkerte ihm verheißungsvoll zu. „Kommst du?“

Sie schälten sich aus dem Bett, zogen ihre Schuhe und Jacken an und fuhren zu Charlotte. Auf dem Weg zu ihrem Haus blieben sie alle paar Meter stehen, um sich zu küssen, bis es Charlotte irgendwann schwindelig wurde.

„Du bist unglaublich, Arnaud. Du musst damit aufhören. Ich weiß gar nicht mehr, wie mir geschieht“, flüsterte sie, nur um in der nächsten Sekunde wieder mit seinen Lippen zu verschmelzen. Als sie endlich Charlottes Haus betraten, lief sie direkt in die Küche und machte ihnen ein Tablett mit Schälchen, Löffeln und beiden Eissorten fertig.

„Ich schlage vor, wir gehen direkt nach oben“, sagte sie, mit zitternder Stimme, während er hinter ihr stand und zart ihre Schultern massierte.

„Der beste Vorschlag, den ich seit Langem gehört habe“, sagte er und küsste ihren Nacken. Charlotte liefen wohlige Schauer den Rücken runter.

„Komm …“ Sie nahm seine Hand, balancierte das Tablett in der anderen Hand und zog ihn hinter sich nach oben in ihr Schlafzimmer. Das Tablett stellte sie auf den Nachttisch, um die Hände für einen weiteren innigen Kuss freizuhaben. Dann zog sie sich langsam aus unter Arnauds sehnsüchtigen Blicken und kletterte unter die Decke. Er tat es ihr nach, ließ sie keine Sekunde aus den Augen, als er ihr das Eis vorsichtig reichte und sie ihr Dessert löffelten.

Mit allen Sinnen genoss sie, was dann passierte. Die Küsse waren intensiver geworden und jagten Glücksgefühle durch ihren Körper. Jeder Zentimeter ihrer Haut sehnte sich nach Arnauds zärtlicher Berührung. Sie ließ sich genussvoll treiben, alles durfte und nichts musste – da war sie sich bei Arnaud völlig sicher. Die Minuten vergingen oder waren es Stunden, zusammen mit ihm versunken in dieser so süßen Leichtigkeit? Und als sie, erschöpft von den Küssen, voneinander abließen, lagen sie sich wieder still gegenüber und sahen sich einfach nur an – sich erforschend und erkennend. Genau wie Charlotte schien Arnaud sich ganz auf den Moment einzulassen. Ein Genießer durch und durch, der nichts übereilte.

„Ich war schon beim Weinfest verloren, glaube ich“, sagte er plötzlich.

Charlotte setzte sich auf. Sie traute ihren Ohren nicht. „Was?“

Arnaud lag auf der Seite, den Kopf von seiner Hand abgestützt, und lächelte Charlotte an. „Was ist daran so erstaunlich?“, fragte er.

Charlotte schnappte nach Luft. „Na ja, wo soll ich anfangen? Du hast mir gesagt, dass ich ‚famille‘ bin!“ Sie blickte ihn fragend an.

„Das stimmt. Das bist du für mich. Ich habe sofort gefühlt, dass wir ein tiefes Band miteinander haben.“

„Aber Familie küsst man doch nicht?“

Arnaud lachte. „Charly, pardon, aber: Du bist doch nicht dumm, oder? Hast du das allen Ernstes wörtlich genommen? Sag, dass das nicht dein Ernst ist.“

„Das ist mein völliger Ernst. Für mich war das eine klare Ansage, dass wir freundschaftlich miteinander verbunden sind.“

Arnaud überlegte. „Kann es sein, dass da vielleicht dein Wunsch Vater deines Gedankens war? Wie konntest du denn so auf dem Schlauch stehen? Wir hatten doch gesagt, dass Liebende immer auch Freunde sein sollten. Ich habe dir so viele Signale gesendet, Charly …“

Charlotte griff sich an den Kopf und dachte angestrengt nach. „Du hast gesagt, dass du keine Beziehung mehr haben kannst, seit du deine Hochzeit abgeblasen hast. Das hast du gesagt, Arnaud.“

„Nein.“

„Doch.“ Charlotte verschränkte die Arme und schaute ihn erwartungsvoll an.

„Ich habe gesagt, dass ich es mir nicht mehr vorstellen kann. Das ist ein himmelweiter Unterschied. Aber du hast recht, das kann man missverstehen, vor allem dann, wenn man es missverstehen will, weil man sich vor der Liebe fürchtet.“

„So. Ich fürchte mich also vor der Liebe, ja?“ Sie sprach ihre Worte leiser aus, als sie es geplant hatte. Sie fühlte, wie die Spannungen der vergangenen Monate von ihr abfielen und Platz machten für eine Sanftheit, die sie von sich noch nicht kannte.

Charlotte ließ ihre Arme auf das Bett gleiten. Arnaud nahm ihre Hand und streichelte sie. Nach einer Weile der Stille stieß Charlotte einen tiefen Seufzer aus.

„Ich war so eingeschüchtert. So müde noch von Stefan. Vielleicht hast du recht. Vielleicht habe ich mir gewünscht, dass es niemals etwas wird zwischen uns beiden. Irgendwo tue ich das noch immer, weißt du?“ Sie schaute ihn an. Er hörte ihr zu, offen, ohne Angst, ohne die geringste Sorgenfalte. Charlotte nahm ihren Mut zusammen und setzte nochmals an.

„Ich weiß nicht, ob ich das kann, Arnaud. Es ist so unglaublich schön mit dir, alles, egal, was wir tun, ich genieße die Zeit immer so sehr mit dir. Aber, ich habe so viel vor mir. Das ist das Projekt meines Lebens. Die Arbeit, die auf mich wartet, ist immens. Und dann ist es nicht so, dass wir uns hier aus dem Weg gehen können, weißt du? Wir leben in Sainte-Sophie. Was, wenn wir uns irren und das alles nur dumme Anziehung ist? Ich brauche meinen Raum. Ich brauche ganz viel

Freiraum, ich muss jetzt mein Ding machen, verstehst du? Ich darf mich jetzt auf gar keinen Fall verlieren …“ Aus Charlotte sprudelten die Worte nur so heraus. Immer wieder wendete sie den Blick zu Arnaud, um zu schauen, ob er ihr noch wohlgesonnen schien. Doch er blieb die ganze Zeit ruhig und sah sie an, mit diesem liebevollen Blick, den sie so gut kannte von ihm. Sie seufzte abermals.

„Kennst du die Gedichte von Khalil Gibran?“, fragte er sie nun, ohne auf ihren Monolog eingegangen zu sein.

Charlotte überlegte. „Ich glaube nicht, aber der Name kommt mir schon bekannt vor …“

„Der Mann war ein libanesisch-US-amerikanischer Dichter, Philosoph und Maler und starb in den 1930er-Jahren. In einem seiner Werke spricht er über die Beziehung zwischen Liebenden. Er sagt, dass man trotz tiefer Verbundenheit Raum füreinander lassen sollte. Dass die Liebe keine Fessel sein soll, sondern ein weites Meer zwischen den Seelen. Und dass man bei aller Verbundenheit weiterhin aus unterschiedlichen Bechern trinken oder von verschiedenen Broten essen soll. Er sagt, dass gemeinsame Freuden wichtig sind, die individuelle Existenz aber genauso bedeutend – ähnlich wie die Saiten eines Zupfinstruments, die getrennt sind, aber zusammen eine Melodie spielen. Er vergleicht Liebende mit Bäumen, die zwar zusammenstehen, aber einzeln für sich stark sind. Nie im Schatten des anderen wachsen können, sondern jeder für sich, unter freiem Himmel. Für mich entspricht dein Wunsch nach Freiraum exakt dem, was er beschreibt. Oder?“

Charlotte hatte inzwischen begonnen, mit ihren Fingern durch Arnauds Locken zu fahren, langsam, aber stetig. Gleichzeitig schüttelte sie sanft ihren Kopf, ungläubig.

„Welcher Engel hat dich zu mir geschickt, Arnaud? Wie kann das sein? Oder bist du der Engel?“

Arnaud setzte sich auf, hob Charlotte mit einer kräftigen Bewegung auf seinen Schoß, küsste sie abermals. Und dann liebten sie sich.

Als einige Stunden später der Montagswecker klingelte und Charlotte ihre Augen öffnete, saß Arnaud am Bettrand und beobachtete sie mit einem Lächeln.

„Du bist schon wach?“, fragte sie verwirrt.

„Ich muss in einer Stunde in der Praxis sein und habe uns Kaffee gemacht. Draußen an deinem See. Das Wetter heute ist irre, wie ein Frühlingstag mitten im Winter, unglaublich mild.“ Charlotte hatte sich aufgesetzt und ihren Kopf gegen seine Brust gelehnt. Er duftete wie ein Pfirsich. Ja, sie war verloren. Abwechselnd streichelte und küsste er ihre Wange, bis sie irgendwann begann, sein Ohrläppchen zu liebkosen.

„Oh, oh, nein, Charlotte! Ich habe gleich eine kleine OP, tu das nicht …“, rief er lachend und sprang auf.

Gemeinsam gingen sie hinunter, und Charlotte nahm auf der kleinen Terrasse am Wasser Platz, während Arnaud in der Küche werkelte. Verträumt ließ sie ihren Blick über den glatten Spiegel des Sees gleiten. Einige Schäfchenwolken standen am blauen Himmel. Die Trauerweiden, die das Gewässer säumten, hatten fast schon ihr Blattwerk abgestreift, was ihre Pracht und Anmut keinesfalls schmälerte. Die tief stehende Wintersonne verlieh ihren malerischen Ästen eine goldene Patina und spiegelte die traumhafte Szene im klaren, ruhigen Wasser wider. Ein Entenpärchen zog vorüber und lugte naseweis auf die Terrasse. Wie schön das war, am liebsten hätte Charlotte den ganzen Tag hier verbracht …

Arnaud hatte tatsächlich ein kleines Frühstück für sie beide zubereitet.

„Ich bin beeindruckt, du hast alles gefunden und sogar das Baguette aufgebacken“, sagte Charlotte und goss den Kaffee in ihre Tassen, als sein Handy wieder piepte. Er las die Textnachricht.

„Bingo!“, rief er.

„Gute Nachrichten?“, fragte sie und nahm sich ein Stückchen Baguette.

„Genau das. Das war Pierre mit richtig guten Nachrichten. Mann, es gab etwas, das uns kurz nervös gemacht hatte, aber alles ist geregelt.“

„Du sprichst in Rätseln, Arnaud, ich will nicht indiskret sein, aber du machst einen schon neugierig.“

Arnaud lächelte sie an. „Du kennst Violette Brulet, oder? Die Bürgermeisterin. Sie saß beim Weinfest an unserem Tisch.“

Charlotte stieß ein kurzes Lachen aus. „Und ob ich die Frau kenne! Ich warte seit Wochen auf die Genehmigung meiner Anträge, und sie rührt sich keinen Zentimeter."

Arnaud nickte. „Ja, so ergeht es sicher einigen Leuten gerade. Violette hat alles auf Eis gelegt, das ihre Pläne hätte durchkreuzen können. Doch das wird sich in Kürze alles fügen, mach dir keine Sorgen. Sie ist noch nicht so lange im Amt und wollte sich mit einem Prestigeprojekt profilieren. Emily hatte Pierre und mir zugetragen, dass ihre Mutter den Gemeinderat überreden wollte, in der Naturregion zwischen Sainte-Sophie und Saint-Joseph ein Ferienressort bauen zu lassen …"

„Ach du lieber Himmel!" Charlotte wurde blass und verschüttete etwas von ihrem Kaffee. „Das wäre aber gar nicht gut für mein Hotel und die Ruhe da! Ein Ressort? Das passt doch gar nicht zum Leben hier!"

Arnaud nickte. „Du hast es erfasst. Deshalb hat Pierre am Samstag alle Mitglieder des Gemeinderates kontaktiert, um vor der Abstimmung heute Morgen mit ihnen zu reden. Das war ein Krimi, kann ich dir sagen. Es hat eine Ewigkeit gedauert, bis er endlich alle erreicht hatte. Als du und ich in Marseille unterwegs waren, hat mich das richtig nervös gemacht …"

Aha. Charlotte verstand. *Das waren also die Textnachrichten, die er ständig bekommen hatte.*

„Aber heute Morgen dann wurde Violette geschlossen überstimmt. Niemand wollte das Ressort. Problem gelöst. Pierre ist Mitglied im Gemeinderat und hat mir gerade Bescheid gegeben."

Charlotte stieß einen lauten Seufzer aus. Wusste sie es doch, dass diese Frau nicht okay war!

„Wie gut, dass Emily euch das gesagt hat! Wie kam sie denn dazu?"

„Gute Frage, Pierre war auch ganz überrascht. Aber sie engagiert sich wohl sehr in einer lokalen Naturschutzgruppe und war wild entschlossen, den Plan ihrer Mutter zunichtezumachen. In Emily darf man sich, glaube ich, nicht täuschen. Hinter ihrem zarten Äußeren verbirgt sich ein kerniges Persönchen, das genau weiß, was es will, und ständig mit seiner Mutter streitet."

„Sehr sympathisch!", sagte Charlotte lächelnd und blickte fasziniert in Arnauds Augen, in denen sich die Sonnenstrahlen reflektierten.

„Geht es dir gut?“, fragte er und legte ein paar Locken hinter ihr Ohr.

„Ja, es geht mir gut. Und dir?“

„Unglaublich gut“, sagte er und strich mit seinem Finger einen Krümel von ihren Lippen.

Charlotte hatte Mühe, das Baguette zu halten, das sie gerade aß. Normalerweise gab es nichts, rein gar nichts auf der ganzen Welt, das sich zwischen sie und ein Baguette mit Butter stellen konnte. Das war wie ein Naturgesetz. Doch nun hatte sich die Welt gedreht. Sie ließ das Baguette auf ihren Teller gleiten und versank zum tausendsten Mal in Arnauds Küssen.

Einige Monate später

CHARLOTTE stand in einiger Entfernung vor ihrem Hotel und betrachtete die cremeweißen Steinmauern des Gebäudes mit den seegrünen Fensterläden. Sie trat näher, passierte die großen Lavendelbüsche, die den Weg säumten, ging vorbei an den großen, bauchigen Terrakotta-Töpfen, die rund um das Haus mit Kräutern der Provence verteilt waren, unterbrochen von kleinen Sitzgelegenheiten mit geschwungenen, schwarzen Eisenstühlen und Holztischen. Bevor sie sich ins Getümmel stürzen wollte, musste sie noch einmal die Zimmer kontrollieren.

Neben seiner Zahl trug jeder Raum seinen eigenen Namen, angelehnt an die Früchte und Pflanzen, die das Anwesen umgaben. La Pomme, die Nummer eins, hatte, wie die übrigen elf Zimmer auch, ein wunderschönes, altes französisches Eisenbett mit neuen Matratzen und einer Tagesdecke, die von den Frauen am Ort nach traditionellem Vorbild genäht worden war. Die Kommoden und Kleiderschränke, Stühle und Sekretäre hatte Charlotte nach wochenlanger Suche auf Flohmärkten und bei Wohnungsauflösungen gefunden und zusammengetragen. Sie waren aus geöltem Nussbaumholz, Mahagoni oder Wurzelholz gearbeitet. Auf den hell getünchten Wänden spielte das Licht der Abendsonne, die durch die hohen Fenster mit weißen Streben schien. Der Name jedes Zimmers fand sich in den verschiedenen Gemälden wieder, die jeweils über den Betten hingen und die Arbeiten eines jungen Künstlers aus Aix waren, den Charlotte beauftragt hatte. Sie trat an den Nachttisch und strich über die glatte Marmorauflage, richtete den schweren, dunklen Vorhang und die leichten Gardinen aus weißer, in sich gemusterter Baumwolle darunter.

Nachdem sie alle Zimmer geprüft hatte, trat sie an das letzte Fenster im Flur des zweiten Stocks und betrachtete das muntere Treiben unten im Garten. Sie vernahm den Duft der Sommerboten, eine Mischung aus Jasmin und Lavendel, die den Garten in großen Büschen einsäumten. Der Anblick des Lavendels war ein Gedicht, noch viel, viel schöner, als sie es sich immer vorgestellt hatte. Wie ein kunstvoll gewebter Teppich aus leuchtenden lila Farben lag er zu ihren Füßen, im zauberhaften Spiel des Sonnenlichts. Ein warmer Frühsommerwind strich durch die üppigen Ähren, ließ die Büsche wie die sanften Wellen des Meeres wogen und verschwendete ihr himmlisches, süß duftendes Bukett.

Mit einem Seufzer atmete Charlotte tief ein. Sie genoss sie mit allen Sinnen, die kleinen Glitzersprenkel, die ihr Leben hier so lebenswert machten. Wie reich beschenkt sie doch war! Da war Arnaud. Da waren ihre neuen Freunde. Das wunderbare Erbe ihres Vaters, das sie, wie gerade eben, tagtäglich beglückte und aus so viel mehr bestand als dem Anwesen und dem Geld. Sie war noch geliebter, als sie gewusst hatte.

Die kleine traurige Wolke, die zeit ihres Lebens über ihr gehangen hatte, war verschwunden. Sie konnte nicht mehr ausmachen, wann es geschehen war. Aber sie hatte begriffen, warum diese Traurigkeit nun nicht mehr zu ihrem Leben gehörte. Den Grundstein hatte sie damals gelegt, als sie beschlossen hatte zu springen. Das Abenteuer zu wagen, in Sainte-Sophie zu leben und zu arbeiten. Der erste Schritt in das, wovon alle immerzu redeten: das Leben.

Mit ihrer Verbindung zu Arnaud hatte sie einen weiteren Sprung gemacht, der sie noch näher gebracht hatte zu sich – ihrer Essenz und ihren Bedürfnissen. Das Leben leben hieß für sie, all das zu tun, was sie sich wider alle Ängste insgeheim wünschte. Und Ängste hatte sie, Charlotte Bergmann, mehr als genug gehabt. Sie hatten sich nur niemals als Angst hervorgetan und stattdessen hübsch verkleidet. Als Vernunft zum Beispiel. Oder als Bedürfnis nach extra viel Freiraum.

„Charlotte, was machst du denn da oben?“, rief Claude. „Komm runter zu uns! Wir warten auf dich, deine drei Engel für Charly!“

Charlotte musste lachen. Claude winkte sie zu sich, während seine andere Hand Margots Schulter liebkoste. Der Witwer hatte sich in ihre Nachbarin verliebt, nicht ganz ohne das Zutun von Charlotte und Carole, die als Koordinatorinnen vieler vermeintlich zufälliger Begegnungen der beiden aktiv gewesen waren.

Charlotte kicherte und winkte zurück. Sie wollte noch einen Moment hier oben bleiben und zuschauen, wie sich alle vergnügten. Auch ihre Mutter, die sich vor Begeisterung über Charlottes neues Leben kaum noch einkriegte.

„Mein Gott, Mäuschen! Wie wunderwunderschön du das alles gemacht hast, ich bin so stolz auf dich!“

Sabine, Jörg und Meret, die ebenfalls aus Deutschland gekommen waren, um den privaten Einstand kurz vor der offiziellen Eröffnung des *Chez Charlotte* mit ihr zu feiern. Die anderen beiden Männer des himmlischen Trios mit ihren Frauen. Carole und Pierre mit den Kindern, die liebe Jeanette und Arnauds Praxishelferin Catherine Blaise, die ihre Feindseligkeit abgelegt hatte, nachdem Arnaud Charlotte vor ihren Augen geküsst hatte. Élise und Gabriel, die inzwischen zu Freunden geworden waren. Arnauds Schwester Claudine, mit der sich Charlotte hervorragend verstand, und ihre kleine Tochter Mia. Und Willem de Groot, der ihr heute das offizielle Zertifikat ihrer bestandenen Prüfung in einem hübschen Rahmen zum Aufhängen überreicht hatte.

Charlotte wollte gerade nach unten gehen, als Arnauds Arme sie von hinten umschlossen.

„Hast du gesehen, wie lieb mir Catherine gerade zugewunken hat?“, fragte sie ihn und legte ihre Hände auf seine. „Was hast du ihr eigentlich gesagt?“

„Dass wir ein Paar sind, was sonst?“, flüsterte er zärtlich in ihr Ohr.

Charlotte seufzte.

„Mach dir keinen Kopf, Charly“, sagte er. „Wir sind ein Paar, aber immer noch zwei Bäume …“

„… zwei Bäume, die zwar zusammenstehen …“, fuhr sie fort.

„… aber einzeln für sich stark sind. Nie im Schatten des anderen wachsen können, sondern jeder für sich, unter freiem Himmel“, führte er aus.

„Unter meinem kleinen Stück vom Himmel, mitten in der Provence.“

Ende

Gratis Kurzroman sichern

Ein romantisches Hotel am Meer, die unendliche Weite der Ostsee und eine unerwartete Liebe…

Als Lisa ihrem besten Freund Lennart eine vergessene Weinlieferung in sein traumhaftes Strandhotel an der Ostsee bringt, ahnt sie nicht, welches Abenteuer sie dort erwartet. Denn gleich am ersten Nachmittag lernt sie am Strand Johannes kennen, der ihr auf Anhieb sympathisch ist. Wie es der Zufall will, trifft sie ihn ein zweites und auch noch ein drittes Mal, allerdings auf gänzlich andere Weise als erwartet. Die beiden kommen sich näher, und sie verbringen einen wunderschönen Abend miteinander, einen Abend, der sich nach mehr anfühlt: Das Rauschen der See, der helle Mond und Johannes‘ blaue Augen lassen Lisas Herz schneller schlagen. Doch als die gemeinsame Zeit auf Rügen sich dem Ende zuneigt, macht Johannes ihr ein Geständnis, und Lisa muss sich entscheiden, ob sie ihn wiedersehen will oder ihn lieber ganz schnell wieder vergessen sollte …

Den 50-seitigen Kurzroman hier komplett kostenlos herunterladen:

https://hannaholmgren.de/#kurzroman

Eine kleine Bitte zum Schluss …

Wir hoffen, Ihnen hat dieses Buch gefallen …

Der schnellste Weg, andere Leser da draußen an Ihren Erfahrungen mit diesem Buch teilhaben zu lassen, ist eine Rezension im Online-Buch-Shop. Ihr Feedback hilft nicht nur anderen Lesern, Neues zu entdecken, sondern auch dem Autor, zu verstehen, was aus Lesersicht in diesem Buch gut und weniger gut ist. So kann sich der Autor weiterentwickeln und Ihnen sowie anderen Lesern in Zukunft noch schönere Geschichten präsentieren. Außerdem sind Ihre Erfahrungen, Erkenntnisse und Eindrücke als ehrliches Leser-Feedback eine enorme Wertschätzung vieler liebevoller Arbeitsstunden, die in dieses Buch geflossen sind.

Danke also schon im Voraus, wenn Sie sich zwei bis drei Minuten Zeit nehmen und eine kleine Bewertung zum Buch z.B. auf Amazon veröffentlichen.

Mehr zur Autorin finden Sie auf
www.hannaholmgren.de, www.instagram.com/hannaholmgren.autorin,
www.facebook.com/hannaholmgren.autorin und
www.feuerwerkeverlag.de/holmgren

Weitere Bücher des Verlages

<u>Pinienduft im Hotel Toscana Mare</u>

Hanna Holmgren

Nach einigen beruflichen und privaten Rückschlägen erhält Emilia die Chance, ein kleines Boutique-Hotel in der Toskana neu aufzubauen. Sie träumt von gutem italienischem Essen, romantischen Weinbergen und temperamentvollen, liebenswerten Menschen. Voller Vorfreude startet sie in ihren neuen Lebensabschnitt.

Doch vor Ort muss sie feststellen, dass das Hotelmanagement in Deutschland den Zustand des Anwesens in Italien völlig falsch dargestellt hat. Sie steht vor einer schier unlösbaren Aufgabe, die nicht nur durch ihren grummeligen Nachbarn Gianni erschwert wird, der das Hotelprojekt um jeden Preis verhindern will, sondern auch durch den charmanten Musiker Aurelio, der Emilia bis in ihre Träume verfolgt ...

<u>Ein Rucksack voller Liebe</u>

Hanna Holmgren

Es ist schon wieder passiert! Mara hat dem falschen Mann vertraut und damit auch noch die Chance auf ihren Traumjob verpasst. Jetzt will sie nur noch weg. Am Flughafen lässt sie das Schicksal entscheiden, wohin es sie führt, und so landet Mara im bezaubernden Irland. Kurzerhand beschließt sie, einem der berühmten irischen Wanderwege zu folgen, um endlich den Kopf frei zu kriegen.

Zehn Schritte zu dir, zu mir und zu uns

Josefine Weiss

Kurz nach ihrer Verlobung erhält Lilian völlig überraschend einen Brief von ihrer bereits seit einem Jahr verstorbenen Großmutter Edda. Darin enthalten sind zehn Aufgaben, für deren Bewältigung Lilian an die Ostsee in das Häuschen ihrer Oma reisen soll.

Dort begegnet sie Matts. Mit seiner Hilfe und den zehn Aufgaben ihrer geliebten Großmutter findet Lilian etwas wieder, was sie selbst längst verloren geglaubt hatte: Die Leichtigkeit, ihr Leben zu genießen. Ein Leben, das sie sich einst nach einem schweren Schicksalsschlag verboten hat, zu leben...

Solange ich dich suche

Josefine Weiss

Die verzweifelte Suche nach ihrer vermissten Kindheitsfreundin führt Maddie Shaw nach Schottland. In dem kleinen Ort Whitecastle hat sie sich auf gut Glück ein Zimmer gemietet. Dort teilt der ebenso attraktive wie unnahbare Gastgeber Dean zwar seine Wohnung mit ihr, nicht aber seine Zeit und erst recht nicht sein Herz.

Doch je länger sie zusammenwohnen, desto näher fühlt sie sich ihm, denn auch er trägt schwer an seiner Vergangenheit. Nach und nach verliert Maddie ihr Herz an Dean, bis die Last seiner Geheimnisse es am Ende zu brechen droht. Denn die Suche nach ihrer Freundin bringt eine tragische Wahrheit ans Licht…